Dietz

EINE Welt
Texte der Stiftung Entwicklung und Frieden

Band 6

Die STIFTUNG ENTWICKLUNG UND FRIEDEN wurde 1986 auf Initiative von Willy Brandt gegründet. Sie führt Persönlichkeiten aus Politik und Gesellschaft, Wirtschaft und Wissenschaft zusammen. Die Stiftung ist überparteilich und gemeinnützig.

Hauptziel der Stiftung ist es, Themen der Weltwirtschaft, der Umwelt, der Sicherheit und der sozialen Gerechtigkeit in Beziehung zu dem friedlichen Zusammenleben und der menschenwürdigen Entwicklung in Nord und Süd, Ost und West zu setzen. Die Stiftung plädiert für eine politische Neuordnung in einer Welt, die zunehmend von wirtschaftlicher und technologischer Globalisierung geprägt ist und in der ein Verlust demokratisch fundierter Politik droht.

Die Arbeit der Stiftung beruht dabei auf drei Prinzipien: globale Verantwortung, interdisziplinäre Sicht und überparteilicher Dialog. Für diese Orientierung bürgen heute die Persönlichkeiten, die die Gremien der Stiftung leiten. Vorsitzender des Kuratoriums ist Ministerpräsident Dr. h.c. Johannes Rau. Dem Vorstand gehören als Vorsitzender der Chef der Senatskanzlei des Landes Berlin, Staatssekretär Volker Kähne, und seine Stellvertreter Staatssekretär a.D. Dr. Klaus Dieter Leister und Prof. Dr. Franz Nuscheler an. Vorsitzender des Beirates ist Prof. Dr. Dieter Senghaas.

Ruth Klingebiel, Shalini Randeria (Hg.)

Globalisierung aus Frauensicht

Bilanzen und Visionen

EINE Welt-
Texte der Stiftung Entwicklung
und Frieden

Verlag J.H.W. Dietz Nachfolger · Bonn

EINE Welt. Texte der Stiftung Entwicklung und Frieden.
Redaktion: Tobias Debiel, Elisabeth Wollefs

Die Deutsche Bibliothek – CIP-Einheitsaufnahme

Globalisierung aus Frauensicht : Bilanzen und Visionen /
Ruth Klingebiel ; Shalini Randeria (Hg.). - Bonn : Dietz, 1998
(EINE Welt – Texte der Stiftung Entwicklung und Frieden ; Bd. 6)
ISBN 3-8012-0263-1

Lektorat im Verlag: Dr. Heiner Lindner
Umschlaggestaltung: Alfred Friese, Bochum
Druck und Verarbeitung: Ebner Ulm
Printed in Germany 1998

Inhalt

Zweiter Teil:
Gleichberechtigung

Dritter Teil:
Frieden und Konflikt

Anhang

Vorwort

Die Globalisierungsdebatte beherrscht heute Politik, Wissenschaft und Öffentlichkeit. Der vorliegende Band möchte in diese Diskussion einen bislang vernachlässigten Aspekt einbringen: die Geschlechterfrage. Die Beiträge untersuchen die Auswirkungen einer zunehmenden wirtschaftlichen, politischen und sozialen Verflechtung der Weltgesellschaft auf Frauen. Dabei treten neue Handlungsperspektiven und Beteiligungsmöglichkeiten hervor, gleichzeitig werden aber auch neuartige Herausforderungen sichtbar. Vor dem Hintergrund ihrer jeweiligen wissenschaftlichen Erkenntnisse und politischen Erfahrungen untersuchen die Autorinnen die globalen Interaktionen zwischen Kultur, Politik, Recht, Wirtschaft und Gesellschaft. Dabei zeigt sich, daß Globalisierungsprozesse weder geradlinig noch gleichmäßig verlaufen. Es wird vielmehr deutlich, daß im »globalen Dorf« kaum globale Antworten möglich sind. Die Autorinnen zeigen, wie differenziert Aussagen über Globalisierungsprozesse getroffen und bewertet werden müssen. Insbesondere diejenigen Beiträge, die sich mit internationalen Entwicklungen beschäftigen, zeigen zugleich organisatorische und strukturelle Probleme, aber auch politische Chancen transnationaler Netzwerke der Frauenbewegung.

Neu an diesem Band ist die Verbindung zwischen theoretischen Reflexionen, empirischen Fallstudien und konzeptionellen Überlegungen, an denen sich Frauen aus Nord und Süd beteiligen. Damit werden sowohl wissenschaftliche wie auch politisch engagierte Positionen zusammengeführt. Diese Integration spiegelt die engen Beziehungen zwischen Theorie und Praxis wider, die für die internationale Frauenbewegung kennzeichnend sind.

Zunächst wird die internationale Frauenbewegung als Akteurin in der globalen Arena diskutiert, bevor daran anschließend Probleme der politischen Partizipation sowie die Folgen der transnationalen Migration untersucht werden. In den folgenden Beiträgen wird das Wechselspiel zwischen verschiedenen Akteuren der globalen politischen Arena thematisiert – unter anderem die internationale Frauenbewegung, das System der Vereinten Nationen, die Weltbank, soziale Bewegungen, nationale Regierungen und transnationale Nichtregierungsorganisations-Netzwerke. Untersucht wird dabei, welche gemeinsamen, aber auch einander widersprechenden Interessen aufeinandertreffen. Die mit der Globalisierung verbundenen neuen Verflechtungen werden u.a. an Problemen der internationalen Strafgerichtsbarkeit, der Migration, der Bevölkerungspolitik, der Entwicklungspolitik, der Umweltzerstörung, der globalen Arbeitsteilung sowie der politischen Partizipation untersucht.

Im ersten Teil des Bandes verbindet *Shalini Randeria* allgemeine Problemstellungen der Globalisierungsdebatte mit einer systematischen Zusammenfassung der Beiträge. Gezeigt wird, daß Prozesse der rechtlichen und kulturellen Globalisierung, der Entstehung transnationaler Diskurs-Bündnisse ebenso wie die Gestaltungsmöglichkeiten der internationalen Frauenbewegung von Widersprüchen und Ambivalenzen gekennzeichnet sind. *Ines Holthaus* und *Ruth Klingebiel* untersuchen die rechtlichen Fortschritte und Handlungsspielräume von Frauen in den Gremien der Vereinten Nationen. Ebenso wie Holthaus/Klingebiel stellt auch *Anja Ruf* die Frage, welche Möglichkeiten und Grenzen die Partizipation in der internationalen Zivilgesellschaft bietet. Im Anschluß werden Fragen der politischen und sozialen Gleichberechtigung sowie die veränderten Arbeits- und Aufenthaltsrechte von Frauen in der Festung Europa thematisiert. *Bettina Knaup* gibt einen Überblick über die ungleiche Teilhabe der Geschlechter an Entscheidungsstrukturen auf nationaler wie internationaler Ebene und analysiert die Barrieren, die eine Gleichberechtigung verhindern. *Maritza Le Breton Baumgartner* sieht in der Globalisierung des neoliberalen Wirtschaftsmodells den Hauptgrund für die Ausbeutung vieler Migrantinnen und plädiert dafür, die Migration von Frauen nicht auf den Begriff des Frauenhandels zu reduzieren.

Im dritten Teil befaßt sich *Hanne-Margret Birckenbach* mit neuen Formen und Modellen der Friedenssicherung; und *Elenor Richter-Lyonette* untersucht die Praxis der internationalen Strafgerichtsbarkeit aus Frauensicht. Der vierte Teil behandelt kritisch die Verschränkung zwischen Bevölkerungspolitik und nachhaltiger Entwicklung. *Diana Hummel* beschäftigt sich mit Kontroversen, die innerhalb der internationalen Frauenbewegung anläßlich des Bevölkerungsthemas geführt wurden. *Paulina Makinwa-Adebusoyes* Beitrag über Afrika spiegelt den internationalen Grundkonsens zur nachhaltigen Entwicklung wider, der Frauen eine Schlüsselrolle in ökologischen Prozessen zuweist. *Bina Agarwal* kritisiert den ökofeministischen Diskurs und plädiert statt dessen dafür, die Analyse der Beziehungen zwischen Frauen und Natur sozial-historisch und ökonomisch zu verankern.

Im fünften und letzten Teil werden die Auswirkungen der wirtschaftlichen Globalisierung auf Frauen ausdrücklich angesprochen. *Gudrun Lachenmann* faßt die feministische Kritik an der Politik der Strukturanpassung zusammen und fragt nach der Kohärenz der daraus abgeleiteten alternativen Entwicklungsmodelle. *Chandra Talpade Mohanty* untersucht die Möglichkeiten der transnationalen Solidarität von Frauen, die sie aus ihren gemeinsamen Interessen als Arbeiterinnen in der globalen kapitalistischen Ordnung ableitet.

Wir danken den Autorinnen für ihr Engagement. Insbesondere danken wir Elisabeth Wollefs für ihre Unterstützung bei der Fertigstellung des Bandes. Wir widmen dieses Buch unseren Kindern, Leon und Manisha, in der Hoffnung, daß sie eine Globalisierung der Gerechtigkeit erleben werden.

Ruth Klingebiel
Shalini Randeria

Duisburg und Berlin,
im Januar 1998

Erster Teil:

Frauenpolitik im globalen Kontext

Shalini Randeria

Globalisierung und Geschlechterfrage: Zur Einführung

An der Globalisierung scheiden sich gegenwärtig die Geister. Kontroversen, die bereits bei ihrer Darstellung anfangen, setzen sich bei der gegensätzlichen Interpretation und Beurteilung des Phänomens fort. Das Konzept der Globalisierung umgreift eine Vielzahl miteinander verwobener Prozesse. Dazu gehören u.a.: eine zunehmende transnationale Bewegung von Kapital, Gütern und Menschen; eine engere Vernetzung mittels neuer Kommunikationstechnologien; eine komplexere internationale Arbeitsteilung durch die Zerlegung der Produktion von Waren und Dienstleistungen an verschiedene Orte; ein rascher Fluß von Ideen, Bildern und Konsummustern sowie -objekten; ein wachsendes Bewußtsein für Risiken und Gefahren, die die Welt als Ganzes bedrohen; ein quantitativer Anstieg und Bedeutungszuwachs transnationaler Institutionen sowie global vernetzter politischer Bewegungen. Es geht somit um die wechselseitige, horizontale wie vertikale Durchdringung dieser Prozesse, und zwar auf nationaler, subnationaler und transnationaler Ebene.

In diesem Band wird Globalisierung nicht als eine unausweichliche Folge ökonomischer Sachzwänge gewertet. Statt dessen wird hier betont: Globalisierung ist weder ein quasi schicksalhafter Prozeß, noch sind ihre Formen durch technologische Innovationen determiniert und ihre Wirkungen unabwendbar. Denn ihre gegenwärtige Dynamik beruht letztlich auf einer Ausdehnung neoliberaler wirtschaftlicher und politischer Leitvorstellungen.[1] Sie ist somit politisch intendiert und könnte daher auch politisch (um)gestaltbar sein.

Das Mosaik der ökonomischen, politischen, rechtlichen und kulturellen Globalisierungsprozesse ist mithin sehr facettenreich. Ihre Gestalt und Interpretation hängen wesentlich vom Standpunkt des Beobachters ab. Diese Perspektivität und Interessenabhängigkeit des Konzepts »Globalisierung« wird allerdings in der öffentlichen und politischen Rhetorik eher verschleiert. Vielmehr wird der Eindruck erweckt, es gäbe irgendwo einen archimedischen Punkt, von dem aus sich die Gesamtheit globaler Prozesse beschreiben ließe. Auch heute noch wird ein »globales« Bewußtsein von den Auswirkungen des neoliberalen Modells für die eigene Gesellschaft bestimmt. Dies läßt sich unter anderem daran ermessen, daß zum Beispiel in der Karibik und in Lateinamerika seit zwanzig Jahren öffentlich über Probleme der Liberalisierung, Privatisierung und des Legitimationsverlustes des Staates diskutiert wird, in Indien diese Debatten immerhin seit zehn Jahren geführt werden, in Deutschland hingegen erst in den letzten Jahren.[2] Dabei zeigt sich, daß Globalisierungsprozesse jenseits ihrer Wahrnehmung weder geradlinig noch gleichmäßig verlaufen. Ihre Auswirkungen differieren in verschiedenen Teilen der Welt, von denen die Mehrzahl bereits seit dem 16. Jahrhundert in höchst ungleicher Weise in das kapitalistische Weltsystem einbezogen und miteinander verknüpft wurde (Wallerstein 1991). Ohne einen Blick für die geschichtliche Kontinuität zwischen Kolonialismus und Globalisierung wird man daher

1 Im ersten Schritt erfolgte in den 70er Jahren eine Liberalisierung der Kapitalmärkte und 1986 die Ausweitung des Freihandels (Uruguay-Runde des Welthandelsabkommens GATT). Die Regierungen Thatcher und Reagan begannen mit einer intensiven nationalen Deregulierungs- und Privatisierungspolitik, die in den Ländern des Südens durch den Internationalen Währungsfonds (IWF) und die Weltbank durchgesetzt wurde.

2 Vgl. Evangelischer Kirchentag Leipzig (1997: 630-644). Dort wird die deutsche Globalisierungsdebatte in den Kontroversen zwischen K. Biedenkopf, H. Teltschik, E. U. von Weizsäcker, J. Reiter, K. Raiser und S. Randeria greifbar.

kaum das spezifisch Neue der gegenwärtigen globalen Abhängigkeiten erkennen können.

Post-koloniale Kontinuitäten

In diesem Band wird die koloniale und post-koloniale Einbettung der Globalisierungsprozesse in unterschiedlichen Zusammenhängen thematisiert. So werden sowohl transnationale Migrationsprozesse im Kontext kolonialer Geschichte und post-kolonialer Gegenwart (*Le Breton Baumgartner*) als auch Umweltzerstörung und der Wandel kollektiver Eigentums- und Nutzungsrechte an natürlichen Ressourcen in Indien als Ergebnis externer Interventionen untersucht (*Agarwal*). Daneben geht es um die Entwertung lokalen Wissens und dessen Marginalisierung durch die Globalisierung westlicher Wissenssysteme, die eine wesentliche Ursache der ländlichen Umweltzerstörung auf dem indischen Subkontinent darstellen (*Agarwal*). Die kolonialen Ursprünge von »ethnisch« definierten Identitäten und Grenzziehungen (*Richter-Lyonette*) sowie die geschichtliche Kontinuität der gegenwärtigen internationalen ökonomischen Arbeitsteilung (*Mohanty*) werden ebenfalls thematisiert. Aus der Perspektive der Mehrzahl postkolonialer Gesellschaften erscheint die Globalisierung daher als Versuch, sowohl die Gegenwart zu rekolonialisieren als auch die Zukunft zu kolonialisieren.

Aber selbst innerhalb der Peripherie unterscheiden sich die Perspektiven: Wie zum Beispiel auf einer Tagung von Nichtregierungsorganisationen (NRO) aus Südasien in diesem Jahr sichtbar wurde, sehen indische NRO die Zentren politischer und ökonomischer Macht eher im Westen als im pazifischen Raum. Hingegen liegt für NRO aus Bangladesh und Nepal das Zentrum der »globalen« Hegemonie in Indien. Unabhängig aber von aller Wahrnehmung verläuft ein realer Prozeß, in dem Reichtum zunehmend konzentriert und gleichzeitig neu verteilt wird. Wie dem jüngsten »Bericht über die menschliche Entwicklung« (UNDP 1997) zu entnehmen ist, entspricht der Reichtum der 358 »globalen« Milliardäre dem Gesamteinkommen der 2,3 Milliarden Ärmsten. Neu ist allerdings, daß sich die Zahl der Milliardäre in Lateinamerika von sechs im Jahr 1987 auf nunmehr 42 (1994) erhöht hat. Mit einem Anteil von 70 % Frauen an den ärmsten 1,3 Milliarden Menschen bleibt der Trend einer »Feminisierung der Armut« ungebrochen.

Die Geschlechterfrage

In der aktuellen deutschen Debatte zur Globalisierung wird die post-koloniale Kontinuität genauso wenig wie die Geschlechterfrage beachtet. Mit der Erweiterung der Globalisierungsdebatte um die Geschlechterfrage ließen sich nicht nur die weltweiten Auswirkungen dieser Prozesse auf Frauen analysieren und unterschiedliche Formen des Widerstandes dagegen untersuchen. Vielmehr könnte das Interesse für Fragen der Gerechtigkeit zwischen den Geschlechtern, für den gleichberechtigten Zugang zu Ressourcen und Institutionen sowie für geschlechtsspezifische Formen der Gewalt und der Diskriminierung die Aufmerksamkeit auf neue gesellschaftliche Formen der (Re)Produktion von »Geschlecht« innerhalb der globalen Ordnung des Kapitalismus lenken.

In der feministischen Theorie und Praxis wird kaum noch von einem einheitlichen, kultur-, klassen- und rassenunabhängigen Subjekt »die Frau« ausgegangen. Vor dem Hintergrund einer zunehmenden Heterogenität und Fragmentierung kollektiver Identitäten umfaßt Geschlecht neben Klasse, Rasse, ethnischer und religiöser Zugehörigkeit nur einen Aspekt der vielschichtigen Identitäten von Frauen. Geschlechterverhältnisse sind aber nicht nur kulturelle Konstruktionen, sondern werden auch materiell verankert und (re)produziert, wie *Mohanty* und *Agarwal* in diesem Band darstellen.

Wirtschaftliche Globalisierung und Migration

Wie wichtig es ist, beim Blick auf Globalisierungsprozesse empirische Fakten, ihre Lesarten und die sie begleitende Rhetorik zu unterscheiden, verdeutlicht das folgende Beispiel. In den letzten 20 Jahren stieg die Frauenerwerbsquote von 36 % auf 40 %. Für die Weltbank zählen daher Frauen zu den Gewinnerinnen der ökonomischen Globalisierung. In einer Rhetorik der Globalisierung, die diese zu einer »Standortfrage« umdeutet, läßt sich dieser Befund jedoch mit der Auslagerung von Produktion und Dienstleistungen in »Billiglohnländer« erklären. Beide Diskurse verschweigen aber vier Tatsachen, die in diesem Band ausführlich von *Lachenmann, Mohanty* und *Le Breton Baumgartner* analysiert werden: Der Anstieg der Frauenerwerbsquote hat erstens nicht mit dem Anstieg des Bildungsniveaus von Frauen Schritt gehalten. Außerdem bleibt zweitens unberücksichtigt, daß dieser Anstieg mit einer Veränderung der Beschäftigungsverhältnisse einhergeht, ihrer weltweiten »Informalisierung« (Sassen 1994) in den Industrieländern sowie in den Schwellen- und Entwicklungsländern (mehr Teilzeitarbeit, fließender Übergang zwischen informellem und formellem Sektor, Heimarbeit, rechtlich nicht regulierte Beschäftigungsverhältnisse). Drittens wurde weder die Benachteiligung von Frauen im Erwerbsleben (zum Beispiel bei den Lohnunterschieden) noch die Konzentration auf wenige Tätigkeitsbereiche am unteren Ende der Arbeitshierarchie und in stark »feminisierten Berufen« (Pflege, Erziehung, Gebäudereinigung) abgebaut. Viertens findet eine zunehmende Polarisierung von Frauen am untersten und obersten Ende der Hierarchie des Arbeitsmarktes statt. Dabei verknüpfen sich diese Prozesse in dem Maße, wie die Dienstleistungsgesellschaften erneut zu Dienstmädchengesellschaften werden, mit der zunehmenden transnationalen Migration von Frauen (von Ost- nach Westeuropa ebenso wie innerhalb des pazifischen Raums).

Der Zuwachs und die Beschleunigung des transnationalen Stroms von Menschen spielen sowohl in deutschen Globalisierungsdebatten wie auch in der internationalen Frauenbewegung eine eher untergeordnete Rolle. Handelt es sich hierbei um TouristInnen, MigrantInnen und Flüchtlinge, so verliert die Trennlinie zwischen den letzten beiden Gruppen zunehmend an Schärfe. Die wirtschaftlichen, politischen und kulturellen Dimensionen der Globalisierung sind hierbei sowohl in der Geschichte als auch in der Gegenwart eng miteinander verschränkt, ohne daß die Diskurse über den Arbeitsmarkt und die Staatsbürgerschaft das genügend reflektierten (Sassen 1996). Die Argumente für den Abbau der Grenzen für Geld und Güter werden ebenfalls nicht auf die Bewegungsfreiheit der Menschen übertragen. Wenn aber der Arbeitsmarkt genauso global und ähnlich wie Finanzmärkte konzeptualisiert würde, dann könnte transnationale Migration als eine Zunahme der Intensität und Reichweite des grenzüberschreitenden Austausches und der Interaktionsbeziehungen zwischen Menschen beschrieben werden. Eine solche Darstellung könnte dann das Handeln von MigrantInnen in derselben Sprache einer gewinn-maximierenden Rationalität begreifen, die bisher für das Kapital reserviert ist, anstatt sie als »Wirtschaftsflüchtlinge« zu diskreditieren.

Wendet man Ulrich Becks Konzeptualisierung der Weltgesellschaft als »Weltrisikogesellschaft« (Beck 1997b) auf dieses Phänomen an, so werden die sehr unterschiedlichen persönlichen Risiken, die MigrantInnen, Flüchtlinge und TouristInnen eingehen, deutlich. Nur TouristInnen mit dem niedrigsten Risiko sind gegen die Gefahren des Grenzübergangs versichert. Die Rechte einer der sozial verwundbarsten Gruppen von Menschen dagegen werden am wenigsten durch das internationale Menschenrechtsregime geschützt. Denn prinzipiell wird immer noch die Souveränität des Nationalstaates über den Schutz der individuellen Rechte von MigrantInnen und Asylsuchenden gestellt (Santos 1995). Innerhalb dieser Gruppen sind Frauen höheren Risiken der physischen Gewaltausübung und sexuellen Ausbeutung sowie Rechtsunsicherheit ausgesetzt als Männer *(Le Breton Baumgartner).* Außerdem funktionieren Mechanismen der Ausschließung auf geschlechtsspezifisch und ethnisch unterteilten Arbeitsmärkten im Zusammenwirken mit der Artikulation von Ideologien und Strategien, die die Arbeit von Frauen unsichtbar machen und entwerten *(Mohanty).*

Globalisierung des Rechts

Die Globalisierung des Rechts wird hier unter anderem anhand der erfolgreichen Erweiterung der internationalen Menschenrechte im Hinblick auf den Schutz vor Diskriminierung von und vor Gewalt gegen Frauen thematisiert (*Holthaus/Klingebiel, Birckenbach*), aber auch an der wesentlich problematischeren Ausweitung des Rechtsdiskurses auf den Bereich der Familienplanung (»reproduktive Rechte«) (*Hummel*). In den Beiträgen zum Thema Geschlechterverhältnisse und Umweltfragen in Afrika und Indien (*Makinwa-Adebusoye* und *Agarwal*) wird ein Zusammenhang zwischen reproduktiven und produktiven Rechten von Frauen hergestellt. *Makinwa-Adebusoye* stellt private Eigentumsrechte an Land in den Mittelpunkt der von ihr geforderten Maßnahmen zum »empowerment« von Frauen. Sie argumentiert entlang des offiziellen, internationalen Konsenses zu Umwelt- und Bevölkerungsfragen seit der Konferenz von Rio (1992), der Frauen eine Schlüsselrolle bei der Bewältigung der beiden vermeintlich zentralen globalen Herausforderungen des 21. Jahrhunderts zuschreibt.

Entgegen der Argumentation von *Makinwa-Adebusoye* und auch den ökofeministischen Diskursen verknüpft *Agarwal* die ländliche Umweltdegradierung unmittelbar mit Fragen der politischen Ökonomie. Ihr Beitrag zeigt, warum die vorkolonialen kollektiven Verfügungs- und Kontrollrechte an Wald und Weideland sowohl der lokalen Gemeinschaft einen schonenden Umgang mit natürlichen Ressourcen als auch Frauen einen besseren Zugang zu ihnen ermöglichten.

Im neo-liberalen Diskurs wird die Ausweitung westlich-liberaler Demokratien und rechtsstaatlicher Strukturen als wichtiger Beitrag zu den weltweiten Demokratisierungsprozessen dargestellt. *Lachenmann* dagegen hält für Afrika fest, daß Frauen in diesem Prozeß »unsichtbar« geblieben sind und politisch sogar noch weiter marginalisiert wurden. Wie weit entfernt die Wirklichkeit vom Ideal der Gleichberechtigung auch für Frauen im Norden ist, zeigen die Analysen von *Knaup* und *Birckenbach*. Indem sie die strukturellen Barrieren der Partizipation in formalen, staatlichen und zwischenstaatlichen politischen Institutionen und Prozessen nachweisen, verdeutlichen sie, warum die rechtliche Verankerung von Frauenrechten bei der Umsetzung oft scheitert. Zivilgesellschaftliche Organisationen, in denen Frauen in der Regel stärker vertreten sind, variieren aber stark hinsichtlich ihrer Umsetzungsmöglichkeiten. Bei ihrer Analyse der fehlenden formal-politischen Gleichberechtigung für Frauen unterstreicht *Knaup* daher die Wirksamkeit verschiedener Quotierungsmaßnahmen auf allen Ebenen als wichtiges Rechtsinstrument, um strukturelle Hürden zu beseitigen.

Bei der gegenwärtigen Globalisierung des Rechts geht es hingegen um die Beseitigung gänzlich anderer Barrieren. Als Vorbedingung für direkte Kapitalinvestitionen in den Ländern des Südens drängen multinationale Konzerne auf eine »Reform« im Sinne der Liberalisierung des Arbeits-, Steuer- und Patentrechtes oder gar auf die Möglichkeit, Rechtskonflikte nicht vor lokalen oder nationalen Gerichten lösen zu müssen. Hinter der Rhetorik der Nicht-Intervention des Staates vollzieht sich so in den meisten Ländern des Südens *de facto* eine starke staatliche Intervention zugunsten des Kapitals (Randeria 1997).

Globale Kultur?

In den hier versammelten Beiträgen werden verschiedene Aspekte der kulturellen Globalisierung sichtbar, die sich an dem globalen Fluß von Ideen, dem globalen Konsum lokaler Ereignisse, einer Homogenisierung der Diskurse über Differenz und die allmähliche Herausbildung transnationaler Diskurs-Bündnisse aufzeigen lassen. Diese wechselseitige Durchdringung und Beeinflussung der *globalen* und *lokalen* Ebenen hat der Soziologe Robertson mit dem Begriff »Glokalisierung« bezeichnet. Dieser komplexe und widersprüchliche Prozeß ist von gegenläufigen Tendenzen bestimmt: Integration und Fragmentierung, Deterritorialisierung und Reterritorialisierung, Homogenisierung und Heterogenisierung. Im Zuge der kulturellen Globalisierung werden Unterschiede nicht vereinheitlicht, sondern verstärken sich oftmals sogar noch. Sie werden aber in einen einheitlichen globalen Diskurs der Differenz übersetzt. Folglich kann man kulturelle Hegemonie als Ergebnis einer Definitionsmacht über die universal angewendeten Kategorien und Maßstäbe verstehen, durch welche kulturelle Unterschiede global wahrgenommen werden. In verschiedenen Beiträgen dieses Bandes wird die schrittweise Globalisierung der Diskurse zu Umweltfragen, zur Bevölkerungs- und Entwicklungspolitik und zu »ethnischen« Konflikten veranschaulicht.

Wie am Beispiel der internationalen Strafgerichtsbarkeit zu Rwanda und dem ehemaligen Jugoslawien *(Richter-Lyonette)* sichtbar wird, läßt sich eine wechselseitige Artikulation globaler und internationaler Ebenen mit der lokalen beobachten. Denn diese »lokalen« Konflikte wurden nicht nur dadurch »global«, daß die internationale Staatengemeinschaft für sie mitverantwortlich war und Waffen aus verschiedenen Ländern in beiden Bürgerkriegen benutzt wurden. Mit der Beteiligung serbischer Söldner in Rwanda wurden auch Gewaltmuster von Europa nach Afrika importiert. Wichtig für die Globalität der Ereignisse war gleichfalls, daß das Grauen aus Bosnien und

Serbien medial vermittelt in deutschen Wohnzimmern wie auch in indischen Dörfern als »ethnischer« Konflikt konsumiert werden konnte. Durch diese globale Etikettierung wurde in beiden Fällen der wirtschaftliche Hintergrund des Kriegs und politische Opportunismus der Grenzziehungen zwischen den Gruppen verborgen (Pieterse 1996).

Der globale Fluß von Ideen kann auch am Beispiel des neuen Zauberwortes »empowerment« nachgezeichnet werden. Ähnlich wie bei den Begriffen »Partizipation« und »nachhaltige Entwicklung« handelt es sich hier um ein sogenanntes Amöbenwort (Ivan Illich), das je nach Kontext seine Funktion und Bedeutung ändert und daher einen raschen internationalen Konsens – trotz bestehender Interessengegensätze – ermöglicht. Der Begriff wurde zunächst von Frauen-NRO aus dem Süden, die zum Netzwerk DAWN (Development Alternatives with Women for a New Era) gehören, eingeführt *(Ruf* und *Anhang).* Seine zunehmende Verwendung in internationalen Dokumenten veranschaulicht, daß das entwicklungspolitische Vokabular schon seit den 80er Jahren weder nur aus dem Norden stammt noch einzig von den Vereinten Nationen geprägt wird. Gedacht als Gegenentwurf zu einem verengten westlich-liberalen Konzept der Gleichberechtigung, sollte dieser Begriff ursprünglich sowohl die Veränderung der Geschlechterverhältnisse als auch die damit verbundenen gesellschaftlichen Transformationen bezeichnen. Allerdings zeigt der lange Marsch des Begriffs durch die entwicklungspolitischen Geldgeber-Organisationen sowie durch das System der Vereinten Nationen (VN) zugleich die Gefahren einer Vereinnahmung, Entpolitisierung und Instrumentalisierung durch Institutionen *(Holthaus/Klingebiel).*

Anhand der von *Agarwal* untersuchten Chipko-Bewegung in Indien läßt sich darstellen, wie problematisch die Übersetzung sozial-kultureller Phänomene in den globalen Ideenfluß ist. Die Chipko-Bewegung gilt der internationalen Frauen- und Umweltbewegung als Paradebeispiel für die Naturverbundenheit von Frauen (insbesondere des Südens) und wird immer wieder als empirischer Beweis für ökofeministische Positionen zitiert. Einer der Gründe für den globalen Erfolg dieses Diskurses besteht unter anderem darin, daß er ein global verwendbares, interpretatives Raster anbietet. Dieses übersetzt die lokalen »Natur«-Erfahrungen (zum Beispiel indigener Völker oder indischer Bergbäuerinnen) in die Sprache der Patriarchats- und Technologiekritik der westlichen Frauenbewegung. Die Rezeption lokaler »sozialer Bewegungen« auf regionaler, nationaler und internationaler Ebene wird möglich durch einen »Prozeß der Übersetzung«, an dem eine Vielzahl von VermittlerInnen und Interpreten (Intellektuelle, JournalistInnen, WissenschaftlerInnen) beteiligt sind. Indem zum Beispiel die Chipko-Bewegung als »feministisch-ökologische Bewegung« etikettiert wird, werden die unterschiedlichen Diskurse der sehr verschiedenen AkteurInnen selektiv hervorgehoben und idealisiert (Linkenbach 1994).

Monokausale Erklärungen und universal gültige Patentrezepte, die zudem aus entwicklungspolitischer Perspektive kostengünstig lokal umsetzbar sein sollen, finden sich auch im offiziellen internationalen Diskurs zur Bevölkerungspolitik. Dabei werden einerseits die historischen und kulturellen Besonderheiten angeblicher »Erfolgsmodelle« ausgeblendet (Randeria 1995), andererseits wird das Allheilmittel »empowerment« rasch auf Bildungsmaßnahmen reduziert (Randeria 1994). Das Konstrukt der »Überbevölkerung« hat dabei in den vergangenen 40 Jahren eine erhebliche Wirkungsmacht erhalten, da es von Massenmedien, privaten Stiftungen, Regierungsbehörden und dem VN-System zunächst in Amerika und dann weltweit institutionell verankert wurde und schließlich politisches Handeln auf allen Ebenen beeinflussen konnte (Heim/Schaz 1996).

Die von Beck (1997b) vorgeschlagene Analyse transnationaler »Diskurs-Koalitionen«, welche zum Beispiel globale Umweltfragen im öffentlichen Raum durchsetzen konnten, läßt sich hier auf das Thema der Bevölkerungspolitik übertragen, um Unterschiede bei der globalen Gestaltung dieser beiden

Politikfelder zu verdeutlichen. Wie *Hummel* in ihrem Beitrag zeigt, geht anläßlich der Bevölkerungspolitik ein tiefer Riß durch die internationale Frauenbewegung. Dieser hängt mit der Herausbildung zweier transnationaler »Diskurs-Koalitionen« zusammen, die quer zu einer Nord-Süd-Achse verlaufen. Der Grunddissens besteht in der Frage, ob es »Überbevölkerung« als reales Phänomen und als Problem überhaupt gibt. Auf der einen Seite wird die Auffassung vertreten, daß die Welt tatsächlich überbevölkert sei und es sich um eine der größten globalen Gefahren handele, denen durch bevölkerungspolitische Maßnahmen zu begegnen sei. Auf der anderen Seite wird die sogenannte Überbevölkerung zu einer mit wechselnden Maßstäben konstruierten Fiktion erklärt, mit der in diesem Jahrhundert bereits viele Nationalstaaten unterschiedliche politische Maßnahmen begründet hätten (Heim/Schaz 1996). In ihrer jüngsten Variante bezieht sich diese Konstruktion allerdings auf das Überleben des gesamten Globus und wird mit dem Verweis auf eine globale Verantwortung legitimiert. Gegnerinnen der Bevölkerungspolitik machen darauf aufmerksam, daß trotz dieses Wandels des Referenzsystems weiterhin eine fundamentale Dichotomie besteht. In der Einen Welt gibt es nämlich zweierlei Arten von Menschen: Diejenigen im Norden sind »zuwenig«, und diejenigen im Süden sind in der »Überzahl«. Nicht die Armut, sondern vielmehr die Armen sollen also abgeschafft werden.

Globale Solidarität und Visionen

In dem Maße, wie im Norden ein »Süden« entsteht und umgekehrt der Süden durch Inseln eines »nördlichen« Reichtums gekennzeichnet ist, artikulieren sich transnationale Allianzen von BefürworterInnen und GegnerInnen einer ökonomischen Globalisierung. Zu ihren schärfsten KritikerInnen gehört »die internationale Frauenbewegung« (*Ruf* und *Lachenmann*). Unter diesem Sammelbegriff wird eine Vielzahl von Akteurinnen zusammengefaßt: diverse lokale, regionale, nationale und transnationale Frauen-NRO; Aktivistinnen der Frauenbewegungen sowie anderer sozialer Bewegungen; Akademikerinnen und Institutionen der Frauenforschung. Zwar hat sich die internationale Frauenbewegung in den vergangenen 20 Jahren als wichtige transnationale Akteurin in der globalen politischen Arena etabliert, Frauenthemen in der Weltöffentlichkeit Gehör verschafft und zu ihrer Institutionalisierung beigetragen. Konstitutiv allerdings für die Entstehungsgeschichte, Institutionalisierung und Funktionsweise der Frauenbewegung als Teil der internationalen Zivilgesellschaft ist ihre Verflechtung mit dem System der Vereinten Nationen (*Holthaus/Klingebiel*). Es scheint daher wenig sinnvoll, zwischen einer Globalisierung von oben (z.B. durch die zwischenstaatlichen Organisationen der VN) und einer Globalisierung von unten (durch die NRO) zu unterscheiden, wie Ulrich Beck vorschlägt (1997b).

Vor dem Hintergrund einer Verschränkung von Geschlecht, Klasse und Rasse bei der Konstruktion kollektiver Identitäten (*Mohanty*) sowie ihrer zunehmenden Partikularisierung (*Ruf*) stellt sich die Frage nach den Möglichkeiten transnationaler und transkultureller Solidarität von Frauen neu. Über Unterschiede von Rasse, ethnischer Zugehörigkeit und Klassen hinweg kann es nur auf der Basis gemeinsamer Interessen eine »strategic sisterhood« (Agarwal 1996:88) geben. Aus feministischer Sicht können dabei keine universal gültigen Antworten auf die durch die Globalisierung aufgeworfenen Fragen gegeben werden, die das globale neoliberale oder das religiös-fundamentalistische Patentrezept durch ein einheitliches, fortschrittliches, feministisches Allheilmittel ersetzen. Vielmehr müssen die unterschiedlichen feministischen Visionen einer gerechten und gewaltfreien Zukunft der ökonomischen, politischen und sozio-kulturellen Diversität Rechnung tragen.

In ihrer Suche nach Alternativen muß die internationale Frauenbewegung sich einerseits mit dem ökonomischen Fundamentalismus des neoliberalen Modells, andererseits mit rückwärtsgewandten Utopien des religiös-politischen Fundamentalismus beschäftigen (Moghadam 1994). Aber sie muß sich auch mit den Ergebnissen der Zukunftswissenschaft auseinandersetzen, die im Auftrag von Regierungen, der Wirtschaft wie auch von internationalen Institutionen durchgeführt wird. In allen diesen im Norden institutionell verankerten Forschungen und den von ihnen entworfenen Szenarien spielen alternative Visionen aus dem Süden oder aus sozialen Bewegungen keine Rolle. Die Ambivalenz von (Zukunfts-) Technologien wirft in der Frauenbewegung aber auch Fragen nach der Teilhabe an einer »virtual sisterhood« und Möglichkeiten und Maßnahmen zur Kontrolle der neuen Medien im 21. Jahrhundert auf. Wenn weltweit zwei Drittel aller Analphabeten Frauen sind und lediglich 1 % der Weltbevölkerung Zugang zum Cyberspace haben – wovon Frauen vermutlich weniger als die Hälfte ausmachen –, müssen die Formen, die Gestaltungsmacht und die Auswirkungen dieser Veränderungen auf die globalen Kommunikationsprozesse unter Frauen reflektiert werden.

Frauen als Gewinnerinnen und Verliererinnen

Die Beiträge in diesem Band zeigen, daß Antworten auf die Frage nach den GewinnerInnen und VerliererInnen der Globalisierung sehr differenziert ausfallen müssen. Während Frauen individuell eher zu den VerliererInnen zählen, kann die Frauenbewegung insgesamt als Gewinnerin auf der transnationalen Ebene betrachtet werden. Mit einem derartigen Resümee befindet man sich mitten in den Widersprüchlichkeiten, Gegenläufigkeiten und Paradoxien der unter dem Begriff »Globalisierung« zusammengefaßten Prozesse. Die »globale Subpolitik« (Beck 1997b) eröffnet somit neue Handlungsmöglichkeiten, aber die Analyse der internationalen Frauenbewegung weist exemplarisch auf einige ihrer Grenzen hin.

Das exponentielle Wachstum der Frauen-NRO auf lokaler, regionaler, nationaler und transnationaler Ebene ermöglichte eine Ausweitung ihrer politischen Basis. Allerdings wurde diese Entwicklung einerseits durch eine institutionelle Verankerung mit Hilfe des Nationalstaates ermöglicht, andererseits durch finanzielle Unterstützung internationaler Geberorganisationen. Durch die Verknüpfung zwischen einer Globalisierung von oben und von unten wird der Nationalstaat im Süden von beiden Richtungen aus seiner sozialen Verantwortung entlassen. Denn auch in einer neoliberalen Konzeption sollen die Aufgaben des Staates nach unten an den Markt und nach oben an globale Institutionen (Internationaler Währungsfonds, Welthandelsorganisation oder Weltbank) delegiert werden. In der Vision einer »Globalisierung von unten« wird hingegen – aus Enttäuschung über den postkolonialen Nationalstaat – eine Stärkung lokaler Gemeinschaften und der transnationalen Zivilgesellschaft anvisiert. Ein finanziell geschwächter und politisch delegitimierter Nationalstaat wird aber umso weniger in der Lage sein, in den Ländern des Südens einige seiner zentralen Aufgaben zu erfüllen: unter anderem Verteilungsgerechtigkeit herzustellen, eine kompensatorische Politik zu verfolgen sowie beschäftigungs- und umweltpolitische Ziele umzusetzen, sozialen Fortschritt zu garantieren und extensive Formen des Wohlstandes statt einer intensiven Akkumulation durch einige wenige zu ermöglichen (Randeria 1997; *Lachenmann*).

Die Grenzen der »globalen Rendezvous« der Frauenbewegung werden auch daran sichtbar, welche ihrer Themen und Agenden in welchen Institutionen auf Resonanz gestoßen sind. Es ist kein Zufall, daß der Frauenbewegung die Verankerung von Frauenthemen in den VN-Weltkonferenzen leichter fiel, als sich den Zugang zu IWF und Weltbank zu erschließen. Seit 1945 besteht zwischen den verschiedenen Organisationen des VN-Systems eine Arbeitsteilung: Für die »weicheren«, sozialen

Themen sind die VN-Behörden für Familienplanung (UNFPA) und Umwelt (UNEP), die VN-Organisation für Erziehung, Wissenschaft und Kultur (UNESCO) sowie das Weltkinderhilfswerk (UNICEF) verantwortlich. Hier gelang es der internationalen Frauenbewegung, geschlechtsspezifische Gesichtspunkte relativ rasch in Politik umzusetzen. Für die »harten« Themen (wie Wirtschafts, Handels- und Finanzpolitik) sind IWF, WTO und Weltbank zuständig, deren Zusammensetzung und Arbeitsweise eher von ökonomischer Dominanz als von politischen Paritäten bestimmt wird. Mit dem neuen Paradigma einer »nachhaltigen Entwicklung«, das vor allem die Umwelt ins Zentrum stellt, wird diese Teilung heute zunehmend fraglich. Folglich hat die Weltbank während der letzten Jahre begonnen, auch »weiche« Themen (Umwelt, Partizipation, Bevölkerungspolitik, Demokratisierung, Beteiligung von NRO) zu bearbeiten. Dieser Wandel erleichterte der internationalen Frauenbewegung zumindestens auf der Ebene der Analyse und Dokumentationen, die Weltbank für Geschlechterverhältnisse und deren Auswirkungen zu sensibilisieren (*Lachenmann*). Solange aber daraus kein grundsätzlicher Kurswechsel erfolgt, besteht die Gefahr der Vereinnahmung von Frauenthemen. Ähnlich wurde in den jüngsten Berichten der Weltbank – in Anlehnung an lateinamerikanische Analysen südostasiatischer Erfahrungen – die Rolle des Staates in der Bildungspolitik und bei der ökonomischen Umverteilung zur Beseitigung der Armut akzeptiert, und dennoch wurde an einer neoliberalen Wirtschaftspolitik festgehalten (Green 1996).

Auf der Weltfrauenkonferenz in Peking 1995 wurde erneut die dringende Relevanz makro-ökonomischer Themen für die feministische Theorie und Praxis herausgestellt. 500 der ca. 3000 Arbeitsgruppen auf dem NRO-Forum befaßten sich mit ökonomischen Themen (Agarwal 1996). Die internationale Frauenbewegung muß angesichts dieser strukturellen Rahmenbedingungen neue Strategien entwickeln, um sich auch bei dem »harten Kern« von Finanz- und Handelsinstitutionen (IWF, WTO) durchzusetzen. Entscheidend für Erfolge internationaler zivilgesellschaftlicher Institutionen, zu denen die Frauenbewegung zählt, wird nicht allein ihre Fähigkeit sein, die Agenda zwischenstaatlicher Organisationen zu beeinflussen. Es wird auch wichtig sein, inwiefern es ihnen gelingt, einen ethischen Codex, z.B. für die Kontrolle der transnationalen Konzerne durchzusetzen, internationale Finanz- und Handelsinstitutionen zu Demokratie und Transparenz zu verpflichten, ein Recht auf Information und Konsultation einzufordern und zu einer Entschuldung der Dritten Welt beizutragen. Die internationale Frauenbewegung gehört zu denjenigen politischen Kräften, die das Projekt einer kontrahegemonialen Globalisierung mitgestalten. Ihre wichtigsten Herausforderungen im 21. Jahrhundert werden in der Entwicklung alternativer Visionen einer gerechten, gewaltfreien und solidarischen Welt bestehen sowie in deren politischer Umsetzung.

Literatur

Agarwal, Bina, 1996: From Mexico 1975 to Beijng 1995, Indian Journal of Gender Studies, 3.Jg., Heft 1, S. 87-92.

Beck, Ulrich, 1997a: Was ist Globalisierung?, Frankfurt.

Beck, Ulrich, 1997b: Weltrisikogesellschaft, Weltöffentlichkeit und globale Subpolitik, Wien.

Evangelischer Kirchentag (Deutscher Evangelischer Kirchentag Leipzig), 1997: Dokumente, Gütersloh, S. 630-664.

Green, Duncan, 1996: Latin America: Neo-liberal Failure and the Search for Alternatives, Third World Quarterly, 17.Jg., Heft 1, S. 109-122.

Heim, Susanne/Schaz, Ulrike, 1996: Berechnung und Beschwörung, Überbevölkerung – Kritik einer Debatte, Berlin.

Linkenbach, Antje, 1994: Ecological Movements and the Critic of Development: Agents and Interpreters, Thesis Eleven, Nr. 39, S. 63-85.

Moghadam, Valentine M. (Hg.), 1994: Identity Politics and Women: Cultural Reassertions and Feminism in International Perspective, Boulder.

Pieterse, Jan N., 1996: Soziologie der humanitären Intervention: Bosnien, Somalia und Ruanda im Vergleich, in: Das Argument 217, 38. Jg., Heft 5/6, S. 781-800.

Randeria, Shalini, 1994: Kinder, Konsum, Kontrazeptiva: Was beeinflußt die Kinderzahl?, in: der überblick, Heft 4, S. 14-18.

Randeria, Shalini, 1995 : Sozio-ökonomische Einbettung reproduktiver Rechte: Frauen und Bevölkerungspolitik in Indien, in: Feministische Studien, Heft 1, S. 119-132.

Randeria, Shalini, 1997: Vorbild Europa oder eigener Weg? Demokratie und Nationalstaat in Indien, epd-Entwicklungspolitik, Heft 15/16, August, S. 15-20.

Santos, Boaventura de S., 1995: Toward a New Common Sense: Law, Science and Politics in the Paradigmatic Transition, New York.

Sassen, Saskia, 1994: Urban Marginality in Transnational Perspective: Comparing New York and Tokyo, unveröffentlichtes Manuskript.

Sassen, Saskia, 1996: Migranten, Siedler, Flüchtlinge: Von der Massenauswanderung zur Festung Europa, Frankfurt.

UNDP (United Nations Development Programme), 1997: Human Development Report 1997, New York/Oxford.

Wallerstein, Immanuel, 1991: The Politics of the World-Economy: The States, the Movements and the Civilizations, Cambridge.

Ines Holthaus/Ruth Klingebiel

Vereinte Nationen – Sprungbrett oder Stolperstein auf dem langen Marsch zur Durchsetzung von Frauenrechten?

Seit ihrer Gründung 1945 verfolgen die Vereinten Nationen das unmißverständliche Ziel, die Achtung der Menschenrechte und Grundfreiheiten unter anderem ohne Unterschied des Geschlechtes zu fördern und zu festigen (Art. 1 VN-Charta). Anfang der 90er Jahre starteten Frauenorganisationen im Vorfeld einer Weltkonferenz der Vereinten Nationen zum Thema Menschenrechte eine weltweite Kampagne, um unter dem Motto »Frauenrechte sind Menschenrechte« das Thema Gewalt gegen Frauen auf die Agenda der Vereinten Nationen zu setzen. Sie stießen damit auch und vor allem bei Vertretern einer universellen Menschenrechtsidee auf Ablehnung und Unverständnis. Was hat Frauen dazu bewogen, eine weltweite Mobilisierungskampagne zu organisieren, wo doch beginnend mit der VN-Charta von 1945 ihre Menschenrechte festgeschrieben wurden? Was hat wiederum die VN dazu bewogen, der Kampagne nachzugeben, das Motto und damit auch die Forderung der Frauenbewegung in VN-Dokumente aufzunehmen, ihr Menschenrechtskonzept zu erweitern und neue Instrumente zum Schutz der Menschenrechte von Frauen zu schaffen? Um diese Fragen beantworten zu können, ist es in einem ersten Schritt notwendig, der Verankerung von Frauenrechten in den Instrumenten der VN nachzuspüren. Wie wurden sie ausgestaltet und wo lagen die Defizite, die die Kampagne offensichtlich beförderten? In einem zweiten Schritt wird der eigentliche Erfolg, nämlich eine Normsetzung aus Frauensicht, kritisch hinterfragt. Anhand der Abschlußdokumente der Weltkonferenzen der 90er Jahre wird der Prozeß der schrittweisen Erweiterung der Gewaltdefinition und der geschlechtsspezifischen Menschenrechte nachgezeichnet. Dabei wird deutlich, wie die feministische Kritik an der andozentrischen (männerzentrierten) Ausgestaltung der nur vordergründig universell gültigen Menschenrechte den Zuständigkeitsbereich der VN vergrößert haben.

Anschließend an die Frage nach den Inhalten der Kampagne und dem Wesen bzw. der Qualität des Erfolges rückt in einem dritten Schritt die internationale Frauenbewegung selbst in den Blick. Die Weltkonferenzen der 90er Jahre boten die großartige Chance, aus dem Ghetto der "Frauenfragen" herauszukommen und sich in alle Politikbereiche einzumischen. Frauen nutzten die Konferenzen zur Professionalisierung ihrer Lobbyingstrategien, zur Vernetzung und nicht zuletzt zur Ressourcenbeschaffung. In der Nachschau auf die Weltfrauenkonferenzen wird analysiert, welche Rolle VN-Konferenzen für die Konstituierung der internationalen Frauenbewegung spielten und wie sich der inhaltliche und strategische Abstimmungsprozeß zwischen den Nichtregierungsorganisationen (NRO) gestaltete.

50 Jahre Anti-Diskriminierungsgebot der Vereinten Nationen

Zwischen Gründung der VN und der 4. Weltfrauenkonferenz in Peking 1995 vollzog sich die inhaltliche Ausgestaltung des Anti-Diskriminierungsgebotes der Vereinten Nationen in mehreren Phasen, wobei die Übergänge je nach Ressort fließend verliefen.

Phase der rechtlichen »Grundsteinlegung« von 1945 bis Anfang der 60er Jahre

Ausgehend vom Anti-Diskriminierungsgebot der VN-Charta rief der Wirtschafts- und Sozialrat der VN 1946 die Kommission für die Rechtsstellung der Frau (kurz Frauenrechtskommission) ins Leben.[1] Die Arbeit der Frauenrechtskommission stellte sicher, daß die Gleichberechtigung der Frau in der Allgemeinen Erklärung der Menschenrechte von 1948 verankert wurde und benutzte die Prinzipien der Menschenrechtserklärung gleichzeitig als Basis ihrer folgenden Arbeit. Die frühen Jahre waren geprägt von Maßnahmen zur rechtlichen Gleichstellung in den Bereichen der politischen Partizipation[2], Arbeit[3], Erziehung[4], Nationalität[5] und Ehe[6].

Anfang der 60er Jahre bis 1975: Frauen als menschliche Ressource für Entwicklung

Mit den Vorarbeiten zur »Erklärung über die Beseitigung der Diskriminierung von Frauen« beginnt eine Phase, in der das Rechtsinstrumentarium verfeinert werden sollte und Frauen für den Entwicklungsprozeß »entdeckt« wurden. Nachdem die beiden Menschenrechtspakte von 1966 verabschiedet worden waren, nahm die Generalversammlung 1967 die genannte Erklärung an und postulierte, daß die vollständige Entwick-

---

1 Die *Commission on the Status of Women* (CSW) wurde zuerst als Unterkommission der 1946 eingerichteten Menschenrechtskommission einberufen, erhielt aber noch im selben Jahr den vollen Status einer Fachkommission des ECOSOC.

2 Übereinkommen über die politischen Rechte der Frau von 1952.

3 Übereinkommen Nr. 100 der ILO über die Gleichheit des Entgelds männlicher und weiblicher Arbeitskräfte für gleichwertige Arbeit, 1951.

4 UNESCO-Report E/CN.6/146, 9 May 1950.

5 Übereinkommen über die Nationalität verheirateter Frauen von 1957.

6 Übereinkommen über die Erklärung des Ehewillens, das Heiratsmindestalter und die Registrierung von Eheschließungen von 1962.

lung eines Landes, die Wohlfahrt der Welt und die Herstellung von Frieden die größtmögliche Partizipation von Frauen und Männern gleichermaßen auf allen Gebieten erfordere.[7] Zum Ende der ersten Entwicklungsdekade wurde die Schlüsselrolle von Frauen zum Thema in der Entwicklungspolitik und beeinflußte die Entwicklungsstrategien für die zweite Entwicklungsdekade. 25 Jahre nach ihrer Gründung stellte die Frauenrechtskommission in ihrer Bilanz eine anhaltende, eklatante Diskriminierung von Frauen weltweit fest. Auf Initiative der finnischen Frauenrechtlerin Hertta Kuusinen rief die VN-Generalversammlung 1972 das Internationale Jahr der Frau für 1975 aus. Die dreiteilige Agenda für 1975, die auch für die erste Weltfrauenkonferenz (WFK) in Mexiko 1975 und alle folgenden galt, umfaßte die Bereiche *Gleichberechtigung* von Männern und Frauen, die Forderung nach Anerkennung der Bedeutung von Frauen für den *Entwicklung*sprozeß und die Beteiligung von Frauen an der Zusammenarbeit der Völker und dem Welt*frieden*.

Das Abschlußdokument der 1. Weltfrauenkonferenz, der »Weltaktionsplan« von Mexiko[8], enthielt umfassende Richtlinien zur Frauenförderung bis 1985. Die Frauendekade der Vereinten Nationen (1976-1985) konkretisierte vor allem das VN-Instrumentarium zur Beseitigung der Diskriminierung der Frau. Ins Leben gerufen wurde eine frauenspezifische Entwicklungsorganisation, der »Voluntary Fund for the UN Decade for Women« (1976), der im Februar 1985 als »United Nations Development Fund for Women« (UNIFEM) in die VN-Familie aufgenommen wurde. Parallel wurde ein frauenspezifisches Forschungsinstitut, das »International Research and Training Institute for the Advancement of Women« (INSTRAW) installiert. Damit wurde eine Dekade der Frauen-

7 Die Resolution trägt die Kennzeichnung A/RES/2263 (XXII), 7 November 1967.

8 Report of the World Conference of the International Women´s Year. Mexico City, 19 June - 2 July 1975. United Nations Publication (Sales No. E. 76.IV.1) New York 1976.

förderpläne eingeleitet, die von einer gemeinsamen Sichtweise von Frauen als menschlicher Ressource für Entwicklung geprägt waren. Zwölf Jahre nach der »Erklärung zur Beseitigung der Diskriminierung von Frauen« und nach unzähligen Verhandlungen und jahrelangen Diskussionen nahm die Generalversammlung am 18. Dezember 1979 endlich das »Übereinkommen zur Beseitigung jeder Form der Diskriminierung der Frau« (kurz Frauenrechtskonvention oder CEDAW genannt) an. Die Frauenrechtskonvention ist das erste internationale Rechtsinstrument, das Diskriminierungen von Frauen definiert:

> »In diesem Übereinkommen bezeichnet der Ausdruck ›Diskriminierung der Frau‹ jede mit dem Geschlecht begründete Unterscheidung, Ausschließung oder Beschränkung, die zur Folge oder zum Ziel hat, daß die auf die Gleichberechtigung von Mann und Frau gegründete Anerkennung, Inanspruchnahme oder Ausübung der Menschenrechte und Grundfreiheiten durch die Frau – ungeachtet ihres Familienstandes – im politischen, wirtschaftlichen, sozialen, kulturellen, staatsbürgerlichen oder jedem sonstigen Bereich beeinträchtigt oder vereitelt wird.«[9]

Die Konvention ist das bis heute einzige umfassende frauenspezifische Menschenrechtsinstrument der Vereinten Nationen. 1980 wurde eine 2. Weltfrauenkonferenz in Kopenhagen durchgeführt, deren Aufgabe in der Zwischenbilanzierung der Frauendekade bestand. Beschlossen wurden gezielte Fördermaßnahmen in den Bereichen Beschäftigung, Bildung und Gesundheit, ohne die die 1975 formulierten Hauptziele Gleichberechtigung, Entwicklung und Frieden nicht erreichbar seien.

---

9 Artikel 1 der »Convention on the Elimination of All Forms of Discrimination Against Women« (CEDAW), 1979. Die Konvention trat am 3. September 1981 in Kraft, nachdem sie durch 20 Staaten ratifiziert worden war. Erst danach konnte der in Artikel 17 vorgesehene Ausschuß zur Überprüfung der Fortschritte bei der Umsetzung der Konvention seine Arbeit aufnehmen.

1985 bis 1995: Frauen als Subjekte in den Zukunftsstrategien von Nairobi

Den Abschluß der Dekade, eine Trendwende in der Frauenpolitik der Vereinten Nationen und damit den Übergang in eine vierte Phase bildete die 3. Weltfrauenkonferenz in Nairobi 1985. Ein neues Entwicklungsparadigma zeichnete sich ab, das Frauen nicht länger als Objekt und menschliche Ressource betrachtete. Frauen wurden zu Handlungsträgerinnen, zu Individuen, die eine zentrale Rolle spielen sollten: »als Intellektuelle, Politikerin, Entscheidungsträgerin, Planerin sowie als Trägerin und Nutznießerin der Entwicklung«[10]. Die Bilanz der Frauendekade hatte gezeigt, daß es gelungen war, Öffentlichkeit herzustellen und innerhalb der meisten Länder eine Vielzahl von rechtlichen Diskriminierungen abzubauen. Gleichzeitig wurde offensichtlich, daß die Alltagssituation der meisten Frauen sich nicht nur nicht verbessert hatte, sondern daß die wirtschaftliche Misere vieler Länder des sogenannten Südens ihre Situation weiter verschlechterte. Die Zukunftsstrategien von Nairobi benannten ein ganzes Maßnahmenbündel zur Umsetzung von Gleichberechtigungsmaßnahmen in nationale Politik. Die Generalversammlung betraute die Frauenrechtskommission mit der Überwachung der Implementierung der beschlossenen Strategien und forderte gleichzeitig alle Organisationen der Vereinten Nationen auf, spezielle Abteilungen für frauenrelevante Fragen einzurichten. So führte die Frauenförderpolitik der VN zwar zur Bildung neuer Institutionen. Auf die Menschenrechtsarbeit der Vereinten Nationen hatte das aber wenig Einfluß:

> »Statt eine hohe Priorität bei den Vereinten Nationen zu genießen, wird den Menschenrechten von Frauen nur wenig Aufmerksamkeit geschenkt; ›Frauenfragen‹ werden in

---

10 Report of the World Conference to Review and Appraise the Achievements of the United Nations Decade for Women: Equality, Development and Peace, auf deutsch abgedruckt in: BMFSFJ 1988.

schlecht ausgestatteten und wenig effektiven Abteilungen marginalisiert. Auf Grund dessen verlangen Frauen weltweit eine weitreichende Transformation des existierenden defizitären Menschenrechtssystems.«[11] (Kerr 1993: 6).[12]

Strukturelle Schwächen der Frauenrechtskonvention

CEDAW enthält ein konkretes Aktionsprogramm, das die Vertragsstaaten zur Durchführung von gesetzgeberischen und anderen Maßnahmen verpflichtet, so unter anderem: Sanktionen und Schutzmaßnahmen gegen die Diskriminierung der Frau (Art. 2); zeitweilige Sondermaßnahmen zur beschleunigten Herbeiführung der *de-facto*-Gleichberechtigung von Mann und Frau (Art. 4); Maßnahmen, die auf den Wandel von sozialen und kulturellen Verhaltensmustern zielen, um so zur Beseitigung von Vorurteilen und stereotypen Rollenverteilungen zu gelangen (Art. 5); rechtliche Maßnahmen zur Abschaffung jeder Form des Frauenhandels und der Ausbeutung der Prostitution von Frauen (Art. 6); politische Partizipationsrechte (Art. 7); Maßnahmen zur Gleichstellung der Frau im Bildungsbereich (Art. 10); Beseitigung der Diskriminierung der Frau im Berufsleben (Art. 11); Maßnahmen zur vollen Gleichstellung von Frau und Mann vor dem Gesetz (Art. 15).

Zur Umsetzung dieser Gleichstellungsmaßnahmen fehlen jedoch sowohl der politische Wille der meisten Staaten als auch geeignete Durchsetzungsinstrumente. CEDAW hat politisch und rechtlich eine viel schwächere Stellung als andere Menschenrechtsverträge im System der internationalen Überwa-

11 Das Defizit wird auch innerhalb der VN gesehen und schlug sich in dem Titel der Resolution 1994/45 der Frauenrechtskommission nieder: »The question of integrating the rights of women into the human rights mechanisms of the United Nations and the elimination of violence against women.«

12 Die englischsprachigen Zitate sind in diesem Aufsatz mit Ausnahme einiger Passagen aus Dokumenten ins Deutsche übertragen.

chung und Kontrolle. Die Frauenrechtskonvention verpflichtet die Vertragsstaaten, ihre Bemühungen um die Realisierung der Vertragsinhalte in einem Bericht zu dokumentieren, den sie einem Ausschuß von unabhängigen Sachverständigen vorlegen müssen. Auf diese Weise soll in einem »konstruktiven Dialog« zwischen VN und Regierungen offen oder – auf Wunsch des berichtenden Staates – vertraulich auf die Beseitigung von Mißständen hingewirkt werden. CEDAW fehlt jedoch bislang ein Sanktionsinstrument[13] und hat die geringste jährliche Sitzungsdauer. Zudem verfügt CEDAW über noch weniger finanzielle Ressourcen als andere, ohnehin schlecht abgesicherte Menschenrechtsorgane. Die Regierungsberichte sind seit Jahren überfällig oder werden ausgesprochen kurz gehalten (im Extremfall nur zwei Seiten). Die Frauenkonvention ist – wie kaum eine andere Konvention – ferner deshalb rechtlich geschwächt, weil sie von den Staaten mit vielen Vorbehalten unterzeichnet wurde, die zum Teil den Sinn der Konvention ad absurdum führen (Tomasevski 1993: 116ff.; Cook 1990). Neben all diesen Mängeln zeigte sich, daß die Konvention nicht präzise genug ist und in der Praxis zu einer Politik der »selbstdefinierten Nicht-Zuständigkeit« führte: Gewalt gegen Frauen wird in ihr nicht explizit als Menschenrechtsverletzung verurteilt. Die Liste der Gewaltformen, die bis zur Weltkonferenz über die Menschenrechte 1993 im Völkerrecht keine Menschenrechtsverletzungen darstellten, ist lang und enthält unter anderem sexuellen Mißbrauch, genitale Verstümmelung, Vergewaltigungen durch »Zivilisten« im Kriegsfall, Vergewaltigung in der Ehe oder schwere Mißhandlungen im familiären

13 Um diese zu kodifizieren, müßte ein sogenanntes *Fakultativ- oder Zusatzprotokoll* zur Konvention formuliert werden, dem die Staaten wiederum eigens beitreten müßten. Es würde ermöglichen, aufgrund einer schriftlichen, nicht anonymen Mitteilung einer Person über Menschenrechtsverletzungen nach Ausschöpfung des innerstaatlichen Rechtsweges ein Individualbeschwerdeverfahren im VN-Menschenrechtsausschuß einzuleiten. Dort würden Regierungen mit Beschwerden über frauenspezifische Menschenrechtsverletzungen in ihrem Land konfrontiert werden.

Bereich, Mitgiftmorde, gezielte Abtreibung weiblicher Föten und Zwangssterilisationen.

Menschenrechte – feministisch betrachtet

Der Bereich der Menschenrechtsarbeit war bis zum Beginn der 90er Jahre völlig immun gegen jegliche Form eines *Gender*-Ansatzes (Klingebiel 1994). Er galt und gilt vielen bis heute generell als geschlechtsneutral. Ein kurzer Rückblick zeigt, daß die androzentrische Natur der Menschenrechte, d.h. ihre am männlichen Geschlecht orientierte Sichtweise, bereits in der Geburtsstunde der Menschenrechte vor rund 200 Jahren angelegt wurde: im Kampf um die individuellen Freiheitsrechte des bürgerlichen Individuums gegen einen übermächtigen, despotischen Staat. Als Ergebnis dieses Kampfes entstand zum einen das Gewaltmonopol des Staates und zum anderen die Schutzwürdigkeit der Privatsphäre. Als größte zivilisatorische Errungenschaft dieser Epoche gilt seitdem die Trennung von Politik und Privatsphäre, die bis heute wirksam ist. Was aber waren die Auswirkungen auf Frauen?

Frauen als »unpolitische Wesen« wurden und werden vielfach auch heute noch der Privatsphäre zugerechnet und damit aus der öffentlichen Sphäre verbannt, während das männliche, bürgerliche Individuum dem Politikbereich und der öffentlichen Sphäre zugeordnet bleibt. Entsprechend ihrer Entstehungsgeschichte sind Menschenrechte vor allem Schutzansprüche gegen staatliche oder dem Staat zuzuordnende Übergriffe, d.h. gegen Gewalt in der öffentlichen Sphäre. Besonders deutlich wird diese Problematik im Bereich der politischen Verfolgung und des Asyls. In europäischen Asylverfahren konnten bislang fast ausschließlich Männer politische Verfolgung als Fluchtgrund geltend machen. Verfolgung aufgrund des Geschlechtes, wie z.B Vergewaltigung im Gefängnis, wurde entweder als »kulturelle Eigenart« der Herkunftsländer gewertet oder aber der persönlichen Lustbefriedigung einzelner Männer zugeschrieben, denen die politische Motivation fehle. Erst die Berichte über die systematischen Vergewaltigungen in Ex-Jugoslawien schärften die Wahrnehmung dafür, daß es sich hier nicht um individuelle Triebtäter handelte, sondern um eine systematische, politische Verfolgung. Gewalterfahrungen von Frauen und Mädchen fielen aus dem Menschenrechtskonzept heraus, da ihnen der politische Charakter abgesprochen wurde. Frauen blieben im Menschenrechtsbereich der Vereinten Nationen von den Prozessen der Normbildung, der Implementierung und auch des Monitoring bis 1993 weitestgehend ausgeschlossen (Charlesworth 1994: 63).

Seit sich weltweit VölkerrechtlerInnen um die verstärkte Berücksichtigung frauenspezifischer Themen bemühen, zeigt sich, daß der Bereich der Menschenrechte in dieser Hinsicht tabuisiert und keineswegs immun gegen geschlechtsspezifische Analysen ist. Einige Völkerrechtlerinnen untersuchten, wie das Menschenrechtsinstrumentarium für Frauen in der bestehenden Form nutzbar gemacht werden kann (Ashworth 1992; Byrnes 1994; Tomasevski 1995). Die Vorschläge stellen auf eine Neuinterpretation des geltenden Völkerrechts aus Frauensicht ab und sehen viele Möglichkeiten, Frauen Zugang zu internationalen Menschenrechtsverfahren zu verschaffen.[14] So ließe sich zum Beispiel Gewalt im Privatbereich unter den Tatbestand der Folter subsumieren; Frauenhandel und Zwangsprostitution fielen unter das Verbot der Sklaverei; geschlechtsspezifische Verfolgung ließe sich auch als politische Verfolgung interpretieren, sobald staatliche Duldung, mangelhafte gesetzliche Schutzvorschriften usw. nachgewiesen würden. Andere bemühen sich um eine feministische Auseinandersetzung mit dem Nichtdiskriminierungs-Gebot der Konvention und der dahinter vermuteten Gleichheits-Differenz-

14 Obwohl erst 1994 erschienen, wurde der Sammelband von Rebecca J. Cook (Cook 1994) bereits zum »Klassiker« der Debatte. Er bietet in 23 Beiträgen Sichtweisen aus allen Regionen der Erde mit den unterschiedlichen Richtungen des Menschenrechtsansatzes aus Frauensicht.

Hypothese. Das Nichtdiskriminierungs-Gebot wird dabei verdächtigt, ein weibliches Abziehbild des männlichen Vorbilds anzustreben mit dem Effekt, daß

> »(...) Frauen sich dazu gezwungen sehen zu argumentieren, entweder daß Männer und Frauen gleich seien und sie deshalb auch gleichbehandelt werden sollten, oder daß sie anders seien, aber so behandelt werden sollten, als seien sie gleich; oder aber daß sie anders seien und deshalb eine spezielle Behandlung erfahren sollten. Dieses Modell verhindert, daß die Art und Weise, wie Gesetze, Kultur, Religion oder Tradition die Diskriminierung von Frauen konstruiert und verfestigt haben, hinterfragt wird. Ebensowenig wird das Ausmaß, in dem die Institutionen männlich definiert sind und männliche Vorstellungen über Herausforderungen und Nachteile vorherrschen, sichtbar.« (Cook 1993: 239)

Eine andere Richtung kritisiert das westlich-feministische Grundverständnis, das im Nichtdiskriminierungs-Gebot angelegt sei: Dieses beruhe auf dem Bild der privilegierten, freien und unabhängigen Frau. Außen vor bliebe der Kontext von Klassen, Kasten und ethnischen Zugehörigkeiten (Coomaraswamy 1994: 40f.). An diese Sichtweise schließen sich Debatten um Universalität versus kulturellem Relativismus an. Viele Feministinnen haben sich die universalistische Gültigkeit der Frauenrechte zueigen gemacht und lehnen den Kulturrelativismus als Argumentation eines sich bedroht fühlenden Patriarchats ab. Sitte und Kultur stehen bei den AnhängerInnen der universellen Menschenrechte tendenziell im Ruf, sich im Interesse von Männern gegen Frauen zu richten. Wenn Frauen sich gegen den Eingriff in ihre Kultur wehren und auf ihrem vom herrschenden feministischen Diskurs abweichenden Weg beharren, werden ihre Anliegen als unglaubwürdig mißachtet. Dagegen warnt Annie Buntig eindringlich davor, jeden Hinweis auf die kulturelle Vielfalt als einen Angriff auf die Universalität der Menschenrechte zu begreifen und Kultur grundsätzlich als Hindernis für die Durchführung von universellen Gesetzen anzusehen (Buntig 1996: 135).

In der internationalen Frauenmenschenrechtsbewegung dominiert zwar die Überzeugung, daß in keinem Fall das Recht auf kulturelle Selbstbestimmung dazu benutzt werden dürfe, Menschenrechtsverletzungen an Frauen zu rechtfertigen. Was aber letztendlich von wem als Menschenrechtsverletzung definiert wird, ist umstritten. Für westliche Feministinnen ist es schwer nachzuvollziehen, daß viele Frauengruppen aus Entwicklungsländern die Priorität im Kampf um ihre (Menschen-)Rechte nicht auf häusliche Gewalt legen, obwohl diese ein weltweites Problem ist, sondern sich statt dessen für die Einhaltung sozio-ökonomischer Rechte einsetzen. Frauen aus dem industrialisierten Norden müssen besonders sensibel mit Kritiken, Forderungen und inhaltlichen Schwerpunktsetzungen von Frauen aus Entwicklungsländern umgehen. Sonst dominieren

> »die Stimmen der aus der Mittelschicht stammenden Europäerinnen und Amerikanerinnen, da sie eine kulturelle Affinität mit und Zugang zu den Machtzentren haben, aus denen der dominante Diskurs entstammt. (...) Die Angriffe westlicher Feministinnen auf männliche, weiße Privilegien innerhalb des internationalen Menschenrechtssystems können zur Suche nach männlichen *und weiblichen* weißen Privilegien im System werden (...)« (Ilumoka 1993: 320).

Gleichzeitig muß aber davor gewarnt werden, zu leichtfertig Menschenrechtsstandards zu relativieren, nur weil eine Frau aus der westlichen Kultur sie zurückweist. Auch in westlichen Kulturen ist der Kampf um Frauenrechte heftig umstritten und somit ›kulturell illegitim‹. Zudem werden in einigen Staaten Frauengruppen und -organisationen rigoros von ihren Regierungen unterdrückt (vgl. Mayer 1995: 180), so daß oft nur Außenstehende die Situationen in diesen Gesellschaften kritisieren können. Innerhalb der Diskussion um Universalität und kulturelle Relativität der Menschenrechte unterstellen beide Seiten ein statisches, d.h. unveränderbares Menschenrechtsverständnis, wobei die Rechte der Frauen einen besonderen Kampfschauplatz darstellen. Jedoch wehren sich Feministinnen weltweit gegen eine Vereinnahmung durch eine der beiden Seiten und drängen auf die Weiterentwicklung der Menschenrechtskonzepte (Holthaus 1996a).

Wien – Kairo – Peking: Die Erfolgsgeschichte einer Kampagne

Im Vorfeld der Menschenrechtsweltkonferenz 1993 in Wien starteten nordamerikanische Frauenorganisationen ihre Kampagne »Frauenrechte sind Menschenrechte«, die auf eine Vielzahl von Ländern übersprang. Eine der Initiatorinnen der Kampagne aus den USA benennt das Ziel der Menschenrechtskampagne für Frauen:

> »Wir glauben, daß es Frauen ohne weiteres klar ist, was ihre Menschenrechte sind, aber sie brauchen Konzepte, um das auszudrücken. (...) Wir sagen, daß die Weltgemeinschaft nicht nur die Frauen miteinbeziehen, sondern auch ihr Verständnis von Menschenrechten verändern muß. Mit anderen Worten: Wir können das, was Frauen als Menschenrechtsthemen ansehen, nicht in die bestehende Form der Menschenrechte integrieren, ohne diese zu verändern.« (Bunch 1993: 10f.).

Die Serie der Weltkonferenzen in den 90er Jahren bot dabei die einmalige Chance, eine geschlechtsspezifische Analyse der Menschenrechte vor laufender Kamera weltweit bekannt zu machen und in Wien Gewalt im Privatbereich erstmals als Menschenrechtsverletzung zu verurteilen. In § 38 der Wiener Aktionsplattform, dem Abschlußdokument der Konferenz, heißt es unter anderem:

> »Vor allem aber hebt die Weltkonferenz über die Menschenrechte hervor, wie wichtig es ist, auf die Beseitigung der Gewalt gegen Frauen im öffentlichen und privaten Leben, auf die Beseitigung aller Formen sexueller Belästigung, der Ausbeutung der Frau und des Frauenhandels, auf die

Beseitigung geschlechtsspezifischer Benachteiligungen im gerichtlichen Verfahren und auf die Behebung allfälliger Konflikte zwischen den Rechten der Frau und den schädlichen Auswirkungen bestimmter traditioneller oder üblicher Praktiken, kultureller Vorurteile und des religiösen Extremismus hinzuwirken.«

Damit war der Durchbruch geschafft. Die Vereinten Nationen erklärten sich endlich zuständig für die Belange von Frauen in der sogenannten Privatsphäre. Als ein Ergebnis von Wien verabschiedete die VN-Generalversammlung im Herbst 1993 die »Erklärung zur Gewalt gegen Frauen«. In Artikel 2 der Erklärung wird geschlechtsspezifische Gewalt im familiären, gesellschaftlichen und staatlichen Bereich beschrieben und mit den folgenden Beispielen belegt:

a) körperliche, sexuelle und psychologische Gewalt in der Familie, einschließlich körperlicher Mißhandlungen, des sexuellen Mißbrauchs von Mädchen im Haushalt, Gewalttätigkeit im Zusammenhang mit der Mitgift, Vergewaltigung in der Ehe, weibliche Beschneidung und andere für Frauen schädliche traditionelle Praktiken, Gewalt außerhalb der Ehe und Gewalttätigkeit im Zusammenhang mit Ausbeutung;

b) körperliche, sexuelle und psychologische Gewalt im Umfeld der Gemeinschaft, einschließlich Vergewaltigung, sexueller Mißbrauch, sexuelle Belästigung und Einschüchterung am Arbeitsplatz, in Bildungseinrichtungen und andernorts, Frauenhandel und Zwangsprostitution;

c) staatliche oder staatlich geduldete körperliche, sexuelle und psychologische Gewalt, gleichviel wo sie vorkommt.

Im März 1994 beschloß der Menschenrechtsausschuß, das Amt einer »Sonderberichterstatterin über Gewalt gegen Frauen« einzurichten, das seitdem von Radhika Coomaraswamy ausgeübt wird.[15] In ihr Mandat, und somit erstmals in ein Mandat

15 Ihr erster Bericht sowie der Bericht der Bundesregierung an die Sonderberichterstatterin sind in deutscher Übersetzung abgedruckt in: BMFSFJ 1995.

der Vereinten Nationen, fällt die Aufdeckung und Bekämpfung frauenspezifischer Benachteiligungen, Gewalt und Unterdrückung. In Wien gelang es der internationalen Frauenbewegung, Menschenrechte von Frauen international ins Bewußtsein zu rufen und vor allem geschlechtsspezifische Menschenrechtsverletzungen sichtbarer zu machen. Bereits ein Jahr nach Wien begannen im Rahmen der Weltbevölkerungskonferenz in Kairo 1994 die Bemühungen, weitere Bereiche des bislang unsichtbaren Lebens von Frauen in den Zuständigkeitsbereich der Vereinten Nationen zu ziehen. Nach dem Hervorheben der Verletzungen drehte sich nun die Diskussion eher um eine positive Ausgestaltung der Menschenrechte von Frauen.

Das Abschlußdokument von Kairo unterscheidet sich sehr stark vom Abschlußdokument der vorherigen Weltbevölkerungskonferenz 1984 in Mexiko. Dies zeigt sich zum Beispiel in der Umkehrung der Reihenfolge der anzustrebenden Entwicklungsziele. Hatte es zuvor geheißen, Familienplanung sei die beste Möglichkeit für Entwicklung, so wurde nun formuliert, Entwicklung sei die beste Familienplanung. Nichtsdestotrotz konzentrierte sich Kairo allein auf die Aspekte der Familienplanung und der dazu nötigen finanziellen Ressourcen *(vgl. dazu den Beitrag von Hummel).* Im 95er Weltbevölkerungsbericht (DGVN 1995) wird der Entwicklungsansatz von Kairo als ein neues Paradigma in der Bevölkerungs- und Entwicklungspolitik beschrieben. Es wird erklärt, daß die Ziele von Entwicklung – einschließlich der raschen Stabilisierung des Bevölkerungswachstums – nur erreicht werden könnten, wenn die Politiken und Programme auf den Menschenrechten sowie den Bedürfnissen und Hoffnungen jeder einzelnen Frau und jedes einzelnen Mannes basieren. Die ausdrückliche Hervorhebung des Menschenrechtsansatzes hat umso mehr Bedeutung, als in Kairo ein neues Konzept entworfen und nach sehr schwierigen Verhandlungen auch durchgesetzt werden konnte, wonach Frauen ebenso wie Männer Rechte bezüglich ihrer Fortpflanzung und reproduktiven Gesundheit haben.

Das *Konzept der reproduktiven Gesundheit* nimmt einen breiten Raum im Abschlußdokument ein. Es umfaßt den gesamten Lebenszyklus der Frau von ihrer Geburt bis zum Alter und benennt detailliert Maßnahmen und Gesundheitsangebote, die ihr als Unterstützung zur Verfügung stehen sollten. Neu im Sinne des Menschenrechtsansatzes der Vereinten Nationen ist, daß die Verwirklichung dieses Konzeptes zum Menschenrecht von Frauen und Männern erklärt wurde. Die Definition der reproduktiven Gesundheit wurde erweitert durch ein *Konzept der reproduktiven Rechte:*

> »Eingedenk der obigen Definitionen umfassen reproduktive Rechte (Rechte bezüglich der Fortpflanzung) bestimmte Menschenrechte, die bereits in nationalen Rechtsvorschriften, völkerrechtlichen Menschenrechtsdokumenten und anderen Dokumenten der Vereinten Nationen, in denen ein Konsens zum Ausdruck kommt, anerkannt sind. Diese Rechte stützen sich auf die Anerkennung des Grundrechts aller Paare und Individuen, frei und eigenverantwortlich über die Anzahl, den Geburtenabstand und den Zeitpunkt der Geburt ihrer Kinder zu entscheiden und über die diesbezüglichen Informationen und Mittel zu verfügen, sowie des Rechts auf Erfüllung der zu verwirklichenden höchsten Anforderungen bezüglich der sexuellen und reproduktiven Gesundheit. Dies umfaßt auch das Recht von Paaren und Einzelpersonen, frei von Diskriminierung, Zwang und Gewalt Entscheidungen in bezug auf die Fortpflanzung zu treffen, wie es in Menschenrechtsdokumenten niedergelegt ist.« (VN, in DGVN 1994, § 7.3).

Auffällig ist, daß Fortpflanzung und Gesundheit streng getrennt von Fragen der Sexualität diskutiert wurden, was zu einer Trennung von reproduktiven und sexuellen Rechten führte. Das Konzept der reproduktiven (Menschen-)Rechte blieb auf diese Weise in Kairo noch unvollständig, da das sexuelle Selbstbestimmungsrecht von Frauen keinen Eingang in das Dokument fand. Der Aspekt der sexuellen Gesundheit wurde zwar immerhin als Formulierung aufgenommen, doch das Konzept der sexuellen Rechte scheiterte am Widerstand vieler islamischer Staaten und vor allem des Vatikans.

Die oben zitierte Gewaltdefinition der VN-Erklärung wurde in Kairo graduell erweitert, und die Tötung von Mädchen, die genitale Beschneidung, die Bevorzugung von Söhnen und die vorgeburtliche Geschlechtsauswahl wurden als Menschenrechtsverletzungen verurteilt. Dagegen wurden diejenigen Menschenrechts- und vor allem Frauenrechtsverletzungen, die durch staatliche Bevölkerungskontrollpolitiken verursacht werden, nicht explizit als Menschenrechtsverletzungen genannt, so vor allem erzwungene Abtreibungen, erzwungene Sterilisierungen sowie die Erprobung von Kontrazeptiva ohne Wissen und Einwilligung der Frauen. Diese Rechtsverletzungen lassen sich nur indirekt aus der Definition der reproduktiven Rechte als Recht auf Freiheit von Diskriminierung, Zwang und Gewalt ableiten.

Wieder ein Jahr später, 1995, fand in Peking die 4. Weltfrauenkonferenz statt. Sie baute auf Wien und Kairo auf, indem sie nach zähem Ringen um Kompromisse nachdrücklich deren Ergebnisse bekräftigte und zugleich nachholte, was in Kairo noch unmöglich war. Gegen den Widerstand vieler islamischer Staaten und des Vatikans, die zwar die Wortwahl sabotieren, nicht aber eine inhaltliche Aussage verhindern konnten, wurde das sexuelle Selbstbestimmungsrecht der Frau im Abschlußdokument verankert. Der Terminus »sexuelle Rechte« wurde zwar nicht aufgenommen, doch sind sie in der gewählten Umschreibung unüberlesbar enthalten:

> »Die Menschenrechte von Frauen schließen ihr Recht ein, frei und verantwortlich über Fragen ihrer Sexualität zu entscheiden, frei von Zwang, Diskriminierung und Gewalt.« (§ 97 der Aktionsplattform von Peking)

Die Menschenrechte von Frauen ziehen sich als roter Faden durch das etwa 160 Seiten lange Abschlußdokument von Peking. Im Gegensatz zu Kairo, wo eine Konferenz mit dem Titel »Bevölkerung und Entwicklung« abgehalten wurde (ohne Entwicklung zu diskutieren), wurden in Peking die Menschenrechtsverletzungen, die im Zusammenhang mit Bevölkerungspolitik geschehen, erstmals beim Namen genannt und verurteilt. Zwangssterilisationen, erzwungener oder gewaltsamer Gebrauch von Verhütungsmitteln sowie erzwungener Schwangerschaftsabbruch werden ausdrücklich als Menschenrechtsverletzung verurteilt (§§ 13 und 14 des Abschlußdokumentes von Peking) und unter das Mandat der VN gestellt.

Internationale Frauenbewegungen als Akteurinnen auf internationalem Parkett

Daß die universelle Gültigkeit der Frauenrechte als Menschenrechte und Menschenrechtsverletzungen an Frauen in Form von geschlechtsspezifischer Gewalt in die Abschlußdokumente der VN-Weltkonferenzen Eingang gefunden hat, ist in erster Linie das Verdienst einer internationalen Frauenbewegung (Holthaus 1996b), deren Entstehungsgeschichte zugleich eng mit dem internationalen Konferenzgeschehen der Vereinten Nationen verbunden ist. Seit der ersten Weltfrauenkonferenz (WFK) im Jahr 1975 in Mexiko und im Zusammenhang mit der ›VN-Dekade der Frau‹ kann ein Prozeß beschrieben werden, in dessen Folge weltweit Frauenorganisationen gegründet wurden (vgl. Wichterich 1995b). Schon parallel zur ersten WFK trafen sich basisorientierte Frauenorganisationen, um auf der Konferenz der Nichtregierungsorganisationen (NRO) auf internationaler Ebene zusammenzuarbeiten. Dabei stand die Arbeit bei den VN und in deren spezifischen Frauengremien im Mittelpunkt. Initiiert von den NRO wurde 1975 das Internationale *Women's Tribune Center* (IWTC) gegründet und ein Büro in New York City ausgestattet (Bunch/Carrillo 1990: 71). Die Aufgabe des Centers war vor allem die Unterstützung von Frauenorganisationen in den Ländern des Südens durch die Weitergabe von Informationen über die Geschehnisse bei den Vereinten Nationen.

Zu diesem Zeitpunkt dominierten noch die Frauenbewegungen westlicher Industrienationen und ihre feministischen Theorien die Gremien und Diskussionen. In vielen Ländern des Südens gab es eigenständige Formen von Feminismus und Frauenbewegungen (Kang/Lenz 1992), die sich an den internationalen Auseinandersetzungen bald sehr engagiert beteiligten. In den Anfangsjahren der Internationalisierung der Frauenbewegungen erfolgten intensive Auseinandersetzungen mit den Themen Entwicklung/Unterentwicklung und Gewalt gegen Frauen. Diese Themen hatten zwar einen Solidarisierungseffekt, denn sie signalisierten Gemeinsamkeiten von Frauen weltweit, aber auf dem ersten NRO-Forum in Mexiko wurden auch die Unterschiede in den Prioritäten sichtbar. Während sich Frauen aus den westlichen Industrienationen mit dem Slogan ›Das Private ist politisch‹ für mehr Gleichberechtigung von Frauen einsetzten, favorisierten Frauen aus den Ländern des Südens die Beseitigung von Armut und Unterentwicklung. Als Konsequenz widmeten sich viele internationale Frauenkonferenzen Ende der siebziger Jahre diesen Themen (IWTC 1980), und es zeigte sich, daß ein Austausch von Positionen und Weltsichten dringend nötig war.

Auf der 2. Weltfrauenkonferenz 1980 in Kopenhagen hatte sich die TeilnehmerInnenzahl des NRO-Forums mit 10.000 Personen im Vergleich zu Mexiko fast verdoppelt, und der Slogan »Frauen – die Hälfte der Welt« drückte das wachsende Selbstbewußtsein aus. Die erste Hälfte der ›Frauendekade der VN‹ hatte keine Verbesserungen der Lage der Frauen erreicht, und größere politische Anstrengungen mußten den Regierungen abgezwungen werden. Auf dem NRO-Forum in Kopenhagen traten jedoch wieder Auseinandersetzungen zwischen Nord- und Süd-Frauen auf. Sie zwangen Nord-Frauen dazu, ihre gewohnte dominante Rolle kritisch zu reflektieren und statt Gleichberechtigung in einem ›schlechten‹ Gesellschaftssystem eine völlig neue Struktur zu fordern.

Während anfangs der internationale Austausch vor allem auf überregionalen Konferenzen erfolgte, entwickelten sich im

Zusammenhang mit den Vorbereitungen zur dritten WFK in allen Kontinenten Frauennetzwerke *(vgl. den Beitrag von Ruf)*. Diese national, regional und international arbeitenden Organisationen informierten lokale Frauenorganisationen über die internationalen Ereignisse. Die Netzwerke boten einen Rückhalt und führten dazu, daß Frauen aus dem Süden selbstbewußt arbeiten konnten. Ihre Stärke manifestierte sich in ihrem Konzept des *empowerment* (vgl. Sen/Grown 1987), das eine frauengerechte Entwicklungsrichtung forderte und dazu statt einer Gleichstellungspolitik die Machtbildung von Frauen als Handelnde zum Ziel hatte. Der Machtbegriff beinhaltete Verfügungsrechte über Ressourcen, Entscheidungs- und Gestaltungsrechte in allen gesellschaftlichen Bereichen, ohne aber auf Herrschaft abzuzielen. Im Zusammenhang mit dem dritten NRO-Forum parallel zur Weltfrauenkonferenz 1985 in Nairobi wichen die Auseinandersetzungen um die Nord-Süd-Debatte der Einsicht, daß Frauen weltweit mehr eint als trennt. Hinzu kam die Erkenntnis, daß globale Phänomene unauflösbar mit frauenspezifischen Fragen verquickt sind und Frauen sich nicht nur mit »Frauenthemen« beschäftigen sollten. Im Anschluß an dieses dritte NRO-Forum bildeten sich immer mehr internationale Frauenorganisationen, und das Interesse an den globalen Problemen und internationalen Gremien schien zu wachsen.

Vor diesem Hintergrund wird verständlich, weshalb die Kampagne »Frauenrechte sind Menschenrechte« im Vorfeld der Weltkonferenz über die Menschenrechte 1993 sehr schnell in allen Kontinenten aufgegriffen werden konnte. Es bestanden bereits Strukturen einer »internationalen Frauenbewegung«, die eine Verteilung der Petitionslisten durch internationale und nationale Netzwerke erleichterten und einen internationalen Diskussionsprozeß ermöglichten.

Internationale Frauenbewegung: Eine Blackbox?

Der Begriff der »internationalen Frauenbewegung« muß genauer definiert werden. Er suggeriert eine Einheitlichkeit, die aufgrund der wachsenden Zahl der Frauenorganisationen und -gruppen so nicht existiert. Die quantitative Zunahme geht mit einer themenspezifischen Spezialisierung und Diversifizierung der Organisationsformen von nationalen Frauenbewegungen einher. So gibt es beispielsweise internationale Bewegungen zu den Themen Frauen und Umwelt, Frauen und Entwicklungspolitik, Menschenrechte von Frauen sowie Bevölkerungspolitik. Die dezentrale Struktur, das Basieren auf informellen Netzwerken und die Bildung themenspezifischer Koalitionen als typische Organisationsform sind Merkmale der internationalen Frauenbewegungen, aber auch vieler nationaler Frauenbewegungen (Rucht 1994: 201). Dennoch spricht man etwa von *der* deutschen Frauenbewegung, und so hat sich die Singularform auch für die internationale Frauenbewegung in der Literatur eingebürgert.

Die Konstitution von Frauengruppen als nationale oder internationale nichtstaatliche Organisationen kann auch als Reaktion auf die Anforderungen der Vereinten Nationen und anderer Geberorganisationen gesehen werden. Nur in dieser Organisationsform können sie finanzielle Mittel erhalten und an Entscheidungsprozessen auf nationalen oder internationalen Ebenen partizipieren. Für die Teilnahme an Konferenzen der Vereinten Nationen müssen nichtstaatliche Organisationen einen komplizierten Anerkennungsprozeß durchlaufen. Auch werden für die Vergabe eines ständigen Beobachterstatus beim Wirtschafts- und Sozialrat der VN harte Richtlinien angelegt. In der Entwicklungszusammenarbeit sind für die Geber nur Gruppen oder Organisationen als Ansprechpartner in den Empfängerländern konzipiert (Drubig 1995: 42). Es würde jedoch ein wichtiger Aspekt der Bewegungskultur verloren gehen, würde die internationale Frauenbewegung nur als Summe der NRO angesehen werden. Auch Einzelpersonen nehmen an den Diskussionen teil, haben teilweise Sprecherinnenfunktionen und Mobilisierungspotentiale. Der Begriff der internationalen Frauenbewegung ist daher eher ein Oberbegriff für vielfältige und vielschichtige soziale Bewegungen weltweit. Sie haben sich zum Ziel gesetzt, durch Arbeit in internationalen Gremien oder durch Druck auf sie die Chancen für soziale Veränderungen innerhalb ihrer Gesellschaften und auch global zu nutzen.

Der Prozeß der Prioritätensetzung

Innerhalb der internationalen Frauenbewegung ist das Setzen von Prioritäten für Forderungen ein besonders schwieriges Thema. Wie die Beispiele der ersten drei Frauenkonferenzen gezeigt haben, existierte viele Jahre innerhalb der internationalen Frauenbewegung ein Nord-Süd-Gegensatz. Mit dem Ziel, den Koordinierungsprozeß zu vereinfachen, haben sich auf der Ebene der VN internationale NRO in den letzten Jahren eine zunehmend differenzierte Organisationsstruktur gegeben. Die permanenten Gremien bei den VN – beispielsweise die *Conference of Non-Governmental Organizations* (CONGO) – bestehen im wesentlichen aus internationalen Organisationen mit beratendem Status beim Wirtschafts- und Sozialrat der Vereinten Nationen (ECOSOC-Status). Diese etablierten NRO regeln die Vorbereitungsprozesse für NRO-Foren. Auf Vorbereitungs-, Regional- und Weltkonferenzen hat sich während der Regierungsberatungen zudem das ›Caucus-System‹ der NRO etabliert. Der Begriff *Caucus* aus dem Sprachschatz der indigenen nordamerikanischen Bevölkerung bezeichnet eine Versammlung, die sich mit einem bestimmten Thema befaßt und für alle Interessierten offen ist. Das ›Caucus-System‹ soll vor allem als Gremium der Absprache von Lobbyaktivitäten, Veranstaltungen und Aktionen dienen. Es gibt auf den internationalen Konferenzen *Caucuse* für Frauen aus den verschiedenen Regionen und zu Themen wie beispielsweise weibliche Homosexualität, Jugend, Behinderung, Menschenrechte oder Gesundheit. Durch die Einbindung vieler Frauen wird eine Legitimationsbasis für *Statements* des NRO-Forums an die Vereinten Nationen oder das Organisationskomitee angestrebt. Das *Caucus*-System hat sich in den vergangenen Jahren bereits auf Weltkonferenzen bewährt.

Im Vorfeld der Wiener Weltkonferenz über die Menschenrechte war es relativ unproblematisch, das Thema »Gewalt gegen Frauen« zu einem prioritären Lobbythema zu machen, da hier der eindeutige Mangel an menschenrechtlichen Standards allen Beteiligten bewußt war. So wurden etwa Forderungen nach einer verstärkten Berücksichtigung der wirtschaftlichen Rechte von Frauen vorläufig zurückgestellt. Vor und während der Weltbevölkerungskonferenz in Kairo wurden Unstimmigkeiten zwischen den weltweit aktiven Frauengruppen wieder sichtbar. Dieser bestehende, oftmals divergierende Meinungspluralismus wurde durch das Aufbrechen von Konflikten zwischen den beteiligten Frauenorganisationen deutlich. Ein Teil der internationalen Frauengesundheitsbewegung, vor allem Frauengruppen aus Ländern des Südens, lehnte jegliche Bevölkerungspolitik ab und verweigerte sich auch der Lobbystrategie der restlichen Bewegung. Während der Konferenz setzten sich dann aber die Lobbyistinnen durch und verhinderten einschneidende Maßnahmen der Bevölkerungsplanung durch ihren Einsatz für Reformen in der Bevölkerungspolitik. Einig waren sich alle Teile der Frauengesundheitsbewegung bei den Forderungen nach reproduktiven Rechten und strukturellen Veränderungen des Geschlechterverhältnisses *(vgl. dazu auch den Beitrag von Hummel).*

Die 4. Weltfrauenkonferenz in Peking mit 189 teilnehmenden StaatenvertreterInnen ebenso wie das parallel tagende NRO-Forum mit ca. 30.000 TeilnehmerInnen waren die größten internationalen Konferenzen in der Geschichte der VN. Das NRO-Forum überbot alle bisherigen Konferenzen bezüglich der Zahl der Workshops, Diskussionsveranstaltungen und

Demonstrationen. Es zeigte sich die Bandbreite der Frauenbewegungen weltweit und ihre Heterogenität. Diese Vielfalt verursachte jedoch auch eine neue Unübersichtlichkeit. Denn anders als auf den NRO-Foren der vergangenen Konferenzen waren in Peking keine Schwerpunktthemen aus den Debatten herauszulesen. Konflikte zwischen den Teilnehmerinnen waren eher rar. Die Idee der Frauenrechte als Menschenrechte hatte zwar eine so breite Akzeptanz unter den Frauenorganisationen, daß fast alle Themenbereiche als Menschenrechtsprobleme dargestellt wurden, jedoch konnte kein gemeinsamer Menschenrechtsansatz erarbeitet werden:

> »Resultat war die friedliche Koexistenz vieler Feminismen und die Vernetzung von Gleichgesinnten, doch kein klares Umreißen von Perspektiven, mit welchen Strategien auf welchen Wegen die Frauenbewegungen ihre Vielfalt in politische Stärke umsetzen können.« (Wichterich 1995a: 21).

Möglichkeiten der Einflußnahme

Abschlußerklärungen von Weltkonferenzen entstehen nicht während der eigentlichen Konferenz, sondern in einem Vorbereitungsprozeß, der oft Jahre in Anspruch nimmt (Klingebiel 1996). Wenn NRO Einfluß auf die Formulierungen des Abschlußdokumentes ausüben wollen, müssen sie sich daher ebenfalls oft jahrelang mit den Vorbereitungsprozessen beschäftigen und bei allen Vorbereitungskonferenzen anwesend sein.

Lobbying ist für einen Teil der Frauenbewegung eine Geheimformel, für den anderen Teil hingegen verschenkte Kraft. Das Lobbying soll zu konkreten Anweisungen an Regierungen führen, und die Abschlußerklärungen sollen Reformen im Sinne der Ziele der sozialen Bewegung erleichtern. Die Effektivität der Lobbyistinnen hängt von genauer Sachkenntnis, Kompromißfähigkeit, Kenntnissen im Umgang mit VN-

Gremien und deren Sprache sowie der Kooperation mit VertreterInnen der Regierungsdelegationen ab. Da sich viele internationale NRO vom Lobbying Einflußmöglichkeiten zur Durchsetzung ihrer Organisationsziele versprechen, wächst die Zahl der NRO mit beratendem Status beim Wirtschafts- und Sozialrat der Vereinten Nationen seit Jahren beständig. Die Sachkompetenz vieler Lobbyistinnen wird seit einiger Zeit gerne in Anspruch genommen. Die Zahl der in Regierungsdelegationen vertretenen NRO-Repräsentantinnen wächst beständig, und dadurch haben NRO direkten Zugang zu den Informationen des Beratungsprozesses über das Abschlußdokument. Durch ihren Einsatz und ihre Kompetenz haben sich auf VN-Ebene Vertreterinnen der NRO inzwischen zu einer etablierten Institution entwickelt.

Probleme

Im Idealfall sollte ein reziproker Informationsfluß von den lokalen Frauenorganisationen zu den auf internationaler Ebene arbeitenden Netzwerken erfolgen. Nur so könnte eine internationale Frauenbewegung auch eine soziale »Massenbewegung« und nicht etwa nur eine »Funktionärsbewegung« sein. Tatsächlich hat aber eine Spezialisierung stattgefunden, die sich vor allem darin ausdrückt, daß sich viele internationale Netzwerke fast ausschließlich mit der Politik internationaler Regierungsorganisationen auseinandersetzen und die Beeinflussung des Geschehens auf VN-Konferenzen ihr primäres Organisationsziel ist. Dazu verwenden diese Netzwerke Informationen nationaler Frauenorganisationen, jedoch ist der Rückfluß der Informationen über das internationale Geschehen zurück an diese Basis spärlich.

Neben den Netzwerken haben sich auch Organisationen gebildet, die keinerlei Unterbau in Form von Mitgliedsorganisationen oder Einzelmitgliedern haben, sondern nur mit hauptamtlich Beschäftigten arbeiten. Deren Arbeitsinhalte werden aber nicht mehr von den Gruppen einer sozialen Bewegung, sondern von den Geldgebern bestimmt. Auch Netzwerke beschäftigen hauptberufliche LobbyistInnen, und deren Basisferne ist ein Hauptkritikpunkt an den Lobbyaktivitäten der internationalen Frauenorganisationen. Aufgrund des geforderten Sachverstandes haben diese professionell und hauptberuflich arbeitenden SpezialistInnen keine Kapazitäten für eine Rückkopplung ihrer Arbeit an die Basis. Oft beraten sie sich auch nur mit MitarbeiterInnen anderer, ebenfalls international arbeitender Organisationen. So kann ein Mangel an Transparenz über die Entscheidungsprozesse entstehen. Der Umgang der NRO-SpezialistInnen mit Regierungsorganisationen führt zudem dazu, daß sich ihre Sprache den formellen Kreisen anpaßt, daß die Forderungen der NRO gemäßigter ausgedrückt werden und daß sich NRO dem Alltag der politischen Kompromisse anpassen. Denn im wesentlichen besteht die Arbeit dieser LobbyistInnen darin, mit dem System der internationalen Regierungsorganisationen zu kooperieren. Eine graduell fortschreitende Anpassung ergibt sich so fast zwangsläufig, und die Gefahr der nahtlosen Einfügung unter andere Systemziele wird zunehmend akuter. Wie, für wen und mit welchem Schwerpunkt die Lobbyarbeit geleistet wird, sollte nach wie vor durch demokratische Prozesse legitimiert sein. Es fehlen entsprechende Netzwerke, die einen Vermittlungsprozeß durchführen, der zu einem direkten Austausch zwischen nationalen Frauenbewegungen und den Organisationen der internationalen Frauenbewegung führt. Aktive nationale Frauenorganisationen mit guten Basisnetzwerken sind hier gefordert. Ihr Einsatz muß den demokratischen Entscheidungsprozeß innerhalb der Netzwerke forcieren und erhalten, denn nur so kann eine Kontrolle ausgeübt und können letztendlich die Ziele des Lobbying realisiert werden.

Das Engagement für Frauenrechte bei den Vereinten Nationen: Erfolg oder Sackgasse?

Die Freude über den Erfolg der Frauen-Menschenrechtskampagne wird nicht von allen geteilt. Die Kritik am Abschlußdokument der 4. Weltfrauenkonferenz läßt sich auch als Kritik an der Debatte um die Menschenrechte lesen, die sowohl das Forum der Nichtregierungsorganisationen in Huairou als auch die Regierungskonferenz in Peking beherrschte. Anders als in Nairobi 1985 werden im Abschlußdokument von Peking kaum strukturelle Rahmenbedingungen genannt, d.h. eine Auseinandersetzung mit ungerechten Weltwirtschaftsstrukturen, einer Neuen Weltwirtschaftsordnung etc. blieb in Peking außen vor. Im gesamten Dokument liegt die Betonung auf einem sehr individualistischen Ansatz, der ganz auf das persönliche »empowerment« von Frauen abhebt und eine Politik der kleinen Schritte beinhaltet. Der Nord-Süd-Konflikt, der noch die Debatten in Nairobi beherrschte, war in Peking weniger entscheidend für den Konferenzverlauf als der offen ausgetragene Konflikt zwischen den säkularisierten und den religiös-traditionell bestimmten Delegationen um das sexuelle Selbstbestimmungsrecht der Frau und generell um die Universalität der Menschenrechte für Frauen.

Frauen haben eine sehr wichtige Normbildung aus Frauensicht erzwungen, wobei den Vereinten Nationen bescheinigt werden muß, daß sie sich durchaus als reformfähig erwiesen haben. Schritt für Schritt wurde ein Stück mehr Lebenserfahrung von Frauen unter das Mandat der VN gestellt. Wenn Frauen »über Fragen, die mit ihrer Sexualität zu tun haben, frei und ohne Zwang entscheiden« (BMFSFJ 1996) möchten, können sie sich seit Peking auf die Vereinten Nationen berufen. Ohne jeden Zweifel stärkt die Erweiterung des Zuständigkeitsbereiches der VN Frauen den Rücken in ihrem Kampf gegen geschlechtsspezifische Gewalt.

Die starke Konzentration auf das Thema Gewalt gegen Frauen erweist sich allerdings im nachhinein als fahrlässig. Die

Gewaltdebatte hat alternative Entwicklungsmodelle in den Hintergrund gedrängt und individuelle »empowerment«-Strategien in den Mittelpunkt gestellt. Damit büßte zugleich das ursprüngliche »empowerment«-Konzept sein emanzipatorisches Potential weitgehend ein.[16] »Empowerment« – einst stark inspiriert von der befreienden Pädagogik des Paolo Freire – meint »die Befähigung, a) die eigene Lage als Unrechtssituation zu erkennen, b) sich auf die eigenen Werte als Frau und vor allem auf die ganz spezifische (Lebens-)Kraft und Energie zu besinnen und c) die Isolation aufzugeben in Richtung kreativer Solidarität mit anderen Frauen, die gesellschaftsveränderndes Handeln erst möglich macht« (Hörnemann 1995: 29). In der Lesart der VN-Dokumente oder der großen Entwicklungsorganisationen wurde dieses Konzept verflacht, und Frauen wurden zu Einzelkämpferinnen ihres individuellen Glücks gemacht. Frauen wird die Verantwortung für die Entwicklung ihrer Länder zugeschoben, wenn es unter anderem heißt, daß nachhaltige Entwicklung und Wirtschaftswachstum nur dann möglich seien, wenn das produktive Potential von Frauen freigesetzt würde (Kapitel 1 der Aktionsplattform von Peking). »Empowerment« wird in diesem Zusammenhang allein mit (Macht-)Gleichstellung übersetzt und nicht zufällig in einem Atemzug mit dem herkömmlichen Begriff der Frauenförderung genannt (allein in der Erklärung von Peking siebenmal). Wohl fanden die Begriffsschöpfungen der internationalen Frauenbewegung Eingang in die Sprache der internationalen Politik, nicht jedoch deren Gegenentwürfe. Um aus dieser Sackgasse herauszufinden, muß es nun darum gehen, das Menschenrechtskonzept ganzheitlich anzuwenden. Zum einen heißt das, politische und bürgerliche Rechte nicht länger getrennt von sozialen, wirtschaftlichen und kulturellen Rechten zu diskutieren, und zum anderen bedeutet es, Körper und Geist, Reproduktivität und Sexualität gemeinsam zu denken.

---

16 Zur inhaltlichen Ausgestaltung von »empowerment« seit Nairobi vgl. Hörnemann 1995.

Andernfalls droht die internationale Frauenbewegung in der eher hinderlichen Debatte um eine mögliche Prioritätensetzung der Menschenrechte steckenzubleiben. Oder schlimmer noch: Sie könnte sich instrumentalisieren lassen für ein Entwicklungsmodell, das zwar in der Lage ist, Sprache zu reformieren, nicht aber die zugrunde liegenden schädlichen Strukturen.

Literatur

Ashworth, Georgina, 1992: Women and Human Rights. Background Paper for the DAC Expert Group on Women in Development, Organization for Economic Cooperation and Development, London.

Bunch, Charlotte, 1993: Die Entstehung der Kampagne für Frauenrechte (Interview mit Charlotte Bunch), in: epd-Entwicklungspolitik, Materialien IV/93, S. 10-12.

Bunch, Charlotte/Carrillo, Roxanna, 1990: Feminist Perspectives on Women and Development, in: Tinker, Irene (Hg.): Persistent Inequalities, New York, S. 70-82.

BMFSFJ (Bundesministerium für Familie, Senioren, Frauen und Jugend) (Hg.), 1995: Bericht der VN-Sonderberichterstatterin zu »Gewalt gegen Frauen« und Information der Bundesregierung an die VN-Sonderberichterstatterin »Gewalt gegen Frauen«, Bonn.

BMFSFJ (Hg.), 1996: Dokumentation der Erklärung und Aktionsplattform der 4. Weltfrauenkonferenz 1995. Gleichberechtigung – Entwicklung – Frieden, Bonn.

Buntig, Annie, 1996: Zur kulturellen Verschiedenartigkeit von Frauen in internationalen Menschenrechtsstrategien, in: Lenz, Ilse/Germer, Andrea/Hasenjürgen, Brigitte (Hg.): Wechselnde Blicke. Frauenforschung in internationaler Perspektive, Opladen, S. 130-151.

Byrnes, Andrew, 1994: Toward More Effective Enforcement of Women's Human Rights Through the Use of International Human Rights Law and Procedures, in: Cook 1994, S. 189-227.

Charlesworth, Hilary, 1994: What are »Women's International Human Rights«?, in: Cook 1994, S. 59-84.

Cook, Rebecca J., 1990: Reservations to the Convention on the Elimination of all Forms of Discrimination against Women, in: Virginia Journal of International Law, 30. Jg., Nr. 4, S. 643-716.

Cook, Rebecca J., 1993: Women's International Human Rights Law: The Way Forward, in: Human Rights Quarterly, 15. Jg. (1993), Nr. 1, S. 230-261.

Cook, Rebecca J. (Hg.), 1994: Human Rights of Women, National and International Perspectives, Philadelphia.

Coomaraswamy, Radhika, 1994: To Bellow like a Cow: Women, Ethnicity, and the Discourse of Rights, in: Cook 1994, S. 39-57.

DGVN (Deutsche Gesellschaft für die Vereinten Nationen) (Hg.), 1994: Aktionsprogramm der Konferenz der Vereinten Nationen über Bevölkerung und Entwicklung (ICPD) vom 5.-13.9.1994 in Kairo, in: Blaue Reihe, Nr. 54, Bonn.

DGVN (Deutsche Gesellschaft für die Vereinten Nationen) (Hg.), 1995: Weltbevölkerungsbericht. Grundlagen der Entwicklung: Macht für Frauen und reproduktive Gesundheit, Bonn.

Drubig, Roland, 1995: Eine verhängnisvolle Affäre. Das Partizipationskonzept und die Nähe zum Staat, in: blätter des iz3w, Nr. 208, S. 41- 43.

Holthaus, Ines, 1996a: Frauenmenschenrechtsbewegungen und die Universalisierung der Menschenrechte, in: Peripherie, 16. Jg., Nr. 61, S. 6-23.

Holthaus, Ines, 1996b: Neuere Entwicklungen der internationalen Frauenbewegung. Reaktionen auf globale Prozesse, in: Forschungsjournal Neue Soziale Bewegungen, 9. Jg., Nr. 2, S. 61-69.

Hörnemann, Maria, 1995: »Empowerment«: Impulse aus der internationalen Frauenbewegung, in: Grundlegende Gesichtspunkte, S. 28-31.

Ilumoka, Adetoun, 1994: African Women's Economic, Social, and Cultural Rights – Toward a Relevant Theory and Practice, in: Cook 1994, S. 307-325.

IWTC (International Women´s Tribune Center), 1980: Developing Strategies for the Future: Feminist Perspectives, New York.

Joachim, Jutta, 1996: Internationaler Wandel durch Nicht-Regierungsorganisationen? Wie das Thema Gewalt gegen Frauen auf die Agenda der UNO kam, in: SCHIFF-texte, Nr. 40, Kiel.

Kang, Chong-Sook/Lenz, Ilse, 1992: Wenn die Hähne krähen. Frauenbewegungen in Korea, Münster.

Kerr, Joanna (Hg.), 1993: Ours by Right, Women's Rights as Human Rights, London.

Klingebiel, Ruth, 1994: Menschenrechte für Frauen: Arbeit am positiven Frieden, in: Jahrbuch Frieden 1995, München, S. 203-215.

Klingebiel, Ruth, 1995: Kein Rückschritt und kein Meilenstein. Die 4. Weltfrauenkonferenz zwischen Neuinterpretation und Erweiterung des Menschenrechtskonzeptes, in: Wissenschaft & Frieden, 4/95, S. 12-16.

Klingebiel, Ruth, 1996: Weltfrauenkonferenz in Beijing 1995. Aktion für Gleichberechtigung, Entwicklung und Frieden?, in: Institut für Entwicklung und Frieden (INEF): Weltkonferenzen und Weltberichte. Ein Wegweiser durch die internationale Diskussion, herausgegeben von Dirk Messner und Franz Nuscheler, Bonn, S. 215-225.

Mayer, Ann Elisabeth, 1995: Cultural Particularism as a Bar to Women's Rights. Reflections on the Middle East Experience, in: Peters, Julie/Wolper, Andrea (Hg.): Women's Rights – Human Rights – International Feminist Perspectives, New York, S. 176-188.

NRO-Frauenforum (Hg.), 1994: Die Erde l(i)ebenswert gestalten. Frauen für eine neue Weltinnenpolitik. Ergebnisse aus dem Diskussionsprozeß des NRO-Frauenforums, Bonn, S. 19-24.

Pietilä, Hilkka/Vickers, Jeanne, 1994: Making Women Matter. The Role of the United Nations, London/New Jersey.

Rucht, Dieter, 1994: Modernisierung und neue soziale Bewegungen: Deutschland, Frankreich und USA im Vergleich, Frankfurt.

Ruf, Anja, 1995: Sich öffnen und verbinden, in: epd-Entwicklungspolitik, Nr.18/19, S. 24-27.

Ruf, Anja, 1996: Weltwärts Schwestern! Von der Weltfrauenkonferenz in die globale Zukunft, Bonn.

Sen, Gita/Grown, Caren, 1987: Development, Crisis, and Alternative Visions, New York.

Tinker, Irene, 1990: The Making of a Field: Advocates, Practitioners, and Scholars, in: dies. (Hg.): Persistent Inequalities, New York.

Tomasevski, Katarina, 1993: Women and Human Rights, London/New Jersey.

Tomasevski, Katarina, 1995: Women, in: Eide, A./Krause, C./Rosas, A. (Hg.): Economic, Social and Cultural Rights. A Textbook, Dordrecht/London/Boston, S. 273-288.

UNDP 1995: Human Development Report 1995, New York/Oxford.

United Nations, 1991: The World's Women 1970-1990. Trends and Statistics, New York.

United Nations, 1995a: The United Nations and the Advancement of Women 1945-1995, New York.

United Nations, 1995b: World Survey on the Role of Women in Development 1994. Women in a Changing Global Economy, New York.

Wichterich, Christa, 1995a: Globalisierung und Vielfalt. Zum Stand der internationalen Frauenbewegung zwischen Basis und NRO, in: epd-Entwicklungspolitik, Nr. 18/19, S. 20-23.

Wichterich, Christa, 1995b: Frauen der Welt – vom Fortschritt der Ungleichheit, Göttingen.

Wichterich, Christa, 1996: Wir sind das Wunder, durch das wir überleben. Die 4. Weltfrauenkonferenz in Peking, Köln (Heinrich-Böll-Stiftung).

ANJA RUF

Frauennetzwerke im Spannungsfeld von Globalisierung und Vielfalt

Frauennetzwerke gibt es nicht erst seit heute, ebensowenig wie Globalisierungsprozesse, auch wenn das Schlagwort ›Globalisierung‹ gerade in Mode ist. Doch sind die Prozesse der Internationalisierung und schließlich Globalisierung von Produktion, Handel, Konsum, Infrastrukturen und Kommunikation älter als die Frauennetzwerke. Die Globalisierung hat die technischen Voraussetzungen einer »interconnected world« (und damit der Netzwerke) erst geschaffen, ebenso wie sie die Notwendigkeit solcher Zusammenschlüsse hervorgebracht hat: »Netzwerke können lokal und regional sein. Das Auftauchen und die Entwicklung multidimensionaler globaler Netzwerke jedoch, die offensichtlich vorhandenen Bedürfnissen entsprechen und die dazu fähig sind, über Kontinente hinweg Aktivistinnen für soziales und politisches Handeln zu mobilisieren, lenkt unsere Aufmerksamkeit auf das internationalistische Verständnis von Welt, das diese Netzwerke durch ihre bloße Existenz und ihre Aktionen propagieren – eine adäquate Antwort, wie es scheint, auf die Globalisierung und Internationalisierung sozio-ökonomischer Probleme.« (Hélie-Lucas 1994: 15)[1]

Die transnationale Verknüpfung von Frauenorganisationen – und schließlich die Vernetzung der großen Netze – ist Produkt der Globalisierung und gleichzeitig ihre Perspektive. Die Länder und Kontinente verbindenden Makro-Strukturen sehen sich jedoch zugleich vor der Herausforderung einer Fülle

1 Die englischsprachigen Zitate in diesem Aufsatz sind allesamt ins Deutsche übertragen worden.

verschiedenartiger Feminismen (d.h. vielfältiger feministischer Vorstellungen und Strategien) auf der Mikro-Ebene, die ihrerseits Ausdruck der Globalisierung sind. Durch Einbeziehung der letzten Winkel der Erde in den Weltmarkt wurden Frauen aller Kulturen und ethnischer Gruppen mit global-patriarchaler Politik konfrontiert, erhielten andererseits aber auch Anstöße zu widerständiger Organisierung. Migrationsprozesse innerhalb und zwischen Regionen schufen »mixed identities«: Menschen, die in und zwischen mehreren Kulturen leben und in sich unterschiedliche Einflüsse vereinen. Anstelle künstlicher nationalstaatlicher Zuordnungen tritt so tendenziell eine multikulturelle Pluralität, deren Grundelement das Differente, Besondere, Einzigartige ist. Für die politische Ausrichtung heißt das, daß sich Politikfähigkeit in der internationalen Arena verbinden muß mit dem Bezug auf die globale »diversity« – ein Spannungsfeld, aus dem der Feminismus des 21. Jahrhunderts seine Kraft beziehen, das aber auch Stoff für Kontroversen liefern kann. Steht Politikfähigkeit auf der globalen Bühne im Gegensatz zu politischer und kultureller Vielfalt?

»Cross-border«-Organisierung

Frauenweltpolitik

Die Notwendigkeit, in der sich globalisierenden Welt politische Wirkung zu erzielen, war Motor für die »cross-border«-Organisierung, für eine Vernetzung über internationale Grenzen hinweg, entlang gemeinsamer Problemstellungen und Zielsetzungen. Ein historisch neuartiges Wechselverhältnis bildete sich heraus: Lokal und national gemachte Erfahrungen wurden international reflektiert, aus den internationalen Debatten entstand ein neuer Referenzrahmen für Denken und Handeln, und es wurde versucht, aus der sich internationalisierenden Perspektive heraus auf nationale Politik einzuwirken. Dieser Prozeß umfaßte eine große Bandbreite unterschiedlicher Aktivitäten: lokal und global, politisch, gesellschaftlich und kulturell. Ins hiesige Bewußtsein drangen allerdings vor allem die Formen, die dem westlichen Politikverständnis nahe sind.

Kennzeichen für eine Politikfähigkeit nach westlichem Muster ist zweifellos die Lobbyarbeit. Wie läßt sich dieser Begriff definieren? »Lobby: Korridor, Vestibül oder Eingangshalle eines öffentlichen Gebäudes; eine Gruppe von Menschen, die versuchen, öffentliche und/oder politische Unterstützung für ein besonderes Anliegen oder bestimmtes Interesse zu gewinnen. Lobbying: die Lobby einer gesetzgebenden Kammer (oder der UN) aufsuchen zwecks Einflußnahme auf deren Mitglieder (oder Delegierte); durch Lobbying läßt sich ein Gesetzesentwurf (oder UN-Dokument) beeinflussen.« So erklärte *The Tribune,* Zeitschrift des *International Women's Tribune Center,* einer der ältesten internationalen Frauenorganisationen, in ihrer Ausgabe vom November 1994 den Begriff. Das Lobbying wurde in den letzten Jahren zunehmend international als konzertierte Anstrengung der sich nicht zuletzt zu diesem Zweck zusammenschließenden Frauenorganisationen, NGOs und Netzwerke durchgeführt. Prominenteste Vertreterin des Lobbying ist WEDO, die *Women's Environment and Development Organization* mit Sitz in New York. Die international zusammengesetzte Organisation konnte sich bei den UN-Konferenzen der letzten Jahre auf diesem Gebiet profilieren und hat inzwischen beispielsweise auch Finanzinstitutionen oder die Welthandelsorganisation WTO ins Visier der gezielten Beeinflussung genommen. Im Rahmen dieser Arbeit hat WEDO – wie andere Netzwerke auch – Unmengen an Dokumenten, Stellungnahmen, Aufklärungsmaterialien produziert, und durch zahllose Auftritte bei Regierungskonferenzen und NGO-Foren sind ihre Repräsentantinnen den RegierungsvertreterInnen mittlerweile rhetorisch oft überlegen.

Zwar ist die Lobbyarbeit nicht unumstritten – insbesondere bei der Kairoer Weltbevölkerungskonferenz handelten sich die

Lobbyistinnen den Vorwurf ein, sie betrieben eine »feministische Bevölkerungspolitik« und arbeiteten dem »Bevölkerungsestablishment«, d.h. den Verfechtern einer herkömmlichen Bevölkerungspolitik, in die Hände *(vgl. den Beitrag von Hummel).* Doch neben der versuchten Beeinflussung von Regierungspolitik steht bei WEDO, dem Süd-Netzwerk DAWN *(Development Alternatives with Women for a New Era),* dem europäischen WIDE *(Women in Development Europe)* und anderen immer auch die Suche nach Alternativen zum Bestehenden im Vordergrund.

Frauen des Südens – und in geringerem Maße auch des Nordens – haben Frauenpolitik in den letzten Jahren zunehmend als Weltpolitik definiert. Weltpolitik – das bedeutet zunächst Einflußnahme auf die bestehende Welt, durch internationale Kampagnen beispielsweise und nicht zuletzt durch Lobbyarbeit. Es bedeutet aber auch Kritik an dem herrschenden Entwicklungsmodell und Suche nach einem neuen. Zu allen großen UN-Gipfeln der letzten Jahre (angefangen mit der Konferenz über Umwelt und Entwicklung in Rio 1992) wurden NGO-Foren organisiert. Sie hatten bestimmte thematische Schwerpunkte, entsprechend den jeweiligen Themenstellungen der UN-Konferenzen, auf die in Form von Lobbying eingewirkt wurde. Die den Gipfeln vorausgehenden feministischen und frauenpolitischen Diskurse jedoch, die international geführt wurden, und die Debatten während der Foren hatten mehr als nur die Ausarbeitung von Strategien für die Lobbyarbeit zum Inhalt. Zentrale Menschheitsfragen durch die Augen der Frauen gesehen – unter dieser Prämisse befaßten sie sich mit globalen Problemstellungen: Umweltzerstörung und ein nicht-ausbeuterisches Verhältnis zur Natur; Gewalt gegen Frauen und Menschenrechte von Frauen; Bevölkerungsentwicklung und reproduktive Rechte; weibliche Armut und menschengerechte Entwicklung und anderes mehr.

»Women should be thinking bigger, on the big issues« (Indai Lourdes Sajor) – dieser Anspruch wird zunehmend Realität, da sich die internationale Frauenbewegung mittlerweile ein Fundament aus Wissen und Diskussionsergebnissen geschaffen hat. Die 4. Weltfrauenkonferenz 1995 in Peking war ein Kristallisationspunkt, der die kontinentübergreifend geführten Debatten und Diskurse der letzten Jahre noch einmal zusammen- und in eine neue Qualität überführte. In der Pekinger Aktionsplattform (Abschlußdokument des Regierungsgipfels) finden sich zahlreiche Passagen über Rechte und *empowerment* von Frauen, um die die Lobbyistinnen in den Jahren zuvor hart mit den Regierungen gerungen hatten. Die Alternativkonferenz zum Weltfrauengipfel, die vor dem Regierungsgipfel und teilweise während des Regierungsgipfels in Huairou stattfand, griff in einer Reihe von Tribunalen insbesondere »Gewalt gegen Frauen/Menschenrechte von Frauen« noch einmal auf, entwickelte diese Auseinandersetzung jedoch auch weiter, beispielsweise durch das Augenmerk auf Konservatismus, Rassismus, Fundamentalismus in allen Teilen der Welt. Auch hatte sie ihr (neues) Hauptthema, das zeigte, wie sehr die Globalisierung von Wirtschaft und Gesellschaft sich im subjektiven Bewußtsein der Frauenaktivistinnen niederschlägt und den Wunsch nach Diskussion und Aktion erzeugt: Fokus des NGO-Forums war gerade die kritische Analyse der Globalisierung.

Globalisierungsdebatte

»Wenn es in Beijing ein vorherrschendes Thema gab«, schrieb Linda Burnham im Herbst 1995 im Newsletter des *Women of Colour Resource Center,* Berkeley, »und auch wenn die US-Medien nichts darüber berichteten – dann war es das, wie Frauen niedergedrückt werden durch die globale Restrukturierung der Ökonomie. In einem Plenum nach dem anderen, in Workshops, die von Frauen aus Asien, Afrika, Lateinamerika und der Karibik organisiert wurden, und in Demonstrationen für ökonomische Gerechtigkeit analysierten, beschrieben und bezeugten Frauen die Auswirkungen von Politiken, die ihren nationalen Ökonomien durch IWF und Weltbank auferlegt werden.« (zitiert in: Aithal 1996: 73f.) Dabei wurden durchaus unterschiedliche Akzente gesetzt, je nach regionaler Situation und Betroffenheit: So kritisierte beispielsweise eine gemeinsame Erklärung indigener Frauen die versuchte Patentierung von Lebensformen als konkretes Beispiel für eine Rekolonisierung im Namen von Globalisierung und Liberalisierung. Organisationen der Women of Colour sprachen von verheerenden Verwüstungen, die die globale ökonomische Restrukturierung für die »ethnic and racial communities« mit sich gebracht habe. Afrikanerinnen hingegen richteten ihr Augenmerk sehr stark auf Strukturanpassungsprogramme, während DAWN-Frauen aus Asien die Verschärfung der Umweltkrise durch die Globalisierung anprangerten (dazu ausführlich Ruf 1996).

Auch weiße Frauen des Nordens analysierten ihre regionale Situation im globalen Kontext. So legte die in Washington ansässige Organisation ALTWID *(Alternative Women in Development)* bereits vor Peking eine Untersuchung über »Strukturanpassung im US-Stil« vor, in der die sich vertiefende Verarmung von Frauen in den USA und in anderen Teilen der Welt als strukturell verknüpft gesehen wird: Während Frauenarmut in der »Dritten Welt« eine Konsequenz der Weltbank- und IWF-Politik sei, sei der sich verschlechternde Lebensstandard der Mehrzahl der Nordamerikanerinnen Ergebnis ähnlicher politischer Entscheidungen, die aber von der US-Regierung getroffen würden. Ebenfalls bereits vor Peking bildete sich eine Allianz für ökonomische Alternativen, deren Kern WIDE, DAWN, WEDO und ALTWID sind. Diese Allianz führte in Huairou mehrere Veranstaltungen durch (Ruf 1996). Geformt wurde sie auch, um einer falschen Nord/Süd-Dichotomie entgegenzuarbeiten. Dazu Pam Sparr von ALTWID: »Wir haben heute einen Süden im Norden und einen Norden im Süden. Die wirtschaftliche Globalisierung ist eine Kraft, die die Menschen in allen Weltregionen und innerhalb der Regionen sowohl vereint als auch fragmentiert. Wir brauchen unterschiedliche Formen internationaler Solidarität, um der unkontrollierten Operation des globalen Kapitals zu begegnen.« (Sparr 1996: 16).

Globale Synthese?

Solidarische Vernetzung über alle Grenzen hinweg war die vorherrschende Aktivität des NGO-Forums, und der Überbegriff ›Globalisierung‹ verklammerte die Fragmente und thronte wie ein Dach über den unterschiedlichen Diskussionssträngen. Diese Stränge verweben sich miteinander zu einer globalen Frauenperspektive: »Wir sind der Nukleus der globalen Zivilgesellschaft!« lautete das offensiv vorgetragene Selbstverständnis der NGOs in Huairou. Grundsteine für jene Zivilgesellschaft legten bereits die der Weltfrauenkonferenz vorausgehenden Diskurse der letzten Jahre, die eine internationale, aber auch lokale Dimension hatten, haben mußten ..., denn die lokale Basis ist eine Grundexistenzbedingung großer Netzwerke: »Die Legitimität internationaler Bewegungen hängt immer von der Aktion auf nationaler und lokaler Ebene ab. Man kann auf internationalem Level nicht effektiv sein, wenn man keine klare Analyse hat, nichts Kohärentes zu sagen hat und wenn Netzwerke und Akteurinnen nicht in Regionen und Ländern verankert sind.« (Peggy Antrobus, DAWN, zitiert in: WIDE 1996: 41).

Allerdings haben übergreifende, aus nationalstaatlichen Fesseln befreite Strukturen auch die Tendenz sich zu verselbständigen; das Verhältnis zur »Basis« ist nicht widerspruchsfrei. Das manifestierte sich auch 1995 in Huairou, beim Forum der Nichtregierungsorganisationen. Als größtes Forum in der Geschichte der NGOs stellte es zweifellos einen qualitativen Sprung dar in dem Bemühen, eine globale Synthese zu schaffen. Die unterschiedlichen Perspektiven ergänzten, durchdrangen und bereicherten einander und waren dennoch weit davon entfernt, zu einem Einzigen und Ganzen zu verschmelzen. 5.000 Workshops mit einer schier unerschöpflichen Themenfülle spiegelten die Vielfalt der 30.000 Teilnehmerinnen wider und benannten all das, was die großen Diskussionsstränge ausgespart oder unzureichend behandelt hatten, all jene lokal oder für bestimmte Gruppen bedeutsamen Belange, die nicht in die Politikdebatten der interkontinentalen Netzwerke – auch nicht im Rahmen regionaler Konsultationen – hatten einfließen können.

Die Rednertribüne im Pekinger Konferenzgebäude, die Korridore vor den Verhandlungssälen, die Podien der Großveranstaltungen in Huairou, die Zelte, in denen Gruppen und Grüppchen von Frauen in immer wechselnden Besetzungen beisammensaßen – diese Orte symbolisierten die politische Reichweite der internationalen Vernetzung. Die großen, bekannten Netzwerke mit ihren Internet-Adressen, ihren weltweit versandten Newslettern und ihren »Star«-Aktivistinnen sind dabei nur die für die westliche Welt sichtbaren Spitzen eines Geschehens, das in Wirklichkeit viel breiter ist und viel mehr in die Tiefe reicht.

»Cross-cultural«-Organisierung

Jenseits westlicher Politikmuster

Die Organisierung in die Tiefe der Kulturen und Gesellschaften und die Weite des Raumes hinein – das »Connecting across Cultures and Continents« – ist diejenige Seite der Vernetzungsprozesse, die von westlichen Denkbahnen und Politikmustern weit entfernt ist. Fernab vom Verfassen von Lobbydokumenten oder Strategiebildung im westlichen Sinne hat diese Seite des Vernetzungsprozesses unmittelbar mit der Unterdrückung, den Wünschen und Hoffnungen von Frauen in unterschiedlichen Kulturen, Gesellschaften, Lebensverhältnissen zu tun. »Uns selbst der Träume von einer anderen Realität zu berauben, ist eine der schwächendsten Formen der Unterdrückung, die wir erleiden«, formulierte *Women Living Under Muslim Laws* 1994 (Hélie-Lucas 1994: 8). Vernichtet werden die Träume insbesondere durch Isolation. Gegen die Isolation setzt dieses Netzwerk das Teilen von Information, Wissen, Kontakten und Daten, Ideen und Strategien. Seine Philosophie ist die der Schaffung von Verbindungen und Kommunikation zwischen Individuen und Organisationen – nicht die der Auferlegung einer besonderen Ideologie, einiger weniger politischer Ziele, einer »richtigen« Strategie oder einer ganz bestimmten Form politischer Organisation. Der Schwerpunkt liegt vielmehr darin, Frauen innerhalb des Netzwerkes ein Rahmenwerk gegenseitiger Unterstützung und Ermutigung und damit einen Raum zur Reflexion der jeweils eigenen Situation zu bieten, aus dem heraus sie die ihrem spezifischen Kontext angemessenen politischen Schritte entwickeln können.

Oft liegt dem Entstehen eines Netzwerkes die Erfahrung einer bestimmten Unterdrückung zugrunde, die Frauen miteinander teilen, auch wenn sie in unterschiedlichen Ländern und Kontinenten leben. So sind beispielsweise die *Women of Colour* international organisiert, da sie in unterschiedlichen Kulturen und Gesellschaften rassistischer Diskriminierung ausgesetzt sind. Auch die indigenen Frauen der Welt haben sich zu einem Netzwerk zusammengeschlossen. Jo Wilmott, eine australische Ureinwohnerin, erinnert sich an das erste Zusammenkommen bei der dritten Weltfrauenkonferenz in Nairobi 1985: »Zum erstenmal in unserem Leben spürten wir, daß wir in einer Gruppe zusammen waren, die verstand. Wir mußten niemandem erklären, wie wir fühlen. Verständnis, Unterstützung, Solidarität, Einheit verbanden uns.« (zitiert in: Hilhorst/Tauli-Corpuz 1995). Victoria Tauli-Corpuz, Koordinatorin des *Asian Indigenous Women's Network,* nennt als erste Ursache für diese Einheit die Ähnlichkeit der Prozesse, die indigene Völker – bei aller kulturellen Unterschiedlichkeit – durch Kolonisierung, Neo-Kolonialismus und neo-liberale Politiken durchlitten haben. Eine zweite Ursache sei, daß das aggressive, herrschende Entwicklungsmodell indigene Frauen sowohl aufgrund ihrer Zugehörigkeit zu ihren Völkern als auch als Frauen unterdrückt – und sie müssen zudem noch diejenigen indigenen Gebräuche und Traditionen herausfordern, die frauendiskriminierend sind. Eine gemeinsame Grundlage entsteht schließlich drittens daraus, daß indigene Frauen ihre eigenen Konzepte und Lebensweisen als Alternativen zu Fehlentwicklung und Destruktion auf der Erde voranbringen: »Auch wenn sich indigene Lebensstile zunehmend mit anderen Einflüssen vermischt haben und sie verwässert oder zerstört wurden, sind bestimmte Züge erhalten geblieben, zumindest im Gedächtnis. Diese Züge geben indigenen Frauen ihre besondere Weise, sich selbst, ihre Gemeinschaften und ihre Umgebung zu sehen. Bis heute können sie als Quelle der Inspiration genutzt werden, und dazu, Alternativen zur destruktiven Mainstream-Entwicklung zu finden. So wollen wir unsere alten Weisheiten anrufen, um neue Visionen zu schaffen.« (zitiert in: Hilhorst/Tauli-Corpuz 1995).

Der Bezug auf Tradition und Kultur kann also durchaus auch ein positiver und identitätsstiftender sein. Migrantinnen-Organisationen, die in einer feindlichen Umgebung überleben und agieren müssen, versuchen teilweise bereits durch die Wahl ihres Namens das politische Handeln im Hier und Jetzt mit einem Rückbezug auf alte Kulturen ihrer Heimatländer zu verbinden. So leitet Babaylan, das Netzwerk von in Europa lebenden Filipinas, seinen Namen von einer Priesterin der vorkolonialen Philippinen her; so nennt sich TIYE, eine Plattform schwarzer Frauen in den Niederlanden, nach einer schwarzen nubischen Königin. Neben der sozialen und politischen Klasse definiert auch Kultur die globale Diaspora: »Durch unsere Glaubenssysteme, Gebräuche, Kunst, Technologien, Ausdrucksweisen und so weiter erhalten wir die Kultur – als selbst-definierte afrikanische Frauen, afro-karibische Frauen, afro-lateinamerikanische Frauen, Aboriginal Frauen, afrodeutsche Frauen, afrikanisch-amerikanische Frauen und Dalit-Frauen.« (McLaughlin 1995: 79).

Die Auseinandersetzung mit den bewahrenswerten Zügen von Tradition und Kultur, aber auch mit heutigen politischen Erfordernissen findet innerhalb dieser spezifischen Netzwerke statt, zugleich aber auch zwischen ihnen. Diese Auseinandersetzung ist keineswegs einfach. In Zeiten, in denen Konkurrenz, Konflikt und gegenseitige Zerstörung zur dominanten Form des Bezugs der Menschen aufeinander werden und die Welt in Fundamentalismen und Rassismen zerfällt, zielt die Kommunikation in und zwischen den internationalen Netzwerken auf eine »funktionierende« Welt. Diese kann nur eine neue Welt sein. Die Kontinente umspannende Kommunikation beinhaltet notwendigerweise utopische und visionäre Momente: denn das Auseinanderfallende kann nicht einfach wieder zusammengefügt werden. Die Grundlage muß sich ändern. Sieht man die unterschiedlichen Realitäten, die subjektiven Erfahrungen als Puzzlestücke von ›Welt‹, die es neu zusammenzusetzen gilt zu einem Bild von Zukunft, so läßt sich feststellen, daß die einzelnen Teile oft nicht zueinander passen: Hier eine muslimische Frau, die sich dagegen wehrt, wegen ihrer Kleidung als rückständig gebrandmarkt zu werden – dort eine Exil-Iranerin, die gegen die Macht der Religion streitet. Hier eine Afrikanerin, die gegen die Unterdrückung von Frauen und Lesben durch die afrikanische Tradition kämpft – dort eine Afro-Amerikanerin, die ihre Wurzeln in der afrikanischen Tradition sucht und zelebriert.

Respekt und Verbindung

Internationale Vernetzung erfordert deswegen ein Denken in Verbindungen und Respekt vor Verschiedenheit und kulturellen Besonderheiten. Die *Womens Action Agenda 21*, ein Dokument, das während des *Frauenkongresses für einen Gesunden Planeten* in Miami 1991 (im Vorfeld von UNCED) produziert wurde, nennt als ersten Punkt »Solidarität und Vielfalt als grundlegende Prinzipien des Respekts für die Unterschiede zwischen Kulturen, zwischen Frauen und zwischen Menschen und der Natur« (zitiert in: Corral 1994: 17). Respekt ist die Voraussetzung, um das Puzzle zu entwirren und aus den vielfältigen Einzelteilen/Bruchstücken geduldig herauszufiltern und zusammenzufügen, was für die Zukunft brauchbar ist. Respekt meint: keine Schuldzuweisungen, sondern eine gegenseitige Akzeptanz. Die Anziehungskraft der Frauen auf den Podien in Huairou lag in einer anderen Art der Macht, die sich auf Respekt und Wertschätzung gründet.

Respekt vor der Vielfalt (»diversity«) ist ein politisches Prinzip, dessen Anwendung Bewegung erzeugt. Es liegt vielen Prozessen in unterschiedlichen Teilen der Welt zugrunde, die bei genauerem Hinsehen eine gemeinsame Richtung erkennen lassen, insofern sie Konturen eines Konzepts gewinnen. Gekennzeichnet ist es nicht durch Verneinung der Gemeinsamkeit, sondern durch Bejahung der Unterschiede. Die indische Feministin Corinne Kumar-D'Souza spricht von »unerwarteten Verbindungen, die möglich werden durch einen Dialog unter dem Paradigma der Vielfalt« (1996: 31). Jenes Paradigma wendet sich gegen universelle, homogenisierende Wahrheiten, die blind sind gegenüber der Pluralität von Kulturen und die blind sind gegenüber den komplexen patriarchalischen und politischen Realitäten von Frauen: Auch die Vielzahl von Erfahrungen in vielschichtigen Unterdrückungsverhältnissen läßt sich nicht unter eine Definition fassen und unterordnen. Neben dem Geschlecht spielen Rasse, Klasse, Kaste, Sexualität, Nationalität, Religion, Alter, Behinderung eine Rolle, um nur einige zu nennen. Die Kategorie »Frau« als ausschließliche wird dieser Wirklichkeit nicht gerecht. Vielmehr sollen sich mannigfaltige Feminismen, die sich als kaleidoskopartige Fragmente um die Kategorie »Frau« herumgruppieren, zu einem Ganzen verbinden – im Prozeß von Koalitionen, nicht von Opposition gegeneinander (Akekar 1995). Entstehen soll dabei eine Macht, die Unterschiede nicht fürchtet und diese deswegen nicht leugnet, sondern durch sie an Kraft gewinnt, eine unterstützende, verstärkende, einschließende Lebenskraft.

Das Netzwerk – als horizontale, nicht-hierarchische, nicht-pyramidale Verknüpfung – verläßt die künstlichen patriarchalen Muster, seine Grenzen sind nicht starr, sondern flexibel und durchlässig, einbeziehend statt separatistisch und ausgrenzend. Das Netzwerk ist Grundlage für Leben und Entwicklung. Dennoch ist die Netzwerkexistenz keineswegs ein passiver Zustand, sondern aktive Tätigkeit. »Networking« bedeutet: »Tausende von Stunden in den Prozeß der Etablierung von Verbindungen zwischen Frauen (...) zu investieren; Kontakte zwischen Frauen und internationalen Frauenrechtsaktivistinnen zu ermöglichen; einander in Fragen lokaler und globaler Strategien zu konsultieren; Frauen, die gegen alle Widrigkeiten kämpfen, zu ermutigen, zu unterstützen und ihnen Selbstvertrauen zu geben.« (Hélie-Lucas 1994: 12).

Vernetzung der Kulturen und Kontinente – das ist aktives Verknüpfen von Wissen, Weisheit und Visionen mit dem Ziel eines *empowerment* in interkontinentaler Dimension (vgl. McLaughlin 1995). Die die Kulturen und Gesellschaften transzendierende Bewegung besinnt sich auf alle zur Verfügung stehenden Quellen der Macht – nicht zuletzt auf die Weltsichten alter und indigener Kulturen. Grundlagen ihres Entwicklungsprozesses sind positive Bestärkung des Selbstwertes, grenzüberschreitende Solidarität und eine ganzheitliche Betrachtungsweise. Die Bewegung der vielfältigen Feminismen kann so eine Kraft werden, die vermag, die der westlichen Zivilisation innewohnenden – und durch die heutige Globalisierung auf die Spitze getriebenen – Homogenisierungs- und Fragmentierungstendenzen zu überwinden.

Internationale Frauenvernetzung und Global Governance

Die Subjekte der Transformation

Akteurinnen der weltweiten Bewegung sind indigene Frauen, Frauen des Südens, Frauen des Nordens, rassistisch unterdrückte Frauen, Frauen ethnischer Minderheiten, Immigrantinnen, Wanderarbeiterinnen, ländliche Frauen, Flüchtlinge, Frauen unterschiedlichen Alters mit vielfältigen persönlichen Geschichten, unterschiedlichen Religionen und Ideologien, Frauen unterschiedlichster sozialer Herkunft und Identität und anderem mehr. Diese enorme Bandbreite verdeutlicht das Potential von Emanzipationsprozessen, das in dieser Bewegung steckt. Austausch und Vernetzung sind notwendige Katalysatoren seiner Entwicklung. Im globalen Maßstab eine nicht-destruktive Grundlage für die menschliche Interaktion zu schaffen, ist deswegen für die Bewegung der neunziger Jahre vorrangiges Ziel. Das Auskämpfen der Unterschiede tritt dahinter zurück. Das Nebeneinander der Vielfalt ist zunächst wichtiger als das Austragen von Konflikten, erwächst aus ihm doch die Chance zum Miteinander. Eine Kultur der Koalitionen und Allianzen soll entstehen, nicht eine Kultur der Profilierung und des Streites.

In den westlichen Ländern hingegen lautet das aktuelle Stichwort vieler politischer Debatten ›Global Governance‹. Mit dem Begriff ist ein neues Verständnis von Politik und Souveränität gemeint, ein breit angelegter, dynamischer und komplexer Prozeß interaktiver Entscheidungsfindung. Zu diesem Zweck hat sich eigens die *Commission on Global Governance* gebildet und ein Modell mit einer Architektur entworfen (Commission on Global Governance 1995). Die Global Governance-Architektur umfaßt mehrere Handlungsebenen, nämlich: die Nationalstaaten, lokale Politik, internationale Regime wie die WTO, regionale Integrationsprojekte wie EU und ASEAN, UN-Organisationen und schließlich die nationale und globale Zivilgesellschaft (Messner/Nuscheler 1996). Hauptakteure internationaler Politik sind in diesem Modell eindeutig die Nationalstaaten. Undefinierte, unumgrenzte, fließende, nicht-statische, offene Gebilde wie Netzwerke dagegen – oder gar die globale »diversity« – sind in dieser Sichtweise zwar einbezogen, nicht aber als Grundstruktur einer besseren Welt vorstellbar; sollen doch die unteren Ebenen der Global Governance-Architektur »solide gebaut« sein.

Ein anderes abstraktes Modell – ein Schaubild globalen Wandels – hat das Süd-Netzwerk DAWN in Peking vorgelegt. Auch dieses enthält Handlungsebenen (Markt, Staat, Zivilgesellschaft), die ihrerseits in die Mikro-, Meso- und Makroebene untergliedert sind (Wee/Heyzer 1995: 150; Wichterich 1996: 115). Als »Unterbau« der globalen Veränderung werden hier aber lokale Märkte und Ökonomien auf Gemeinschaftsbasis, Strukturen lokaler *Governance* und informelle politische Strukturen auf der Grundlage von Verwandtschaft, Religion oder Ethnizität sowie städtische und ländliche Gemeinschaften aufgeführt. Die Nationalstaaten stehen im DAWN-Modell zwischen dem (Welt-)Markt und der internationalen Bewegung. Die Zivilgesellschaft ist in diesem Modell kein den Nationalstaaten untergeordneter Faktor, sondern Hauptakteurin der Transformation nicht nur der Institutionen, sondern vor allem der ihnen zugrundeliegenden wirtschaftlichen und politischen Prozesse. Und innerhalb der globalen *Civil Society* sind es insbesondere die Frauen, durch deren vertikale und horizontale Allianzen und Koalitionen der Wandel herbeigeführt werden kann (Ruf 1996: 110).

Das Forum in Huairou vermittelte durch die lebendige Präsenz der NGOs einen sinnlichen Eindruck von der Kraft, die diese Koalitionen und Allianzen zur Entfaltung bringen können. Hinter der von den Vereinten Nationen vorgegebenen Bezeichnung »Nichtregierungsorganisationen« verbargen sich die Frauenbewegungen aus aller Welt. Und hinter der Vorstellung einer weltweiten Zivilgesellschaft wurde die Bewegung der vielfältigen Feminismen sichtbar. Im Prozeß ihres

Entstehens muß diese neue historische Figur ihre Begriffe, die die Wirklichkeit konstituieren, allerdings erst herausbilden. So ist zum Beispiel das häufig gebrauchte Wort »Transformation« für sich genommen nicht sehr aussagefähig. Dennoch läßt sich skizzieren, was damit gemeint ist: Verteidigung der Bürger- und Menschenrechte und zugleich Schaffung eines neuen Rahmens für Menschlichkeit und Würde; Feminisierung der politischen Institutionen und Errichtung einer neuen ökonomischen und sozialen Ordnung; Bewahrung kultureller Vielfalt und Herausbildung einer neuen globalen Kultur als Grundlage für menschliches Leben auf diesem Planeten.

Herausforderung für den Westen

Noch ist die globale Bewegung der vielfältigen Feminismen schwach. Noch ist sie im Entstehen begriffen, noch ist der Wunsch nach Austausch und Vernetzung groß. Die Herausforderung für den Westen besteht darin, diese Bewegungen und Kämpfe aus sich selbst heraus verstehen zu lernen und sie nicht den eigenen Denkschemata unterzuordnen – die erste Voraussetzung dafür, sich in den globalen Lernprozeß selbst mit hineinzubegeben. Ein solcher Lernprozeß ist auch für den Westen längst eine Notwendigkeit – zumindest objektiv betrachtet. Denn der heutige Druck globaler Umstände trifft jede Gesellschaft – der »Dritten« wie der »Ersten« Welt – und verändert sie. Im Zeitalter der Globalisierung interagieren Gesellschaften mehr denn je zuvor miteinander und beeinflussen einander – nur daß diese Interaktion unter den Vorzeichen ungleicher Macht stattfindet. Dies beinhaltet auch, Macht neu zu definieren und zu interpretieren.

Ohne eine Infragestellung eurozentristischer Sichtweisen und Wertungen läßt sich deswegen auch die eingangs gestellte Frage nicht wirklich beantworten: die Frage nämlich, ob Politikfähigkeit und die politische Kultur der »diversity« im Gegensatz zueinander stehen. Nachzudenken wäre darüber, ob es nicht ein – den westlichen Gesellschaften in besonderem Maße innewohnendes – Denken in Dichotomien und Dualismen ist, das die Verbindung der beiden Pole scheinbar unmöglich macht; und ob es nicht das westliche Politikverständnis ist, das den Staat zum Dreh- und Angelpunkt von Politik macht, wobei andere Unterdrückungsverhältnisse (beispielsweise der Rassismus) ausgeblendet werden.

Widersprüche zwischen »Elite-NGOs« und einer von den Interessen der Basis losgelösten Politik gibt es auch im Süden. Dennoch besteht im Denken von Frauen des Südens, indigenen Frauen, *Women of Colour,* zwischen lokaler und globaler *Community,* Vielfalt und politischer Effizienz, alternativen Ansätzen und Realpolitik kein unauflösbarer Widerspruch; die unterschiedlichen Handlungsfelder ergänzen einander vielmehr und sind integrale Bestandteile globaler Transformationsstrategie.

Daß Veränderung nicht von den Nationalstaaten ausgeht, hat die Serie der UN-Konferenzen mit ihrem Höhepunkt Peking deutlich gezeigt; immer wieder müssen die Frauenorganisationen in konzertierter und koordinierter Aktion Druck machen (jetzt beispielsweise für die Umsetzung der Pekinger Aktionsplattform). In ihrem grenzüberschreitenden interkulturellen Dialog entstehen Visionen einer zukünftigen Welt und konkrete Strukturen zu deren Verwirklichung. Welche Resonanz jedoch ein neuer Universalismus, der sich aus der Vielfalt partikularer Erfahrungen zusammensetzt und westliche hegemoniale Modelle hinter sich läßt, in den Kulturen und Gesellschaften wirklich finden wird, und welche dynamischen Interaktionen er entfalten kann – erst die Zukunft wird es weisen.

Literatur

Aithal, Vathsala (Hg.), 1996: Vielfalt als Stärke: Beijing '95. Texte von Frauen aus dem Süden zur vierten Weltfrauenkonferenz, epd-Entwicklungspolitik, Materialien II/1996.

Akekar, Supriya, 1995: Theory and Practice of Women's Movement in India. A Discourse Analysis, in: Economic and Political Weekly, Jg. XXX, Nr. 17, April 29, Bombay.

Bahl, Vinay, 1995: Cultural Imperialism and Women's Movement, in: Economic and Political Weekly, Jg. XXX, Nr. 43, October 28, Bombay.

Commission on Global Governance, 1995: Nachbarn in einer Welt. Der Bericht der Kommission für Weltordnungspolitik, Bonn, Stiftung Entwicklung und Frieden.

Corral, Thais, 1994: Communication for the Transformation and Social-Cultural Identity of Women. Dieses Papier wurde bei der internationalen Konferenz »Women Empowering Communication« im Februar 1994 in Bangkok vorgetragen. Veröffentlicht in: Women Voices Worldwide, 94/2 (Zeitschrift von IDOC Internazionale), Rom.

Hélie-Lucas, Mariéme, 1994: The Experience of Networking at the International Solidarity Network Women Living Under Muslim Laws. Dieses Papier wurde bei der internationalen Konferenz »Women Empowering Communication« im Februar 1994 in Bangkok vorgetragen. Veröffentlicht in: Women Voices Worldwide, 94/2 (Zeitschrift von IDOC Internazionale), Rom.

Hilhorst, Dorothea/Tauli-Corpuz, Victoria, 1995: Indigenous Women and the Beijing Conference. Third World Network Papers. Verbreitet über Internet, November 1994.

Kumar-D'Souza, Corinne, 1996: The Universality of Human Rights Discourse, in: Gnanadason, Aruna/Kanyoro, Masimbi/McSpadden, Lucia Ann/World Council of Churches: Women, Violence and Non-Violent Change, Genf.

McLaughlin, Andrée Nicola, 1995: The Impact of the Black Consciousness and Women's Movement on Black Women's Identity: Intercontinental Empowerment, in: Pala, Achola O. (Hg.): Connecting Across Cultures and Continents. Black Women Speak Out on Identity, Race and Development, The United Nations Development Fund for Women, New York.

Messner, Dirk/Nuscheler, Franz, 1996: Global Governance. Herausforderungen an die deutsche Politik an der Schwelle zum 21. Jahrhundert, Policy Paper 2 der Stiftung Entwicklung und Frieden (SEF), Bonn.

Ruf, Anja, 1996: Weltwärts Schwestern! Von der Weltfrauenkonferenz in die globale Zukunft, Bonn.

Sparr, Pam, 1996: Bridging North and South, in: WIDE Bulletin, March 1996, Brüssel.

The Tribune (a Woman and Development Quarterly), Zeitschrift des International Women's Tribune Center, Nr. 52, November 1994, New York.

Wee, Vivienne/Heyzer, Noeleen, 1995: Gender, Poverty and Sustainable Development. Towards a Holistic Framework of Understanding and Action. First published in August 1995 for distribution at the Fourth World Conference on Women, by ENGENDER, Centre for Environment, Gender and Development, Singapore.

Wichterich, Christa/Heinrich-Böll-Stiftung (Hg.), 1996: Wir sind das Wunder, durch das wir überleben. Die 4. Weltfrauenkonferenz in Peking, Köln.

WIDE, 1996: Defying Marginalisation, On the Road from Beijing, WIDE-Bulletin, March 1996, Brüssel.

Zweiter Teil:

Gleichberechtigung

BETTINA KNAUP

Frauen und politische Entscheidungsmacht: Von fernen Zielen und drohenden Rückschritten[1]

Am Ende des 20. Jahrhunderts sind die politischen Institutionen dieser Welt – die Staatskanzleien, Parlamente und Ministerien, die Kommissionen und Generalsekretariate – immer noch vorrangig Orte männlicher Dominanz. Allerdings wird diese männerbündische Ordnung politischer Systeme zunehmend in Frage gestellt, die »Geschlechtergrenzen« werden porös. Entscheidende Fortschritte bei der Gleichstellung der Geschlechter wurden auch auf der Ebene der internationalen völkerrechtlichen Normen erzielt. Zumindest formal haben sich bis 1995 141 Staaten mit der Ratifizierung des »Übereinkommens zur Beseitigung jeder Form von Diskriminierung der Frau« (Frauenkonvention) verpflichtet, auch die *faktische* politische Gleichstellung umzusetzen (UNDPI 1995: 40f.).

Wie sind diese Entwicklungen im Bereich der formalen politischen Partizipation zu bewerten? Haben die Frauen- und Geschlechterpolitik der Vereinten Nationen (VN) einerseits und die Aktivitäten der nationalen und internationalen Frauenbewegungen andererseits einen Trend zu wachsender Geschlechterdemokratie (Bendkowski 1996) ausgelöst? Kann also davon die Rede sein, daß eine allmähliche Um- und Neuverteilung von politischer Entscheidungs- und Definitionsmacht zwischen den Geschlechtern in Gang gesetzt wurde? Oder handelt es sich eher um partielle Zugeständnisse bei gleichzei-

1 Für wichtige Anregungen danke ich Gabi Abels, Sabine Brendel und Elisabeth Wollefs.

tiger Separierung von Frauen an unterprivilegierter Stelle? Wie sicher sind zudem die Landgewinne in den Sphären der Politik angesichts ökonomischer Krisen? Die um sich greifenden neoliberalen Politikstrategien sowie die sich von den Fesseln der »political correctness« befreiende und immer offener zur Schau getragene konservative Gesinnung geben Anlaß zur Sorge. Welches sind angesichts dieser Entwicklungen die angemessenen Strategien und Maßnahmen, um mehr politische Entscheidungsmacht von Frauen zu erreichen? Diese Fragen sollen im folgenden in einem »Dreischritt« behandelt werden. Im ersten Teil werden die Entwicklung und der aktuelle Stand der Partizipation und Repräsentation von Frauen in den nationalen politischen Institutionen analysiert. Im zweiten Teil werden anschließend die entscheidenden Barrieren für eine gleiche politische Partizipation behandelt, um dann drittens Bausteine für einen geschlechterdemokratischen Wandel zu benennen sowie die bisherige Frauen- und Geschlechterpolitik der VN und die Strategien der internationalen Frauenbewegungen auf ihre Angemessenheit zu hinterfragen.

Um jedoch die genannten Fragen beantworten zu können, um im Dickicht globaler Trends und Gegentrends die ›Fort- und Rückschritte‹ überhaupt ausmachen zu können, müssen zunächst Maßstäbe und Begriffe geklärt werden. Im folgenden soll unter institutioneller Partizipation nicht bloße quantitative Repräsentanz verstanden werden, sondern eine Präsenz in entscheidungsrelevanten Institutionen und Ämtern, mit der eine Chance zur wirksamen Einflußnahme verbunden ist. Dabei wird hier nicht ernstlich davon ausgegangen, daß Frauen per Geschlecht eine andere Politik machen. Aber sowohl die alltägliche Erfahrung wie auch empirische Forschungsergebnisse zeigen, daß Frauen- und Geschlechterpolitik immer noch vorrangig von Frauen und Frauenorganisationen gefordert, eingebracht und durchgesetzt werden.[2] Wenn also mit der

---

2 Vgl. stellvertretend für die umfangreichen US-amerikanischen Forschungsergebnisse Thomas 1994 und Saint-Germain 1989; siehe auch Meyer 1996.

steigenden quantitativen Vertretung zumindest die Chance auf eine Politik für mehr Gerechtigkeit zwischen den Geschlechtern verbunden sein soll, sind drei Bedingungen konstitutiv:

- die gleichzeitige und angemessene Repräsentanz von Frauen auf den verschiedenen Hierarchiestufen politischer Systeme und in den verschiedenen Ressorts;
- das Überschreiten einer Mindestrepräsentanz von ca. 20-30% als Bedingung für eine wirksame Einflußnahme[3];
- eine relative Offenheit politischer Systeme für die Beteiligung von Organisationen der Frauenbewegungen.

Marginale Landgewinne in den Sphären der Politik: Frauenrepräsentanz in politischen Institutionen weltweit

Der Blick auf die aktuellen Daten zur formalen politischen Partizipation von Frauen ergibt ein eher düsteres Bild.[4] Zwar hat die Präsenz in den Sphären formaler Politik insgesamt zugenommen, so daß von einem gänzlichen Ausschluß nur noch bedingt die Rede sein kann. Aber diese ›Aufweichungs-

---

3 So belegen empirische Forschungen aus den USA, daß die Zahl frauenpolitischer Initiativen mit der wachsenden Zahl von Parlamentarierinnen anstieg. Offensichtlich nahm die Gefahr, sich mit einer frauenpolitischen Profilierung für politische Karrieresprünge zu disqualifizieren, mit der Zahl der vertretenen Frauen und damit der wachsenden Normalität solcher Thematisierungen ab (vgl. Saint-Germain 1989 und Thomas 1994; allerdings ist hier nicht von einem Automatismus auszugehen, wie der häufig verwendete Begriff der »kritischen Masse« nahelegt).

4 Vgl. zu den folgenden Daten - soweit nicht anders gekennzeichnet - United Nations 1995: 171-175; regionale und globale Durchschnittswerte (ungewichtet) basieren auf eigenen Berechnungen (vgl. zur Aufschlüsselung der regionalen Gruppierungen United Nations 1995: 185f.). Zwar liefert der Human Development Report von 1996 aktuelleres Material, dieses ist jedoch zu unvollständig, um regionale und globale Trendaussagen zu erlauben; so wird nur in Einzelfällen darauf zurückgegriffen, vgl. UNDP 1996: 141-143/156f./197.

tendenzen‹ zeigen sich bisher vornehmlich an den ›Rändern‹ politischer Systeme: Im globalen Schnitt haben Frauen immer noch nicht mehr als 6-10 % der Führungspositionen in Parlamenten, Regierungen und Ministerien inne.[5] Weit über diesem Schnitt liegen dabei lediglich die skandinavischen Staaten mit einem durchschnittlichen Frauenanteil von 36,2 % in Parlamenten, 33,3 % in Regierungen und 20,3 % auf subministerieller[6] Ebene. In den übrigen Weltregionen variieren diese Durchschnittswerte zwischen 1,4 und 13,7 % *(siehe Schaubild 1).*

Schaubild 1: Frauenanteil in politischen Institutionen (1994) Parlamente, Regierungen und subministerielle Ebene nach Weltregionen

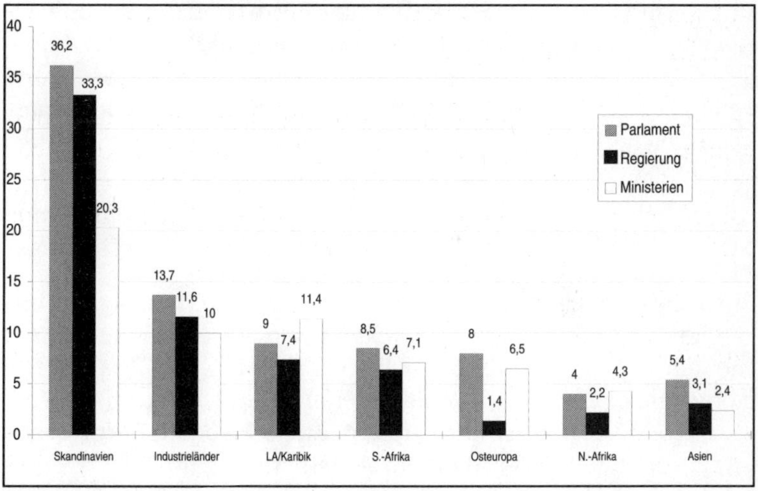

Quelle: United Nations 1995: 171ff.

5 Über die Vertretung von Frauen in lokalen Parlamenten liegen nur vereinzelte Daten vor, so daß diese hier nicht weiter berücksichtigt werden; vgl. UNDP 1995: 60-62.

6 In der Kategorie ›subministerielle Ebene‹ werden stellvertretende Minister, Staatssekretäre, Ministerialdirigenten und vergleichbare Ämter aufgeführt, vgl. United Nations 1995: 184.

Auch die Vereinten Nationen, die sich das Ziel der Geschlechtergleichheit auf die Fahnen geschrieben haben, machen hier keine Ausnahme: Die erste stellvertretende Generalsekretärin wurde erst 1972 mit Helvi Sipila ernannt. In das Präsidium der Generalversammlung wurden bis 1994 lediglich zwei Frauen gewählt. Bis heute werden nur ca. 13 % der höchsten Positionen im UN-System von Frauen eingenommen (United Nations 1995: 153-156).

Betrachtet man genauer die Länder mit der höchsten und niedrigsten Repräsentanz von Frauen auf verschiedenen Ebenen politischer Systeme, so wird deutlich, daß Industrienationen dabei insgesamt kein wesentlich besseres Bild abgeben als Entwicklungsländer. So finden sich unter den wenigen Parlamenten mit einem Frauenanteil von mehr als 20 % beispielsweise die Seychellen, Südafrika und Guyana. Zu den 109 Ländern mit einem Frauenanteil von weniger als 10 % in nationalen Parlamenten zählen neben vielen arabischen und osteuropäischen Staaten auch Industrienationen wie Japan, Frankreich, Griechenland und Großbritannien. Der Wandel vollzieht sich fast überall außerordentlich langsam, in manchen Weltregionen wie in Osteuropa, der ehemaligen UdSSR und in vielen asiatischen Staaten sind sogar Rückschritte zu verzeichnen *(siehe Schaubild 2).*

Nahezu überall sind Frauen in den entscheidungsmächtigeren Regierungen noch schwächer vertreten als in den Parlamenten *(vgl. Tabelle 1).* Bezeichnend ist auch, daß Frauen nur selten gleichermaßen auf ministerieller und subministerieller Ebene repräsentiert sind (United Nations 1995: 151): Norwegen ist das einzige Land mit einem Anteil von mehr als 30 % Frauen auf beiden genannten Ebenen, mehr als 15 % auf beiden Ebenen finden sich des weiteren nur noch in Finnland, auf den Seychellen, den Bahamas und in San Marino.

Schaubild 2: Frauenanteil in Parlamenten (1975-1994)
Entwicklung nach Weltregionen

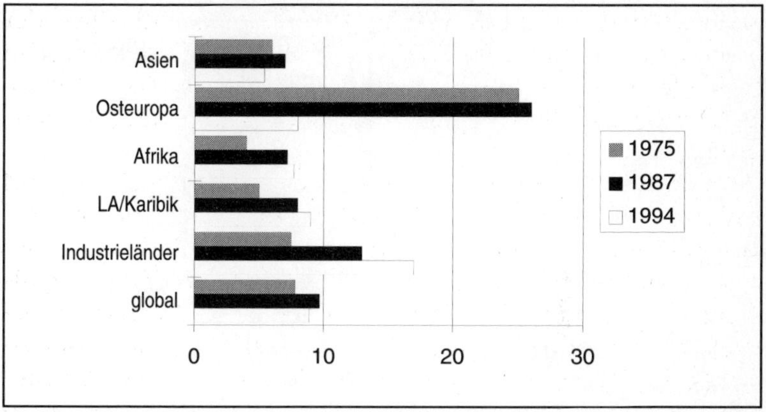

Quelle: United Nations 1991; United Nations 1995. Für 1975 lagen nur Daten für 78 Länder vor. Die aggregierten Daten beruhen auf eigenen Berechnungen.

Auch die Verteilung auf die Ressorts stellt sich außerordentlich ungleich dar. In nahezu allen Weltregionen sind Frauen 1994 am stärksten in den Sozialressorts vertreten, gefolgt von den Justizressorts. Die niedrigste Repräsentanz zeigt sich fast überall in den traditionellen »Kern-Ressorts«[7], also den Innen-, Außen- und Verteidigungsministerien. Ausnahmen von dieser Regel finden sich in Nordafrika, in Zentralamerika, der Karibik, in Südasien und Ozeanien (United Nations 1995: 151/152, 154).

7 Nur diese werden in den internationalen Statistiken, einem engen Politikbegriff folgend, als politische Ressorts bezeichnet.

Tabelle 1: Frauenanteil in politischen Institutionen ausgewählter Länder (1994)
Parlamente, Kabinette und subministerielle Ebene

	Parlament	Regierung (Kabinettsebene)	subministerielle Ebene
Industriestaaten			
Dänemark	33 %	29,2 %	10,7 %
Deutschland	21 %	16 %	5,2 %
Finnland	39 %	38,9 %	17,4 %
Island	24 %	15,4 %	2,5 %
Niederlande	31 %	31,3 %	10,3 %
Norwegen	39 %	35 %	49 %
Österreich	21 %	15,8 %	4,7 %
Schweden	34 %	30 %	4,3 %
Schweiz	18 %	16,7 %	0,0 %
Entwicklungsländer			
Seychellen	27 %	30,8 %	20,8 %

Quelle: United Nations 1995: 171-175.

Länder, in denen sich die Türen des Männerhauses Politik also gleichmäßig öffnen, in denen Frauen nicht nur der Zutritt zu Vorhallen, Hinterbänken und ›weichen‹ Ressorts gelassen wird, sind folglich rar und an zwei Händen abzuzählen:

- Weltweit gibt es 1994 nur zehn Staaten, in denen mehr als 15% Frauen im Parlament *und* in der Regierung vertreten sind. Dabei ist zu berücksichtigen, daß 15 % auf Regierungsebene *de facto* zwei bis drei Ministerinnen bedeutet. Häufig sind dies wiederum die Frauen- und Familienministerinnen.
- Davon weisen nur sechs Staaten nahezu 30 % (und mehr) Frauen in Parlament und Regierung auf (vier skandinavische Staaten, Niederlande und Seychellen).

- Nur in drei Staaten liegt der Frauenanteil in Parlament, Regierung und auf subministerieller Ebene über 15 % (Finnland, Norwegen, Seychellen).
- In vier der zehn Staaten sind kaum Frauen auf subministerieller Ebene zu finden.

Rechtliche, sozio-ökonomische und kulturelle Barrieren politischer Partizipation

Die globale Allgegenwart und Dauerhaftigkeit der Männerdominanz in den Sphären institutionalisierter Politik wirft die Frage nach den Ursachen für dieses Phänomen auf. Welche Einflußfaktoren wirken hier zusammen, so daß sich aus der globalen Vielfalt politischer und gesellschaftlicher Verhältnisse ein monotones Muster herausschält? Wie wird dieser Ausschluß auch im Zuge verschiedenster Modernisierungs- und Demokratisierungsprozesse immer wieder aufrechterhalten?

Noch bis weit in die zweite Hälfte dieses Jahrhunderts wurde politische Betätigung von Frauen in vielen Staaten rechtlich beschränkt.[8] 1947 verweigerten noch 25 von 74 Staaten ihren Bürgerinnen gleiche politische Rechte (UNDPI 1995: 16f.). Inzwischen sind diese rechtlichen Diskriminierungen weitgehend abgebaut[9], so daß die meisten heute lebenden Frauen zumindest *de jure* über das Wahlrecht bereits während ihres gesamten erwachsenen Lebens verfügen (United Nations 1992: 3).

Der Abbau rechtlicher Barrieren hat jedoch nicht – wie oben veranschaulicht wurde – zu einer umfassenden faktischen Gleichstellung geführt, auch nicht in jenen Staaten, die bereits zu Beginn des Jahrhunderts das Frauenwahlrecht eingeführt

---

8 Vgl. ausführlich zum Prozeß der Wahlrechtserweiterung United Nations 1992: 1-7.

9 Heute wird in kaum einem Staat ausschließlich Männern das aktive und/oder passive Wahlrecht gewährt (Ausnahme: Kuwait).

hatten. Zwar läßt sich ein gewisser Zusammenhang zwischen der Dauer formaler Regelungen zur Geschlechterdemokratie und dem Grad politischer Repräsentanz von Frauen in Parlamenten feststellen: So wiesen Staaten, in denen das Frauenwahlrecht vor 1940 eingeführt wurde, 1987 eine durchschnittliche Repräsentanz von 16,7 % Frauen im Parlament auf, während dieser Prozentsatz bei 6 % lag, wo das Wahlrecht erst zwischen 1960 und 1970 eingeführt wurde (United Nations 1992: 99f.).

Warum es jedoch auch in Staaten mit längerer demokratischer Tradition nicht mehr als eben jene durchschnittlich 17 % Parlamentarierinnen gibt, bleibt weiterhin erklärungsbedürftig. Neben der rechtlichen Diskriminierung behindern also vor allem andere Faktoren eine gerechte politische Repräsentanz von Frauen.

Die eher geringen Differenzen zwischen Entwicklungsländern und Industriestaaten hinsichtlich der politischen Repräsentanz von Frauen sprechen auch gegen die These, daß vorrangig der niedrigere sozio-ökonomische Status von Frauen für ihren Ausschluß aus den Sphären institutionalisierter Politik verantwortlich sei. Die Verfügungsmacht über materielle Ressourcen, angemessene Bildung, der Erwerb politiknaher Kompetenzen sowie der Aufbau von Beziehungsnetzen in entsprechenden Berufskontexten stellen zwar eine Bedingung der Möglichkeit politischer Teilhabe dar; dies wird auch durch Studien belegt, die den Zusammenhang zwischen Bildungsgrad und Grad der Erwerbstätigkeit von Frauen sowie politischer Repräsentanz messen (United Nations 1992: 99f.). Diese sozio-ökonomischen Faktoren garantieren aber keinesfalls gleiche politische Beteiligung.

So waren Frauen in nahezu allen sozialistischen Staaten – trotz Angleichung im Bildungs- und Berufsbereich – auf den entscheidungsrelevanten politischen Ebenen kraß unterrepräsentiert. Auch in den meisten westlichen Industriestaaten mit annähernd gleichen Bildungschancen, mit einem hohen Anteil weiblicher Berufstätigkeit in einem allerdings stark geschlechtshierarchisch segregierten Erwerbsarbeitsmarkt ist die Frauenquote in politischen Institutionen sehr niedrig.

Die gesellschaftliche Geschlechterideologie wird über familiäre, schulische sowie berufliche Sozialisationsinstanzen, über Medien und religiöse Praxis verinnerlicht und prägt politisches Verhalten mit. Sie wird häufig als weitere wirksame Barriere gegen gleiche politische Partizipation betrachtet. Auch dort – so die These – wo die explizite Geschlechterideologie, wie sie sich beispielsweise in Gesetzen ausdrückt, eine Geschlechtergleichheit proklamiert, wo politisches Engagement von Frauen nicht mit rigiden Sanktionen belegt wird, werden Frauen immer noch vorrangig auf die Sphäre der Privatheit hin sozialisiert und entwickeln entsprechend ein eher geringes politisches Interesse sowie ein geringeres Zutrauen in ihre politische Kompetenz und Zuständigkeit.

Obwohl plausibel ist, daß die gesellschaftliche Geschlechterideologie in der einen oder anderen Form (durch rigide Normen oder durch verinnerlichte Stereotype) Einfluß auf das politische Verhalten von Frauen hat, bleibt dieses Erklärungsmuster unbefriedigend ungenau: In den kritischen Blick geraten die Gesellschaft als Ganzes oder die individuellen Akteurinnen, nicht hinterfragt wird die Tatsache, daß in der politischen Sphäre die Geschlechterhierarchie strukturell verankert ist. In einem derartig geprägten politischen Raum sind nur bestimmte politische Handlungsformen, Stile und Strategien zulässig, anerkannt und erfolgreich (vgl. zum folgenden United Nations 1992: 31-34, 37-40). So belegt beispielsweise die international vergleichend angelegte Studie »Women and Politics Worldwide«, daß Frauen nicht generell unpolitisch sind, aber institutionalisierter Politik eher mit Distanz gegenüberstehen bzw. von ihr distanziert werden.

Der internationale und historische Vergleich zeigt, daß politisches Engagement von Frauen mit Regelmäßigkeit ansteigt, wo politische Strukturen und damit feste Reglements zur Verteilung von Macht ins »Fließen« geraten, wie in revolutionären oder transformatorischen Systembrüchen. Dieser Wandel überdauert jedoch zumeist nicht die Konsolidierungsphase politischer Systeme (Chowdhury/Nelson 1994a: 16f.). In Indien beispielsweise war der Anteil von Frauen an den politischen Gefangenen während des Unabhängigkeitskampfes höher als ihr Anteil im Parlament, der bis heute 8 % nicht überschritten hat. Chowdhury und Nelson, die Herausgeberinnen der genannten Studie, umschreiben das Paradoxon politischen Engagements indischer Frauen mit folgenden Worten: »Es war einfacher, wegen Unterstützung der Demokratie verhaftet zu werden, als es nun ist, in die demokratischen Institutionen gewählt zu werden, für deren Einrichtung indische Nationalisten gekämpft haben.« (Chowdhury/Nelson 1994a: 16f.).[10] Um also zu verstehen, wie und warum Frauen aus formalen politischen Institutionen ausgegrenzt werden oder den (un)freiwilligen Rückzug antreten, muß die Beschaffenheit politischer Strukturen und politischer Kultur genauer betrachtet werden.

Geschlechterstruktur politischer Systeme

International vergleichend angelegte Analysen zum Zusammenhang zwischen der Beschaffenheit politischer Systeme und dem jeweiligen Grad der erreichten Geschlechterdemokratie existieren bisher kaum, was angesichts der Komplexität und Vielfältigkeit politischer Systeme weltweit auch nicht verwunderlich ist. Die folgende Darstellung beruht daher auf den Ergebnissen qualitativ angelegter Länderstudien sowie einzelner vergleichend angelegter Analysen und skizziert thesenhaft ein mögliches Erklärungsmodell. Dabei werden auch die eher informellen Merkmale der politischen Kultur behandelt, die häufig eine stärker geschlechtsspezifisch ausgrenzende Wirkung haben als die formalen Strukturelemente politischer

10 Die englischsprachigen Zitate in diesem Aufsatz sind allesamt ins Deutsche übertragen.

Systeme. Mit dem Begriff der politischen Kultur wird die Gesamtheit der für eine »Gesellschaft typischen grundlegenden Wert-, Deutungs- und Verhaltensorientierungen mit politischem Bezug« (Prittwitz 1994: 32) bezeichnet. Gemeint sind hier politische Verhaltensstile, Gewohnheiten und Routinemuster von individuellen wie auch von korporativen AkteurInnen (Prittwitz 1994: 31f.). Gerade diese Elemente einer »Feinstruktur« politischer Systeme, wie beispielsweise die Organisations- und Entscheidungskultur politischer Parteien, haben sich als Barriere politischer Partizipation von Frauen erwiesen (Chowdhury/Nelson 1994a: 16).

Politischer Normalarbeitstag

Sowohl ehrenamtliche wie auch professionelle politische Arbeit erfordern ein hohes Maß an Zeiteinsatz und Zeitflexibilität. Beratungen, Sitzungen, Parteiversammlungen an Abenden und Wochenenden, unvorhergesehene Termine und Terminänderungen, Wahlkämpfe und Reisen sind an der Tagesordnung. Eine solche Arbeitsweise ist nur schwer vereinbar mit der gleichzeitigen Übernahme von Haus- und Familienarbeit, insbesondere mit der Versorgung von Kindern und anderen Familienangehörigen. Das durchschnittliche Heiratsalter, die Zahl der Kinder, die Möglichkeiten zur Geburtenkontrolle, die Versorgung mit öffentlichen Einrichtungen zur Kinderbetreuung sowie die praktizierte geschlechtsspezifische Arbeitsteilung haben folglich einen entscheidenden Effekt auf die Repräsentanz von Frauen in den Sphären der Politik. So läßt sich ein Zusammenhang zwischen Geburtenrate und politischer Repräsentanz von Frauen statistisch nachweisen: Je niedriger die Geburtenrate, desto höher ist die Vertretung in politischen Institutionen (United Nations 1992: 92f.[11]). In dieses Bild paßt ebenfalls, daß Politikerinnen in vielen Staaten viel seltener als

11 Diese Ergebnisse basieren auf Daten aus 77 Ländern aus dem Jahr 1985.

ihre männlichen Kollegen kleine Kinder haben und häufig später – nach der Kinderpause – eine politische Karriere starten. Letzteres wirkt sich wiederum nachteilig aus, da entsprechende Erfahrungen in politischer Alltagsarbeit fehlen und somit der (partei-)politische Aufstieg erschwert wird (Chowdhury/Nelson 1994a: 16).

Auch die Tatsache, daß Frauen auf der kommunalen Ebene regelmäßig besser vertreten sind, hängt unter anderem mit der geschlechtsspezifischen Arbeitsteilung zusammen: So ist kommunale Politik häufig kein *full time job* und läßt sich eher mit Familienarbeit verbinden (United Nations 1992: 54). Die tendenzielle Unvereinbarkeit von politischer Arbeit und sogenannter Reproduktionsarbeit sowie die fortdauernde Alleinzuständigkeit von Frauen für die (mehr als Kindererziehung umfassende) Reproduktionsarbeit ist also ein wirksamer Ausschlußmechanismus (United Nations 1992: 40f.).

Normen politischen Verhaltens

In jedem gesellschaftlichen Handlungszusammenhang, jeder Institution oder Organisation gibt es informelle Normen, Handlungsanweisungen und Spielregeln, deren Kenntnis und Befolgung eine wesentliche Voraussetzung für angemessenes und erfolgreiches Handeln darstellt. Die Kenntnis und Anwendung dieser Normen zeichnet den einzelnen als Zugehörigen aus, vermittelt ihm Kontakte und Anerkennung und stattet ihn dadurch mit erheblichen Ressourcen aus. Die Gesamtheit dieser Ressourcen kann mit Pierre Bourdieu als das »soziale Kapital« bezeichnet werden (Bourdieu 1983; vgl. Schöler-Macher 1994: 28f.). Die informellen Spielregeln in den Sphären institutionalisierter Politik entsprechen nun in erheblichem Maße stereotypen Vorstellungen von Männlichkeit. Je nachdem, wie stark in einer Gesellschaft also männliche und weibliche Geschlechterstereotypen ausgeprägt sind, ist das für politisches Handeln unerläßliche »soziale Kapital« für Männer

– zumindest für jene, die dem dominanten Männlichkeitsideal entsprechen bzw. entsprechen wollen[12] – leichter verfügbar als für Frauen. Die »Männlichkeit« dieser informellen Kultur politischer Institutionen wird durch die vielfältigen männlich codierten Rituale und Symbole des politischen Alltagshandelns angezeigt, wie sie auf nationalem und internationalem politischen Parkett üblich sind: vom männlichen Schulterklopfen und Bruderkuß, von der mit Männlichkeit assoziierten raumgreifenden Körperpräsentation und Gestik, über die männliche »Uniform« des in vielen Teilen der Welt einheitsgrauen Anzugs, die nahezu rituellen gemeinsamen Kneipenbesuche, die Fußballspiele und die gemeinsame Jagd bis zur weitverbreiteten Praxis der anzüglichen Zwischenrufe in öffentlichen Versammlungen oder zum konsensstiftenden Austausch sexistischer Witze (Schöler-Macher 1994: 29).

Diese informelle Kultur der institutionalisierten Politik weist gewisse Ähnlichkeiten mit den wesentlichen Merkmalen des Männerbundes auf (Schöler-Macher 1994; Knauf 1990 und Kreisky 1992):

- eine ausgeprägte Hierarchie zwischen Führung und Gefolgschaft;
- einen Aufnahmeritus, der den Initiierten zum »Geweihten«, zum Dazugehörigen macht;
- eine starke Affinität und Bindung zwischen Männern;
- einen Ausschluß oder eine Abwehr von Frauen bzw. von »Weiblichkeit«.

Diese gegengeschlechtliche Bedeutungscodierung des politischen Feldes bildet neben anderen Faktoren die Basis der sozialen Interaktion von Frauen und Männern in politischen Gremien, Ausschüssen, Arbeitsgruppen etc. (Schöler-Macher 1994: 36), die folglich von Ungleichheit und Machtüberlegenheit der Männer geprägt ist. Frauen werden damit einem doppelten Legitimationszwang ausgesetzt: »Sie müssen sich selbst

12 Selbstverständlich entsprechen nicht alle Männer diesem Stereotyp; vgl. zu einem differenzierten Konzept von Männlichkeiten Connell 1995.

wie ihrer Umwelt gegenüber beweisen, daß sie – obwohl Frau und daher gewissermaßen illegitimerweise in der Politik – dennoch für die Regelung der öffentlichen Angelegenheiten geeignet sind und sie – obwohl Politikerin – dennoch ›richtige‹ Frauen sind.« (Schöler-Macher 1994: 42).[13]

Ein solches paradoxes Anforderungsprofil wirkt sich in mehrfacher Hinsicht negativ auf eine verstärkte Partizipation von Frauen aus. Es kann zum einen individuell belastend wirken, da es politisches Handeln einem ständigen – wenn auch impliziten – Legitimationsdruck aussetzt, der Gegenstrategien erfordert und damit Energieverlust bedeutet. Dies kann den Rückzug von Frauen aus den Sphären institutionalisierter Politik verstärken. Hier wird ein *circulus vitiosus* deutlich: Frauen sind und bleiben so wenige in der Politik, weil sie so wenige sind. Zum anderen kann es bei der parteiinternen wie auch bei der Auswahl durch die WählerInnen zu einer tendenziell negativen Bewertung von Politikerinnen führen. Untersuchungen über die politischen Einstellungen der WählerInnen in den Staaten der Europäischen Union unterstützen diese These: Die Wahrnehmung der Kompetenz männlicher und weiblicher PolitikerInnen unterscheidet sich nach wie vor. Zwar nehmen ca. 68 % der WählerInnen keinen Kompetenzunterschied zwischen männlichen und weiblichen PolitikerInnen wahr. Immerhin 22 % halten jedoch Männer für die kompetenteren Politiker, wohingegen nur 7 % ein stärkeres Vertrauen in Frauen äußern (Hoecker 1995: 182ff.).

Wahlsysteme

Verschiedene Studien belegen, daß Länder mit einem Verhältniswahlrecht in der Regel eine höhere Repräsentanz von Frauen aufweisen als solche mit einem Mehrheitswahlrecht (United Nations 1992: 40f.; Norris 1993: 313f.; Rule/Zimmermann

---

13 Vgl. mit ähnlichen Ergebnissen United Nations 1992: 54.

1994).[14] Unter einem reinen Verhältniswahlrecht entscheiden die WählerInnen vorrangig zwischen Parteien, denen proportional zu ihrem Stimmenanteil Mandate zugewiesen werden. Die Mandate werden von den Parteien entsprechend ihrer KandidatInnenlisten besetzt. Gilt das reine Mehrheitswahlrecht, so entscheiden die WählerInnen innerhalb der Wahlkreise zwischen KandidatInnen.[15] Die Stimmen für unterlegene KandidatInnen sind dabei verloren. Der Wahlerfolg in Mehrheitswahlsystemen ist also sehr viel stärker personengebunden, während ein Verhältniswahlsystem einer Personalisierung eher entgegenwirkt.

Die genannten Aspekte informeller politischer Kultur, die Verhaltenserwartungen an individuelle AkteurInnen beinhalten, entfalten in einem personenbezogenen Wahlsystem eine größere Wirkung als unter einem eher partei- bzw. listenbezogenen Wahlrecht. Das nur begrenzte Vertrauen in die Kompetenzen von Politikerinnen könnte dort sehr viel mehr zur Geltung kommen, wo die Verantwortung für den Wahlerfolg in besonderem Maße bei den jeweiligen KandidatInnen liegt. Die (implizite) Annahme, Frauen würden den als nötig vorausgesetzten aggressiven Wahlkampfstil nicht beherrschen oder seien nicht in der Lage, die Mehrheit der Wählerschaft hinter sich zu bringen, scheint hier einer Nominierung entgegenzuwirken (United Nations 1992: 40f.). Eine weitere Rolle spielt, daß in Verhältniswahlsystemen eine Quotierung über die Parteilisten sehr viel einfacher möglich ist als in Mehrheitswahlsystemen.

---

14 So weisen nahezu alle Staaten mit hoher Repräsentanz von Frauen ein Verhältniswahlrecht auf.

15 In der Regel Einpersonenwahlkreise oder kleine Mehrpersonenwahlkreise.

Dominante Konfliktlösungsstrategie

Politische Systeme unterscheiden sich unter anderem hinsichtlich ihrer typischen Konfliktlösungsstrategien. Systeme mit sogenannten ›konkordanten‹ Elementen zeichnen sich durch eher konsensorientierte Entscheidungsmechanismen aus sowie durch die Einbeziehung verschiedener gesellschaftlicher AkteurInnen und Interessen. Das Mehrheitsprinzip wird (zumindest teilweise) durch die Entscheidungsform der Aushandlung ersetzt, Minderheiten werden an Entscheidungen beteiligt, Kompromißtechniken sind weit verbreitet.[16]

Diese konkordanten Elemente haben ambivalente Wirkungen auf die Geschlechterdemokratie. Eine mögliche These lautet: In politischen Systemen mit konkordanten Elementen sind staatliche Arrangements zur Konfliktbeilegung und zur Um- und Neuverteilung von Ressourcen in besonderem Maße anerkannt. Daher passen die Forderungen nach Quotierungen sozusagen in das übliche politische Handlungsrepertoire und können somit leichter erfüllt werden als in polarisierten Mehrheitssystemen. So sind in Konkordanzdemokratien Proporzregeln bei der Besetzung öffentlicher Ämter üblich, d.h. Forderungen nach angemessener Repräsentation werden anerkannt und nicht per se als Partikularinteresse diskreditiert. Für diese These spricht, daß alle Staaten mit den höchsten Frauenquoten in politischen Institutionen Elemente einer konsensualen politischen Kultur aufweisen.

Allerdings ist auch zu berücksichtigen, daß sich in Konkordanzdemokratien häufig besonders stabile, nicht durch Wahlen legitimierte Netzwerke privater und staatlicher Akteure herausbilden, die entscheidenden Einfluß auf die Politikgestaltung nehmen. Diese zeichnen sich zumeist durch eine besonders hermetische, männerbündische Struktur aus. Quotierung muß sich daher – soll sie nicht zahnloses Instrument

16 Typische Konkordanzdemokratien sind Österreich, die Schweiz, die Niederlande; konkordante Elemente finden sich in den skandinavischen Staaten und partiell in Deutschland; vgl. Lehmbruch 1993.

bleiben – auch auf solche eher informellen Entscheidungsrunden beziehen, zum Beispiel durch eine Quotierung von Nominierungslisten für Beratungsgremien.

Offenheit politischer Systeme für zivilgesellschaftliche AkteurInnen

Historisch und aktuell sind es gesellschaftliche Akteurinnen der Frauenbewegungen, die Fortschritte hin zu mehr Geschlechterdemokratie auch in den Sphären der Politik gefordert und erkämpft haben. Frauen sind zudem insgesamt stärker in Organisationen der Zivilgesellschaft vertreten. Ein Wandel zu mehr Geschlechterdemokratie hängt also auch in entscheidendem Maße von der generellen Stellung und dem Einfluß zivilgesellschaftlicher Organisationen in dem jeweiligen politischen System ab. Ein negatives Beispiel bildet der rapide Rückgang politischer Repräsentanz von Frauen in den Staaten des ehemaligen Ostblocks. Hier existierten keine starken zivilgesellschaftlichen Organisationen, die für die Bewahrung des erreichten Standards hätten kämpfen können (Chowdhury/Nelson 1994a: 16). Ein positives Beispiel bildet die Mobilisierung einer nationalen Koalition von Frauen in Südafrika, die erfolgreich ihre Forderungen in die Beratungen zur neuen Verfassung Südafrikas einbrachten. In das neue Parlament zogen 25 % Frauen ein. Die neue Verfassung bekennt sich zur Herstellung von Geschlechtergerechtigkeit, indem sie beispielsweise positive Diskriminierung fordert (Wichterich 1996: 55).

Die Stellung gesellschaftlicher AkteurInnen wird neben anderen Faktoren auch von der institutionellen und informellen Offenheit politischer Systeme beeinflußt.[17] Die institutionelle

17 Um unterschiedliche Offenheitsgrade politischer Systeme für Einflußnahme durch zivilgesellschaftliche Akteure zu kennzeichnen, hat die »Neue Soziale Bewegungsforschung« das Konzept der *Political Opportunity Structure,* der »Chancenstruktur politischer Einflußnahme« entwickelt; vgl. Kriesi 1991.

Offenheit beispielsweise hängt vom Grad der Dezentralisierung, von der Art und Weise der Gewaltenteilung sowie den formalen Kanälen politischer Partizipation ab. Aber auch die in der politischen Kultur verankerte generelle Haltung gegenüber zivilgesellschaftlichen Organisationen ist von Bedeutung. In Staaten, die sich durch eine starke Abgrenzung gegenüber der Gesellschaft und ihren Organisationen auszeichnen, wird die Herausbildung eines breiten Netzes zivilgesellschaftlicher AkteurInnen, die gegebenenfalls politische Forderungen wirksam durchsetzen könnten, eher erschwert.

Bausteine eines geschlechterdemokratischen Wandels

Es scheint, als ob eine Vielfalt gleichermaßen ausgrenzender Barrieren das Terrain institutionalisierter Politik umgibt, je nach politischem, ökonomischem und kulturellem Kontext in unterschiedlicher Kombination und Dichte, aber zumeist mit ähnlichen Effekten. Wird aus dem dichten und unübersichtlichen Gemäuer rechtlicher, sozio-ökonomischer, kultureller und politisch-struktureller Restriktionen ein einzelner Stein entfernt, beispielsweise durch formale rechtliche Gleichstellung, so ist der Effekt gering, der Weg zur umfassenden Gleichheit bleibt nach wie vor versperrt. Erst wenn an vielen Stellen gleichzeitig Steine aus dem Mauerwerk gelöst werden, wird die Gesamtkonstruktion brüchig. Daß dies in Ansätzen möglich ist, belegt das Beispiel Norwegen, weltweiter Spitzenreiter in Geschlechterdemokratie (UNDP 1995: 41; Phillips 1995: 137ff.):

- Norwegen war unter den ersten Ländern, die das Frauenwahlrecht einführten.
- Der traditionelle Egalitarismus, das Engagement der Frauenorganisationen in den Parteien sowie eine starke Frauenbewegung führten zu einer Umverteilung des wachsenden Wohlstands auch zugunsten von Frauen. Das Ziel der Ge-

schlechtergleichheit wurde früh in staatliche Politik aufgenommen.

- Die norwegische Frauenbewegung wie auch die Frauenorganisationen der Parteien verfolgten parallel eine Strategie des »politics-first«, indem sie sich für eine stärkere Repräsentanz von Frauen in politischen Institutionen einsetzten.
- Eine eher konsensuale politische Kultur fördert eine an Ausgleich und Kompromiß orientierte Konfliktbeilegung.
- Mitte der 70er Jahre führten die meisten Parteien Quoten ein.
- Ein Verhältniswahlsystem begünstigt die Wahl von Frauen.

Wie der Beitrag gezeigt hat, gibt es einige notwendige, wenn auch sicher nicht hinreichende Voraussetzungen, um dem fernen Ziel der Geschlechterdemokratie näher zu kommen. Im folgenden dazu einige Stichworte, die allerdings weder zeitliche Prioritäten setzen noch einen Anspruch auf Vollständigkeit erheben wollen:[18]

- formal-rechtlich gleicher Zugang zur politischen Arena (insbesondere in den arabischen Staaten die Trennung von Religion und Staat aufrechterhalten bzw. herstellen);
- Abbau geschlechtsspezifischer Arbeitsteilung und sozioökonomischer Benachteiligung;
- traditionelle Rekrutierungswege durchbrechen: Quotierungsmaßnahmen als kurz- und mittelfristig wirksamste Instrumente[19] müssen dabei alle Ebenen und Ressorts sowie die zunehmend entscheidungsrelevanten Beratungsgremien erfassen, um die männerbündischen Strukturen gleichmäßig aufzulösen und die Separierung von Frauen in spezifische Frauenressorts bzw. in eher unterprivilegierte Entscheidungsgremien zu verhindern;
- gezielte Förderung von Kandidatinnen (besonders in politischen Systemen mit Mehrheitswahlrecht);

---

18 Vgl. Leijenaar 1996.

19 Alle oben aufgeführten Staaten mit überdurchschnittlich hohen Frauenanteilen in politischen Institutionen haben in der einen oder anderen Form Quoten eingeführt (United Nations 1992: 44-46).

- Anpassung ›politischer Arbeitsverhältnisse‹ an die Erfordernisse reproduktiver Arbeit (beispielsweise parallele Kinderbetreuung); dazu gehört auch, daß in der Öffentlichkeit die Übernahme von Familien- und Hausarbeit nicht als disqualifizierend wahrgenommen und bewertet wird[20];
- Abbau stereotypisierender politischer Medienberichterstattung;
- Frauenbewegungen auf allen Ebenen fördern und an politischen Entscheidungen beteiligen (gegebenenfalls institutionell absichern, beispielsweise durch mit externen Fachfrauen besetzte Beiräte innerhalb von Ministerien sowie durch eine nationale Lobbystelle mit Brückenfunktion zwischen dem staatlichen und nicht-staatlichen Bereich)[21].

Das norwegische Beispiel darf nicht als Universalrezept verstanden werden. Doch es belegt unzweifelhaft, wie wichtig die genannten Bedingungen sind. Auf der internationalen Ebene verfolgen sowohl die Organisationen der Vereinten Nationen als auch die internationalen Frauenbewegungen Ansätze (wenn auch mit unterschiedlichen Akzenten), die den hier skizzierten Notwendigkeiten mehr oder weniger Rechnung tragen.

Die internationalen Frauenbewegungen stellen die Wichtigkeit einer Geschlechtergleichheit auch auf institutionellem politischem Parkett nicht mehr in Frage. Die »Besitznahme politischer Macht« – früher durchaus umstritten – wurde in den Beratungen auf dem NGO-Forum der 4. Weltfrauenkonferenz als essentiell betrachtet *(vgl. den Beitrag von Holthaus/Klingebiel).* Allerdings wird der notwendige Wandel politischer Prozesse und Strukturen stärker betont. Politische

20 Der männliche Nachfolger der norwegischen Regierungschefin Gro Harlem Brundtland, Thorbjörn Jagland, der bei Amtsantritt ankündigte, auch in Zukunft seinen ›häuslichen Pflichten‹ nachzukommen, handelte sich damit in der deutschen Presse das Image eines Weichlings ein (»Muttersöhnchen«); vgl. z. B. Kölner Stadt-Anzeiger v. 25.10.1996.

21 Siehe Wichterich 1996: 57.

Partizipation soll nicht Selbstzweck, sondern Instrument zur Veränderung sein (Wichterich 1996: 54f.).

Die Vereinten Nationen haben nach und nach Forderungen nach rechtlicher und politischer Gleichheit in entwicklungspolitische Konzepte eingebettet. Der Zusammenhang zwischen krasser politischer Unterrepräsentation und gesellschaftlichem Geschlechterverhältnis wird zunehmend berücksichtigt. Auch die ausgrenzenden politischen Prozesse und Strukturen werden stärker ins Visier genommen. Die Forderungen nach umfassender Entscheidungsteilhabe finden sich in der gesamten Aktionsplattform der 4. Weltfrauenkonferenz in Peking. Allerdings wird durch eher schwammige Formulierungen eine explizite Festlegung auf Quoten, auf exakte Ziele und Zeitpläne vermieden. »Männerbündische« Strukturen der Politik werden eher implizit in Frage gestellt, als explizit beim Namen genannt (Wichterich 1996: 88; Klingebiel 1996: 221). Die internationale Frauen- und Geschlechterpolitik insbesondere der Vereinten Nationen hat jedoch aufgrund der ihr zur Verfügung stehenden Instrumente nur eine begrenzte Reichweite, die effektive Umsetzung hängt letztlich vom Willen der Mitgliedstaaten ab:[22]

- Sie kann völkerrechtliche Standards setzen und Regierungen zur Verabschiedung gemeinsamer Willenserklärungen und Politikkonzepte bewegen. Wesentliche Schritte in diese Richtung stellen das Abkommen über die politischen Rechte der Frau von 1952 (in Kraft getreten 1954) sowie die »Konvention für die Beseitigung jeder Form von Diskriminierung der Frau« von 1979 (in Kraft getreten 1981) dar, außerdem die Aktionsplattformen der Weltfrauenkonferenzen.
- Sie kann zudem Regierungen durch Monitoring moralisch und vor der Weltöffentlichkeit zumindest unter Rechtfertigungsdruck setzen. Ein solches Instrument wurde beispielsweise 1982 mit dem Committee on the Elimination of

22 Vgl. ausführlich zur Entwicklung der Frauen- und Geschlechterpolitik der Vereinten Nationen UNDPI 1995 und Pietilä/Vickers 1994.

Discrimination against Women (CEDAW) geschaffen, welches die Umsetzung der Frauenkonvention überwachen soll.

- Sie kann diesen Druck durch die Stärkung von zivilgesellschaftlichen Organisationen sowie durch die internationale Vernetzung solcher Organisationen untereinander und mit PolitikerInnen erhöhen. Übereinstimmend wird als ein wesentlicher Erfolg der Dekade der Frau sowie der Weltfrauenkonferenzen die wachsende Bedeutung der internationalen Frauenbewegungen bewertet (Wichterich 1995: 16ff.).
- Sie kann nicht zuletzt die nötigen Wissensressourcen für eine aktive Politik liefern. Die im Zuge der Dekade der Frau und der vier Weltfrauenkonferenzen erarbeiteten Materialien bilden wertvolle Argumentations- und Legitimationsgrundlagen für Forderungen der nationalen und internationalen Frauenbewegungen (Klingebiel 1996).

Obwohl in diesen Feldern in 50 Jahren Frauen- und Geschlechterpolitik der Vereinten Nationen also einiges bewegt wurde, bleiben die Erfolge bislang eher dürftig. Dies liegt nicht an fehlenden Problemanalysen und Konzepten, sondern am mangelnden Willen zur Umsetzung auf seiten der Staaten. Die »Landgewinne« in den Sphären der Politik sind zumeist marginal und labil, Definitions- und Entscheidungsmacht wurden kaum erreicht. Ob solche labilen Fortschritte in Krisenzeiten standhalten, ist fragwürdig.[23] Die Akzeptanz von staatlichen Umverteilungs- und Quotierungsmaßnahmen nimmt rapide ab, Frauenpolitik gilt angesichts knapper Kassen zunehmend als partikulares Luxusgut. Ohne diese wird jedoch ein geschlechterdemokratischer Wandel auf den Sankt Nimmerleinstag verschoben.

23 In Finnland beispielsweise, einem der Spitzenreiter geschlechterdemokratischer Politik, gingen die Prozentsätze nach 1994 zurück (von 39 auf 33,5 % im Parlament; von 38,9 auf 35 % in der Regierung, von 17,4 auf 10 % auf subministerieller Ebene); ähnliches ist auch in den Niederlanden zu beobachten; vgl. UNDP 1996: 141-143. Allerdings ist hier abzuwarten, ob es sich um einen langfristigen Trend handelt.

Um also Erreichtes zu sichern und endlich die längst überfällige Umverteilung von Entscheidungsmacht in Angriff zu nehmen, um die Regierungen auf die konkrete und haushaltswirksame Umsetzung der Aktionsplattform von Peking festzulegen, sind breite Bündnisse von Frauen und Frauenorganisationen aus den staatlichen und gesellschaftlichen Kontexten nötig.

Literatur

Armbruster, L. Christof/Müller, Ursula/Stein-Hilbers, Marlene (Hg.), 1995: Neue Horizonte? Sozialwissenschaftliche Forschung über Geschlechter und Geschlechterverhältnisse, Opladen.

Bendkowski, Halina, 1996: Die feministische Notwendigkeit geschlechterdemokratischer Perspektiven, in: hypatia. Zeitschrift des Netzwerkes historisch arbeitender Frauen der Frauen-Anstiftung e.V., Mai, S. 5-14.

Biester, Elke et al. (Hg.), 1994: Demokratie oder Androkratie? Theorie und Praxis demokratischer Herrschaft in der feministischen Diskussion, Frankfurt/M., New York.

Bourdieu, Pierre, 1983: Ökonomisches Kapital, kulturelles Kapital, soziales Kapital, in: Kreckel, Reinhard (Hg.): Soziale Ungleichheiten, Göttingen.

Chowdhury, Najma/Nelson, Barbara J., 1994a: Redefining Politics: Patterns of Women's Political Engagement from a Global Perspective, in: dies. (Hg.): Women and Politics Worldwide, New Haven/London, S. 3-24.

Chowdhury, Najma/Nelson, Barbara J. (Hg.), 1994b: Women and Politics Worldwide, New Haven/London.

Connell, Robert, 1995: Neue Richtungen für Geschlechtertheorie, Männlichkeitsforschung und Geschlechterpolitik, in: Armbruster et al., 1995, S. 61-83.

Heinrichs, Hans-Jürgen, 1990: Politik als männerbündisches Handeln und Verhalten, in: Völger/Welck (Hg.), S. 87-92.

Hoecker, Beate, 1995: Politische Partizipation von Frauen. Ein einführendes Studienbuch, Opladen.

Jenson, Jane/Sineau, Mariette, 1994: The Same or Different? An Unending Dilemma for French Women, in: Chowdhury/Nelson (Hg.), S. 243-260.

Karl, Marilee, 1995: Women and Empowerment. Participation and Decision Making, London/New Jersey.

Klingebiel, Ruth, 1996: Weltfrauenkonferenz in Beijing 1995. Aktion für Gleichberechtigung, Entwicklung und Frieden?, in: Institut für Entwicklung und Frieden (INEF), a.a.O., S. 215-225.

Knauf, Ernst-Axel, 1990: Der Staat als Männerbund – Religionsanthropologische Aspekte der politischen Evolution, in: Völger/Welck (Hg.), S. 11-22.

Kreisky, Eva, 1992: Das ewig Männerbündische? Zur Standardform von Staat und Politik, in: Freimaurer. Solange die Welt besteht, Wien, S. 31-40.

Kreisky, Eva, 1993: Der Staat ohne Geschlecht? Ansätze feministischer Staatskritik und feministischer Staatserklärung, in: Österreichische Zeitschrift für Politikwissenschaft (ÖZP), 22, H. 1, S. 23-35.

Kriesi, Hanspeter, 1991: The Political Opportunity Structure of New Social Movements: Its Impact on Their Mobilization, Wissenschaftszentrum Berlin für Sozialforschung (WZB), Berlin.

Lehmbruch, Gerhard, 1993: Konkordanzdemokratie, in: Nohlen, Dieter (Hg.), Wörterbuch Staat und Politik, Bonn, S. 311-315.

Leijenaar, Monique, 1996: How to Create a Gender Balance in Political Decision-making: A Guide to Implementing Policies for Increasing Participation of Women in Political Decision-making, Brüssel.

Lovenduski, Joni/Norris, Pippa (Hg.), 1993: Gender and Party Politics, London.

Institut für Entwicklung und Frieden (INEF), 1996: Weltkonferenzen und Weltberichte. Ein Wegweiser durch die internationale Diskussion, herausgegeben von Dirk Messner und Franz Nuscheler, Bonn.

Meyer, Birgit, 1992: Die »unpolitische« Frau. Politische Partizipation von Frauen oder: Haben Frauen ein anderes Verständnis von Politik? in: Aus Politik und Zeitgeschichte, B 25-26/1992, S. 3-13.

Meyer, Birgit, 1996: Amerika, hast Du es besser? Zur politischen Partizipation von Frauen in den USA, in: Aus Politik und Zeitgeschichte, B 21-22, S. 35-45.

Norris, Pippa, 1993: Conclusions: Comparing Legislative Recruitment, in: Lovenduski/Norris (Hg.), S. 309-330.

Phillips, Anne, 1995: Geschlecht und Demokratie, Hamburg.

Pietilä, Hilkka/Vickers, Jeanne, 1994: Making Women Matter. The Role of the United Nations, London/New Jersey.

Prittwitz, Volker von, 1994: Politikanalyse, Opladen.

Ruf, Anja, 1996: Weltwärts Schwestern! Von der Weltfrauenkonferenz in die globale Zukunft, Bonn.

Rule, Wilma/Zimmermann, Joseph F. (Hg.), 1994: Electoral Systems. Their Impact on Minorities and Women, Westport.

Saint-Germain, Michelle A., 1989: Does their Difference Make a Difference? The Impact of Women on Public Policy in the Arizona Legislature, in: Social Science Quarterly, 70, S. 956-968.

Sauer, Birgit, 1994: Was heißt und zu welchem Zwecke partizipieren wir? Kritische Anmerkungen zur Partizipationsforschung, in: Biester et al. (Hg.), S. 99-130.

Schöler-Macher, Bärbel, 1994: Die Fremdheit der Politik. Erfahrungen von Frauen in Parteien und Parlamenten, Weinheim.

Thomas, Sue, 1994: How Women Legislate, New York.

United Nations (Hg.), 1991: The World's Women 1970-1990. Trends and Statistics, New York.

United Nations, 1992: Women in Politics and Decision-making in the Late Twentieth Century. A United Nations Study. (United Nations Office in Vienna, Centre for Social Development and Humanitarian Affairs), Dordrecht/Boston/London.

United Nations (Hg.), 1995: The World's Women 1995. Trends and Statistics, New York.

UNDPI (United Nations Department of Public Information) (Hg.), 1995: The United Nations and the Advancement of Women 1945-1995, New York.

United Nations Development Programme (UNDP) (Hg.), 1995: Human Development Report (HDR) 1995, New York/Oxford.

United Nations Development Programme (UNDP) (Hg.), 1996: Human Development Report (HDR) 1996, New York/Oxford.

Völger, Gisela/Welck, Karin v. (Hg.), 1990: Männerbande Männerbünde. Zur Rolle des Mannes im Kulturvergleich, Bd. 1, Köln.

Wichterich, Christa, 1995: Frauen der Welt. Vom Fortschritt der Ungleichheit, Göttingen.

Wichterich, Christa, Heinrich Böll Stiftung (Hg.), 1996: Wir sind das Wunder, durch das wir überleben. Die 4. Weltfrauenkonferenz in Peking, Köln.

MARITZA LE BRETON BAUMGARTNER

Die Feminisierung der Migration. Eine Analyse im Kontext neoliberaler Arbeits- und Aufenthaltsverhältnisse

Das Thema »Frauen und Migration« läßt sich nicht in einem kurzen Artikel erschöpfend behandeln. Im folgenden Beitrag widme ich mich deshalb einem Aspekt des Themas, der nur sehr selten im Zusammenhang mit der Migration von Frauen beleuchtet wird[1]. Eine der Hauptursachen für Migration, die Weltwirtschaftsordnung, spielt in der migrationspolitischen Debatte und insbesondere in der Diskussion um die Regulierung von Einwanderungszahlen keine bedeutende Rolle. Die Verschiebung menschlicher Arbeitskraft im Interesse zentralkapitalistischer Ökonomien ist kein neues geschichtliches Phänomen; sie existiert bereits seit Ende des 15. Jahrhunderts in beträchtlichem und weltweitem Umfang. Sie ist so alt wie die europäische Expansion und bildet einen zentralen Bestandteil von Kolonialismus und Imperialismus sowohl in früheren als auch in späteren Phasen. Die sexistischen und rassistischen Strukturen des Weltmarktes für Arbeitskraft sind deshalb nicht als Folge des Weltmarktes zu betrachten, sondern stellen dafür eine wesentliche Voraussetzung und Grundlage dar. Aufgrund dieser weltweiten ökonomischen Strukturen wurden bzw. werden Frauen gezwungen, jegliche Überlebensstrategien für sich, ihre Kinder und Familien zu suchen. In diesen Kontext ist die weltweite Migration von Frauen zu stellen sowie die Ausbeutung, die sie dabei erleiden.

---

1 Diese Ausführungen stützen sich im wesentlichen auf Karrer/Turtschi/Le Breton 1996.

Denn gefragt sind Frauen hauptsächlich als Reproduktionskräfte im sexuellen, emotionalen und haushälterischen Bereich (Potts 1993: 84).

Im Mittelpunkt meiner Analyse steht die internationale Migration als strukturelles Phänomen, stehen übergeordnete Strukturen der Weltwirtschaft und weniger das individuelle Wanderungsverhalten von Frauen. Neben strukturellen Bedingungen werden kurz geschichtliche Zusammenhänge und Migrationsformen aufgezeigt, und zwar an den Beispielen des Haushaltsbereiches und der Unterhaltungsindustrie sowie der Prostitution. Dabei rücken die Organisationsstrukturen der Vermittlung von Migrantinnen sowie verschiedene Aspekte des »Frauenhandels« (ein Begriff, der hier problematisiert wird) in den Blick, und zwar mit dem Ziel, die Komplexität und Globalität dieses Phänomens aufzuzeigen. Die Analyse wird zeigen, wie dringend erforderlich es ist, die Änderung der Migrationsursachen zu einem Ziel zu machen, das in der Alltagspolitik umsetzbar ist.

Geschichte und Dynamik weiblicher Migration

Obwohl die Verschleppung und Verschiebung weiblicher Arbeitskräfte für den Weltmarkt in der patriarchalischen Geschichtsschreibung bis heute kaum Bedeutung erlangte, läßt sich vor allem der »Frauenhandel« mindestens bis in die Anfänge des Kolonialismus zurückverfolgen. So wurden bereits im 16. Jahrhundert afrikanische Sklavinnen in die spanischen Kolonien, wie zum Beispiel auf die karibische Insel Hispaniola (Dominikanische Republik und Haiti), verschleppt, um dort nicht nur als Arbeitskräfte die fast vollständig ausgerottete indigene Bevölkerung der Insel zu ersetzen, sondern auch, um mit ihrer Sexualität und Fruchtbarkeit den spanischen Kolonisatoren zur Verfügung zu stehen. Wenig bekannt ist, daß während der Kolonialzeit auch der Handel mit weißen migrationswilligen Europäerinnen nach Süd- und Nordamerika sowie in den Orient florierte. So war Buenos Aires Ende des 19. Jahrhunderts ein wichtiger Umschlagplatz für junge weiße Frauen. Als Relikt dieser Zeit existiert im Spanischen der geläufige Ausdruck *Trata de Blancas*, d.h. Handel mit weißen Frauen, der bis heute als Synonym für »Frauenhandel« gilt. Die Tübinger Projektgruppe Frauenhandel (1989: 19) dokumentiert, daß »deutsche Frauen die Harems der Türken wie die öffentlichen Häuser im Innern Sibiriens bis nach Bombay, Singapore, San Francisco und Chicago bevölkerten«.

Damals wie heute waren und werden Frauen nicht nur als billige und »willige« Arbeitskräfte gesucht, sondern auch als Produzentinnen zukünftiger Arbeitskräfte (Heiratsmigrantinnen) sowie als Sexualobjekte (Nachtclub-Tänzerinnen, Prostituierte) weltweit verschoben. Zwischen 1850 und 1900 verließen mehr als fünf Millionen Deutsche die Alte Welt, über 40 % davon waren Frauen. Sie reisten als Töchter, Schwestern, Bräute, Ehefrauen und Witwen in die Neue Welt, im Kreise der Familie oder allein. Deutsche Siedlungen entstanden in Australien, Mittel- und Südamerika und Afrika, wobei die USA das begehrteste Einwanderungsland der deutschen MigrantInnen war. Eheschließung stellte eine Möglichkeit für Frauen dar, nach Amerika zu kommen. Als HeiratsvermittlerInnen wurden Tanten, Eltern, Geschwister einbezogen. Neben einigen wenigen Informationen war ein Foto das einzige, was die Eheleute voneinander kannten. Folgender Brief eines deutschen Auswanderers an seine Tante illustriert eine damals häufige Rekrutierungsstrategie:

> »... wenn Sie können so suchen Sie für mich eine Lebensgefährtin. Es ist so schwierig hier eine aufzufinden wenn man nicht ausgebreitete Bekanntschaften hat und in den Städten danach zu suchen ist auch unlohnende Mühe denn die hiesigen Städterinnen langen gemeiniglich fürs Land gar nicht... Ein Frauenzimmer im Haus zu haben ist uns fast so nöthigs wie's liebe Brod. Waschen, Flicken u. Nähen kostet

hier viel Geld, denn dies können wir nicht selbst...« (zitiert in: Frauen in der Einen Welt 1994: 11).

Die Migrationsrichtung des letzten Jahrhunderts hat sich heute umgekehrt. Es zeigt sich, daß sich parallel zu den weltweiten politischen und sozio-ökonomischen Entwicklungen auch die Migrationsbewegungen ändern. Begriffe wie Sende- und Zielländer sind daher von zeitlich beschränkter Gültigkeit. Traditionelle Emigrationsländer wie Deutschland, die Schweiz oder Thailand werden aufgrund ihrer ökonomischen Entwicklungen zu attraktiven Zielländern. Mit dem Anschluß an den Weltmarkt werden neue Sendeländer erschlossen. Als Beispiele gelten Kambodscha und Burma in Südostasien. Auch die Entwicklungen in Europa veranschaulichen die Dynamik von Migrationsbewegungen: Nach der Wende im Jahre 1989 hat sich das internationale Migrationsmuster auf unerwartete Weise geändert. Einige osteuropäische Länder sind mittlerweile sowohl Sende- als auch Zielländer. Während ein Teil ihrer Bevölkerung in den Westen emigriert, reisen MigrantInnen aus Ländern des Südens oder umliegenden, wirtschaftlich schwächeren Nachbarstaaten ein (Karrer et al. 1996).

Der Themenkreis der Frauenmigration hat trotz des feststellbaren Trends einer Feminisierung der Migration bisher kaum Bedeutung innerhalb der migrationspolitischen Debatte erlangt. Das Interesse der Medien beschränkt sich auf emotionsgeladene und sensationsträchtige Einzelfälle, ohne auf die Ursachen hinzuweisen. Auf diese Weise leisten Medien der rassistischen und sexistischen Betrachtungsweise und Behandlung von Frauen Vorschub, indem zum Beispiel die Klischees der verfügbaren »Exotin« verbreitet und die Frauen nahezu ausschließlich über ihre Sexualität und Körperlichkeit definiert und auf ihre reproduktiven Funktionen reduziert werden. In den offiziellen Statistiken tauchen selten geschlechtsspezifische Daten auf. Arbeitsmigration wird mit männlichen Migranten gleichgesetzt. So werden Migrantinnen im jährlichen Bericht der OECD über Arbeitsmigration (SOPEMI) ausschließlich in Verbindung mit Familien und

Kindern erwähnt. Selten wird berücksichtigt, daß sich weltweit immer mehr Frauen zur Migration gezwungen sehen und es Länder und ganze Regionen gibt, wo Frauen mehr als die Hälfte der Migrierenden ausmachen. In Europa betrug 1990 der weibliche Anteil an der ausländischen Bevölkerung 46,3 % (SOPEMI 1993, zitiert in: Sassen 1996: 213ff.). Auch in den USA stellen Frauen mehr als die Hälfte der jährlichen EinwanderInnen.

Das International Labour Office (ILO 1996) schätzt, daß Ende 1995 rund 1,5 Millionen Frauen aus Asien im Ausland arbeiteten. Jährlich emigrieren aus Indonesien, den Philippinen, Sri Lanka und Thailand rund 800.000 Frauen. Die Länder mit der höchsten Anzahl an ArbeitsmigrantInnen sind die Philippinen und Indonesien. Schätzungen zufolge haben in den letzten Jahren über fünf Millionen philippinnische Frauen und Männer ihr Land verlassen und mehr als zwei Millionen IndonesierInnen (die tageszeitung, 6.2.1996). In vielen Regionen der Welt verlassen mehrheitlich Frauen ihr Land, um im Ausland Arbeit zu finden. So gibt es beispielsweise in der Dominikanischen Republik Dörfer und Städte, die von den Geldüberweisungen der Migrantinnen leben: Es wird geschätzt, daß von Vincente Nobles, einer kleinen Stadt im Süden des Landes mit ca. 25.000 EinwohnerInnen, allein 5.000 Frauen nach Spanien migriert sind (FIZ-Rundbrief 1994: 7). Zahlen zur Migration innerhalb eines Landes verdeutlichen dieselbe Tendenz. Ein Beispiel dafür bietet Thailand: Bereits Ende der 70er Jahre befanden sich Frauen unter den BinnenmigrantInnen in der Mehrheit (Turtschi et al. 1996).

Frauen erfüllen auf dem Weltmarkt im Gegensatz zu männlichen Migranten mehrere Funktionen, die vor allem eng mit ihrem Geschlecht verbunden sind. Sie lassen sich bereits bei den historischen Formen nachweisen, treten jedoch Ende des 20. Jahrhunderts in modifizierter Form auf. Geschlechtsspezifische Formen der Migration sind Heiratsmigrantinnen, Hausangestellte, Krankenschwestern, Nachtclub-Tänzerinnen und Prostituierte. Diese spezifischen Formen von Arbeit werden mehrheitlich unsichtbar gemacht. Die Feminisierung der Migration bedeutet zudem, daß die »traditionellen« Formen der vom herrschenden patriarchalischen System als weiblich definierten Arbeit, welche Frauen in den Industrieländern teilweise verweigern oder nicht mehr in ausreichendem Maße übernehmen, weder abgeschafft noch zwischen Frauen und Männern geteilt, sondern Frauen anderer Länder, wie zum Beispiel Asiens, Afrikas, Lateinamerikas und neuerdings Osteuropas zugewiesen werden. Dies hat sowohl für die Fließband- und Putzarbeit als auch für die Prostitution, die Reproduktion der Arbeitskraft sowie auch für das Aufziehen von Kindern seine Gültigkeit (Potts 1993: 87; Le Breton/Bertschi 1995: 48f.). Die weltweite Arbeitsmigration von Frauen ist ein konstitutives Element der Weltwirtschaft; sie wird von den Industrieländern bestimmt und kontrolliert, denn die Industrieländer benötigen zur Aufrechterhaltung ihres Lebensstandards billige Arbeits- und Unterhaltungskräfte, die sie zum Teil aus Billigstlohnländern beziehen.

Migration und die »Festung Europa«

Die verschiedenen Ausbeutungsmechanismen sowie die sexistischen und rassistischen gesellschaftlichen Ausgrenzungspraktiken, denen Migrantinnen in den westeuropäischen Ländern ausgesetzt sind, werden durch die restriktiven Einreisebestimmungen und AusländerInnengesetze der EU- und EFTA-Staaten begünstigt. Denn obwohl ein Teil des Wohlstandes in den Industrieländern auf der billigen Arbeitskraft »rechtloser« MigrantInnen basiert, wird zunehmend versucht, die westeuropäische »Wohlstandsinsel« durch höhere Mauern vor MigrantInnen aus Asien, Afrika, Lateinamerika und Osteuropa abzuschotten. In praktisch allen westeuropäischen Ländern bleiben Migrantinnen aus Ländern des Südens und Osteuropas – abgesehen von wenigen Ausnahmen – legale Aufenthalts- und Arbeitsmöglichkeiten *de facto* verwehrt. Die Mehrheit der Frauen reist mit einem für maximal drei Monate gültigen Touristinnenvisum ein. Eine Erwerbstätigkeit ist für TouristInnen jedoch nicht gestattet und stellt einen Ausweisungsgrund dar. Mit der Einführung des EG-Binnenmarktes gilt Freizügigkeit nur für BürgerInnen mit EU-Pässen und nicht für MigrantInnen aus sogenannten »Drittländern« bzw. dem »Dritten Kreis« (Hummel 1993: 65). Letztere werden dadurch in die Illegalität abgeschoben.

Diese illegalisierte Form der Migration hat für die Volkswirtschaft den Vorteil, daß MigrantInnen keine »sozialen« Kosten verursachen, da sie zum Beispiel weder durch die Arbeitslosenversicherung geschützt sind, noch überhaupt Schutz und Grundrechte genießen. Es handelt sich bei diesen MigrantInnen um ein gefügiges Segment des Arbeitsmarktes, da sie niedrigere Lohnerwartungen haben und durch die ständige Gefahr der Ausweisung nicht in der Lage sind, sich gegen ausbeuterische Verhältnisse zu wehren. Die derzeit wachsende Nachfrage nach billigen und manipulierbaren MigrantInnen auf der einen Seite und die restriktive EU-Einwanderungspolitik auf der anderen Seite stellen daher zwei nur scheinbar widersprüchliche Seiten ein und derselben Medaille dar.

In einigen europäischen Ländern, wie in der Schweiz und teilweise in Deutschland, können Frauen mit einem sogenannten »Tänzerinnen-Visum« in Cabarets und Nachtclubs für einige Monate arbeiten. Da die Aufenthaltserlaubnis an den entsprechenden Arbeitsvertrag gekoppelt ist, bedeutet der Stellenverlust die Rückkehr bzw. die Abschiebung ins Herkunftsland. Diese Arbeitsmöglichkeit bedeutet für Migrantinnen einerseits zwar eine Entlastung, da der Druck der Illegalität für eine kurze Zeit entfällt; andererseits werden diese Migrantinnen auf das Sexgewerbe festgelegt, da ihnen legale Möglichkeiten in anderen Arbeitsbereichen verschlossen bleiben. Frauen ohne Aufenthaltserlaubnis arbeiten in der Regel illegal im Sex- bzw. Haushaltsbereich und sind somit jeder Art von Ausbeutungsverhältnissen ausgeliefert. Zudem riskieren sie, bei Polizeikontrollen ausgewiesen zu werden.

Um eine legale Aufenthalts- und Arbeitserlaubnis zu erlangen, gibt es nach wie vor nur die Möglichkeit der Heiratsmigration, d.h. die Möglichkeit der Ehe mit einem Inländer. Der Aufenthalt der Migrantinnen ist in den ersten vier bzw. fünf Jahren vom Bestand der Ehe abhängig, so beispielsweise in Deutschland, Österreich und in der Schweiz. Dies bedeutet, daß Frauen innerhalb dieser Zeit keine Trennung bzw. Scheidung riskieren dürfen, da sie sonst ihre Aufenthaltserlaubnis verlieren, was eine starke Abhängigkeit vom Ehemann zur Folge hat. Diese Zwangslage wird von vielen Ehemännern oft als Druckmittel eingesetzt, so daß Frauen jahrelange Mißhandlungen ertragen müssen, um keine Abschiebung zu riskieren.

Es ist festzuhalten: Je restriktiver die ausländerrechtlichen Bestimmungen in den westeuropäischen Ländern für Menschen aus Asien, Afrika, Lateinamerika und Osteuropa sind, desto mehr wird die Frauenmigration in die Illegalität abgedrängt. Für Frauen wird folglich die Migration noch teurer und gefährlicher; für Händler, Zuhälter, Ehemänner und illegale Arbeitgeber hingegen tendenziell profitabler. Die aus den ausländerrechtlichen Bestimmungen resultierende Zwangslage wird häufig skrupellos ausgenutzt, um Migrantinnen unter Druck zu setzen und auszubeuten.

Viele Ursachen – Komplexe Zusammenhänge

Migration ist ein komplexes Phänomen, das sich nicht monokausal erklären läßt. Ein Zusammentreffen verschiedener makro- und mikroökonomischer, politischer, sozialer und individueller Faktoren ist notwendig, ehe sich eine Frau zur Migration entschließt. Trotzdem wird in der Öffentlichkeit häufig angenommen, daß Menschen, die in die Industrieländer immigrieren, vor allem durch Überbevölkerung, Armut und wirtschaftliche Stagnation dazu getrieben werden. Auf diese Weise wird suggeriert, daß die internationale Migration nichts mit den ökonomischen Bedürfnissen der Industrieländer bzw. mit den internationalen ökonomischen Bedingungen zu tun habe. Armut, wirtschaftlicher Rückgang und ein ungleiches Lohnniveau spielen unleugbar eine wichtige Rolle bei der Entstehung von Wanderungsbewegungen. Es wäre aber eine grobe Vereinfachung, Migration nur aus diesen Faktoren herzuleiten. Denn sie bestanden, lange bevor Wanderungsbewegungen einsetzten (Sassen 1993: 70f.).

Migrationsbewegungen werden häufig mit sogenannten »Push«- und »Pull«-Faktoren (sogenannten Schub- und Sogfaktoren) erklärt (Straubhaar/Dhima 1989: 65-71). »Push«-Faktoren umfassen dabei jene (vor allem sozio-ökonomischen) Bedingungen, welche in den Herkunftsländern der Migrantinnen die Voraussetzungen zur Migration schaffen oder Frauen zur Migration zwingen. Zu diesen Faktoren gehören unter anderem Umweltkatastrophen, repressive Regierungssysteme, Kriege und Bürgerkriege, Armut, wirtschaftliche Stagnation, Zerfall ökonomischer Stabilität und schließlich als historische Folge des Kolonialismus auch Konflikte um nationale Staatsgrenzen. »Pull«-Faktoren hingegen beschreiben jene Verhältnisse in den Zielländern, die eine bestimmte Nachfrage nach Migrantinnen (sowie Anreize) schaffen, um damit Migration zu ermöglichen und zu begünstigen.

Als in den 70er Jahren die Preise für Rohstoffe auf dem Weltmarkt verfielen, nahm die Verschuldungskrise ihren Anfang. Länder wie zum Beispiel Brasilien, die Philippinen oder die Dominikanische Republik waren und sind gezwungen, immer mehr Geld für Zinsleistungen aus Krediten der Weltbank, des Internationalen Währungsfonds (IWF) und der westlichen Banken aufzubringen. IWF und Weltbank legen aber fest, daß nur noch Kredite vergeben werden, wenn in den verschuldeten Ländern sogenannte Strukturanpassungsprogramme durchgeführt werden. Diese Sanierungsprogramme haben unter anderem zur Folge, daß die Arbeitslosigkeit massiv ansteigt (FIZ-Rundbrief 1994: 3) und große Bevölkerungsteile verarmen *(vgl. auch den Beitrag von Lachenmann)*. Unter diesen Folgen leiden in erster Linie Frauen und Kinder. Denn Frauen sind in vielen Ländern Asiens, Afrikas und Lateinamerikas mehrheitlich für den Unterhalt ihrer Familien zuständig. Migration wurde in der Folge zu einer Überlebensstrategie für Frauen. Strukturanpassungsprogramme als ein wichtiger Push-Faktor stoßen in allen europäischen Zielländern auf eine große Nachfrage nach billigen, »unterwürfigen«, legalen und illegalen weiblichen Arbeitskräften im Dienstleistungssektor, nach »exotischen« Frauen im Unterhaltungssektor – sei dies in der Prostitution, in der Animation oder im Striptease – sowie nach »gefügigen«, »duldsamen« und »exotischen« Ehefrauen. Viele Männer in den Industrieländern nutzen diese rassistischen und sexistischen Klischeebilder, um ihre patriarchalen Machtansprüche und -phantasien aufrechtzuerhalten.

Die Internationalisierung der Produktion

Die größten Migrationsbewegungen werden in jenen Ländern verzeichnet, die bereits einen Teilmodernisierungsprozeß – mit boomender Wirtschaft – vollzogen haben, wie beispielsweise Thailand, Südkorea oder Brasilien. Das Beispiel Südkorea macht deutlich, daß Migrationsursachen nicht allein mit der Armut eines Landes erklärt werden können. In den 70er Jahren hatte Südkorea die höchste Wachstumsrate beim Bruttosozialprodukt und gleichzeitig die höchsten Auswanderungszahlen in die USA (Strigl 1993: 10). Außerdem zeigt der Fall Südkorea, daß die Internationalisierung der Wirtschaft unter anderem zum Aufbau von politischen, militärischen und ökonomischen Beziehungen mit späteren Zielländern führt und bestimmte Migrationsbewegungen erst ermöglicht (Sassen 1993: 71). Eine dieser ökonomischen Beziehungen mit Brückenfunktion ist der Tourismus, worauf später näher eingegangen wird.

Ein wesentliches migrationsförderndes Element stellen Direktinvestitionen in die exportorientierte Produktion einiger Länder Asiens, Afrikas und Lateinamerikas dar, was seit Ende der 60er Jahre mit der Durchsetzung einer *Neuen Internationalen Arbeitsteilung* einherging. Teilbereiche arbeitsintensiver Produktionsprozesse wurden aus Kostengründen von den Industrieländern in die Länder des Südens ausgelagert. Eine Folge dieser Direktinvestitionen ist die Schaffung sogenannter *Freier Produktionszonen* und Weltmarktfabriken *(vgl. den Beitrag von Mohanty),* in denen unter ökonomisch günstigsten Bedingungen zu möglichst niedrigen Arbeitskosten für den Export produziert wird. Dazu gehören u.a die Herstellung von Textilien, die Kleidungs-, Elektronik- und Spielwarenindustrie. Dabei wird die Frauenarbeit für die Produktion von Massenkonsumwaren in den multinationalen Unternehmen eingesetzt, denn 80 % der Produktionsarbeit in den Exportindustrien Asiens, Afrikas und Lateinamerikas wird von Frauen verrichtet (Le Breton 1994: 173). Direktinvestitionen vernichten vielfach die Subsistenzgrundlagen und somit die Arbeits- und Lebensstrukturen besonders für Frauen. Sie werden in die noch bestehenden Bereiche der Subsistenzwirtschaft und in die schlecht bezahlten Bereiche der Warenproduktion abgedrängt, in denen sie sich zwangsläufig der Ausbeutung unterwerfen. Diese Arbeit in der exportorientierten Produktion führt Frauen zunehmend in eine ausweglose Situation, denn ihre Arbeitskraft ist nur für eine kurze Zeit gefragt und häufig nach einigen Jahren verschlissen. Die Rückkehr ins Dorf und in die traditionelle Dorfökonomie ist für arbeitslose Frauen meist nicht mehr möglich, da sich diese Strukturen durch die neue Form der Arbeitsorganisation bereits aufgelöst haben. Als letzter Ausweg erscheint dann oft die Emigration in ein Industrieland.

Die Tourismusindustrie am Beispiel der Dominikanischen Republik

Die Verbindung von weltwirtschaftlichen Strategien und zunehmender Migration von Frauen zeigt sich geradezu klassisch am Beispiel der Dominikanischen Republik. Fallende Rohstoffpreise in den 70er Jahren und die anschließende Verschuldungskrise (aktuell ca. 4 Milliarden US-Dollar) zwangen die Dominikanische Republik, nach neuen Devisenquellen zu suchen, da die traditionellen Exportprodukte wie Zucker, Kakao und Kaffee auf dem Weltmarkt weit weniger gefragt waren. Gefördert durch internationale »Entwicklungsorganisationen« versuchte die Regierung, dem wachsenden Defizit durch die Intensivierung des Tourismus und den Ausbau von *Freien Produktionszonen* beizukommen. Seit Mitte der 80er Jahre werden Umschuldungsverhandlungen mit dem Internationalen Währungsfonds (IWF) geführt, der im Rahmen seiner Strukturanpassungsprogramme besonders den verstärkten Ausbau der Tourismusindustrie auf die politische Tagesordnung setzte. In der Folge erhöhte sich die Anzahl der Hotelzimmer zwischen 1986 und 1989 von 8.000 auf 18.500. Die Zahl der TouristInnen stieg seit Beginn der 80er Jahre bis 1989 von ca. 600.000 auf 1,2 Millionen an (Le Breton 1994: 176).

Obwohl diese Zahlen auf den ersten Blick eine positive wirtschaftliche Entwicklung andeuten, ist bei näherer Betrachtung das Gegenteil zu erkennen. Ein Großteil der Deviseneinnahmen fließt durch die tourismusbedingten Importe wieder ins Ausland zurück. So werden beispielsweise Hotelneubauten überwiegend mit importierten Materialien und Einrichtungen ausgestattet. Zudem müssen Nahrungsmittel und Getränke importiert werden, damit die Bedürfnisse der touristischen KonsumentInnen gedeckt werden können. Mit Beginn der 90er Jahre verschlechterte sich die wirtschaftliche Lage weiter. So hatte die Regierung erneut Verhandlungen mit dem IWF und der Weltbank aufgenommen und 1990 ein neues Sparprogramm durchsetzen müssen. Infolge dieser schwierigen Situation, die unter anderem zur Einschränkung der Sozialleistungen, steigender Inflation und Arbeitslosigkeit führte, verarmen und verelenden weite Teile der Bevölkerung. So leben heute rund 65 % der DominikanerInnen in absoluter Armut, wobei Frauen und Kinder noch schlechteren ökonomischen Bedingungen ausgeliefert sind als Männer.

In der Dominikanischen Republik werden heute ca. 30 % aller Haushalte von einer Frau geführt und ökonomisch unterhalten. Arbeitslosigkeit und gekürzte Sozialleistungen führen unmittelbar in die Perspektivlosigkeit, so daß Frauen auf der Suche nach Überlebensmöglichkeiten zuerst in die Städte migrieren, danach in die Tourismuszentren der Karibik und schließlich in die USA und nach Europa. So lebten 1990 rund eine Million DominikanerInnen in den USA, davon ca. 55 % Frauen (Le Breton 1994: 180). Auch in Deutschland, Österreich, der Schweiz, Holland, Italien und Spanien arbeiten Dominikanerinnen als Nachtclub-Tänzerinnen, Hausangestellte und Prostituierte. In diesem Zusammenhang haben der Tourismus und ganz besonders der Sextourismus die Frauenmigration verstärkt. Denn die Massen von (Sex-) Touristen, die im Urlaub die reichen Herren spielen, locken Frauen mit falschen Arbeits- und Liebesversprechungen an oder gaukeln ihnen mit Hilfe ihrer starken Währung eine paradiesische Welt vor, in der Wohlstand, Luxus und großzügige Männer existieren.

Geschlechtsspezifische Migration: Das Beispiel Hausangestellte

Weltweit erledigen Millionen von Familien mit Hilfe eines Dienstmädchens die im Haushalt anfallenden Arbeiten. In vielen Fällen werden einheimische Frauen angestellt, die vom Land auf der Suche nach Arbeit in die Stadt kamen. Sie migrieren aber nicht nur innerhalb ihres Landes, sondern rund um den Erdball. Am besten dokumentiert ist die internationale

Migration von Hausangestellten aus den Philippinen und Sri Lanka. Die Philippinen stellen im internationalen Vergleich nach Mexiko die meisten ArbeitsmigrantInnen. Drei von vier philippinischen Migrantinnen arbeiten im Ausland als Hausangestellte, Unterhalterin oder Krankenschwester. 1990 befanden sich in Saudi-Arabien schätzungsweise rund 50.000 philippinische Hausangestellte (darunter zahlreiche Krankenschwestern), in Spanien 42.700 und in Malaysia, Kuwait und anderen Ländern mit hohem Wirtschaftswachstum ebenfalls Tausende. Zwischen 1990 und 1992 hat sich die Zahl der philippinischen Hausangestellten in Hongkong verdoppelt: Sie stieg von rund 45.000 auf beinahe 90.000. 1995 arbeiteten 140.000 Filippinas in den Haushalten der Hongkonger Mittelklasse. Sie haben sogar die Populärkultur geprägt: »Filippina Maid« ist der Name einer beliebten und gut verkauften Puppe.

In Sri Lanka prägen Hausangestellte die gesamte Migration: Mitte der 80er Jahre waren 77,4 % der MigrantInnen Frauen, 99 % migrierten als Dienstmädchen nach Kuwait und Saudi-Arabien. 1991 wurden 53,6 % aller Vermittlungen, die über offizielle Agenturen stattfanden, für Hausangestellte ausgeführt. Das Haupteinreiseland der Migrantinnen aus Sri Lanka ist Saudi-Arabien, gefolgt von Kuwait. Mitte der 80er Jahre stammte beinahe die Hälfte der 45.000 ausländischen Hausangestellten in Kuwait aus Sri Lanka. In Saudi-Arabien halten sich Tausende von weiblichen Hausangestellten aus Indonesien auf. 1988 stellten sie mit 80 % die absolute Mehrheit der insgesamt 57.000 ausländischen Dienstmädchen dar. Ebenso viele ausländische Dienstmädchen sollen sich in Deutschland befinden. 1988 wurde die Zahl der in Deutschland illegal arbeitenden MigrantInnen auf 200.000 geschätzt. Zahlreiche davon sollen als Hausangestellte vorwiegend für Familien von in Deutschland stationierten US-Soldaten gearbeitet haben.

Die internationale Migration von Frauen als Hausangestellte wird von verschiedenen Faktoren ausgelöst und gesteuert. Anhand des Migrationsmusters der philippinischen Hausmädchen zeigen sich zwei Tendenzen: Haupteinreiseländer sind in der Regel wirtschaftlich prosperierende Länder innerhalb oder in der Nähe einer Großraumregion sowie solche, die einen kolonialgeschichtlichen oder kulturellen Bezug zum Herkunftsland haben. Gründe, sich ein Dienstmädchen zu »leisten«, gibt es viele: Bei Mittelstandsfamilien in Pakistan gilt es als prestigefördernd, ein ausländisches Dienstmädchen anzustellen. In Kuwait oder Saudi-Arabien stellt eine Hausangestellte für den Mittelstand ein soziales »Muß« dar. Auf der ganzen Welt finden sich Dienstmädchen im diplomatischen Dienst. Etliche arbeiten in den Industrieländern für doppelverdienende Paare, die Kinder haben, aber nicht auf ihre beruflichen Karrieren verzichten wollen. Viele alleinerziehende Frauen in Europa könnten ohne die Hilfe eines Dienstmädchens aus Asien, Afrika oder Lateinamerika kaum arbeiten. In Kuwait und Saudi-Arabien sind philippinische und singalesische Dienstmädchen beliebt, da sie weniger Lohnansprüche stellen als Frauen aus traditionellen arabischen Ländern. Sie erhalten durchschnittlich zwischen 100 und 170 US-Dollar pro Monat. In Hongkong verdienen philippinische Hausangestellte deutlich weniger als Hongkong-Chinesinnen. In Guatemala erhalten die in die Stadt migrierten Frauen oft gar keinen Lohn, sondern werden mit Naturalien oder Kleidern »bezahlt«.

Die nationale und internationale Migration von Dienstmädchen wird über staatliche und private Agenturen sowie informelle Netzwerke geregelt. In Guatemala beispielsweise bestehen seit dem letzten Jahrhundert Beziehungen zwischen Arbeitsagenturen und Familien im Hochland. Die Agenturen bieten neben Arbeit in den tiefgelegenen Plantagen auch Stellen für Dienstmädchen an. Aufgrund eines über Jahre gewachsenen Vertrauensverhältnisses fällt es den AgentInnen leicht, zögernde Familien davon zu überzeugen, eine ihrer Töchter in die Stadt zu schicken. Sie zahlen den Familien einen Lohnteil des Mädchens im voraus und organisieren dessen Reise in die Stadt. In Sri Lanka und auf den Philippinen existieren sowohl staatliche als auch private, illegal operierende Agenturen. Filippinas, die als Hausangestellte nach Hongkong migrieren, finden ihre Stelle über private ArbeitsvermittlerInnen oder mit Hilfe von Kolleginnen. Diese informellen Netzwerke, die im Laufe der Zeit entstehen, spielen eine nicht zu unterschätzende Rolle bei der Migration von Frauen. Denn häufig empfehlen Frauen, die bereits einmal im Ausland gearbeitet haben, Freundinnen oder Bekannte weiter.

Wenige Frauen beginnen ihre Anstellung, ohne sich dafür verschuldet zu haben. Die Agenturen verlangen hohe Gebühren, so daß die Migrantinnen meist Kredite aufnehmen müssen. Eine Arbeitsvermittlung kostet auf den Philippinen durchschnittlich 900 US-Dollar, in Sri Lanka zwischen 500 und 1.000 US-Dollar. Filippinas, die in Hongkong arbeiten möchten, müssen oft bis zu 2.000 US-Dollar aufbringen. Die Frauen brauchen Monate, um ihre Schulden und die überhöhten Zinsen abzuzahlen. Vielen Frauen wurde eine Stelle als Hausangestellte versprochen, stattdessen werden sie von ihren VermittlerInnen direkt an Bordelle verkauft. Verschiedene Studien über Hausangestellte weisen auf die sexuelle Ausbeutung hin, der sie ausgesetzt sind, denn nicht selten erwarten »Hausherren« sexuelle Verfügbarkeit. In Lateinamerika scheint die »Dienstmädchen-Anstellung« die weitverbreitetste, häusliche Form von Zwangsprostitution zu sein. Millionen von »Muchachas«, wie die Hausangestellten in einigen lateinamerikanischen Ländern genannt werden, haben ihren Arbeitgebern sexuell zur Verfügung zu stehen. Weigern sie sich, werden sie entlassen. Oft werden sie zusätzlich schikaniert und eines nicht begangenen Diebstahls angeklagt. In Kuwait sieht die Lage ähnlich aus: 1995 wurde eine 16jährige Filippina zum Tode verurteilt. Die junge Frau brachte ihren Arbeitgeber, der sie mehrmals vergewaltigte, in Notwehr um. Nach einer Welle internationaler Proteste lenkte das Gericht ein und verurteilte sie zu hundert Stockschlägen, zu einem an die Familie des Toten zu bezahlenden »Blutgeld« sowie anschließender Landesverweisung.

Zum Beispiel Unterhaltungsgewerbe und Prostitution

Während Heerscharen von Männern als Kunden und Freier in Sextourismusländer reisen, migrieren Frauen als Sexualobjekte und Prostituierte um die Welt. Die Internationale Organisation für Migration (IOM) schätzt, daß jährlich ein bis zwei Millionen Frauen und Mädchen in die Sexindustrie migrieren. Sie wandern von den Peripherien, wo sie aufgewachsen sind, in die Zentren und arbeiten dort als Prostituierte. Die Zentren befinden sich innerhalb ihres eigenen Landes, im nahen oder fernen Ausland. Laut IOM migrieren jährlich 5.000 Frauen und Mädchen aus Bangladesh in die Sexindustrie Pakistans. Paraguayanische Frauen arbeiten als Prostituierte oder Tänzerinnen in Bordellen und Nachtclubs Argentiniens. Venezuelerinnen finden sich als Prostituierte in Surinam und Frauen aus dem karibischen Raum in Bars und Bordellen in Puerto Rico. Seit Ende der 70er Jahre tauchen immer mehr Frauen aus Thailand, den Philippinen, Brasilien und der Dominikanischen Republik in europäischen Striptease-Lokalen und Bordellen auf. Gelenkt werden die Migrationsströme durch die Drahtzieher der Sexindustrie sowie durch die Nachfrage nach Sexarbeiterinnen in den jeweiligen Zentren.

Nach der Öffnung des Ostblocks begannen Frauen aus Rußland, Rumänien, Tschechien und anderen ehemals kommunistischen Ländern, in die westeuropäische Sexindustrie zu migrieren. In Belgien und Holland beispielsweise ist die Zahl dieser Frauen zwischen 1992 und 1995 stark angestiegen, während bis dahin keine Prostituierten oder Nachtclub-Tänzerinnen aus Ost- und Zentraleuropa in diesen Ländern bekannt waren. Migrantinnen aus osteuropäischen Ländern sind auch in Süd- und Südosteuropa anzutreffen. Bulgarische, russische und ukrainische Frauen bieten in der Türkei ihre Dienste an, vornehmlich in Trabzon und Istanbul.

Frauen aus Asien, Afrika, Lateinamerika und Osteuropa könnten kaum im heutigen Ausmaß migrieren, wenn es weltweit keinen Markt für Sexarbeit gäbe. Dieser existiert aufgrund knallharter ökonomischer Interessen, die dem wirtschaftlichen Grundmodell von Angebot und Nachfrage und somit auch den Prinzipien der neoliberalen Marktwirtschaft entsprechen. Feststellbar sind unter anderem Diversifizierungsprozesse, multilaterale Verbindungen, Ausnutzung von Ein- und Ausreisevorschriften etc. Dabei entscheidet die Kaufkraft über das Recht auf Auswahl. Andererseits beruht dieser Markt auf vorherrschenden rassistischen und sexistischen Klischeebildern über Frauen aus strukturell benachteiligten Ländern dieser Welt. So zeigt sich der Sexismus in der Reduzierung der Frauen auf die generell zugeschriebene Funktion der sexuell Dienstleistenden. Der Rassismus als weiteres Element besteht in der internationalen Vermarktung von Frauen, die Angehörige einer bestimmten Kultur sind, und zwar aufgrund von Stereotypen, die Frauen auf kolonialistische Vorstellungen wie »dienend, anschmiegsam, unterwürfig, exotisch« und ähnliche Attribute reduzieren.

Die internationale Migration von Frauen für die Sexindustrie weist verschiedene Organisationsformen auf. Zum einen agieren mafiaähnliche Gangs und Banden, die im großen Stil bi- und multinational sowie über Agenturen in verschiedenen Ländern tätig sind. Sie schleusen Frauen in großer Anzahl beispielsweise von Lateinamerika über die Karibik, Osteuropa oder Nahost nach Westeuropa. Zum Teil müssen die Frauen sehr weite und verworrene Wege zurücklegen, um Polizeikontrollen zu umgehen. Eine Studie über die Situation ausländischer Prostituierter in Amsterdam hält fest, daß während des Forschungszeitraums von zwei Jahren rund 2.000 Frauen von verschiedenen Ländern via Amsterdam in weitere Zielländer verschoben wurden, davon 40 % von internationalen Schieberbanden. Diese großen »internationalen Organisationen« konzentrieren sich nicht nur auf das Sexgeschäft, sondern sind gleichzeitig in Kinder-, Waffen- und Drogenhandel sowie Erpressung, Bestechung und Steuerhinterziehung verwickelt. Die mangelnde Aussagebereitschaft der Frauen aus Angst bzw.

ihr Zurückschrecken vor Anzeigen bei der Polizei sind deutliche Indizien für den Zusammenhang zwischen Sexgeschäft, Erpressungen und Gewalt in diesem Bereich. Sowohl die Organisationsstruktur als auch die Überschneidungen von verschiedenen Geschäftszweigen zeigen, daß ein Teil der internationalen Migration von Frauen für das Sexgeschäft dem organisierten Verbrechen zuzurechnen ist.

Auf semi-professioneller Ebene operieren mittelgroße Netzwerke wie Agenturen und Familienunternehmen, die ebenfalls Frauen in großem Umfang vermitteln. Häufig betreiben binationale Paare solche Geschäfte. Vielfach ist der Mann ein Westeuropäer, der eine Agentur oder ein Bordell besitzt bzw. über gute Verbindungen zum Sexmilieu verfügt. Die Frau, in der Regel aus Asien, Afrika oder Lateinamerika, kümmert sich um die Migrantinnen. Diese binationalen Familienunternehmen sind in den Herkunftsländern gut vernetzt und arbeiten an Ort und Stelle mit inländischen oder ausländischen Agenturen, die Frauen in den Dörfern rekrutieren. Andere Agenturen publizieren Zeitungsannoncen, um migrationswillige Frauen in den Herkunftsländern anzusprechen. So erschienen 1990 in der brasilianischen Tagespresse wiederholt Anzeigen, in denen Zahnarztgehilfinnen für verschiedene europäische Länder angeworben wurden – obschon Brasilianerinnen dafür keine Arbeitsbewilligung erhalten.

Semiprofessionelle Banden in der Dominikanischen Republik haben sich im Geschäft mit Migrantinnen auf illegale Kredite spezialisiert. Solche Kredite stellen für migrationswillige Frauen meist die einzige Möglichkeit dar, das für die Auslandsreise benötigte Geld zu beschaffen. Für legale Kreditinstitute oder Banken gelten sie als kreditunwürdig. Für die Aufnahme von Krediten müssen Familien ihre Hütten, Häuschen oder Felder verpfanden. Zinssätze von weit über 100 % sind keine Seltenheit. 1995 bezahlten beispielsweise Kolumbianerinnen, die in der Prostitution arbeiteten, an Vermittlungspersonen durchschnittlich 4.000 US-Dollar für Flug, Taschengeld und Kontaktadresse. Folgende Zahl offenbart die Rentabilität solcher Geschäfte: Ein Vertreter des Bundeskriminalamtes in Deutschland schätzte 1988 den Verdienst der VermittlerInnen allein durch die Kreditzinsen auf jährlich 35 bis 50 Millionen US-Dollar (Agisra-Rundbrief 11/1994: 4).

Neben den genannten Organisationen wird die Migration von Frauen in die Sexindustrie teilweise über Beziehungen zu bereits migrierten Freundinnen oder Bekannten geregelt. Viele Frauen organisieren für ihre Schwester oder Cousine die Reise nach Europa. Als Gegenleistung verlangen sie von ihnen Dienste wie Kinderbetreuung und Hausarbeiten. Da die neu angekommenen Migrantinnen damit nichts verdienen, arbeiten sie beispielsweise auf dem Straßenstrich oder als Tänzerinnen. Auch Sextouristen, Zuhälter und Bordellbesitzer arbeiten auf eigene Rechnung: Sie locken Frauen unter Vortäuschung von Freundschaften und Liebesbeziehungen an, um sie später gegen Provision an eine Bar oder an ein Bordell zu vermitteln.

»Frauenhandel«: Ein problematischer Begriff

Den Formen und Mechanismen der Ausbeutung von Migrantinnen liegen komplexe und umfassende Ursachen zugrunde. Es ist nicht nur unzureichend, sondern auch falsch, diese Problematik unter einem einzigen Begriff, nämlich demjenigen des »Frauenhandels«, zu subsumieren. Trotzdem scheint dieses Thema der einzige Aspekt zu sein, der die Medien interessiert. Das ist kein Zufall, sondern kommt dem gängigen Klischee entgegen, wonach Frauen schutzwürdige Opfer sind. Der Ansatz der Frau als »Ware«, der im Begriff des »Frauenhandels« enthalten ist, degradiert Migrantinnen zu abhängigen und gefügigen »Verkaufsobjekten« und negiert dadurch ihre Existenz als handelnde Subjekte. In der Folge erweist sich der Begriff des »Frauenhandels« häufig als problematisch, da er einerseits einen Opferstatus impliziert und Migrantinnen als handlungs- und entscheidungsunfähig erscheinen läßt. In diesem Sinne wird ihre Arbeit, welche sie auch zur Unterstützung ihrer eigenen Familien in den Herkunftsländern leisten, unsichtbar gemacht und verliert jeglichen ökonomischen Wert. Andererseits erscheinen Männer in dieser Perspektive als »reine Konsumenten«. Dadurch verschwindet ihre Verantwortung, unter anderem als Händler, Zuhälter, Freier und Kunden im Geschäft.

»Frauenhandel« ist als geschlechtsspezifische Migrationsform von Frauen (Agisra 1990: 16) in einen internationalen Migrationsprozeß eingebettet und stellt zugleich eine der krassesten Ausbeutungsformen von Migrantinnen dar. Eine Differenzierung ist in diesem Zusammenhang bedeutsam, da das Recht auf Bewegungsfreiheit und folglich auf Migration ein grundlegendes Menschenrecht darstellt. »Frauenhandel« hingegen ist ein Delikt, das konsequent geahndet werden muß. Es besteht also die Gefahr, daß dieser Erklärungsansatz – gegen seine eigentliche Intention – eine paternalistische und zugleich patriarchalische Perspektive beibehält und Frauen weiterhin auf »Objekte mit Warencharakter« reduziert. Um dieser sexistischen und ausbeuterischen Praxis entgegenzutreten, bedarf es eines Erklärungs- und Arbeitsansatzes, der die eigene Perspektive von Migrantinnen, ihre Lebensstrategien, ihre Handlungskompetenzen und Arbeitsleistung in den Vordergrund stellt. Die von »Frauenhandel« ausgehende Analyse von Frauenmigration fokussiert den Blick zwangsläufig auf die individuelle Ebene der »zum Objekt« degradierten Frau und blendet die globalen und komplexen Zusammenhänge des Phänomens Migration aus. Vor diesem Hintergrund erweist sich die Frage, ob Frauen informiert oder ahnungslos bzw. »freiwillig« oder »unfreiwillig« migrieren, als zweitrangig. Denn die Mehrheit der Migrantinnen befindet sich in einer strukturellen Zwangssituation und erhofft sich mit einer Arbeit im Ausland eine Lebensperspektive, welche ihnen in ihrem Herkunftsland verwehrt bleibt.

Literatur

Agisra (Arbeitsgemeinschaft gegen internationale sexuelle und rassistische Ausbeutung e.V.) (Hg.), 1990: Frauenhandel und Prostitutionstourismus. Eine Bestandsaufnahme, München.

Agisra, 1994: Rundbrief Nr. 11/Dezember 1994, Frankfurt, S. 3-11.

FIZ (Fraueninformationszentrum Dritte Welt), 1994: Feminisierung der Migration, Rundbrief 14/1994, Zürich.

Frauen in der Einen Welt (Zentrum für interkulturelle Alltagsforschung und internationalen Austausch e.V.), 1994: Abenteuer Ehe. Heiratsmigrantinnen gestern und heute (Begleitbuch zur gleichnamigen Ausstellung), Sonderheft 8/1994, Frankfurt.

Hummel, Diana, 1993: Lohnende Geschäfte: Frauenhandel mit Osteuropäerinnen und der EG-Binnenmarkt, in: beiträge zur feministischen theorie und praxis, Band 34, Köln, S. 59-68.

ILO (International Labour Office), 1996: International Labour Migration of Asian Women: Distinctive Characteristics and Policy Concerns, Genf.

IOM (International Organization for Migration), o.J.: Trafficking in Migrants, Quarterly Bulletin, Genf.

Karrer, Cristina/Turtschi, Regula/Le Breton Baumgartner, Maritza, 1996: Entschieden im Abseits. Frauen in der Migration (ein FIZ-Buch), Zürich.

Le Breton Baumgartner, Maritza, 1994: Frauen in der Tourismusindustrie, in: Rieger, Gerhard (Hg.): Die Karibik zwischen Souveränität und Abhängigkeit. Analysen und Berichte zu Jamaika, Kuba, Haiti, St. Lucia, Guadeloupe-Martinique und der Dominikanischen Republik, Freiburg i.B.: iz3w, S. 173-180.

Le Breton Baumgartner, Maritza/Bertschi, Susanne, 1995: Die Feminisierung der Migration und der Druck neoliberaler Politik, in: Olympe, Feministische Arbeitshefte zur Politik, Heft 4, Zürich, S. 48-61.

Potts, Lydia, 1993: Migrantinnen im Weltmarkt für Arbeitskraft, in: Arbeitsgruppe 501 (Hg.): Heute hier morgen fort. Migration, Rassismus und die (Un)Ordnung des Weltmarkts, Freiburg i.B.: iz3w, S. 84-87.

Sassen, Saskia, 1993: Why Migration? Thesen gegen herkömmliche Erklärungsmuster, in: Arbeitsgruppe 501 (Hg.): Heute hier morgen fort. Migration, Rassismus und die (Un)Ordnung des Weltmarkts, Freiburg i.B.: iz3w, S. 70-78.

Sassen, Saskia, 1996: Migranten, Siedler, Flüchtlinge. Von der Massenauswanderung zur Festung Europa, Frankfurt.

Straubhaar, Thomas/Dhima, Girgio, 1989: Migration im Spannungsfeld zwischen Mikroökonomie und politischer Ökonomie, in: Kälin, Walter/Moser, Rupert (Hg.), 1989: Migrationen aus der Dritten Welt. Ursachen und Wirkungen, Bern, S. 65-91.

Strigl, Hildis, 1993: »Rette sich, wer kann«. Internationale Migrationsmuster, in: Arbeitsgruppe 501 (Hg.): Heute hier morgen fort. Migration, Rassismus und die (Un)Ordnung des Weltmarktes, Freiburg i.B.: iz3w, S. 10-13.

Tübinger Projektgruppe Frauenhandel, 1989: Frauenhandel in Deutschland, Bonn.

Turtschi, Regula/Le Breton, Maritza/Karrer, Christina, 1996: In der Hoffnung auf ein besseres Leben... Tourismusbedingte Migration, in: Grütter, Karin/Plüss, Christine (Hg.): Herrliche Aussichten! Frauen im Tourismus. Kleine Reihe Tourismus & Entwicklung, Band 7, Zürich.

Dritter Teil:

Frieden und Konflikt

HANNE-MARGRET BIRCKENBACH

Gleichheit und Reform: Zur Teilhabe von Frauen an der Gewaltprävention in internationalen Konflikten

»Frauen wollen Frieden machen!« So läßt sich die doppelte Zielsetzung der internationalen Frauenfriedensbewegung beschreiben. Sie verlangt den gleichberechtigten und selbstbestimmten Zugang von Frauen zur internationalen Politik nicht allein als Selbstzweck, sondern auch als Methode, um den allgemeinen Gewaltverzicht anzumahnen, militärische Optionen zurückzudrängen und den Ausbau der friedlichen Streitbeilegung durchzusetzen.

Obwohl bereits die Charta der Vereinten Nationen (VN) von 1945 in Kapitel VI, Artikel 33 die Staaten dazu verpflichtet, sich – vor jedem Gedanken an den Einsatz von Gewalt – um eine friedliche Streitbeilegung zu bemühen, wurde das Konzept der nicht-militärischen Konfliktbearbeitung erst vor wenigen Jahren in Politik, Wissenschaft und Öffentlichkeit als brennendes Thema entdeckt. Die Charta benennt auch Methoden: Verhandlung, Untersuchung, Vermittlung, Vergleich, Schiedsspruch, gerichtliche Entscheidung, Inanspruchnahme regionaler Einrichtungen oder Abmachungen und andere Mittel friedlicher Wahl. Diese Methoden haben zwei gemeinsame Merkmale: Zum einen wird bei ihrer Anwendung auf die Androhung von Gewalt und sonstiger Abschreckungs- und Zwangsmaßnahmen verzichtet. Zum anderen zielen sie darauf ab, eine Vermittlung zwischen den Interessen der Konfliktparteien zu erreichen, die sich an Rechtsnormen oder anerkannten Standards orientiert.

Die Instrumentarien der friedlichen Streitbeilegung wurden in den 90er Jahren ausgebaut und als Handlungsmaximen auch von anderen internationalen Organisationen, insbesondere von der Organisation für Sicherheit und Zusammenarbeit in Europa (OSZE), übernommen. Dies gilt vor allem für den Bereich der vorbeugenden Diplomatie. Im Vordergrund steht dabei die Absicht, staatliche und nicht-staatliche Konfliktparteien zu motivieren, direkte Gewalthandlungen zu unterlassen und eine Konflikttransformation durch eine Veränderung von Verhalten, Einstellungen und der einander widersprechenden Ziele einzuleiten. So soll es den Parteien ermöglicht werden, Verhandlungen aufzunehmen und ihre Streitigkeiten durch Formen des Rückzugs, des Kompromisses oder kreativer Problemlösung einzuhegen oder gar zu beenden. Zu den Aktivitäten gehören die frühzeitige Aufdeckung und Analyse von Streitfällen, Angebote, bei ihrer Lösung zu helfen, und die Verpflichtung der Parteien auf das Ziel, die Spannungen zu deeskalieren und Maßnahmen zu vereinbaren, mit denen eine Eskalation in Gewalthandlungen vermieden werden kann. Ferner werden die Parteien motiviert, vertrauensbildende Maßnahmen zu ergreifen, sich für neue Überlegungen in erstarrten Diskussionen zu öffnen, »Runde Tische« oder andere Diskussionsforen einzurichten und Streitschlichtungsmechanismen zu erarbeiten. Die Initiierung und Moderation von Verhandlungen mit gesellschaftlichen Gruppen, die antagonistische Interessen vertreten, die Organisierung von Expertisen sowie, von ökonomischer und technischer Hilfe, die Entsendung von Missionen an die Konfliktorte zur Beobachtung der politischen Entwicklung sowie die Gewinnung und Verbreitung von sachlichen Informationen gehören ebenfalls in das weite Tätigkeitsfeld präventiver Diplomatie (Peck 1996; Lund 1996).

Trotz der positiven Entwicklungen in den 90er Jahren führt die friedliche Streitbeilegung, was personelle, materielle und geistige Ressourcen sowie die öffentliche Aufmerksamkeit angeht, im Vergleich zu den militärisch gestützten macht- und abschreckungsorientierten Strategien nach wie vor ein Schattendasein. Dabei handelt es sich eigentlich um einen politischen Konsensbereich. Denn niemand zweifelt heute daran, daß der Ausbau einer interessenorientierten Konfliktbearbeitung eine vernünftige und erfolgsträchtige Entwicklung in der internationalen Politik bedeuten würde.

Dieser Konsens besteht auch in der internationalen Frauenbewegung. Obwohl hier das Konfliktlösungspotential der VN und anderer internationaler Organisationen wegen der dort vorherrschenden undemokratischen, paternalistischen und vor allem patriarchalen Strukturen unterschiedlich eingeschätzt wird und obwohl sich nur ein Teil der Frauenbewegung auch als Friedensbewegung versteht, ist die friedliche Streitbeilegung und insbesondere die vorbeugende Diplomatie in der Frauenbewegung nicht umstritten. Im Gegenteil, in zahlreichen auf nationaler oder internationaler Ebene verabschiedeten Erklärungen verlangen Frauen sowohl den Ausbau dieser Form internationaler Konfliktbearbeitung als auch Geschlechterparität auf allen Ebenen der damit befaßten politischen Gremien.

Der folgende Beitrag behandelt die Frage, wie sehr und über welche Mechanismen Frauen auch in der friedlichen Streitbeilegung marginalisiert werden, um dann aufzuzeigen, welche umfassenden Reformprozesse in der internationalen Politik nötig sind, soll das Recht der Frauen auf Partizipation in einem konkreten Konfliktfall Berücksichtigung finden. Anschließend werden jene Interessen skizziert, die gegenwärtig einen erweiterten Zugang von Frauen zur internationalen Politik unterstützen. Diese Interessen sind ambivalent und von Assimilierungs- und Vereinnahmungstendenzen geprägt. So stellt sich für Frauen die Frage, wie es gelingen kann, den Kampf um die Partizipation von Frauen in der internationalen Politik so zu gestalten, daß damit tatsächlich eine friedenspolitische Zielsetzung erreicht wird. Sich auf eine automatische Friedenswirksamkeit durch die Einbeziehung von Frauen zu verlassen, wäre ebenso fahrlässig, wie von einer Entmilitarisierung internationaler Konfliktbearbeitung eine Realisierung von Gleichheitsansprüchen der Frauen zu erwarten.

Mechanismen der Marginalisierung

Die VN handeln bei der friedlichen Streitbeilegung meist im Verbund mit anderen Akteuren. Zu ihnen gehören internationale Regierungsorganisationen wie die OSZE, Nichtregierungsorganisationen (NRO), *ad hoc* herangezogene Experten (selten Expertinnen), nationale Institutionen sowie die Personengruppe der »elder statesmen«[1]. Bezeichnenderweise haben »elder stateswomen« in solchen Rollen bislang nicht von sich Reden gemacht. Auch bei den anderen Akteuren ist der Anteil der Frauen kaum erkennbar. Verschiedene VN-Berichte konstatieren zwar, daß Frauen in der zivilen Konfliktbearbeitung in größerem Umfang (vor allem als Wahlbeobachterinnen) teilnähmen als an militärischen Aktionen und in einigen Fällen auch Führungspositionen eingenommen hätten. Quantitativ aber unterscheidet sich die direkte Beteiligung von Frauen an internationalen Entscheidungen über die Einleitung, Unterstützung und Durchführung von Friedensprozessen nicht wesentlich von ihrer Beteiligung am Einsatz von Gewalt. Bei den militärisch bestimmten Peacekeeping-Missionen, die in der Zeit zwischen 1989 und 1992 durchgeführt wurden, lag der Anteil von Frauen bei 1,4 % des militärischen und 6 % des zivilen Personals. Der Anteil der Frauen an den zivilen Polizeikräften betrug 0,7 %. Die Peacekeeping-Missionen mit dem größten Anteil von Frauen waren 1993 UNDOF (Golan Höhen) mit 4 % und MINURSO (West-Sahara) mit 9,4 %. In beiden Fällen stellten Frauen ausschließlich militärisches Personal (Beilstein 1995).

---

1 Zu dieser Gruppe gehört z.B. der ehemalige US-Präsident Jimmy Carter, der u.a. 1995 das Militär in Haiti vom gewaltlosen Rückzug überzeugte.

Als internationale Regierungsorganisation verfügen die VN nur über eine beschränkte Personalhoheit, und so spiegeln sie weitgehend die patriarchalen Geschlechterverhältnisse ihrer Mitgliedstaaten wider. Bis auf viel zitierte Ausnahmen vor allem in den nordischen Staaten gilt noch immer, daß Frauen von der Formulierung und Administrierung von kriegs- wie friedensbezogener Politik ausgeschlossen und die sogenannten »Flagg-Ministerien« (Äußeres, Verteidigung und Inneres) für Männer reserviert werden. Auch in den Gesellschaften, die beanspruchen, als demokratisch zu gelten, werden die Entscheidungen über Krieg und Frieden und die dafür einzusetzenden Mittel, Methoden und Personalressourcen in der Regel von einer relativ kleinen und homogenen Gruppe von Männern mit militärischen und industriellen Interessen getroffen. Die Marginalisierung von Frauen im System der VN ist quantitativ gut faßbar:

- Noch im Januar 1994 wurden nur sieben von 187 VN-Botschaften von Frauen geleitet.
- Unter den 240 Delegierten mit Botschafterrang befanden sich nur elf Frauen.
- In den ständigen VN-Missionen von 67 Staaten gab es im gesamten Personal nicht eine einzige Frau.
- Unter den 50 Präsidenten der Generalversammlung finden sich nur zwei Frauen: Vijaya Lakshmi Pandit aus Indien (1953) und Angie Brooks aus Liberia (1969).
- Keine Frau wurde jemals an den 1945 geschaffenen Internationalen Gerichtshof in Den Haag zur Richterin gewählt.
- Auch unter den 89 »executive heads« der verschiedenen Organisationen des Systems der VN gab es nie eine Frau.
- Nur zweimal gelangten Frauen in die Entscheidungsspitze von Missionen der VN. Eine von ihnen, Margret Austee (Sonderbeauftragte für Angola), blieb unter den vom Generalsekretär seit 1945 bestellten 25 Sonderbeauftragten die einzige Frau.
- 1995 gab es auf der Stufe des *Under-Secretary General* in den drei politischen Departments (Friedenserhaltende Operatio-

nen, Politische Angelegenheiten, Humanitäre Angelegenheiten) keine Frau. Das gleiche gilt für das Exekutivbüro des Generalsekretärs.
- Auch bei den Weltkonferenzen der VN stand – abgesehen von den vier Weltfrauenkonferenzen – nur zweimal eine Frau an der Spitze.

Ausnahmen bilden allein die Einrichtung der »Commission on the Status of Women« (CSW) beim Wirtschafts- und Sozialrat der VN (ECOSOC) und das »Third Committee on Social and Humanitarian Affairs« der Generalversammlung. Sie werden als die »Frauenkomitees« bezeichnet, weil in ihnen mehr Frauen arbeiten als in anderen Komitees und Kommissionen und weil sie mit Hilfe der Frauen-NRO mit Nachdruck und Erfolg »Frauenthemen« aufgegriffen haben. Dazu gehören auch friedens- und sicherheitspolitische Themen, sofern nachgewiesen wird, daß Frauen (ebenso wie Kinder) als Opfer von Krieg und Gewalt betroffen sind und ihr Schutz – nicht ihre Mitsprache – angemahnt werden kann. Ob die von den Frauenkomitees erarbeiteten Empfehlungen als relevant erkannt und aufgegriffen werden, liegt allerdings wieder in der Entscheidungshoheit der vorwiegend mit Männern besetzten Gremien (Galey 1994: 136-140). Der lange Kampf um die Anerkennung von Gewalt gegen Frauen als ein Thema von internationaler Bedeutung zeigt zum einen, daß es Frauen gelingen kann, die internationale Agenda zu beeinflussen. Es zeigen sich aber auch viele Schwierigkeiten und die Grenzen ihres Einflusses *(vgl. dazu die Beiträge von Richter-Lyonette sowie Holthaus/Klingebiel).*

Fact-Finding-Missionen: (Fast) geschlossene Veranstaltungen

Die Ausgrenzung der Frauen und ihrer Perspektiven aus den Prozessen friedlicher Streitbeilegung ist strukturell.[2] Am Beispiel der »Tatsachenermittlung« (Fact-Finding) läßt sich deutlich machen, wie sich die Marginalisierung der Frauen und ihrer Mitbestimmung über die (auch) Frauen betreffenden Fragen auf dem gesamten Weg des Einsatzes eines einzelnen Instruments präventiver Diplomatie reproduziert. Dabei läßt sich kein Hinweis darauf finden, daß die am Einsatz des Instruments direkt beteiligten Akteure bewußt versuchen, Frauen und weibliche Perspektiven auszuschalten und ihre Interessen zu verletzen.

Die Tatsachenermittlung ist für alle Aktivitäten im Bereich der präventiven Diplomatie zentral und wird von den VN sowie anderen internationalen Regierungsorganisationen, aber auch von NRO durchgeführt, um die unmittelbar beteiligten Konfliktparteien und die intervenierende Partei ebenso wie die internationale Umwelt mit den gleichen detaillierten Kenntnissen über einen Streitfall zu versorgen. Diese Kenntnisse kumulieren in sogenannten »facts«, also in Aussagen, die in einem transparenten Untersuchungsprozeß zustande gekommen sind und deren Wahrheitsgehalt nur schwer bezweifelt werden kann. Sie sind daher geeignet, den Zirkel von wechselseitigen Anklagen zu unterbrechen, Zielvorgaben realistischer zu formulieren, Gerüchten entgegenzuwirken und eine Grundlage für Verhandlungen zu legen.

Insgesamt handelt es sich um einen vielschichtigen und mehrstufigen Prozeß. Wenn z.B. die VN entscheiden, eine Fact-Finding-Mission in ein Krisengebiet zu entsenden, holen sie zunächst das Einverständnis des entsprechenden Staates ein. Üblicherweise werden die Verhandlungen, die zu einem solchen Konsens führen, allein unter Staatsmännern geführt.

---

2 Zu den Mechanismen siehe auch: Petterson/Runyan 1993: Kapitel 3.

Auch das Mandat der Mission wird unter Männern ausgehandelt. Bei den verfügbaren, meist *ad hoc* herangezogenen Personen, die eine solche Mission ausführen, handelt es sich in der Regel fast ausnahmslos um männliche Experten. Sie wurden zuvor von Männern vorgeschlagen und auf eine Liste gesetzt, aus der sie der Generalsekretär der VN – bislang immer ein Mann – ausgewählt hat. Wenn die Experten dann vor Ort recherchieren, befragen sie in der Regel Männer. Selbst wenn sie politische Gruppen in den Parlamenten oder gar NRO aufsuchen, kommen sie nur selten mit Frauen und schon gar nicht mit solchen Gruppen in Kontakt, die die Interessen und Sorgen von Frauen in einem internationalen Streitfall formulieren und dessen Auswirkungen auf das Leben von Frauen bewußt machen könnten. Das Ergebnis der Recherche wird schließlich in einem Bericht an die entsendende Organisation, hier die VN, zusammengefaßt. Der Generalsekretär der VN entscheidet, was mit dem Bericht geschieht, und er übergibt den Bericht den betroffenen Regierungen, die zum größten Teil aus Männern bestehen. Diese entscheiden, welche Konsequenzen sie aus der darin enthaltenen Kritik ziehen, was davon nach außen dringen und was vertraulich gehandhabt werden soll. Auch die Interpretation der Fact-Finding-Berichte bleibt in der Regel Männern mit einschlägigen Informationszugängen vorbehalten.

Fact-Finding, so läßt sich zusammenfassen, vollzieht sich nahezu vollkommen separiert von Frauen und ihren Netzwerken.[3] Das gesamte Verfahren wird durch Männer strukturiert und ist darauf angelegt, die Sichtweisen und Interessen von Männern zu reproduzieren und zu »Tatsachen« zu erklären. Ähnliche Mechanismen lassen sich bei allen anderen Instru-

3 Zu den wenigen Ausnahmen gehören auch hier Fälle, in denen aus einem Streitfall ein Frauenthema gemacht wurde, also z.B. die Tatsachenermittlung über Vergewaltigungen im Krieg im ehemaligen Jugoslawien. So beschloß der Europäische Rat 1992 die Entsendung einer Mission unter Leitung von Anne Warburten zur Untersuchung der Vergewaltigungen in Kroatien und Bosnien-Herzegowina.

menten internationaler Gewaltprävention beobachten, sei es bei der Vermittlung, der Einfädelung von Verhandlungen, den Problemlösungsworkshops oder der Frühwarnung. Für alle gilt, daß der Versuch, an diesem *gender bias* etwas zu ändern, gleichzeitig auf sehr vielen Ebenen innerhalb und außerhalb des Systems der VN ansetzen muß.

Geschlechterverhältnisse unter Reformdruck

Das Wissen um die strukturellen Mechanismen, mit denen Frauen von der friedlichen Streitbeilegung ausgeschlossen werden, ist kein Grund für Frauen, ihre Forderung nach gleicher Teilhabe aufzugeben und zu resignieren. Kleine Schritte zu einer Erweiterung der engen männerzentrierten Sichtweise in den VN waren z.B. ExpertInnentreffen, die von der *United Nations Division for the Advancement of Women* (DAW) und der UNESCO durchgeführt wurden und die den *gender bias* innerhalb der VN zum Thema gemacht haben.[4] Die Tatsache, daß solche Treffen von den Organisationen selbst einberufen wurden, ist ein gewisser Erfolg. Sie zeigt bereits, daß es Frauen gelungen ist, in diesen Institutionen ein Bewußtsein darüber zu schaffen, daß es einen Veränderungsbedarf gibt und daß Reformen im Interesse der Zielsetzung der Organisation denkbar, möglich und wünschenswert sind.

Was muß innerhalb und außerhalb der VN geschehen, um u.a. ein Verfahren wie die Tatsachenermittlung so zu verändern, daß Frauen beteiligt werden und ihre Lebenswelten eine

4 DAW hat 1994 und 1996 jeweils ein ExpertInnentreffen zum Thema »Gender and the Agenda for Peace« und »Political Decision-Making and Conflict Resolution. The Impact of Gender Difference« durchgeführt. Auch die UNESCO hat im Rahmen ihres Programms »Culture of Peace« 1995 ein ExpertInnentreffen zum Thema »Women's Contribution to a Culture of Peace« und 1997 zum Thema »Male Roles and Masculinities in the Perspective of a Culture of Peace« veranstaltet.

Chance haben, berücksichtigt zu werden? Für die notwendige Reorganisation haben die ExpertInnen der erwähnten Treffen eine Reihe von Vorschlägen gemacht. Die meisten beziehen sich auf die personelle Ebene:

- Alle politischen Positionen bei den VN sollen je zur Hälfte mit Frauen besetzt werden.
- Der Generalsekretär wurde aufgefordert, dafür zu sorgen, daß alle Kandidatenlisten für diese Posten eine gleiche Anzahl von Frauen und Männern aufweisen sollen, und die Regierungen zu bewegen, jeweils eine Kandidatin und einen Kandidaten für eine zu besetzende Stelle zu benennen.
- Ferner sollen der Generalsekretär, die Leiter der »divisions« und die Direktoren der »operations« jeweils eine Liste mit Namen von Frauen anlegen, die für ad hoc Aufgaben der VN qualifiziert sind. Damit soll gewährleistet werden, daß bei der Suche nach Personal für Missionen geeignete Frauen auch rasch gefunden werden können.
- Gleichfalls wird von den in der Konfliktbearbeitung engagierten NRO erwartet, die Partizipationschancen für Frauen zu erhöhen und entsprechende Namenslisten anzulegen.
- Ferner soll bei Personalgesprächen innerhalb des VN-Systems das Ziel »gender balance« berücksichtigt werden. Die Mitgliedstaaten der VN sollen den Anteil von Frauen an Delegationen, die an VN-Foren und VN-Aktivitäten im Bereich von Frieden und Sicherheit teilnehmen, auf mindestens 40 % bis zum Jahr 1998 und 50 % bis zum Jahr 2000 erhöhen.
- Grundsätzlich sollen alle Programme, in denen Organisationen der VN, Regierungen, internationale Organisationen oder NRO Personal für die internationale Gewaltprävention ausbilden, Frauen und Männer gleichermaßen beteiligen.

Gender balance auf der Ebene des Personals wird erst sinnvoll unter den Bedingungen eines umfassenden »gender training«, bei dem das Personal lernt, Gleichheit in einer Welt zu praktizieren, die durch Ungleichheit der Geschlechter geprägt ist. Das gilt sowohl für das Innenleben der VN generell als auch für die zur Tatsachenermittlung entsandten, meist sehr hierarchisch arbeitenden Missionen. Es muß auch gewährleistet sein, daß weibliches Personal am Ort der Tatsachenermittlung den gleichen Respekt und die gleichen Freiheitsgrade genießt wie seine männlichen Kollegen. Die Handlungsspielräume der teilnehmenden Frauen dürfen nicht durch landes- oder kulturspezifische Frauenbilder und geschlechtsspezifische Verhaltensvorschriften eingeschränkt werden.

Schließlich ist eine Veränderung der Mandate notwendig. Erfahrungsgemäß haben alle ernsthaften Konflikte, die die VN berechtigen, eine Mission zur Tatsachenermittlung zu entsenden, geschlechtsspezifische Aspekte. Um den in der »UN Declaration on Fact-Finding« erklärten Anspruch zu erfüllen, umfassende, objektive und unparteiische Informationen zu erhalten, sollte das Mandat durch eine explizite Anforderung auch gewährleisten, daß geschlechtsspezifische – in der Regel tabuisierte – Aspekte erfaßt werden. Dies könnte geschehen, indem das Mandat grundsätzlich eine Verpflichtung beinhaltet, Frauenorganisationen vor Ort aufzusuchen und die Sichtweisen von Frauen zu erkunden. Um diese überhaupt auffinden zu können, fordern Expertinnen u.a. auch:

> »Es sollten regionale Körperschaften von Frauen eingerichtet werden, die den Friedensprozeß begleiten und überwachen. Diese sollen als ein Mechanismus wirken, der die Anliegen der betroffenen Frauen an die offiziellen Vermittler weiterleitet.«[5]

An Ideen mangelt es also nicht, und tatsächlich zeigen die VN auch eine gewisse Bereitschaft, diese Ideen aufzugreifen. Die Forderung, den Posten des VN-Generalsekretärs abwechselnd mit einer Frau und einem Mann zu besetzen, führte dazu, daß bei der Neubesetzung des Postens zum Jahreswechsel 1996/97 zumindest einige Namen von Frauen genannt wurden, denen die Ausfüllung eines solchen Amtes zugetraut wird. Auch wächst die Teilhabe der Frauen bei den VN zum Teil schneller

5 United Nations Division for the Advancement of Women and the International Peace Research Institute 1996: 24. Die englischsprachigen Zitate in diesem Aufsatz wurden ins Deutsche übertragen.

als ihre Partizipation in den einschlägigen Ministerien der meisten Mitgliedstaaten. So hat sich der Anteil der Frauen im VN-Sekretariat von 1985 bis 1994 auf allen Rangebenen um 5 bis 8 % erhöht und beträgt heute 13 % auf der obersten und 19 % auf der mittleren Management-Ebene. Seit 1990 wurden vier Frauen als »Heads of Major UN Programmes« bestätigt.[6]

Daß es Frauen zunehmend gelingt, zumindest in Teilbereiche der internationalen Politik vorzudringen, beruht auf einer ambivalenten Konstellation unterschiedlicher Interessen. Treibende Faktoren für diese Entwicklung im Bereich der internationalen Konfliktbearbeitung sind die gewachsene Anerkennung und Nutzung von NRO für dieses Politikfeld und der steigende Personalbedarf internationaler Organisationen bei knapp gehaltenen Ressourcen. Von großer Bedeutung ist ebenfalls die Entwicklung des internationalen Systems der Menschenrechte, nachdem Frauen in den 90er Jahren mit ihrer internationale Kampagne »Frauenrechte sind Menschenrechte« auf die Entwicklung und Setzung erweiterter Normen gedrängt haben *(vgl. dazu den Beitrag von Holthaus/Klingebiel).* Wenn Frauen in der internationalen Politik Partizipationsansprüche geltend machen, können sie sich heute auf international geltende Normen berufen, die teilweise auch in nationale Gesetzgebungen Eingang gefunden haben. Diese Normen finden sich zum Beispiel in der Resolution der VN-Generalversammlung von 1993 über die »Mitwirkung der Frau an der Förderung des Weltfriedens und der Internationalen Zusammenarbeit«. Ein weiteres Beispiel ist Artikel 40 des Dokuments des Moskauer KSZE-Treffens von 1991, in dem die Teilnehmerstaaten explizit verlangen, die Chancengleichheit zu fördern, »damit sich Frauen in vollem Umfang an allen Bereichen des politischen und öffentlichen Lebens sowie an

---

6 Catherine Bertini aus den USA als *Executive Director of the UN/FAO World Food Programme,* Elizabeth Dowdswell aus Canada als *Executive Director of the United Nations Environment Programme,* Dr. Nafis Sadik aus Pakistan als *Executive Director of the UN Population Fund* und Sadako Ogata aus Japan als UNHCR-Hochkommissarin für Flüchtlinge.

Entscheidungsprozessen und der internationalen Zusammenarbeit im allgemeinen beteiligen können«.

Mainstreaming als Strategie?

Die friedenspolitischen Erwartungen und Wünsche, die in der Frauenfriedensbewegung mit den Forderungen nach Gleichheit im Kampf um Frauenrechte verbunden werden, sind sehr hoch. So argumentieren Frauen in politischen Diskussionen immer wieder, ihre Partizipation werde zu einer Transformierung des Konzeptes der »nationalen Sicherheit« zu einem Konzept der »menschlichen Sicherheit« und zu einer neuen Kultur der Entscheidungsfindung führen. Auch wird erwartet, daß Frauen in eigener Weise nicht nur vor Ort zur Umsetzung von Strategien der Konfliktbearbeitung beitragen und eine Verbindung zwischen internationalen Friedensschlüssen am Verhandlungstisch und dem »wirklichen Leben« in der Krisenregion herstellen, sondern auch auf den mittleren und oberen Entscheidungsebenen internationaler Politik die *gender*-Dimension der Gewalt bewußt machen. So heißt es in einem Bericht einer VN-ExpertInnengruppe (DAW 1996: 11):

> »Ohne die Beteiligung von Frauen sind die meisten Institutionen, inklusive derjenigen im VN-System, nicht repräsentativ. Das gilt auch für die meisten staatlichen Institutionen. Indem demokratische und *gender*-sensitive Perspektiven eingebracht werden, wird konventionelle patriarchalische und hierarchische Macht herausgefordert. So können neue Funktionsweisen entwickelt werden und dann beispielhafte Wirkung auf andere multilaterale und staatliche Institutionen entfalten. Auch werden zuvor ausgeschlossene oder marginalisierte Akteure mobilisiert. All dies wird eine größere Aufmerksamkeit für die *gender*-Thematik, für geschlechtsspezifische Verbrechen sowie für die Bedürfnisse ausgeschlossener und marginalisierter Völker fördern.

Dadurch wird eine Bewegung hin zu politischem und kulturellem Pluralismus ausgelöst, die eine demokratische, transparente und pluralistische Politik nach sich ziehen wird.«

Mit ihren Erwartungen können Frauen sich auch auf anerkannte sozialwissenschaftliche Theorie-Ansätze stützen. Partizipation der Gesellschaft und ihrer Interessengruppen an politischen Entscheidungen gilt als einer der wichtigsten Mechanismen eines geregelten, gewaltvermeidenden Konfliktaustrags und somit als Bedingung von Frieden. Demokratisierung als Möglichkeit und Bereitschaft zur Partizipation an herrschaftlichen Entscheidungen zum Gewaltverzicht, zur Verfahrensübereinkunft, zur Affektkontrolle, zum Interessenausgleich und zur Etablierung einer Konfliktkultur ist als ein Schlüsselproblem lokaler, internationaler und transnationaler Friedensgestaltung lange erkannt (vgl. z.B. Senghaas 1995).

Nun sind sich Frauen durchaus bewußt, daß der Realitätsgehalt der friedenspolitischen Erwartungen an gesellschaftliche und politische Bedingungen geknüpft ist. Als Vorbedingung gilt zum einen, daß Frauen eine sogenannte »kritische Masse« von 30 bis 35 % des Personals auf der jeweiligen Ebene erreichen müssen, und zum anderen, daß die Frauen, die entsprechende Positionen einnehmen, auf der gesellschaftlichen Ebene von Frauenorganisationen und -gruppen aktiv unterstützt werden. Solche Bedingungen sind jedoch gegenwärtig nicht gegeben. Politische Kräfte, die die Partizipation von Frauen in diesem Politikbereich zu einer »kritischen Masse« entwickeln wollen, lassen sich (noch) nicht recht erkennen, und das gilt sowohl für das Stichwort »Masse« wie für ihre »kritische« Funktion. Frauen müssen sich heute in der internationalen Politik weiterhin als Einzelkämpferinnen bewähren und erfahren dabei nur wenig gesellschaftliche Rückendeckung. Das gilt auch für den Bereich der friedlichen Streitbeilegung. Zudem zeigen Untersuchungen über politische Einstellungen zu Frieden und Gewalt in der internationalen Politik zweierlei: zum einen, daß der sogenannte »gender gap« wesentlich geringer als erwartet ausfällt, und zum anderen, daß diese geringen Unterschiede vor allem durch jene kleine Gruppe der Frauen entstehen, die sich als Feministinnen verstehen.

Trotz der Fortschritte bei der Formulierung von Frauenrechten als Menschenrechten hat sich insgesamt im politischen Bereich die Position erhalten, derzufolge die Partizipationsansprüche von Frauen auf internationaler Ebene eher eine Belastung für die internationale Friedensentwicklung darstellen denn eine Chance. Auch wenn (oder gerade weil) die Vertreter dieser Position sich selten offen artikulieren oder gar offen argumentieren, so hält sich doch stillschweigend das Einverständnis in Politik und Gesellschaft, Partizipationsansprüche von Frauen seien für die Friedensgestaltung peripher. Sie würden die für die internationale Konfliktbewältigung notwendige politische und gesellschaftliche Stabilität stören oder doch zumindest mit zusätzlichen Problemen überfrachten, die man nicht auch noch bearbeiten könne. Diese herrschaftsorientierte Befürchtung ist um so größer, je mehr Frauen beanspruchen, nicht nur »dabei zu sein«, sondern auch gegen den Strom zu schwimmen und inhaltlich Einfluß zu nehmen.

So beruht der Trend der erweiterten Beteiligung von Frauen nur zu einem Teil auf der erfolgreichen und überzeugenden Lobbyarbeit der Frauenfriedensbewegung. Zum anderen Teil basiert er auf erfolgreichen Strategien des »mainstreaming«. Sie zielen darauf ab, den Reformdruck von unten in eingefahrene Bahnen zu kanalisieren und die kritische Potenz von Geschlechterdifferenzen nicht wirksam werden zu lassen. Mit dem Begriff des »mainstreaming« beschreiben Regierungen z.B. auch die Zielsetzung, die sie mit der 4. Weltfrauenkonferenz in Peking 1995 verbunden haben. Das dort verabschiedete Aktionsprogramm vermeidet jede Kritik an den Machtstrukturen innerhalb der VN und ihres Sicherheitsrates. Dieses Programm liest sich so, als sei die friedenspolitische Reformierung internationaler Politik, ihre Entmilitarisierung und Enthierarchisierung für Frauen heute kein Thema von Gewicht. So verpflichteten sich die Regierungsvertretungen im Aktionsprogramm allein auf die bedingungslose Gleichberechtigung der Geschlechter auch und vor allem in der internationalen Politik.

> »In einer Welt anhaltender Instabilität und Gewalttätigkeit müssen dringend kooperative Ansätze zur Herbeiführung von Frieden und Sicherheit zum Tragen gebracht werden. Der gleichberechtigte Zugang zu und die uneingeschränkte Teilhabe von Frauen an den Machtstrukturen und ihre volle Mitwirkung an allen Bemühungen um die Konfliktverhütung und -beilegung sind für die Wahrung und Förderung des Friedens und der Sicherheit unverzichtbar. Wenn Frauen eine gleichberechtigte Rolle bei der Sicherung und Wahrung des Friedens spielen sollen, müssen sie mit politischer und wirtschaftlicher Macht ausgestattet werden und auf allen Ebenen der Entscheidungsfindung angemessen repräsentiert sein.« (BMFSFJ 1996: 134).

Entsprechend fallen auch die nationalen Umsetzungsprogramme friedenspolitisch arm aus. So sieht z.B. die dänische Regierung den Erfolg der Konferenzen vor allem darin, daß das »mainstreaming« gelungen ist. Sie kündigt in einer Stellungname (Denmark 1996: Paragraphen 7, 22) unter anderem an, bei der Rekrutierung für die nationale Verteidigung und für die Dänische Internationale Brigade den Grundsatz der Gleichberechtigung zu fördern. Sie betont die Rolle von Frauen als Beobachterinnen bei Missionen unter dem Mandat der VN, OSZE und EU. Außerdem kündigt sie Initiativen an, die die Beschäftigung von Frauen zu der Wehrpflicht vergleichbaren Bedingungen betreffen. Hinsichtlich des internationalen Engagements heißt es:

> »Innerhalb der OSZE wird Dänemark sich dafür einsetzen, die Empfehlungen der ›Platform for Action‹ hinsichtlich bewaffneter Konflikte und Friedensbemühungen weiterzuverfolgen. Hierzu gehört die Förderung der Beteiligung von Frauen an Entscheidungsprozessen und präventiven bzw. friedenserhaltenden Maßnahmen; der Schutz von Frauen gegen geschlechtsspezifische Gewalt; die Stärkung von Ermittlungsverfahren; außerdem die Bestrafung der Täter so-

wie die Behandlung der Opfer.« (Denmark 1996: Paragraph 32).

Perspektiven

Insgesamt läßt sich prognostizieren, daß sich die Tendenz beschleunigen wird, Frauen im Rahmen der internationalen Politik einschließlich der friedlichen Streitbeilegung stärker zu beteiligen. Daß damit auch die daran von der Frauenfriedensbewegung geknüpften friedenspolitischen Erwartungen einer Entmilitarisierung internationaler Politik und der Effektivierung der friedlichen Streitbeilegung erfüllt werden, ist jedoch durch diesen Trend nicht zwangsläufig bedingt. Denn für die Entwicklung eines spezifischen friedenspolitischen Einflusses von Frauen fehlt es bislang an gesellschaftlichem und politischem Rückenwind.

Die Geschichte vieler sozialer Bewegungen und auch die Geschichte der Frauenbewegung lehren, daß Emanzipationsprozesse gesellschaftlicher Gruppen keinesfalls zwangsläufig mit einer Steigerung der Friedensintensität einer Gesellschaft verbunden sind. Die Anerkennung der Ambivalenz von Emanzipationsbewegungen, die immer sowohl zerstörerische als auch konstruktive Potentiale beinhalten, bildet einen Ausgangspunkt der Friedens- und Konfliktforschung. Sie hat die Realisierung von Menschenrechten zum Maßstab des Friedens gemacht, ist aber gegenüber dem Anspruch ihrer unmittelbaren und bedingungslosen Einforderung skeptisch. Über diesen Vorbehalt muß wohl auch im Hinblick auf Partizipationsansprüche der Frauen nachgedacht werden. Denn der (kulturelle und politische) Kampf für und gegen die Partizipation von Frauen ist Teil des internationalen Konfliktgeschehens und muß selbst Gegenstand konstruktiver Konfliktbewältigung sein, um friedenswirksam werden zu können. Das Recht der Frauen auf Partizipation wird durch einen solchen reflexiven

Ansatz nicht beeinträchtigt. Er trägt nämlich dazu bei, sich der Kernfrage zu nähern, wie der Emanzipationsprozeß der Frauen von ihnen so beeinflußt werden kann, daß er sich auch friedenspolitisch positiv auswirkt und nicht dem Sog des »mainstreaming« erliegt. Auf drei Erfolgsbedingungen soll hier zumindest hingewiesen werden.

Eine erste Bedingung scheint zu sein, *daß konstruktive Formen des Umgangs mit dem Widerspruch von Emanzipations- und Herrschaftsansprüchen* gefunden werden. Zwar kann ausgeschlossen werden, daß die soziale Gruppe der Frauen sich ähnlich wie einige nationale Minderheiten zur Durchsetzung ihrer Ansprüche bewaffnet. Aber dieser Gewaltverzicht gilt nicht in gleichem Maße für diejenigen politischen Kräfte, die auf Emanzipationsansprüche von Frauen reagieren. Frauenbilder und die Geschlechterverhältnisse selbst waren und sind umkämpfte Objekte militärischer Gewaltanwendung. Auch oder gerade diejenigen Konflikte, die intern nicht konstruktiv bearbeitet werden können, sondern internationaler Einmischung bedürfen, sind von diesem Geschlechtermechanismus in vielfältiger Weise durchdrungen.[7] Immer geht es dabei auch um männliche Identitätsmuster und die mit ihnen verbundenen Herrschaftsansprüche. Auf sie gewaltmindernd zu reagieren, ist eine Schwierigkeit, die sich auch im Rahmen der friedlichen Streitbeilegung bemerkbar macht. Wie sich unter solchen Umständen ein Engagement von Frauen beispielsweise als Vermittlerinnen zwischen rivalisierenden, männerdominierten Minderheiten auswirken könnte, ist eine noch vollkommen offene und aufregende Frage. Viele Vermittlungserfolge beruhen heute auf vertraulichen Gesprächen unter Männern. Daß dies nicht grundsätzlich so sein muß, sondern auch andere Konzepte denkbar wären, zeigt die Praxis des internationalen Vermittlers Jimmy Carter. Er ist dafür bekannt, daß er auch auf den Einfluß von Ehefrauen und anderen Familienmitgliedern setzt, um Verhandlungserfolge mit hochrangigen

---

7 Zum Nah-Ost-Konflikt siehe Sharoni 1995.

Politikern zu erzielen (Nissen 1995). Das ist kein feministisches Konzept – aber ein Hinweis auf die Notwendigkeit und Möglichkeit, auch in der internationalen Politik Kampfenergie, die aus dem Zwang erstarrter Geschlechtsrollen herrührt, zumindest »außer Gefecht« zu setzen.

Eine zweite Erfolgsbedingung ist, daß der *Ansatz der friedlichen Streitbeilegung* in der politischen Diskussion und in der tatsächlichen Politik gegenüber allen Formen machtgestützter, gar militärischer Interventionspolitik *politisch radikal aufgewertet* wird. Nur wenn es gelingt, den Regierenden abzuverlangen, daß sie in die friedliche Streitbeilegung tatsächlich und nachweislich investieren, läßt sich verhindern, daß eine verstärkte Integration von Frauen in die internationale Gewaltprävention mit einer Abwertung der Aufgaben internationaler Organisationen und ihrer Bemühungen um Gewaltprävention einhergeht. Nur dann ließe sich auch vermeiden, daß – ähnlich wie z.B. im Bereich der öffentlichen Erziehung – negativ von einer »Feminisierung internationaler Konfliktbearbeitung« gesprochen wird. Angesichts knapper Finanzen der internationalen Organisationen und einer geringen Bereitschaft der Regierenden, für die friedliche Streitbeilegung die angemessenen Ressourcen einzusetzen, könnte es dazu kommen, daß Frauen die Lücken in schlecht ausgestatteten Missionen in den für männliche Karrieremuster weniger attraktiven Krisengebieten füllen und als Sündenbock für politisch einkalkulierte Mißerfolge herhalten.

Eine dritte Bedingung ist schließlich, daß es Frauen gelingt, *Dissens- und Konsensbereiche bewußt miteinander* zu *verknüpfen*. Die Tatsache, daß Frauen in der friedlichen Streitbeilegung und Gewaltprävention heute marginalisiert sind, spricht offensichtlich nicht gegen die relative Erfolgsträchtigkeit der angewandten Instrumentarien. Sie sind zwar *male biased*, aber deswegen noch nicht ungeeignet, die mit ihnen verbundenen, wenngleich patriarchal begrenzten, Ziele einzulösen. Beispielsweise hat der kontinuierliche Fact-Finding-Prozeß im Fall der Staatsbürgerschaftskonflikte in Estland und Lettland erheblich zu einer Konflikttransformation beigetragen, so daß beide Fälle heute als Musterbeispiel für die Möglichkeit erfolgreicher präventiver Diplomatie dienen (Birckenbach 1997). Es gibt also wenig Anlaß, die erreichten Ergebnisse zu schmälern – obwohl die entscheidenden Akteure auch hier exklusive Männerzirkel waren und sind. Vielmehr ginge es darum, an diese Arbeit anzuknüpfen, sie weiterzuentwickeln und dafür zu sorgen, daß in ähnlich gelagerten Fällen Frauen von Anfang an beteiligt werden. Im Fall der keinesfalls beendeten Konflikte in Estland und Lettland z.B. wäre es ferner sinnvoll, auf Fact-Finding-Missionen zu drängen, die die Auswirkungen der Konflikte auf das Leben von Frauen untersuchen.

Aufgabe von Frauenfriedenspolitik ist es heute, solche Erfolgsbedingungen einer friedensförderlichen Durchsetzung von Gleichheitsansprüchen aufzugreifen und bewußt zu machen. So wie »Friedensblindheit« dazu beiträgt, patriarchale Herrschaftsinteressen zu festigen, so trägt »gender«-Blindheit dazu bei, die internationale Konfliktbewältigung als Sache von Männern zu profilieren. Frauen würden dadurch entmutigt, für diesen Politikansatz zu streiten und zu argumentieren.

Literatur

Ashrawi, Hanan, 1995: Ich bin in Palästina geboren, Berlin.

Beilstein, Janet C., 1995: The Role of Women in United Nations Peacekeeping, in: UN Devision for the Advancement of Women, DPCSD, Women 2000, No. 1/1995.

Birckenbach, Hanne-Margret, 1997: Preventive Diplomacy through Fact-Finding. How International Organisations Review the Conflict over Citizenship in Estonia and Latvia, Kieler Schriften zur Friedenswissenschaft, Hamburg.

Francis, Diana/Ropers, Norbert, 1996: Im Brennpunkt: Powern ohne Macht? Die friedenspolitische Rolle von Nicht-Regierungsorganisationen, in: Birckenbach, Hanne-Margret/Jäger, Uli/Wellmann, Christian (Hg.): Jahrbuch Frieden 1997, München, S. 31-50.

BMFSFJ (Bundesministerium für Familie, Senioren, Frauen und Jugend) (Hg.), 1996: Bericht der Vierten Weltfrauenkonferenz, A/Conf.177/20 vom 17. Oktober 1995, Deutsche Fassung, Bonn.

Chen, Martha Alter, 1996: Engendering World Conferences: The International Women's Movement and the UN, in: Weiss, Thomas G./Gordenker, Leon (Hg.): NGOs, the UN, and Global Governance, London, S. 139-155.

DAW (United Nations – Division for the Advancement of Women/Secretariat for the Fourth World Conference on Women, Department for Policy Coordination and Sustainable Development), 1994: Expert Group Meeting – Gender and the Agenda for Peace, United Nations Headquarters, New York 5-9 December 1994, GAP/1994/1, in: PFK-Texte, Nr. 32, Kiel, S. 25-42.

DAW (United Nations – Division for the Advancement of Women), 1996: Political Decision-Making and Conflict Resolution: The Impact of Gender Difference, Report from the Expert Group Meeting organized by the United Nations Division for the Advancement of Women and the International Peace Research Institute, Oslo/Santo Domingo, 7-11 October 1996 (EGM/PRDC/1996/REP.1, 7 November 1996).

Denmark, Ministry of Foreign Affairs, 1996: Statement to the Folketing on Follow-up at National and International Levels to the United Nations' Fourth World Conference on Women (3 April 1996, S.Q. File No. 28.B.98), (//gopher.un.org:70/00/conf/fwcw/natrep/denmark.txt)

Fourth World Conference On Women, 1995: Report (Beijing, 4-15 September 1995), A/CONF.177/20, 17 October 1995.

Galey, Margaret E., 1994: The United Nations and Women's Issues, in: Perter R. Beckman/Damico, Francine (Hg.): Women, Gender and World Politics, Perspectives, Policies and Prospectives, S. 131-140.

Gierycz, Dorota, 1996: Frieden durch Gleichberechtigung? Zur Demokratisierung durch Gleichberechtigung der Geschlechter, in: Vogt, Wolfgang (Hg.): Frieden durch Zivilisierung? Probleme – Ansätze – Perspektiven, Münster, S. 369-383.

Joachim, Jutta, 1996: Wie NRO die UNO beeinflussen: Die internationale Chancenstruktur beim Thema Gewalt gegen Frauen in der UNO, in: Birckenbach, Hanne-Margret/Jäger, Uli/Wellmann, Christian (Hg.): Jahrbuch Frieden 1997, München, S. 98-111.

Klingebiel, Ruth, 1993: Menschenrechtskonferenz 1993: Gipfel der verpaßten Gelegenheiten? in: Birckenbach, Hanne-Margret/Jäger,

Uli/Wellmann, Christian (Hg.): Jahrbuch Frieden 1994, München, S. 84-93.
Klingebiel, Ruth, 1994: Menschenrechte für Frauen: Arbeit am positiven Frieden, in: Birckenbach, Hanne-Margret/Jäger, Uli/Wellmann, Christian (Hg.): Jahrbuch Frieden 1995, München, S. 203-215.
Klotz, Sabine, 1996 und 1997: Friedliche Streitbeilegung 1994/95 und 1995/96, in: Birckenbach, Hanne-Margret/Jäger, Uli/Wellmann, Christian (Hg.): Jahrbuch Frieden, München 1995 und 1996, S. 37-43 und S. 117-125.
Lund, Michael S., 1996: Preventing Violent Conflicts. A Strategy of Preventive Diplomacy, Washington D.C.
Murphy, Craig N., 1996: Seeing Women, Recognizing Gender, Recasting International Relations, in: International Organisation, Jg. 50, Heft 3, S. 513-538.
Nissen, Astrid, 1995: Vermittlung für Haiti: Abschied von der Junta, in: Birckenbach, Hanne-Margret/Jäger, Uli/Wellmann, Christian (Hg.): Jahrbuch Frieden 1996, München, S. 67-79.
Peck, Connie, 1996: The United Nations as a Dispute Settlement System. Improving Mechanisms for the Prevention and Resolution of Conflict, The Hague/London/Boston.
Perter R. Beckman/Damico, Francine, 1994: Women, Gender and World Politics, Perspectives, Policies and Prospectives, Westport.
Petterson, V. Spike/Sisson Runyan, Anne, 1993: Global Gender Issues. Dilemmas in World Politics, Boulder.
Senghaas, Dieter, 1995: Die Kultur des Friedens, in: Aus Politik und Zeitgeschichte, B 43/95, S. 3-8.
Sharoni, Simona, 1995: Gender and the Israel-Palestinian Conflict. The Politics of Women's Resistance, New York.
United Nations, 1994: Gender and the Agenda for Peace. Report from the Expert Group Meeting organized by the Division for the Advancement of Women/Department for Policy Coordination and Sustainable Development, United Nations, New York, 5-9 December 1994, (GAP/1994/1, 9 December 1994).
Vogt, Wolfgang, 1996: Frieden durch Zivilisierung? Probleme – Ansätze – Perspektiven, Münster.
Weiss, Thomas G./Gordenker, Leon (Hg.), 1996: NGOs, the UN, and Global Governance, London.

Wilcox, Clyde/Hewitt, Lara/Allsop, Dee, 1996: The Gender Gap in Attitudes Toward the Gulf War: A Cross-National Perspective, in: Journal of Peace Research, Jg. 33, Nr. 1, S. 67-82.

ELENOR RICHTER-LYONETTE

Als wäre es das erste Mal: Frauen und Internationale Strafgerichtsbarkeit

Dieser Artikel widmet sich Frauen und ihren Schwierigkeiten, nach Kriegs- und Genozidsituationen selbstbestimmt in politische Prozesse der Aufarbeitung von Vergangenheit einzugreifen. Er nimmt das frühere Jugoslawien und Rwanda als Beispiele einer angewandten internationalen Gerichtsbarkeit neuer Art: Wie sind die bisherigen Erfahrungen mit den Strafgerichtshöfen der Vereinten Nationen zu bewerten, die, von einer größeren Öffentlichkeit weitgehend unbeachtet, historisch bedeutende Aufarbeitungen übernommen haben? Zwischen öffentlichen Lobreden und praktischer Isolierung haben es diese Institutionen bislang nur sehr bedingt vermocht, progressive Impulse zu setzen. Der Beitrag untersucht zum einen die Ursachen dieser Diskrepanz zwischen Worten und Taten und zeigt zum anderen auf, welche alternativen Vorgehensweisen existieren.

Szenarien

1991 bricht der Krieg im früheren Jugoslawien aus: Naivität, Unverständnis, Fehleinschätzungen und Inkompetenz kennzeichnen das Muster beginnender internationaler Vermittlungsversuche. Für das kollektive Unvermögen lassen sich einige Erklärungsmuster und gängige Entschuldigungen der Europäer ausmachen: So wird unter anderem angemerkt, daß auch die Amerikaner es nicht besser verstanden hätten, einen beginnenden Krieg zu stoppen. Frieden auf dem Verhandlungsweg zu erreichen, sei nicht möglich gewesen; die Vereinten Nationen hätten versagt. Humanitäre Hilfe sei ein Problem gewesen, es habe einfach zu viele Flüchtlinge gegeben. Eine weitere Erklärung lautet, daß man den Grad des Desintegrationsprozesses des Landes nach Titos Tod nicht habe abschätzen können.

Sarajevo bleibt – wie viele andere Orte auch – belagert, und erst das Desaster des Einmarsches serbischer Milizen in die mehrheitlich von muslimischer Bevölkerung und von Flüchtlingen bewohnten UN-Schutzzonen Srebrenica und Zepa provoziert schließlich Veränderungen. Die späte Antwort der Amerikaner ist das Dayton-Abkommen, das im Dezember 1995 in Paris unterzeichnet wird. An dessen Umsetzung versuchen sich gegenwärtig mehr schlecht als recht nicht wenige nationale und internationale Entscheidungsträger. Die Nachfolgestaaten des früheren Jugoslawien, insbesondere Bosnien-Herzegowina, tragen hart an den neuen Realitäten. Dies trifft gleichermaßen auf die Menschen zu, die geblieben sind, wie auch auf die, die vor dem Krieg geflohen sind.

Rwanda am 6. April 1994: Das Flugzeug des rwandischen Präsidenten Habyarimana stürzt infolge eines Anschlags ab, er selbst kommt ums Leben. Noch ehe die Nachricht zu den Medien durchdringt, beginnt ein lange vorbereiteter Genozid, der knapp einer Million Menschen das Leben kostet. Etwa eineinhalb Millionen Rwander fliehen in Nachbarstaaten. Mehr als 2,5 Milliarden Dollar werden bis Ende 1996 für rwandische Flüchtlinge in Nachbarländern und teilweise in Rwanda selbst ausgegeben. Der Löwenanteil fließt in humanitäre Hilfe: Durch frühzeitige und angemessene politische Entscheidungen hätte dieser hohe menschliche und finanzielle Tribut vermieden werden können.[1] Genozidale Gewalttaten gegen rwandische

1 Die wohl beste Aufarbeitung der Rwanda-Situation ist die des fünfbändigen dänischen Reports ›The Response to Conflict and Genocide. Lessons from the Rwanda Experience‹, den das ›Steering Committee of the Joint Evaluation of Emergency Assistance to Rwanda‹ im März 1996 in Kopenhagen vorgelegt hat.

Tutsis mehren sich bereits seit 1990. Die vielfältigen Zeichen eines sich vorbereitenden Genozids innerhalb und außerhalb des Landes werden jedoch schlichtweg ignoriert. Ignoriert wird auch, daß das Bruttosozialprodukt pro Kopf der Bevölkerung um 40 % in den Jahren 1989 bis 1993 fiel. Besonders destabilisierend wirkt sich dies auf Bäuerinnen und Bauern im Subsistenzbereich aus. Im Herbst 1993 wird ein Friedensprozeß und Machtausgleich zwischen der Hutu-Mehrheit und der Tutsi-Minderheit im tansanischen Arusha vereinbart, jedoch kommt es nicht zur Umsetzung. Anfang 1994 gibt es immer noch keine Notfallpläne der Vereinten Nationen. Im Gegenteil: Die VN-Friedenstruppen UNAMIR *(UN Assistance Mission to Rwanda)*, die die Einhaltung des Arusha-Abkommens überwachen sollen, werden zwei Wochen nach Ausbruch des Genozids nicht verstärkt, sondern fast vollständig abgezogen. Eine Woche später fordert der damalige Generalsekretär Boutros Boutros-Ghali kraftvolles Handeln der internationalen Gemeinschaft.

Die Frage von Kriegsverbrechen

Die Aufarbeitung von Kriegsverbrechen gilt als ein besonders kritischer Bereich der Konfliktbearbeitung. Das gilt für die Nachfolgestaaten des früheren Jugoslawien ebenso wie für Rwanda. Nur ungern gestehen sich politische Akteure ein, daß sie möglicherweise *no win*-Situationen geschaffen haben: also Situationen, die alle Beteiligten, Angegriffene und Angreifer gleichermaßen, mit einem Gefühl zurücklassen, das Wesentliche sei während der bewaffneten Auseinandersetzungen nicht wirklich befriedigend geklärt oder geregelt worden. Ebenso ungern lassen sich die direkt für den Krieg oder Genozid verantwortlichen Befehlshaber in die Karten schauen. Konfliktbearbeitung kollidiert also mit dem Versuch, Geschehenes durch neue Realitäten zu überdecken und Spuren zu verwischen. So werden im Sprachgebrauch aus einer Bevölkerung von Frauen, Kindern und Männern bloße Opfer. Die genaue Beantwortung der Frage, wem was angetan wurde, ist aber wichtig, um die Realität der Betroffenen adäquat wiederzugeben und aufzuarbeiten. Geschichtsklitterung findet sich bei der von außen agierenden sogenannten internationalen Gemeinschaft ebenso wie innerhalb der betroffenen Länder. »Gras drüber wachsen zu lassen« ist somit eine bewußte Entscheidung gegen die Aufarbeitung und die Suche nach Verantwortlichen. Teil dieses Prozesses ist es, die Realität von Frauen im Krieg nicht aufzudecken oder im Nachhinein zu vertuschen.

Peace through Justice

Da nur wenige Gesellschaften mit *no win*-Situationen auf Dauer gut leben und die Grausamkeit des Geschehenen eine Erklärung und Befragung des Geschehenen geradezu herausfordert, besteht zumindest in bestimmten Zeiten ein großer und offensichtlicher Bedarf nach Klärung. Solche Klärung beinhaltet Erinnern, Aussprechen, öffentliche Diskussion und Bewertung des Geschehenen. Eine Form von Bewertung im juristischen Sinne ist ›Peace through Justice‹, also ›Frieden durch Gerechtigkeit‹. Dieses Konzept, das auch von einem Kirchentag stammen könnte, trägt wie sein religiöses Pendant als Idee von Gerechtigkeit mehrere Elemente in sich: Zeugnis, Anklage, Diskussion und Öffentlichmachung als Ausgangspunkte für ein Wiederzusammenleben, Vergebung oder Verurteilung, Rehabilitation sowie – als psychologisches Konzept – Katharsis. So können Prämissen herausgearbeitet werden, unter denen in einem bestimmten Krieg oder Konflikt Aufarbeitung Erfolg verspricht.

Nach dem Ende des Zweiten Weltkrieges etwa wurde als Denkmodell zwischenstaatlicher Auseinandersetzung ein Krieg unter Männern als Abbildung von Realität benutzt. Das Kriegsverbrechertribunal stand gleichzeitig für die juristische

Aufarbeitung von Krieg. Umgesetzt wurde dieses Modell in den Prozessen von Nürnberg und Tokio. Die Absicht dieser Tribunale war, die Hauptkriegsverbrecher exemplarisch zu bestrafen. Frauen als Opfer kamen in beiden Tribunalen so gut wie nicht vor, wenngleich sie in den Tokioter Verfahren zumindest am Rande Erwähnung fanden.[2]

Solche aufwendigen Verfahren sind nur dann sinnvoll, wenn im Ergebnis eine realitätsnahe Darstellung der Vorgänge erreicht werden kann. Schließt die Betrachtung Frauen als Subjekte von der Aufarbeitung aus, dann ist etwas grundlegend falsch gelaufen.

Ähnliches gilt für die Einrichtung von sogenannten Wahrheitskommissionen, von denen gegenwärtig etwa 22 weltweit operieren. Südafrika ist nur eines der bekannteren Beispiele.

Testfälle für ein aufwendiges Verfahren: Die Tribunale zum ehemaligen Jugoslawien (ICTY) und zu Rwanda (ICTR)

Als Testfälle internationaler Aufarbeitung können die beiden Internationalen Strafgerichtshöfe der VN für das ehemalige Jugoslawien (ICTY) und für Rwanda (ICTR) gelten. Sie sind Beispiele für das Niveau und die Qualität dessen, was die sogenannte ›internationale Gemeinschaft‹ zu etablieren, zu tolerieren und längerfristig zu bezahlen bereit ist. Die Finanzierung umfaßt zum einen die Datenerhebung durch Befragung und Auswertung aller relevanten Quellen (forensische Unterlagen, Luftbildaufnahmen, Fernsehbilder, Interviews von Befehlshabenden im Krieg usw.). Zum anderen sind auch die Anklageerhebung, die Gerichtsverfahren sowie die Inhaftierung von Tätern nach möglicher Verurteilung Teil des Verfahrens. Zusätzlich läuft – als Querschnittsfunktion entlang der gesamten Zeitachse – der Schutz von Zeuginnen und Zeugen.

---

2 Bekannte Untersuchungen haben Taylor 1992, Levie 1993 und Röling/Cassese 1994 geleistet.

Zum ersten Mal werden hier die an Frauen begangenen Verbrechen sichtbar und anklagbar gemacht. Dies gilt sowohl für massenhaft begangene Verbrechen wie für Vergewaltigung und Verschleppung in Kriegsbordelle als auch für alltägliche sexuelle Gewalt gegen Frauen auf der Flucht. Dazu zählen auch eingekesselte Städte und Dörfer mit ihren zivilen Bewohnerinnen sowie viele andere Situationen, in denen Frauen systematisch geschlechtsspezifischen Formen des Mißbrauchs und der Folter im Krieg oder in genozidalen Situationen ausgesetzt sind.

Diese Gerichte sind auch ein interessantes Forum für die Frage nach Kompensation und nach möglichen Rechten auf medizinische und psychosoziale Betreuung von Frauen nach derartigen Gewaltverbrechen. Letztendlich ist auch denkbar, daß sie Empfehlungen aussprechen, wie die Mitgliedstaaten der Vereinten Nationen mit der Nach-Betreuung, den ZeugInnenschutz und dem materiellen und emotionalen Sicherheitsbedürfnissen von überlebenden Opfern umgehen sollen oder wie Asyl für Zeugen sinnvoll zu regeln ist. Zumindest im Falle von Rwanda ist dabei internationales Recht theoretisch über jedem in Frage kommenden nationalen Recht angesiedelt. Es besteht also die Chance, daß progressive Regelungen restriktive nationale Regelungen verbessern oder einen Rechtsschutz erstmals etablieren (so im Fall vieler afrikanischer Staaten).[3] Wie es mit der Ausschöpfung dieses Potentials steht, läßt sich am leichtesten beantworten, indem wir uns den spezifischen Situationen selbst zuwenden.

3 Das Rwanda-Tribunal ist mit einem komplementären und daher viel undefinierteren Mandat als das Jugoslawien-Tribunal ausgestattet. Seine Ermittlungen und Verfahren sind als ergänzend zu denen von Staaten gedacht und konzipiert.

Nach Krieg und Genozid

Rwanda – zweiter Teil

Mehr als 86.000 RwanderInnen waren aufgrund von vermuteter Beteiligung am Genozid von 1994 bereits in Haft, als im November 1996 die Massenrückkehr von Exilierten begann. Besonders aus dem damaligen Zaire strömten inmitten des Bürgerkriegs – zwischen den Regierungstruppen Mobutus und Laurent Kabilas Milizen – Flüchtlinge nach Rwanda zurück. Unter den Rückkehrenden befanden sich ebenso Täter wie Opfer von Vertreibung und Verschleppung. Als die Flüchtlingslager in Tansania Ende 1996 geschlossen wurden, kamen noch einmal knapp 500.000 Menschen zurück. Insgesamt erreichten so etwas mehr als eine Million Menschen in nur wenigen Wochen Rwanda. Als der rwandische Präsident, Pasteur Bizimungu, über Radio Rwanda im November 1996 ein Moratorium gegenüber den vermuteten Tätern unter ihnen verkündete, kam dies für viele BeobachterInnen und Betroffene unerwartet.[4] Eine Kollision politischer Werte und Zielvorstellungen wurde deutlich: Auf der einen Seite standen die Ansprüche an Gerechtigkeit und die Sicherheit der Überlebenden, auf der anderen Seite wurde der riskante Versuch unternommen, die Zurückkehrenden wiedereinzugliedern.

Knapp eine Million Menschen starben während des Genozids von 1994 in einem Zeitraum von nur 100 Tagen zwischen April und Juli. Die meisten Opfer waren Tutsis. Aber auch Oppositionelle oder »irgendwie verdächtige« Hutus wurden Opfer des Genozids. Unter den etwa sechs Millionen Hutus sind Hunderttausende als Täterinnen und Täter oder als HelfershelferInnen und MitwisserInnen mittelbar und unmittelbar verantwortlich. Es fällt schwer, sich eine kollektive Tat derartigen Ausmaßes vorzustellen, und ebenso ist es schwer zu sagen, wie auf diese Situation angemessen reagiert werden soll-

4 Rede des Präsidenten Bizimungu, zitiert in: Gourevitch 1997.

te.[5] Die rwandische Regierung bemühte sich im Sommer 1996, einige Kriterien für den Umgang mit dieser Situation zu formalisieren.[6] So verabschiedete das Parlament eine Vorlage, in der Kategorien von KriegsverbrecherInnen definiert werden: In die erste Kategorie fallen Planer, Organisatoren, Vordenker, Führer und Befehlshaber des Genozids sowie diejenigen Mörder, deren Taten durch besondere Grausamkeit entsetzten. Ihnen droht bei einer Verurteilung in Rwanda die Todesstrafe (die internationalen Tribunale verhängen keine Todesstrafen). In einer der unteren Kategorien finden sich sexuelle Folter oder Vergewaltigung, nochmals danach unterschieden, ob das Mädchen oder die Frau nach der Tat starb.

Der Genozid und die neuerliche Rückkehr der Flüchtlinge hat die Lage der Frauen und vielen jungen Mädchen schlagartig verändert.[7] Täter und Opfer sind physisch nahe zusammengerückt. Immer wieder wird von Übergriffen auf Überlebende berichtet. Nach der Rückkehr wird häufig jegliche eigene Verantwortlichkeit geleugnet. Viele ziehen sich auf das gängige Erklärungsmuster zurück, es sei auf Befehl – und sei es auch nur auf Befehl einer Radiostation wie *Radio des Milles Collines* – gehandelt worden. Anfangs wurde Vergewaltigung von allen, die diese selbst miterlebten, als ein Hauptelement des rwandischen Genozids benannt. Diese Anerkennung verschwindet nunmehr zunehmend und wird durch das bekannte Manipulieren von Geschichte ersetzt. Der frühere Sonderberichterstatter der Vereinten Nationen zu Rwanda, Dégni-Ségui, gibt in seinem Bericht vom Januar 1996 an, daß schätzungsweise

5 Braeckmann 1994 hat, neben anderen, den Genozid detailliert beschrieben.

6 Ein bemerkenswerter Aufarbeitungsversuch des Genozid ist dokumentiert in den Papieren zur Konferenz ›Genocide, Impunity and Accountability: Dialogue for a National and International Response‹, die vom 1.-5. November 1995 in Kigali stattfand. Leider liegt nur ein interner Bericht vor. Ein spezifisch auf Frauen zugeschnittenes Seminar fand im März 1995 unter dem Titel ›Sensibilisation sur la prise en charge des femmes et jeunes filles victimes des violences d'Avril 1994‹ statt. Dieses wurde vom *Ministère de la Famille et de la Promotion de la Femme* in Kigali organisiert.

7 Vgl. dazu Elenor Richter-Lyonette 1997a.

250.000 bis 500.000 Frauen – vor allem Tutsis – vergewaltigt wurden. Daneben sind weitere verbreitete Muster dokumentiert worden: so unter anderem Suizide nach Vergewaltigung unter Mädchen und Frauen aller Altersgruppen, Verstümmelungen, Tötungen, unfreiwillige Wiederverheiratung von Witwen sowie Leichenschändungen. Zudem leiden viele Betroffene unter medizinischen Langzeitfolgen wie AIDS, Depressionen, gynäkologischen und allgemeinmedizinischen Problemen, Panikreaktionen und auch déja-vu-Erlebnissen in Träumen. Berichtet wird ebenfalls vom realen Wiederzusammentreffen mit dem Vergewaltiger.

Früheres Jugoslawien – zweiter Teil

Ein besonderes Merkmal des Krieges im früheren Jugoslawien ist der quantitativ ungewöhnlich große Einsatz multinationaler Truppen. Dies trifft sowohl auf den Einsatz der UNPROFOR (UN Protection Force) als auch die späteren Einsätze von IFOR (International Force) und SFOR (Stabilisation Force) zu. Selbst aus den eigenen Reihen haben sich Stimmen gemeldet, die den meisten dieser Peacekeeping-Truppen fehlendes Wissen im Bereich des humanitären Völkerrechts bescheinigen. Zudem wurde immer wieder darauf hingewiesen, daß die multinationalen Truppen pflichtwidrig Verstöße der Kriegsparteien nicht gestoppt und/oder geahndet hätten. Bei der Interpretation des Mandates kollidierten häufig die Ansichten – oder es herrschte schlicht Konfusion darüber –, was Unparteilichkeit in der Praxis bedeuten sollte und wann und wie angemessen zu intervenieren sei. Ein Beispiel zeigt, welche gravierenden Folgen diese Konfusion für Frauen hatte: John MacInnis, ein *Major-General* der kanadischen Armee, beschreibt die Antwort eines höheren Offiziers auf die während eines Seminars von UNPROFOR-Truppen Mitte 1995 gestellte Frage, was denn Unparteilichkeit sei. Der Offizier definierte die Erfordernisse der Unparteilichkeit mit Hilfe des folgenden Beispiels: Falls ein

Mitglied der Friedenstruppen auf eine Frau treffe, die gerade vergewaltigt werde, so solle mit Disziplin und Zurückhaltung reagiert werden. Die Pflicht gebiete, *nicht* zu intervenieren.[8]

Derartig verstandene Neutralität ist keine Neutralität, sondern Parteinahme. Das internationale System legt sich selbst lahm, wenn es sich erlaubt, so zu verfahren, als kenne es die von ihm selbst proklamierten Regeln nicht und als sei das für die Erfüllung seines Mandats auch gar nicht mehr wichtig. Das Resultat dieser Handlungsmaxime ist ein Gefühl der Hilflosigkeit. Das Peacekeeping-Personal wird zunehmend unmotivierter und desillusionierter und schafft so letztlich nur einen unbefriedigenden Schutz vor Ort. Die Analyse, Peacekeeping-Einsätze verlängerten Konflikte eher, als daß sie diese entschärften, nimmt derart verstandene »Neutralität« nicht selten zum Ausgangspunkt. Die mehrheitlich männlichen Soldaten lassen auf diese Weise zu, daß Frauen sie als doppelt parteiisch erleben. Die Weigerung mancher Vorgesetzter, ›ihre‹ Truppen da einzusetzen, wo es – gerade auch für Frauen – gefährlich werden kann, tut ein übriges.

Manche VN-Agenturen lehnen eine Aussage ihres Personals vor einem Kriegsverbrechertribunal ab, weil das deren Verwendbarkeit in Krisengebieten gefährde. So wird die Aufarbeitung von Gewalttaten gegen Frauen vor internationalen Gerichten zusätzlich kompliziert. Blockaden existieren also in exakt dem System, welches sich mit der Aufarbeitung von Konflikten beschäftigt. Interessante Ergebnisse liefern unter anderem die Studien der deutschen Forscherin Ruth Seifert[9]. Sie beschreibt die Muster der Zerstörung des weiblichen Körpers während des Krieges im früheren Jugoslawien aus der Sicht der Zerstörung von weiblicher Identität und Kultur. Die Absicht der Täter ist, die Psyche der Opfer gezielt zu verändern und keineswegs nur blinde Zerstörung und Gewalt zu praktizieren. Seifert bezieht die Skripte – d.h. die Denk- und

8 Zitiert nach MacInnis 1996: 93.

9 Sie gehört zu den ausgezeichnet beschreibenden Forscherinnen, die eine weibliche Dimension in derlei Betrachtungen einbringen.

Handlungsschemata – der Täter, deren Psychologie, aber auch deren unweigerlich *politische* Agenda von Vergewaltigung ein. Direkte Bezüge von Kriegsvergewaltigungen zu ›ethnischer Säuberung‹ (d.h. Genozid und/oder Vertreibung bestimmter Volksgruppen) und anderen Formen der Zerstörung werden herausgearbeitet[10]. Erweitert um die Erfahrungen vieler Frauenorganisationen vor Ort sowie internationaler Nicht-Regierungsorganisationen (NRO) entsteht das Bild weitreichender Angriffe auf die Identität von Frauen. Wo Vergewaltigung massenhaft eingesetzt wurde, und das war schätzungsweise zwischen 20.000 und 60.000mal[11] im früheren Jugoslawien der Fall, gibt es direkten Erklärungsbedarf.

Der Internationale Strafgerichtshof für das ehemalige Jugoslawien (ICTY)

Die Aufarbeitung des Krieges ist einerseits Aufgabe der Nachfolgestaaten des ehemaligen Jugoslawien und andererseits das Mandat des Internationalen Strafgerichtshofs der Vereinten Nationen für das ehemalige Jugoslawien (ICTY). Die exponierten Regierungen der sogenannten Kontaktgruppenländer waren während des Kriegs deutlich darauf bedacht, die zukünftigen Optionen der Vereinten Nationen auf selbständiges Handeln und deren potentielle Führungsrolle einzuschränken. Dies geschah zum einen durch den Einsatz immer neuer und mit überschneidenden Kompetenzen und Mandaten ausgestatteter Vermittler, von Sonderbotschaftern und anderen

---

10 Siehe Seifert 1994, 1995 und 1996.

11 Wie in Rwanda auch, wird es nie absolute Zahlen über das Ausmaß der Vergewaltigungen geben, schon deshalb nicht, weil die Mehrzahl aller Frauen weder die Möglichkeit noch oft den Willen hat, sich mitzuteilen. Ungefähre Größenordnungen sind daher das einzige, was sich ehrlicherweise wiedergeben läßt. Wichtiger als Zahlen sind ohnehin die direkten Konsequenzen für die Frauen selbst.

demokratisch nicht legitimierten Entscheidungsträgern. Zum anderen wurden im späteren Verlauf der Mission die Peacekeeping-Truppen in Kontingente umgewandelt, die der NATO unterstellt waren. Das resultierende Unvermögen, Konfliktlösung zu erreichen, ist bekannt. Es wurde noch verstärkt durch die gleichzeitige personelle Kontinuität auf seiten der serbischen und bosnisch-serbischen Verhandlungsführung. Die Ersetzung von VN-Friedenstruppen durch unter NATO-Oberbefehl operierende Verbände nach Inkrafttreten des Dayton-Abkommens am 15. Dezember 1995 hat die militärische Deeskalation betont. Sie ist das erste Beispiel der neuen Doktrin der Integration von VN- und NATO-Operationen, die in Zukunft zur allmählichen Aufgabe eines selbständigen VN-Peacekeeping führen wird. Es ist interessant, die Vereinten Nationen in dieser Situation mit der Aufarbeitung von Kriegsverbrechen und damit mit einer sehr wichtigen Aufgabe betraut zu sehen.

Der Sicherheitsrat der Vereinten Nationen richtete den Internationalen Strafgerichtshof im Jahre 1993[12] ein und gab ihm den denkbar uneingängigen Namen ›*International Criminal Tribunal for the Prosecution of Persons Responsible for Serious Violations of International Humanitarian Law Committed in the Territory of the former Yugoslavia since 1991*‹. Daher ist die Abkürzung ICTY gebräuchlich. Der Name sei hier dennoch zitiert, weil er Aufschluß über gewisse konzeptionelle Vorgaben gibt. So handelt es sich beim ICTY um einen Strafgerichtshof mit einem 1991 beginnenden, aber ansonsten zeitlich unbefristeten Mandat. Das ICTY ist ein sogenannter *ad hoc*-Gerichtshof, der mit Hinweis auf Kapitel VII der Charta der VN eingerichtet wurde. Seine Besonderheit ist, daß er zwar vom Sicherheitsrat eingesetzt wurde, von diesem aber nicht kontrolliert werden kann. Ziel war es, die Unabhängigkeit des Gerichtes zu gewährleisten. Erreicht wurde jedoch auch, daß VN-Mitgliedstaaten den Hebel da ansetzten, wo eine solche selb-

12 Das Statut dieses Strafgerichtshofs geht auf die Sicherheitsratsresolution 827 der VN vom Mai 1993 zurück.

ständige Institution zu treffen war: bei den Finanzen. Für das Jahr 1997 stehen dem Gericht unter seinem am 13. Juni 1997 von der VN-Generalversammlung genehmigten Budget US-$ 48.587.000 zur Verfügung.

Das heute mit Recht kritisierte Schattendasein der neuen Institution hat viel mit der Unwilligkeit starker Geber des VN-Systems zu tun, ihre eigenen Aktionen untersuchen zu lassen, und mit der permanenten Weigerung bestehender VN-Schwesterorganisationen zur Kooperation. Schließlich hat auch das Dayton-Abkommen selbst den Strafgerichtshof stark in seinen Handlungsmöglichkeiten beschnitten. Vor allem geschah dies dadurch, wie die mögliche Festnahme von Kriegsverbrechern geregelt wurde. Es entstand eine Doppelstruktur, in der einerseits Resolutionen des Sicherheitsrats respektiert werden mußten und andererseits gleichzeitig das Abkommen selbst berücksichtigt werden mußte. Natürlich geschah das nie. Manche fragen sich heute, ob Transparenz da möglich ist, wo die potentiell Angeklagten gleichzeitig die Unterzeichner des Friedensvertrages sind. Das bedeutet nicht, daß das ICTY aufgehört hätte zu arbeiten oder nichts erreicht hätte. Es bedeutet einzig, daß das ICTY so in seinen Aktionen begrenzt ist, daß es zwangsläufig weniger zu erreichen imstande ist, als ursprünglich projektiert worden war.

Konzeptionell gedacht als ein bereits während des Krieges operierendes Tribunal, ist das ICTY mit einer ambitiösen Agenda angetreten: die Hauptschuldigen vor Gericht zu bringen, um damit selbst Konfliktdeeskalation zu betreiben, geschlechtsspezifische Verbrechen an Frauen anzuklagen, Siegerjustiz wie in Nürnberg nach dem Zweiten Weltkrieg zu vermeiden und insgesamt den überlebenden Opfern einen Sinn für praktizierte Gerechtigkeit zu vermitteln. Dieses Konzept soll gewährleisten, daß die betroffenen Opfer die Sinnhaftigkeit einer solchen internationalen Behörde und ihre Vorteile gegenüber rein nationalstaatlichen Lösungen spüren und sie als starken Partner bei ihrer eigenen Suche nach Gerechtigkeit erfahren.

Frauen haben im ICTY von Anbeginn an ausgesagt, als Zeuginnen der Anklage und später als solche der Verteidigung. Auffällig ist dennoch die geringe Zahl von Frauen, die zu an ihnen begangenen Verbrechen wie etwa Vergewaltigung ausgesagt haben. Das mag mit dem Umschwung der Stimmung etwa in Bosnien zusammenhängen: Nach den Erfahrungen in der VN-Schutzzone Srebrenica und nach der Demobilisierung der Männer zum Kriegsende haben viele Frauen keinen Mut mehr, sich möglicher Isolation, Kritik oder auch Rache auszusetzen. Noch steht die Verhandlung der Anklageschrift zu den Vorkommnissen während und nach der Einnahme der ursprünglich mehrheitlich bosnisch-muslimisch bewohnten Stadt Foca durch serbische Einheiten aus. Diese rein auf geschlechtsspezifische Straftaten gegen Frauen ausgerichtete Anklageschrift zeichnet ein detailliertes Bild von Zwangsprostitution, Verschleppung, Inhaftierung, erzwungenen Schwangerschaften, von Folter, Demütigungen, Tod und von vielen anderen Details jener schrecklichen Monate.

Es bleibt hinzuzufügen, daß viele der überlebenden Frauen auch nach ihrer Freilassung nicht zur Ruhe kamen. Eine größere Gruppe fand sich zunächst in serbisch-kontrollierten Gebieten wieder und erlebte dort teilweise unerwartete Hilfe, teilweise erneute Erniedrigung und Bedrohung des eigenen Lebens. Die Überlebenden dieser und anderer Internierungs- und Vergewaltigungsszenarien sind für ihr Leben gezeichnet. Die Mehrzahl der Frauen findet auch heute noch keine adäquate medizinische oder psychosoziale Langzeitbetreuung. Von stabilen Lebens- oder Asylverhältnissen gar kann nicht gesprochen werden.

Niemals zuvor entwickelten sich bereits während des Krieges so zahlreich weltweite Netzwerke psychosozialer Projekte – auch für Frauen. Auch wenn diese spät eingerichtet wurden, unzureichend, nie flächendeckend und oftmals bedroht sind, so stellt dies dennoch eine Innovation dar. Die Projekte entstanden im Rahmen von Solidarität unter Frauen, als Weiterentwicklung bestehender Gesundheitsdienstleistungen und als

Nothilfeprojekte der internationalen Gemeinschaft und anderer Geber wie zum Beispiel des aus Ungarn stammenden Spekulanten und Mäzens George Soros. Viele Projekte sind eine Antwort auf die massenhaften Übergriffe gegen Mädchen und Frauen. Die Mehrzahl dieser neuen Projekte und Initiativen ist frauenorientiert, wenn auch nicht allerorts frauenzentriert. Vom nationalistischen bis zum feministischen Projekt ist ein weites und neues Spektrum vertreten. Überlebende Frauen und Mädchen finden sich in ihnen als Patientinnen und Betreuende. Für eine Zeit von zwei bis drei Jahren sah es so aus, als entstünde ein verläßliches Bezugssystem für zumindest eine von eintausend Überlebenden. Doch dann geschah das, was gerade bei psychosozialen Projekten unverantwortbar ist: Eine große Zahl der Geberorganisationen schraubte aus Geldmangel ihre Leistungen zurück, viele Projekte mußten eingestellt werden, verbleibende Fachkräfte sich andere Arbeitsstellen suchen.

Schon früh werden gewisse Etiketten verwandt. Das, worunter die traumatisierten Frauen leiden, heißt es bei vielen Organisationen, seien Symptome von ›post traumatic stress disorder‹ (PTSD), also von schwerer Persönlichkeitsbeeinträchtigung nach traumatischen Erfahrungen. Diese Etikettierung verkennt allerdings die Lebensumstände vieler Überlebender.[13] PTSD setzt Traumatisierung nicht in einen politischen und sozialen Kontext, sondern geht davon aus, etwas Vergangenes sei zu bearbeiten. Frauen finden sich nach Situationen von Massenvergewaltigungen, Vertreibung und verwandten Verbrechen jedoch in der Mehrzahl nicht in vorübergehend eher sicheren Drittländern wieder, sondern verbleiben in Orten, die direkt in oder nahe an der Kriegszone sind. Davon auszugehen, diese Frauen könnten sich mit dem Geschehenen wie mit einem abgeschlossenen Ereignis der Vergangenheit

13 Diese Kritik wird besonders von David Becker, der als Psychologe in Santiago de Chile mit Folteropfern arbeitet, in seinen Veröffentlichungen zu Recht vorgebracht. Er und die MitarbeiterInnen seines Teams behandeln mittlerweile die zweite und dritte Generation der Opfer der Pinochet-Diktatur.

beschäftigen, erscheint absurd. Die allermeisten Frauen erleben Bedrohung daher während des gesamten Krieges als aktuell und präsent. Sie können die Erlebnisse nicht physisch oder psychisch hinter sich lassen. Streß etwa ist das Paradebeispiel eines integrierten Systems. Frauen leben mit dem Phänomen zahlloser Verschwundener und Toter um sie herum. Sie werden, oft lange nach den ursprünglichen und als zentral erlebten Verbrechen, bombardiert und malträtiert, und sie erleben erneute und weitere Extrembelastungen. Werden sie nur als PTSD-Opfer mit einem vorgegebenen Symptomkatalog im Kopf behandelt, so sind die Chancen der Frauen, die Grausamkeit des Vergangenen in ihr Leben zu integrieren, sehr beschränkt. Besonders Personen, die das Kriegsgebiet nie verlassen, finden es unmöglich, ihr Leben in saubere zeitliche Abschnitte wie »post traumatic« einzuteilen. Die Lebensrealität von Frauen ist eine spezifische! Eine Erfahrung, die auch das ICTY in seine Arbeit wird einbeziehen müssen.

In der Führungsspitze des ICTY sind gegenwärtig sowohl der Posten des Chefanklägers wie der des ›Registrars‹ mit Frauen besetzt, und auch zahlreiche Ermittler sind Frauen. Mehr als in anderen VN-Organisationen sind Führungspositionen mit Frauen besetzt. Unterrepräsentiert sind sie einzig da, wo sie gemäß den Verfahrensregeln des ICTY in vorderster Linie arbeiten sollten: im ZeugInnenschutz.

Der Internationale Strafgerichtshof für Rwanda (ICTR)

Der Internationale Strafgerichtshof für Rwanda ist eine Reaktion auf den Genozid des Jahres 1994, in dessen Verlauf etwa eine Million Menschen, vornehmlich Tutsis, den Tod fanden.[11]

---

14 Die Bevölkerung Rwandas vor dem Genozid von 1994 belief sich auf zirka 7,6 Millionen.

Am 8. November 1994 beschloß der Sicherheitsrat der Vereinten Nationen mit Annahme der Resolution 955 die Einrichtung des ICTR und machte am 22. Februar 1995 per Resolution 977 Arusha in Tansania zum Sitz des neuen Strafgerichtshofs. Die Abkürzung ICTR bzw. die englische Langform ›*International Criminal Tribunal for Rwanda*‹ ebenso wie das französische TPIR oder ›*Tribunal pénal international pour le Rwanda*‹ sind in Gebrauch, und wie beim ICTY sind die offiziellen Sprachen des Gerichts Englisch und Französisch. Mit Sicherheit hätte es der neuen Institution mehr als gut getan, Kinyarwanda als lokale Sprache zuzulassen.

Das ICTR verdankt seine Entstehung der Entscheidung des Sicherheitsrats, Rwanda mit den Konsequenzen des brutalen Völkermordes nicht allein zu lassen. Von Anfang an spielten jedoch auch andere Überlegungen eine Rolle. So sollte der neuen Tutsi-dominierten Regierung kein Raum für Rache eingeräumt werden, und es sollte positiver Einfluß auf die Gestaltung eines verbesserten nationalen Rechtssystems genommen werden. Die neuen Machthaber waren nicht mehr eindeutig frankophon ausgerichtet, sondern waren primär im englischsprachigen Exil in Uganda großgeworden und in anderen Traditionen ausgebildet. Die Installation einer Doppelstruktur schien durch die Machtübernahme der neuen Führungselite erleichtert zu werden. Diese Struktur würde, so war geplant, zum einen durch die Verlegung des Internationalen Strafgerichtshofs an Standorte außerhalb Rwandas internationale Gerichtsbarkeit von politischer Einflußnahme auf Kriegsverbrecherprozesse trennen. Gleichzeitig sollten die universitäre Juristenausbildung und das Justizwesen im Land gestärkt werden. Über die Jahre ist jedoch klar geworden, daß die rwandische Regierung mit Unmut auf die internationalen Vorgaben reagiert. Sie ist nicht bereit, sich konform zu verhalten. Insbesondere wird von ihrer Seite her kritisiert, daß sie in praktisch keiner der den Genozid und seine juristische Aufarbeitung betreffenden Fragen konsultiert worden ist. Zudem stieß der Einsatz von häufig unerfahrenem *Human-Rights-*

Monitoring- und ICTR-Ermittlungspersonal ohne ausreichende Sprach- und Geschichtskenntnisse sowie ohne genügende Informationen über kulturelle Eigenarten auf Widerstand.

Frauen wurden bei der Vorbereitung von ICTR-Verfahren von Anfang an eingesetzt, wenn auch nie in Führungspositionen. Gegenwärtig führt das Gericht eine Art Doppelleben. Im Gerichtsort Arusha befinden sich die RichterInnen und das ›Registry‹[15], in Kigali befindet sich die Ermittlungsbehörde. Es ist offensichtlich, daß eine solche Struktur nur unter großen Reibungsverlusten funktionsfähig sein kann. Nach langem Tauziehen verfügt das ICTR mittlerweile über 50 ErmittlerInnen, die sich theoretisch die Aufarbeitung des gesamten Genozids des Jahres 1994 teilen. Zu aller Erstaunen benutzen diese noch 1997 VN-Fahrzeuge mit der Kennzeichnung »ICTR«. So ist es im Land außer Blinden eigentlich jedem klar, wer da wo ermittelt.

Ohne eine Zusammenarbeit mit lokalen Behörden ist es nur schwer möglich, Zeuginnen und Zeugen außer Landes zu bringen. Die meisten Beobachter sind sich deshalb einig, daß es fast unmöglich ist, unbemerkt von lokalen Behörden und Nachbarn zu agieren. Die soziale Kontrolle im Land ist extrem engmaschig. Sich an das Tribunal zu wenden, kann demnach ebenso gefährlich sein, wie sich nationalen Gerichten anzuvertrauen. Bislang sind Tausende von Zeuginnen und Zeugen des Genozids bedroht und einige umgebracht worden. Drei Zeugen des ICTR – darunter eine Frau – wurden in Rwanda ermordet. Es ist zutiefst unbefriedigend, daß Zeugen nicht nur vor Ort unzureichend geschützt sind, sondern auch kaum Aufnahmeländer finden, die sich ihrer annehmen würden. Gegenwärtig hat das Tribunal zwölf Personen angeklagt. Die Anklageschrift enthält nur relativ wenige Details, im deutschen juristischen Kontext ähnelt sie eher einem Haftbefehl. Vier Verfahren sind bis einschließlich Juni 1997 eröffnet worden. Allgemein wird darauf gewartet, daß der seit dem 9. Januar

15 Registry umfaßt neben der Verwaltung auch die Zeugenschutzabteilung.

1997 verhandelte Fall des Jean-Paul Akayezu, der zur Zeit des Genozids Bürgermeister der rwandischen Gemeinde Taba war, als erster urteilsreif ist. Das Gericht hat das Verfahren um den Anklagepunkt der Vergewaltigung erweitert. Erwartet wird, daß – unabhängig von der Qualität des Urteils – Berufung eingelegt werden wird, um die Anklagestrategie und die Schwächen des Gerichts zu attackieren.

Nicht erweitert wurde die Anklage im viel offensichtlicheren Kayishema-Fall. Dort gab eine Zeugin vor dem Internationalen Strafgerichtshof in Arusha zu Protokoll, sie sei achtmal vergewaltigt worden. Danach befragt, ob sie die Täter kenne, zählte sie alle Namen auf. Zum großen Erstaunen aller Beteiligten führte das nicht dazu, diese Vergewaltigungen vor Gericht zu bringen. Offensichtlich hatte in den Vorermittlungen nie auch nur eine ErmittlerIn die Zeugin nach Vergewaltigung als Tatbestand befragt. Alle Juristen scheinen sich darauf zu konzentrieren, ähnlich wie auch beim ICTY, gleich im ersten Fall alle möglichen Anklagepunkte »unterzubringen«. Dadurch sollen die Verfahrensregeln des Gerichts so gestärkt werden, daß Präzedenzregelungen im Sinne der Anklage möglich werden. Für den ersten vor dem ICTY verhandelten Fall, den Fall Tadic, hat diese Strategie sich für geschlechtsspezifische Verbrechen als nur bedingt erfolgreich erwiesen.[16] Auch die Verurteilung in elf Anklagepunkten ändert hieran nichts.

Trennendes und Verbindendes

Was haben Frauen in Bosnien und in Rwanda gemein und was trennt sie? Was die Erfahrungen vor dem Ausbruch des Krieges und des Genozids angeht, scheint es nur wenige Gemeinsamkeiten in den Lebenserfahrungen von Frauen zu geben.

---

16 So zog etwa bereits die erste Zeugin und Überlebende gleich zu Anfang ihre Aussage zurück.

Auch nach Flucht und Vertreibung bleiben die ökonomischen, familienstrukturellen, sozialen, kulturellen und auch psychosozialen Lebensrealitäten und Erfahrungen von Frauen auf den ersten Blick weitgehend verschieden. Erlebnisse von Vertreibung[17], Plünderung, Tod, Trauer, Verlust, Scham, das Alleingelassensein mit Konflikten, fehlende ökonomische Stabilität, Zerstörung, Angst, Depression, Trauma, mangelnde medizinische Versorgung und das Gefühl, nicht mehr zu zählen, sind demgegenüber eher verbindende Erfahrungen. Die Asylverfahren, das Auftreten der Behörden und die Prozesse der Repatriierung sind mit Sicherheit in beiden Länderbeispielen sehr verschieden abgelaufen. Einmal zurückgekehrt, sind jedoch gewisse Elemente wieder vergleichbar. Diese betreffen die Schwierigkeiten für Frauen, selbständige Einkommen vor Ort zu erzielen oder familiäre Verpflichtungen und engmaschige soziale Kontrolle zu ertragen. Weil alleinstehende Frauen oder Mütter oft nicht willkommen sind, ist die Rückkehr in ihre Heimatorte eine Frage des Nervenkostüms. Beklemmend ist die Aussicht, möglicherweise den eigenen Vergewaltiger wiederzutreffen. Auch besteht die Möglichkeit, den Nachbarn zu begegnen, welche die eigene Familie vertrieben oder getötet haben und nun in dem Haus wohnen, das einem selbst gehört hat. Sicherheit für Überlebende ist so äußerst relativ.[18] Unter solchen Bedingungen als Zeugin auszusagen, ist ein großer Schritt, der Mut und Zivilcourage erfordert. Selbsthilfegruppen und von Fachpersonal begleitete Gruppen haben sich daher sowohl vor Ort als auch in Asylländern gebildet.

---

17 Vgl. für Bosnien Herzegowina das Amnesty International Dokument EUR 63/01/97 vom 19. März 1997.

18 Zur Gefahr, in den Nachfolgestaaten des früheren Jugoslawien mit steckbrieflich gesuchten Angeklagten des Haager Strafgerichtshofs zusammenzutreffen, gibt es mittlerweile reihenweise Presseberichte. Auch die Sonderberichterstatterin der Vereinten Nationen, Elisabeth Rehn, äußerte sich hierzu in ihrem Bericht E/CN.4/1997/56 vom 29. Januar 1997.

Ausblick: Was bleibt zu tun?

Sehr vieles! Auf der Ebene der Glaubwürdigkeit gilt es, die Vereinten Nationen insgesamt konsistenter in ihren Aktionen zu machen. Es muß verhindert werden, daß verschiedene Organisationen einander widersprechende Vorgehensweisen und Auslegungen bestehenden internationalen Rechts entwickeln. Auf der Ebene multinationaler Truppen wie der SFOR gilt es, international verbindliche Verträge umzusetzen. Ein Agieren solcher Truppen kann für die Zukunft nur sinnvoll sein, wenn sie sich an die Spielregeln halten. Dies beinhaltet auch eine Verhaftung von angeklagten Kriegsverbrechern. Für die Vereinten Nationen und Verteidigungsbündnisse wie die NATO gilt, daß Mechanismen geschaffen werden müssen, die es erlauben, tagespolitisch motivierter Einflußnahme einzelner Staaten vorzubeugen, sobald diese im Namen der Vereinten Nationen agieren.

Verbrechen an Frauen und Mädchen finden in Kriegs- wie in Friedenszeiten besonders in der Privatsphäre und nicht primär auf Schlachtfeldern statt. Erst wenn gesamtgesellschaftlich ein Bewußtsein dafür entsteht, daß Verbrechen im Krieg das weiterentwickeln, was Gesellschaften im sogenannten Frieden an Machtphantasien zulassen, entstehen Handlungsmöglichkeiten. Es bedarf also eines Bewußtseins dafür, daß Vergewaltigung und verwandte Verbrechen nichts mit gelebter freiwilliger Sexualität, aber viel mit Macht, Gewaltanwendung und Erniedrigung zu tun haben.

Internationalen Strafgerichtshöfen kommen zwei neue Aufgaben zu: erstens Anklage zu erheben, Recht zu sprechen und Verbrecher zu verurteilen; und, als zweites, die Voraussetzungen für Aussagen zu schaffen. Dies beinhaltet, alle bestehenden Möglichkeiten zu nutzen, um diejenigen, die überlebt haben und aussagen wollen, effektiver zu schützen. Die Vorstellung, Verbrechen gegen Frauen in Kriegs-, Bürgerkriegs- und Genozidsituationen seien nachgeordnete Verbrechen und weniger bedeutend als »traditionelle« Kriegsverbrechen, steht dem entgegen. Es ist also notwendig, öffentliche Diskussion als Voraussetzung eines Bewußtseinswandels zu stimulieren. Die Aussage vor Gericht erfordert Mut auf seiten der Zeuginnen. Sie erfordert aber auch einen neuen Typus von Ermittlern, Gerichtspersonal und Verantwortlichen für den Zeugenschutz.[19] Ohne Zusatzausbildungen in Fragen geschlechtsspezifischer Kriegsverbrechen, in internationalem humanitären Völkerrecht und in existierenden frauenspezifischen Mechanismen unter bestehenden internationalen Konventionen und Verträgen besteht die Gefahr, inkonsistent zu handeln. Für Rwanda wird es Verfahren auf einer insgesamt höheren Ebene von Verantwortlichkeit geben, als es für das frühere Jugoslawien abzusehen ist. Daher liegt es nahe, ganz besonders dieses Tribunal weiterhin zu stärken und auszubauen. Das bedeutet auch, nach Jahren der Untätigkeit darauf zu achten, daß die neu entstehenden ›Gender Prosecution Teams‹ der Tribunale mit erfahrenen Ermittlerinnen eingerichtet werden, die nicht dauernd wechseln. Es müssen also Planstellen eingerichtet werden, statt auf politische Geschenke von Geberländern zu vertrauen, die Kurzzeiteinsätze von eigenen Ermittlern bevorzugen, weil diese gut für das politische Image des Geberlandes sind.

Die professionelle Auswertung der Erlebnisse von Frauen als Zeuginnen ist dringend notwendig. Für eine derartige Analyse ist es von Bedeutung, den konzeptionellen Rahmen nicht von außen zu setzen, sondern durch die Zeuginnen selbst. Einzig das wird zur Entwicklung lokaler Ressourcen führen. Inter- und intrakulturelle Zusammenarbeit und die Überwindung des Paradigmas der notwendigen Teilung von Gesellschaften entlang ethnischer Trennlinien sind dafür eine unerläßliche Voraussetzung. Im Bereich der Langzeitunterstützung und der Betreuung sind neue Konzepte gefragt. Diese

19 Bis zum Frühjahr 1997 gab es für Rwanda kein funktionierendes Ermittlungsteam, das speziell Gewaltverbrechen an Frauen aufgearbeitet hätte. Demgegenüber bezieht sich bereits einer von vier Anklagepunkten des ICTY auf geschlechtsspezifische Kriegsverbrechen.

beziehen sich auf die Behandlung von Traumata und schließen Fragen des gesicherten Aufenthalts, inklusive asylrechtlicher Fragen und des Zeuginnenschutzes vor und nach Verfahren, ein.

Es gilt, die Selbstbestimmung der Aussagenden über ihr eigenes Leben wiederherzustellen. Dies beinhaltet, Lebenssituationen angemessen einzuschätzen und Entscheidungen selbst zu treffen. Unerläßlich für die Heilung der Überlebenden kann es sein, den Ort des Geschehens zu verlassen. Gleichzeitig kann dieser Weg etwa aus asylrechtlichen, materiellen, emotionalen oder anderen Gründen unmöglich erscheinen. Adäquates Handeln muß die Lebensrealität und die Würde von Frauen zum Ausgangspunkt haben. Es erfordert Zeit und etwas ganz und gar Untechnisches: Wertschätzung und neue Formen der Solidarität.

Auch müssen die bestehenden Erkenntnisse aus Jahren der Frauenbewegung und aus den verschiedensten Disziplinen der Forschung miteinander zu einem tragfähigen Netz verwoben werden, auf dessen Existenz sich diejenigen verlassen können, die Hilfe brauchen. Keine einzelne Aktion kann in diesem Kontext allein umfassend und dauerhaft auf Verbrechen gegen Frauen in Krieg und Konflikt reagieren oder ihre Verbreitung stoppen. Präventive, konfliktdeeskalierende Aktionen sind sicher angesagt *(vgl. dazu den Beitrag von Birckenbach).* Eine öffentlich geführte Diskussion ohne fremdenfeindlichen Grundtenor ist ebenfalls vonnöten. Keine dieser Aktionen ist aber für sich gesehen hinreichend, um politische Veränderung und Wertewandel zu provozieren. Verbrechen wie Vergewaltigung sind kein Problem von Kommunikation allein oder von ausgrenzbaren Randgruppen. Solche Verbrechen geschehen mitten unter uns und jeden Tag. Sie erfordern Antworten auf verschiedenen Ebenen und einen langen Atem.

Literatur

Agger, I./Jensen, S.B., 1996: Trauma and Healing under State Terrorism, London/New Jersey.

Amnesty International, 1996: International Criminal Tribunals: Handbook for Government Cooperation, London.

Amnesty International, 1997a: Who's Living in my House? Obstacles to the Safe Return of Refugees and Internally Displaced People, London.

Amnesty International, 1997b: The International Criminal Court: Making the Right Choices. Part 1. Defining the Crimes and Permissible Defences and Initiating a Prosecution. AI Doc. IOR 40/01/97, London.

Amnesty International, 1997c: The Quest for International Justice: Defining the Crimes and Defences for the International Criminal Court. AI Doc. IOR 40/06/97, London.

Arbeitskreis Gewalt gegen Frauen (Hg.), 1995: Straftaten gegen die sexuelle Selbstbestimmung. Fachtagung zum Opferschutz. Entwicklung, Perspektiven, Kooperation, Kiel.

Bassiouni, C./McCormick, M., 1996: Sexual Violence. An Invisible Weapon of War in the former Yugoslavia, Chicago.

Becker, D., 1992: Ohne Hass Keine Versöhnung. Das Trauma der Verfolgten, Freiburg.

Braeckmann, C., 1994: Rwanda. Histoire d'un génocide, Paris.

Buzawa, E.S./Buzawa, C.G. [2]1996: Domestic Violence. The Criminal Justice Response, London/New Delhi.

Commission d'Enquête, 1994: Rapport de l'enquête sur les violations massives des droits de l'homme commises au Rwanda à partir du 06 Avril 1994, CLADHO, Kanyarwanda/Kigali.

Destexhe, A., 1994: Rwanda. Essai sur le génocide, Brüssel.

Gourevitch, P., 1997: The Return. With a Million Exiles Coming Home, Killers and Genocide Survivors are Being Forced to Live Together, in: The New Yorker, 20 January 1997, S. 44-54.

Gutman, R, 1993: A Witness to Genocide. The First Insight Account of the Horrors of ›Ethnic Cleansing‹ in Bosnia, Shaftesbury/Dorset.

Human Rights Watch/Helsinki, 1995: Bosnia-Hercegovina. The Fall of Srebrenica and the Failure of U.N. Peacekeeping, Jg. 7, Nr. 13. New York/Washington/Los Angeles u.a.

Human Rights Watch/Helsinki, 1996a: Bosnia-Hercegovina. Human Rights in Bosnia and Hercegovina Post Dayton: Challenges for the Field, Jg. 8, Nr. 2(D), New York/Washington/Los Angeles/London u.a.

Human Rights Watch/Helsinki,1996b: Bosnia-Hercegovina. A Failure in the Making. Human Rights and the Dayton Agreement, Jg. 8, Nr. 8 (D), New York/Washington/Los Angeles u.a.

ITCR (International Criminal Tribunal for Rwanda), 1997: Introduction to the International Criminal Tribunal for Rwanda, Arusha.

ITCY (International Tribunal for the Prosecution of Persons Responsible for Serious Violations of International Humanitarian Law Committed in the Territory of the former Yugoslavia since 1991), 1996: Statute and Rules of Procedure and Evidence, The Hague.

ITCY, 1996: Yearbook 1995, The Hague.

ITCY, Press & Information Office (Hg.): Bulletin.
(Internet: http://www.un.org/icty)

Kernic, F., 1996: Friedensengel ohne Heiligenschein. Soziologische Anmerkungen über die Schattenseiten und sozio-politischen Problemfelder von UN-Einsätzen, in: Meyer, G.-M. (Hg.): Friedensengel im Kampfanzug? Zur Theorie und Praxis militärischer UN-Einsätze, Opladen.

Levie, H. S., 1993: Terrorism in War: The Law of War Crimes. A Volume, in: Terrorism: Documents of International & Local Control, Jg. 3.

Lewis Herman, J., 1992: Trauma and Recovery. The Aftermath of Violence – from Domestic Abuse to Political Terror, New York.

MacInnis, J.A., 1996: Eyewitness 1. Peacekeeping and International Humanitarian Law, in: International Peacekeeping, Jg. 3, Herbst 1996, Nr. 3.

Medical Center for Human Rights, 1996: Medical and Psycho-Social Help for Male Victims of Sexual Maltreatment in the War in the former Yugoslavia, Zagreb.

Radford, J./Russel, D.E.H. (Hg.), 1992: Femicide. The Politics of Woman Killing, Buckingham.

Rai, S. M./Lievesley, G. (Hg.), 1996: Women and the State. International Perspectives, London/Bristol.

Rehn, E., 1997: Situation of Human Rights in the Territory of the former Yugoslavia. Periodic Report Submitted by the Special Rapporteur. United Nations Commission on Human Rights (Hg.), Doc. E/CN.4/1997/56 of 29 January 1997, Genf.

Richter-Lyonette, E., 1996a: Vergewaltigung ist ein Kriegsverbrechen, in: der überblick, Heft 1/1996, S. 72-74.

Richter-Lyonette, E., 1996b: Frauen, Krieg und unsere gemeinsame Zukunft, in: Notruf und Beratung für vergewaltigte Frauen (Hg.): Frauen und Krieg. Dokumentation zur Fachtagung vom 13. November 1995, Kiel.

Richter-Lyonette, E. (Hg.), 1997a: Keine Zeit für Frauen? Frauenrechte, Kriegsverbrechen und Genozid, Givrins (CH).

Richter-Lyonette, E., 1997b: The Private and the Public, in: DHA News, Focus: Women in Emergencies. United Nations Department of Humanitarian Affairs, April/May, Nr.22.

Röling, B.V.A./Cassese, A. (Hg.), 1994: The Tokio Trial and Beyond. Reflections of a Peacemonger, Cambridge/Oxford.

Seifert, R., 1993: Die zweite Front – Zur Logik sexueller Gewalt in Kriegen, in: S+F, Vierteljahresschrift für Sicherheit und Frieden. Themenschwerpunkt: Krieg gegen Frauen, Baden-Baden.

Seifert, R., 1994: Mass Rapes in Bosnia-Herzegowina and Elsewhere: A Pattern of Cultural Destruction (working paper).

Seifert, R., 1995: Der weibliche Körper als Symbol und Zeichen. Geschlechterspezifische Gewalt und die kulturelle Konstruktion des Krieges, in: Gestrich, A. (Hg.): Gewalt im Krieg. Jahrbuch für Historische Friedensforschung. 4.Jg.

Seifert, R., 1996: Militär, Kultur, Identität, Individualisierung, Geschlechterverhältnisse und die soziale Konstruktion des Soldaten, Bremen.

Steering Committee of the Joint Evaluation of Emergency Assistance to Rwanda (Hg.), 1996: The Response to Conflict and Genocide. Lessons from the Rwanda Experience, Kopenhagen.

Taylor, T., 1992: The Anatomy of the Nuremberg Trials. A Personal Memoir, Boston/New York/Toronto u.a.

The Coordination of Women's Advocacy, 1996: Witness Protection. Third Consultative Working Group on Gender-Specific War Crimes between the International Criminal Tribunal and the Coordination of Women's Advocacy. The Hague, 18-20 September 1996. CWA, Genf.

The International Criminal Court Monitor. The Newsletter of the NGO Coalition for an International Criminal Court, New York.

Tribunal Pénal International pour le Rwanda / International Criminal Tribunal for Rwanda (Hg.), 1997: Annuaire du TPIR 1994-1996 / ICTR Yearbook, 1994-1996, Arusha.

Vierter Teil:

Bevölkerung und Umwelt

DIANA HUMMEL

Feministische Debatten über Bevölkerungspolitik und reproduktive Rechte: Einmischungen und Abgrenzungen

»Mehr Macht für die Frauen!« – so lautete die zentrale Botschaft der Internationalen Konferenz über Bevölkerung und Entwicklung (ICPD), die die Vereinten Nationen im September 1994 in Kairo veranstalteten. Die Gleichberechtigung der Frau sei in Kairo erstmalig als »Eckstein für die nationale und internationale Bevölkerungspolitik« anerkannt worden, bewertete die Generalsekretärin der Konferenz Nafis Sadik die Ergebnisse. Zu verdanken sei dies nicht zuletzt den unermüdlichen Anstrengungen von Teilen der Frauenbewegung, die sich aktiv in den Prozeß eingemischt und dabei eine »Schlüsselrolle« und »Auffangfunktionen« übernommen hätten (Sadik 1995: 29). Unisono bewerteten auch die Medien die Konferenz als »Sieg der Frauen«, die es geschafft hätten, Konzepte wie »empowerment«, »reproduktive Rechte« und »reproduktive Gesundheit« auf die internationale Tagesordnung zu setzen. Allerdings gelang dies innerhalb eines klar abgesteckten Rahmens: Auf globaler Ebene steht das Wachstum der Weltbevölkerung auf der Rangliste der Krisenerscheinungen an oberster Stelle. Die Notwendigkeit einer Bevölkerungspolitik zur Reduktion der Geburtenrate in den Ländern des Südens zählt heute weitestgehend zum *common sense.*

Dieser Beitrag geht den feministischen Perspektiven zur Bevölkerungspolitik in den Ländern des Südens nach und stellt sie in den umfassenderen Zusammenhang der wechselnden Argumentation für die Notwendigkeit der Geburtenkontrolle von seiten des *Bevölkerungsestablishments,* d.h. der Verfechter eines herkömmlichen Verständnisses von Bevölkerungspolitik.

Im ersten Teil werden anhand der vergangenen Weltbevölkerungskonferenzen die Argumente des Bevölkerungsestablishments skizziert. Vor dem Hintergrund der Debatten innerhalb der internationalen Frauengesundheitsbewegung werden im Anschluß die verschiedenen feministischen Perspektiven zur Bevölkerungspolitik dargestellt und diskutiert. Die zentrale Kontroverse in der jüngeren feministischen Debatte dreht sich dabei um die Frage, ob Bevölkerungspolitik in feministischem Sinne reformierbar oder grundsätzlich zurückzuweisen ist. Der letzte Abschnitt reflektiert das Konzept der »reproduktiven Rechte«, das Feministinnen gegen die fragwürdige Praxis der Familienplanungsprogramme und ihrer theoretischen Prämissen formulierten.

Bevölkerungspolitik als Entwicklungsstrategie

In der Wissenschaft und Politik sowie im Alltagsdiskurs wird »Bevölkerung« auf globaler Ebene heute nahezu ausschließlich mit »Über-«, d.h. der Bedeutung eines »Zuviel« an Menschen verbunden. Prognoseszenarien über die Zahl der zukünftigen ErdenbewohnerInnen und der Verweis auf die Zuwachsraten in Afrika, Asien und Lateinamerika liefern das »objektive« Material für die Forderung nach einer »Stabilisierung« bzw. Reduktion der Geburtenrate in den Ländern des Südens durch bevölkerungspolitische Maßnahmen. Die Begründungszusammenhänge und Konzepte für Bevölkerungskontrolle und Familienplanung seitens der BevölkerungswissenschaftlerInnen, Geberinstitutionen und Regierenden verändern sich mit der Wahrnehmung gesellschaftlicher und politischer Problemlagen und Kräfteverhältnisse. Wurde in den 60er und 70er Jahren vor allem der Kontext von Bevölkerungsentwicklung, Armut, Hunger und mangelndem Wirtschaftswachstum hervorgehoben, werden seit den 80er Jahren die ökologische Zerstörung, Migration sowie der Status von Frauen betont. Dies läßt sich anhand der Diskussionen und Ergebnisse der vergangenen Weltbevölkerungskonferenzen nachzeichnen. Das Schreckgespenst der »Bevölkerungsexplosion« geistert bereits seit mehr als vier »Entwicklungsdekaden« durch die Weltgeschichte. Seither wurden private Stiftungen und internationale Organisationen wie der Weltbevölkerungsfonds der Vereinten Nationen (UNFPA) gegründet, deren Hauptanliegen in der »Eindämmung des Bevölkerungswachstums« besteht. Auf Betreiben der Industrieländer veranstalteten die Vereinten Nationen 1974 die erste internationale Bevölkerungskonferenz in Bukarest. Ziel war es, einen »Grundkonsens« zur Bevölkerungspolitik zu schaffen. Statt dessen kam es jedoch zu massiven Kontroversen zwischen Industrie- und Entwicklungsländern: Vor dem Hintergrund der »Ölkrise« und wachsender Angst vor Ressourcenknappheit war unter Federführung der USA bereits im Vorfeld der Konferenz ein Weltbevölkerungs-Aktionsplan entworfen worden, in dem das Bevölkerungswachstum als das Haupthindernis für soziale und wirtschaftliche Entwicklung betrachtet wurde. Aus diesem Grunde sollten weltweit quantitative Ziele zur Geburtenkontrolle festgelegt werden. Dies scheiterte jedoch am Widerstand eines Großteils der Regierungsvertreter des Südens, die derartige Forderungen als Bevormundung und Einmischung in die nationale Souveränität betrachteten und statt dessen eine neue Weltwirtschaftsordnung einforderten. »Entwicklung ist das beste Verhütungsmittel« argumentierte der indische Gesundheitsminister und lieferte mit dieser Formel einen nachhaltig populären Slogan. In dem verabschiedeten Aktionsprogramm wurde Bevölkerungspolitik als integraler Bestandteil sozio-ökonomischer Entwicklung zur nationalen Aufgabe erklärt und die Bedeutung sozialer Veränderungen als Voraussetzung für Familienplanung festgestellt. Dies stellte allerdings kein Hindernis für die Ausweitung der Bevölkerungskontrolle in nahezu allen Ländern des Südens dar. 1984 richteten die Vereinten Nationen, diesmal auf Wunsch der Entwicklungsländer, die zweite internationale Bevölkerungskonferenz in Mexiko City aus. Innerhalb eines Zeitraumes von zehn Jahren hatte sich die Situation grundlegend gewandelt: Jene Länder, die 1974 noch eine neue Weltwirtschaftsordnung gefordert hatten, akzeptierten nun angesichts wachsender Auslandsverschuldung, zunehmender Verarmung und Wirtschaftskrise sowohl die analytischen Vorgaben der Geberländer, daß rapides Bevölkerungswachstum die ökonomische Entwicklung bedrohe, als auch deren Lösungsvorschläge: die Ausweitung der Geburtenkontrollprogramme mit Hilfe der Finanzierung durch ausländische Geber.

Bevölkerungspolitik und der Status von Frauen

Seit Mitte der 70er Jahre begannen die Bevölkerungsagenturen wie Rockefeller oder Ford Foundation, spezielle Programme für Frauen zu entwickeln. Nachdem die Bevölkerungslobby feststellen mußte, daß die Verbreitung von Verhütungsmitteln bei weitem nicht ausreichte, um die Geburtenrate zu senken, wurde zu Beginn der 70er Jahre die Strategie der »Grundbedürfnisbefriedigung« zum neuen Paradigma. Die Motivierung für Familienplanung sollte mit einkommenschaffenden Maßnahmen erhöht werden. In der Folge wurde der »positive« Einfluß der Geburtenkontrolle auf Frauen akzentuiert. Familienplanung hebe den Status der Frau und senke die Mütter- und Kindersterblichkeit. Auf der Konferenz in Mexiko wurde die Schlüsselposition von Frauen bei der Bevölkerungsentwicklung und -politik hervorgehoben und der »Rolle und dem Status von Frauen« im Aktionsplan ein eigenes Kapitel gewidmet. Dies korrespondierte mit dem Ansatz der »Integration der Frauen in Entwicklungsprozesse«: Familienplanung sollte eingebunden sein in ein breites Maßnahmenbündel, das neben umfassenden Gesundheitsdiensten den Zugang zu Bildung und Geldeinkommen umfaßt. Diesem Verständnis liegt die Vermutung zugrunde, daß Frauen unter solchen Voraussetzungen eher den Geburtenkontrollprogrammen zustimmen würden. Der äußerst vage definierte Begriff des »Status der Frauen« als wichtiger Einflußfaktor auf die Fruchtbarkeit beruhte in den Konzepten der 70er und 80er Jahre oft ausschließlich auf den Indikatoren Erwerbstätigkeit und Bildung. Neuere Analysen hingegen berücksichtigen weitere Faktoren wie Autonomie und Rechte von Frauen sowie ungleichen Zugang der Geschlechter zu Macht und wirtschaftlichen Ressourcen. Sie beeinflussen in komplexer Wechselwirkung das generative Verhalten.

Diese empirischen Studien machten zum einen deutlich, daß ein verbesserter sozio-ökonomischer Status nicht notwendigerweise größere Entscheidungsfreiheit und Handlungsautonomie impliziert, weil diese abhängig sind von den Machtverhältnissen zwischen den Geschlechtern. Zum anderen wurde sichtbar, daß der Zusammenhang von Bildung, Erwerbstätigkeit von Frauen und Fertilitätssenkung nicht isoliert betrachtet werden darf. In empirischen Untersuchungen wurde zwar nachgewiesen, daß eine längere Schulbildung zu geringeren Geburtenraten führt. Das Heiratsalter der Frau, ihre beruflichen Möglichkeiten, ihr Status in Familie und Gesellschaft und der Gebrauch von Kontrazeptiva steigen mit zunehmendem Bildungsniveau. Wird Bildung aber nur in ihren demographischen Wirkungen betrachtet, bleiben weitere Faktoren wie familiäre Machtstrukturen und rechtliche, soziale und wirtschaftliche Benachteiligungen außer acht, die negative Auswirkungen auf die reproduktive Entscheidungsfreiheit haben. Auch der Einfluß von Frauenerwerbstätigkeit auf die Fruchtbarkeit ist abhängig zum Beispiel von Art und Dauer der Beschäftigung und dem Grad der Selbständigkeit. Erwerbstätigkeit führt zu keiner wirtschaftlichen Unabhängigkeit, wenn die Frau nicht über ihr eigenes Einkommen verfügen darf. Monokausale Erklärungsansätze, die lediglich die Bedingungen für Fruchtbarkeitssenkung zu ermitteln versuchen, werden den jeweils unterschiedlichen sozio-kulturellen Kontexten nicht gerecht. Sie betrachten Strategien zur Verbesserung der Lebensqualität von Frauen, die in sich wertvolle Ziele sind, nur aus funktionalem Blickwinkel (Randeria 1994b).

Geburtenkontrolle als Umweltschutz

Seit den 80er Jahren wird das Bevölkerungswachstum verstärkt mit Umweltzerstörung und Ressourcenknappheit in Verbindung gebracht. Angeregt wurde diese Diskussion insbesondere durch Globalstudien wie die »Grenzen des Wachstums« des Club of Rome 1972 sowie durch den »Brundtlandt-Bericht« der Weltkommission für Umwelt und Entwicklung, der das Konzept »Sustainable Development« erstmals in die internationale Diskussion brachte und dem Bevölkerungswachstum einen zentralen Stellenwert einräumt: »Ein weiteres, ungezügeltes Wachstum der Bevölkerung erhöht den Druck auf die Ressourcen und verlangsamt den Anstieg des Lebensstandards. Eine dauerhafte Entwicklung ist nur möglich, wenn Größe und Wachstum der Bevölkerung auf das sich wandelnde Produktivpotential des Ökosystems Erde abgestimmt werden.« (Hauff 1987) Zwar finden sich in den umwelt- und entwicklungspolitischen Publikationen durchaus detaillierte Beschreibungen der weltweiten Verteilungsungleichheit sowie des Hauptanteils des privilegierten Viertels der Menschheit an Ressourcenausbeutung und Emissionen. Bei den Lösungsstrategien liegt der Schwerpunkt jedoch hauptsächlich auf der Forderung nach Reduzierung der Geburtenraten. Damit wird Bevölkerungskontrolle im Süden als »ökologische Pflicht« zum weltumspannenden Allgemeininteresse.

Vorstellungen dieser Art basieren auf einem arithmetischen Denkmodell, das in einer Art Plus-Minus-Rechnung die bestehenden Wirtschaftsverhältnisse, die zur Verfügung stehenden Rohstoffe, den Abfall und die Menschenzahl als gleichwertige Faktoren behandelt und die wachsende Menschenzahl einfach den vorhandenen Ressourcen gegenüberstellt. Frauen wird dabei entweder die Rolle als Hüterin der Natur oder als Schuldige für ökologische Zerstörung zugeschrieben. Durch den Verzicht auf Kinder sollen sie im Süden die Umwelt retten helfen und sind dementsprechend wichtigste Zielgruppe der Maßnahmen. So heißt es im Weltbevölkerungsbericht von 1988: »Einige Umwelt- und Bevölkerungsprobleme könnten sogar mit den gleichen Mitteln gelöst werden (...). Frauen spielen sowohl bei der Bevölkerungsentwicklung als auch bei der Erhaltung von Ressourcen eine zentrale Rolle (...). Erfolgversprechende Programme, sei es im Bevölkerungs- oder Umweltbereich, richten sich daher in erster Linie an Frauen.« (DGVN 1988: 4).

Der »Konsens von Kairo«

Während in Mexiko die Frauen ihren Protest gegen Zwangssterilisationen, Dreimonatsspritzen und die Folgen der Strukturanpassungsprogramme lediglich abgeschirmt vom offiziellen Geschehen auf der Straße äußern konnten, wurden sie auf der Konferenz zu »Bevölkerung und Entwicklung« 1994 in Kairo von allen Seiten umgarnt. In Kairo beteiligten sich neben den Regierungsvertretern von mehr als 170 Staaten rund 4000 nichtstaatliche Organisationen an dem Prozeß. Wesentlich mitbestimmend war hauptsächlich das machtvolle Auftreten der Frauenlobby, die dem Dialog mit dem Bevölkerungsestablishment positiv gegenüberstand und bereits im Vorbereitungsprozeß alle Anstrengungen darauf verwendet hatte, die Debatte im Sinne von Fraueninteressen zu beeinflussen. Die Frauen wurden in Kairo einhellig als die am besten organisierte Gruppe bezeichnet. Ihre Strategie war in einem gewissen Sinne auch erfolgreich: Das verabschiedete Aktionsprogramm trägt – entgegen allem Widerstand von seiten des Vatikans und islamischer Würdenträger – eindeutig die Handschrift der Frauen.

Schlagwörter wie »empowerment«, »reproduktive Rechte« und »reproduktive Gesundheit« wurden nicht nur in aller Munde geführt, sondern auch im Aktionsprogramm in eigenen Kapiteln festgeschrieben. So heißt es: »Die Ermächtigung und Autonomie von Frauen und die Verbesserung ihres politischen, sozialen und wirtschaftlichen Status sowie ihres Gesundheitszustandes sind ein überaus wichtiges Ziel für sich selbst. Außerdem sind sie unabdingbar für die Erlangung einer nachhaltigen Entwicklung.« (United Nations 1994: 25).[1] Die Ermächtigung von Frauen[2] wird dabei in den Kontext erweiterter Entscheidungsmöglichkeiten in allen Lebensbereichen gestellt, die verbunden sein müssen mit veränderten Machtbeziehungen sowohl im persönlichen als auch öffentlichen Bereich. Ferner betont das Programm mehrfach die Notwendigkeit verstärkter Bildungsanstrengungen für Frauen. Wiederholt wird auf die Wichtigkeit der männlichen Verantwortung in Bereichen der Kindererziehung, Hausarbeit, Empfängnisverhütung etc. hingewiesen. Ein ganzes Kapitel befaßt sich mit dem Thema »Reproduktive Rechte und Gesundheit« und sieht eine freie Wahl bei den Methoden der Familienplanung vor. Insgesamt ist die Sprache des Dokuments aller neomalthusianischen und technokratischen Rhetorik entkleidet, die von nahezu zwangsläufigen und eindimensionalen Gesetzmäßigkeiten der Bevölkerungsentwicklung ausgeht. Das Dokument betont statt dessen die allgemeine Übereinstimmung, daß Armut ebenso wie soziale Ungerechtigkeit und die Ungleichheit der Geschlechter Auswirkungen auf demographische Prozesse haben. So bezieht der Aktionsplan alle Faktoren, die

---

1 Die englischsprachigen Zitate in diesem Beitrag wurden ins Deutsche übertragen.

2 Der Begriff »Empowerment« ist eine Wortschöpfung der 90er Jahre und in Wörterbüchern von 1996 noch nicht enthalten. In der deutschen Übersetzung des Abschlußdokumentes von Kairo wurde er, abgeleitet vom Wortstamm, mit »Ermächtigung von Frauen« übersetzt. In der deutschen Übersetzung der Aktionsplattform von Peking 1995 wird das viel weitreichendere Konzept des »Empowerment« unzureichend mit »Machtgleichstellung« übersetzt.

in irgendeiner Art im Zusammenhang mit Bevölkerungsfragen stehen, in pluralistischer Manier ein: Wirtschaftswachstum, Produktions- und Konsumptionsweisen, nachhaltige Entwicklung, ökologische Probleme und Migration. Der Konsens von Kairo lautet, daß nachhaltiges Wirtschaftswachstum in Verbindung mit der Bereitstellung von Empfängnisverhütung und Gesundheitsversorgung, mit mehr Bildung und Rechten für Frauen sowohl zu nachhaltiger und ökologisch verträglicher Entwicklung führen und gleichzeitig das Bevölkerungswachstum begrenzen soll. Eine grundsätzliche Abkehr von demographischen Zielvorgaben ist allerdings nicht erkennbar: So verfolgt das Aktionsprogramm das Ziel, bis 2050 eine »Stabilisierung« der Weltbevölkerung bei rund acht Milliarden Menschen zu erreichen.

Auch der Finanzierungsplan läßt erhebliche Zweifel an der Ernsthaftigkeit der von der Bevölkerungslobby proklamierten Neuorientierung an Frauenbelangen aufkommen. Die fortschrittliche Terminologie findet ihre engen materiellen Grenzen an der Vergabe der Gelder: Die jährlichen Kosten für bevölkerungsrelevante Politiken wurden vom UNFPA für das Jahr 2000 auf 17 Milliarden US-Dollar festgelegt, wovon die Entwicklungsländer zwei Drittel, die Industrieländer ein Drittel aufbringen sollen. Von diesen Geldern wird vor allem die Verhütungsmittelindustrie profitieren: 65 % der Mittel sind für Kontrazeptiva und deren Verbreitung vorgesehen, während für umfassendere Gesundheitsdienste nur 30 % veranschlagt werden. Zwar zieht sich die Forderung nach Bildung für Frauen durch das gesamte Dokument, doch werden weder Mittel dafür bereitgestellt noch verpflichten sich die Regierungen zu ihrer Verwirklichung, denn völkerrechtlich bindend ist der Aktionsplan nicht. Die professionelle Frauenlobby hat so zwar auf der einen Seite erreicht, ihre Belange – auf der Ebene der Rhetorik – ins Zentrum zu stellen; so beschrieben die beteiligten Frauen die Konferenz als Gelegenheit, feministische Sichtweisen und Bewegungen sichtbar zu machen und erhofften sich, das Aktionsprogramm als Instrument für Verhandlungen mit Regierungen und Geldgebern nutzen zu können. Auf der anderen Seite bedeutete die Teilnahme auch eine Anpassung an die vorgegebenen Spielregeln. Eine grundsätzliche Kritik an Bevölkerungspolitik wurde kaum mehr geäußert. Enttäuscht zeigten sich insbesondere Frauen aus dem Süden darüber, daß das Thema »Entwicklung« und die Folgen von neoliberaler Wirtschaftspolitik, Strukturanpassungsprogrammen, Auslandsverschuldung und Privatisierungmaßnahmen im Gegensatz zur tagelangen Diskussion über Abtreibung kaum zur Sprache kamen (Ruf 1994; Wichterich 1994b).

Internationale Frauengesundheitsbewegung

Die Kairoer Konferenz war der vorläufige Höhepunkt der feministischen Debatte um Bevölkerungspolitik, die seit den vergangenen Jahren zu wachsendem Dissens führte. Dabei zeigt sich, daß die Achse der Kontroversen weniger zwischen Feministinnen aus dem Norden und dem Süden verläuft, sondern daß die Differenzen sowohl in der inhaltlichen Einschätzung und Bewertung von Bevölkerungspolitik begründet sind als auch in unterschiedlichen Politikstrategien zum Ausdruck kommen. So handelt es sich bei den verschiedenen feministischen Perspektiven »um ein Kontinuum von Positionen mit jeweils verschiedenen Interpretationen, Schwerpunktsetzungen und Kombinationen« (Smyth 1995: 98). Die internationale Frauengesundheitsbewegung, die in den späten 70er Jahren entstanden ist, hat von Anbeginn die Prämissen der Bevölkerungskontrolle kritisiert, so vor allem die Folgen der Familienplanungsprogramme für Frauen. Die Programme bestehen in erster Linie in der Vergabe gesundheitsschädigender Verhütungsmittel und (Zwangs-)Sterilisationen, um das primäre Ziel, eine Verringerung der Fruchtbarkeits- und Geburtenrate, zu erreichen. Dabei wurde immer wieder auf den inhaltlichen Zusammenhang von Bevölkerungspolitik und

Gen- und Reproduktionstechnologien als zwei Seiten eines patriarchalischen, eugenischen und rassistischen Zugriffs auf die weibliche Gebärfähigkeit verwiesen. Auf der vierten internationalen Konferenz zu Frauen und Gesundheit in Amsterdam 1984, deren Motto »Nein zur Bevölkerungskontrolle – Frauen entscheiden selbst« hieß, wurde das Konzept der »reproduktiven Rechte« zum zentralen Thema. Frauen aus Ländern des Südens berichteten auf einem dort veranstalteten Tribunal von brutalen Menschenrechtsverletzungen durch bevölkerungspolitische Programme. In Amsterdam formierte sich zum ersten Mal ein breiter Widerstand von Feministinnen weltweit gegen Bevölkerungskontrolle. »Frauen sind die Subjekte und nicht die Objekte von Bevölkerungspolitik« – so lautete das zentrale Motto. Seither haben sich weltweit sowohl auf nationaler als auch länderübergreifender Ebene zahlreiche Frauengesundheitsorganisationen, Gruppen, Foren und Netzwerke gebildet, deren kleinster gemeinsamer Nenner in der Zielsetzung besteht, für Frauen mehr Kontrolle über ihren Körper, ihre Sexualität und Gesundheit zu erkämpfen. Dies beinhaltet die Forderung nach umfassend ausgestatteten Gesundheitsdiensten, die den Zugang zu sicheren und unschädlichen Verhütungs- und Abtreibungsmethoden gewährleisten. Außerdem werden bevölkerungspolitische Programme abgelehnt, die sich an demographischen Zielrichtungen orientieren und die Bedürfnisse von Frauen mißachten (García-Moreno/Claro 1994: 53). Auf lokaler Ebene sind es besonders Grassroot-Gruppen, die nicht nur umfassendere reproduktive Gesundheitsversorgung, sondern vor allem ökonomische und politische Rechte für Frauen einfordern. Während sich internationale Netzwerke wie FINRRAGE *(Feminist International Network of Resistance to Reproductive and Genetic Engineering)* und WGGNR *(Women´s Global Network for Reproductive Rights)* gründeten, übten Koalitionen von Frauengruppen zum Beispiel in Brasilien, auf den Philippinen und in Indien Druck auf die Regierungen aus, ihre Gesundheitspolitik zu ändern.

Zugleich engagierten sich Feministinnen innerhalb des Bevölkerungsestablishments für Reformen, insbesondere mit der Forderung, die Qualität der Versorgung in Familienplanungseinrichtungen ins Zentrum der Aufmerksamkeit zu stellen. Eine wesentliche Rolle spielt hierbei die *International Women´s Health Coalition* (IWHC), die 1980 vom *Population Crisis Committee* gegründet wurde. Sie begreift sich als Vermittlungsinstanz zwischen Bevölkerungsestablishment und Frauenorganisationen (Heim/Schaz 1994: 147, Hartmann 1995: 306).

In den letzten Jahren hat sich die Debatte über Bevölkerungspolitik in der feministischen Theorie und Praxis stark ausdifferenziert: Im Kern drehen sich die Auseinandersetzungen um die Frage, ob eine »frauengerechte« Bevölkerungspolitik möglich und wünschenswertes Ziel sein kann oder ob sie prinzipiell unvereinbar mit Fraueninteressen und aus diesem Grunde abzulehnen ist.

Einmischung oder Abgrenzung?

Heftige Kontroversen zum Thema Bevölkerung wurden bereits auf dem »Planeta Femea«, dem Frauenforum des alternativen Gipfels der Nicht-Regierungsorganisationen (NRO) während der Umweltkonferenz in Rio 1992 (UNCED), ausgetragen. Konsens herrschte über die Einschätzung, daß Frauen weltweit ihre Rechte über ihren Körper, ihre Sexualität und Fortpflanzung abgesprochen bekommen und daß auch Bevölkerungspolitik nicht als notwendiges Instrument des Umweltschutzes legitimierbar ist. Die Kontroverse entzündete sich jedoch an der unterschiedlichen Einschätzung politischer Programme zur Geburtenkontrolle. Die Position, daß der Zugang zu Verhütungsmitteln einen entscheidenden Hebel zur Frauenemanzipation und auch zur Reduzierung der Armut darstelle, stand der Auffassung gegenüber, daß die Forderung nach bevölkerungspolitischen Maßnahmen zur Rettung der Erde dazu diene, das herrschende kapitalistische Weltwirtschaftssystem nicht in Frage stellen zu müssen. In dem NRO-Vertrag über Bevölkerung, Umwelt und Entwicklung bildeten die Begriffe »Wahlfreiheit« und »Selbstbestimmung« die Kompromißformel, die den Konflikt verdeckte (Wichterich 1992).

Im Vorfeld der Weltbevölkerungskonferenz in Kairo 1994 wurde die Kontroverse zum Thema Bevölkerungspolitik innerhalb der internationalen feministischen Bewegungen erstmals offen ausgetragen. Stark polarisiert lassen sich zwei Positionen beschreiben: Auf der einen Seite stehen Feministinnen, die eine Existenz des Problems »Überbevölkerung« grundsätzlich in Abrede stellen und sich gegen jegliche Bevölkerungspolitik wenden. Auf der anderen Seite wird von einigen Feministinnen die Existenz einer »Überbevölkerung« nicht mehr unbedingt bestritten. So vertritt zum Beispiel Marge Beerer die Ansicht, daß sich die Frauengesundheitsbewegung damit auseinandersetzen müsse, daß es auf globaler Ebene ein »Bevölkerungsproblem« gebe. Sich dieser »Tatsache« zu verschließen führe dazu, daß sich die Frauengesundheitsbewegung international isoliere und davon abgehalten werde, im Sinne der Bedürfnisse und Interessen von Frauen zu intervenieren. Ihrer Auffassung nach müsse die Frauengesundheitsbewegung eingestehen, daß »die Welt keine unbegrenzte Anzahl von Menschen aushalten kann, genausowenig wie Frauenkörper eine unbegrenzte Anzahl von Schwangerschaften aushalten können« (Beerer 1991: 3). Es sei daher an der Zeit zu definieren, was eine »gute Bevölkerungspolitik« sei, die auch von Feministinnen akzeptiert werden könne.

Women's Voices '94: »Feminisierung« von Bevölkerungspolitik

Ganz in diesem Sinne initiierte die *International Women´s Health Coalition* (IWHC) in der Nachfolge der Rio-Konferenz 1992 ein Treffen von Repräsentantinnen von Frauen-Gesundheitsnetzwerken aus Asien, Afrika, Lateinamerika, der Karibik, den USA und Westeuropa, um Strategien zu diskutieren, wie die Positionen von Frauen während der Vorbereitungen für die Kairoer Weltbevölkerungskonferenz 1994 aufgenommen werden könnten. Es wurde entschieden, sich aktiv in den Prozeß von Kairo einzumischen sowie strategische Allianzen mit Institutionen des Bevölkerungsestablishments zu bilden. Dadurch wollte man Einfluß auf die Inhalte der Abschlußerklärung ausüben, zumal die Ergebnisse und Entscheidungen der Kairoer Konferenz auch für die Arbeit der Frauengesundheitsinitiativen erhebliche Auswirkungen haben würden. In der Folge gründete sich eine Allianz aus Organisationen wie WEDO *(Women Environment and Development Organisation)*, WGNRR *(Women´s Global Network for Reproductive Rights)*, DAWN *(Development Alternatives with Women for a New Era)* und anderen. Sie organisierten nationale und internationale Treffen und betrieben aktive Lobbyarbeit während der UN-Vorbereitungskonferenzen für Kairo (Correa/Petchesky 1994). Um sich möglichst breites Gehör bei Regierungen und internationalen Agenturen zu verschaffen, wurde die »Frauenerklärung zu Bevölkerungspolitik« (Women´s Voices ´94) verfaßt und sehr schnell von mehr als 100 Organisationen in aller Welt unterzeichnet.

Das Dokument beanspruchte, Diskussionsgrundlage für die Verhandlungen und gemeinsame Plattform für die Frauenforderungen in Kairo zu bilden. Die Initiatorinnen der Erklärung formulieren ausdrücklich die Absicht, die bislang von Feministinnen vertretene ablehnende Haltung zu Bevölkerungspolitik zu »überwinden« und statt dessen »konstruktive Forderungen« zu stellen. Ausgehend von dem Frauenrecht, selbst über

Sexualität und Fortpflanzung zu bestimmen, fordert die Erklärung eine grundsätzliche Reform des Konzeptes, der Strukturen und der Durchführung von bevölkerungspolitischen Maßnahmen mit dem Ziel des »empowerments« von Frauen. Es werden ethische Richtlinien und Mindestanforderungen an Programme sowie die Forderung nach finanziellen Zuwendungen und größerer weiblicher Beteiligung bei der Umsetzung formuliert. Diese klare Abkehr vom grundsätzlichen Protest gegen jegliche Bevölkerungspolitik wurde von verschiedenen Gruppen heftig kritisiert mit dem Haupteinwand, daß in der Erklärung das Recht von Frauen auf selbstbestimmte Fortpflanzung mit Bevölkerungspolitik verknüpft wird, obwohl es sich hierbei um zwei grundverschiedene Interessen handele. Das *Women´s Global Network for Reproductive Rights* (WGNRR), das zu den Erstunterzeichnerinnen von »Women´s Voices ´94« gehörte, distanzierte sich im Nachhinein von der Erklärung und forderte, über diese hinauszugehen. »Die Frauen-Erklärung basiert auf der Akzeptanz von Bevölkerungspolitik, was günstigstenfalls verwirrend und im schlechtesten Fall gefährlich ist. Sie zählt zu dem wachsenden allgemeinen Konsens unter etablierten Organisationen und zunehmend auch Frauengruppen, daß Bevölkerungspolitik unvermeidlich ist, um die Probleme von Armut und Umweltzerstörung zu lösen, während die zugrundeliegenden Ursachen vernachlässigt werden.« (WGNRR-Newsletter 1993: 4).

Comilla-Deklaration: Grundsätzliche Ablehnung

Bevölkerungspolitik versucht im Hinblick auf ein angenommenes nationales oder globales Allgemeininteresse, die demographische Variable Geburtenrate zu beeinflussen. Feministinnen, die eine so verstandene Bevölkerungspolitik strikt ablehnen, gehen davon aus, daß sie grundsätzlich nicht mit der Selbstbestimmung der Frauen vereinbar ist. Darüber hinaus wenden sich die Kritikerinnen in ihrer grundsätzlichen Ablehnung gegen das der Bevölkerungspolitik zugrundeliegende Menschenbild, das Menschen lediglich auf ihre Anzahl reduziert und die Machtverhältnisse außer acht läßt. Zudem weisen sie zurecht darauf hin, daß Bevölkerungspolitik in ihrer immanenten Logik immer auch qualitativ ist, d.h. auf eugenischen und rassistischen Selektionsmechanismen beruht.

Im Dezember 1993 trafen 65 Frauen aus Ländern des Nordens und Südens in Comilla, Bangladesh, zum Symposium »People´s Perspectives on 'Population'« zusammen, um sich mit dem Mythos der »Überbevölkerung« und den damit verbundenen Konzepten der Bevölkerungskontrolle auseinanderzusetzen. »Population« (»Bevölkerung«) wurde im Titel in Anführungszeichen gesetzt, weil dieser Begriff und die bevölkerungspolitischen Programme Menschen als statistische Größen und demographische Problemfelder verhandeln und sie zu einer beeinflußbaren Variable machen. In der Abschlußerklärung wendeten sich die Teilnehmerinnen gegen jegliche Bevölkerungspolitik: »Bevölkerungspolitik ist rassistisch und eugenisch und bedeutet Selektion: Sie spricht den einen das Recht auf Überleben zu, während sie es gleichzeitig allen anderen abspricht: indigenen Menschen, behinderten Menschen und Schwarzen. Sie hat das Ziel, die Armen abzuschaffen, nicht die Armut. Bevölkerungspolitik vertritt die Interessen der privilegierten Schichten, die im Norden wie im Süden ihren verschwenderischen Lebensstil verteidigen. Es kann keine feministische Bevölkerungspolitik geben, denn das würde allen Positionen von Frauenbefreiung widersprechen und ihre Grundsätze verletzen.« (Declaration of People´s Perspectives on »Population« Symposium 1994: 13).

Verschiedene Definitionen von Bevölkerungspolitik

Die Differenzen resultieren nicht zuletzt aus unterschiedlichen Definitionen von Bevölkerungspolitik. So vertreten einige Feministinnen eine scheinbar »neutrale« Definition von Bevölkerungspolitik als einer Politik der Reproduktionsweisen. Die mexikanische Soziologin Teresita de Barbieri betrachtet Bevölkerungspolitik als politischen Raum, in dem über die gesellschaftliche Organisation von Mutterschaft, Versorgung und Erziehung der Kinder diskutiert werden solle, d.h. über Verhältnisse und nicht über Zahlen: »Wir sollten (...) über Bevölkerungspolitik in einem weiteren Sinne nachdenken, nicht als Maßnahmen, die einzelne oder mehrere demographische Variablen ändern sollen. Statt dessen sollten darunter Handlungen verstanden werden, die die Bedürfnisse befriedigen, welche bei der Reproduktion der Bevölkerung, und damit der Gesellschaft, entstehen.« (de Barbieri 1993: 20).

Befürworterinnen einer feministisch-reformierten Bevölkerungspolitik argumentieren, daß Bevölkerungspolitik nicht gleichbedeutend sein muß mit Bevölkerungskontrolle. So heißt es in *Women´s Voices ´94*: »Um das Wohlergehen aller Menschen und insbesondere von Frauen zu gewährleisten, müssen Bevölkerungspolitik und Bevölkerungsprogramme als Teil breitangelegter Entwicklungsstrategien ausgerichtet sein, die die ungleiche Verteilung von Macht und Ressourcen zwischen und innerhalb der Länder, zwischen ethnischen Gruppen und zwischen Frauen und Männern aufheben.« (Women´s Voices´94 1993: a). Demnach erscheint Bevölkerungspolitik als akzeptabel und steht nicht im Widerspruch zur Frauenselbstbestimmung, wenn die Prinzipien beseitigt sind, nach denen die Bedürfnisse und das Wohl der Frauen demographischen Zwecken untergeordnet werden. Übersehen oder vernachlässigt wird bei solchen »neutralen« Definitionen, daß bevölkerungspolitische Programme an bestimmte Organisationsformen der generativen Reproduktion gebunden und am Modell der westlichen Kleinfamilie ausgerichtet sind. Statt dessen treffen Frauen, die sich grundsätzlich gegen Bevölkerungspolitik wenden, eine klare Unterscheidung zwischen Bevölkerungspolitik, Familienplanung und Geburtenkontrolle. »Selbstverantwortliche Fortpflanzung bedeutet: Jede Frau hat das Recht, die Zahl ihrer Kinder wie auch den Zeitpunkt der Schwangerschaft selbst zu bestimmen. Voraussetzung ist ein informierter und freier Zugang zum Wissen um Verhütungsmittel und -methoden wie auch die Kontrolle über die eigene Gesundheit und Sexualität. Demgegenüber ist Bevölkerungspolitik ein Instrument der Intervention, die von nationalstaatlichen und internationalen Organisationen benutzt wird, um die Bevölkerungswachstumsrate eines Landes zu bestimmen und damit die Fruchtbarkeit der Frauen zu manipulieren. (...) Bevölkerungspolitik und selbstverantwortliche Fortpflanzung stehen einander diametral entgegen.« (Randeria 1994a: 105).

Die Lobby-Position einer feminisierten Reform von Bevölkerungspolitik im Fraueninteresse, die mit einer Bereitschaft zum Dialog mit dem Bevölkerungsestablishment verbunden ist, gewann allerdings bereits im Vorfeld der Kairoer Konferenz eine klare Mehrheit. Jedoch stellt sich die Frage, ob diese Politikstrategie des »konstruktiven Dialogs« mit dem Bevölkerungsestablishment tatsächlich zu einer veränderten Haltung in der Praxis führt oder nicht statt dessen zu einer Verwässerung kritischer feministischer Ansätze. Diese treffen eine klare Unterscheidung zwischen selbstbestimmter Geburtenkontrolle und einer von außen gesteuerten, an demographischen Zielsetzungen orientierten Bevölkerungskontrolle. Viele bevölkerungspolitische Programme weisen Mißerfolge auf, ihr Ansehen ist durch Zwangsmaßnahmen geschädigt. Deshalb kommt es vor allem Bevölkerungskontrolleuren entgegen, wenn Frauenorganisationen, die Bevölkerungspolitik nicht mehr grundsätzlich hinterfragen, eine progressive Rhetorik bereitstellen. Zu befürchten ist, daß es bei der bloßen Rhetorik der frauenfreundlichen Dokumente bleibt und in der Praxis letztendlich weiterhin die Pflicht zu weniger Kindern anstatt des Rechts auf wenige Kinder festgeschrieben wird (Wichterich 1994b).

Die Praxis der Familienplanungsprogramme

Als jene, die die Kinder gebären, waren Frauen von Anbeginn die Hauptzielgruppe der Bevölkerungskontrolleure. Die Ausrichtung an bürokratisch konzipierter Planung und Kontrolle geht notwendigerweise auf Kosten ihrer Gesundheit und körperlichen Integrität. In vielen Ländern werden von den Behörden Sollzahlen für die angestrebte Reduktion der Geburtenrate festgelegt. »Anreizsysteme« wurden entwickelt, um die Zahl der VerhütungsmittelbenutzerInnen zu steigern. Die MitarbeiterInnen der Gesundheitsdienste stehen häufig unter massivem psychischen und finanziellen Druck, die Zielvorgaben zu erfüllen. Bei »erfolgreich motivierten Fällen« erhalten sie Geldprämien bzw. Gehaltskürzungen, wenn die Sollzahlen nicht erreicht werden. Konsequenz ist wachsende Korruption und das Fälschen von Statistiken bis hin zu massiven Menschenrechtsverletzungen, die nicht nur Frauen betreffen: So wurden in Indien zwischen 1975 und 1977 vier Millionen Männer zwangssterilisiert, was zum Fall der Regierung Indira Ghandis führte. 1994 wurden Frauen aus dem benachbarten Nepal von indischen Beamten entführt und zur Zwangssterilisation in Massenlager verschleppt. Im südindischen Bundesstaat Andhra Pradesh wurden Familien im selben Jahr daran gehindert, ihre Ernte einzuholen oder staatlich subventioniertes Saatgut und Kredite zu erlangen, solange sie keinen Nachweis über eine Sterilisation vorlegen konnten (Randeria 1995: 120).

In der Praxis bewegen sich die Methoden und Strategien häufig zwischen offenem Zwang und subtiler Gewalt. In sogenannten »integrierten Programmen« wird die Vergabe von Kleinkrediten oftmals an die Verpflichtung zu Familienplanung gekoppelt. Geldprämien, materielle Anreize sowie einkommenschaffende Maßnahmen, die an die Akzeptanz von Verhütungsmitteln geknüpft sind, verstoßen gegen das Recht auf Selbstbestimmung und Entscheidungsfreiheit. Zunehmend verlagert sich die Gewalt in die Art der angebotenen Mittel. Der Schwerpunkt liegt heute auf der Vergabe hochtechnologischer Langzeitkontrazeptiva, welche von den betroffenen Frauen kaum kontrolliert werden können: Drei-Monats-Spritzen, Spiralen, Implantate und als neuestes Mittel der Anti-Schwangerschafts-Impfstoff. Erschwerend kommt hinzu, daß häufig keine medizinische Betreuung und Kontrolle gewährleistet ist, weil in vielen Gegenden kein Zugang zu öffentlichen Gesundheitsdiensten besteht (Spiller 1994). Während im Rahmen von Strukturanpassungsprogrammen die Ausgaben für die staatliche Gesundheitsversorgung immer weiter gekürzt werden, steigen die Mittel für Familienplanungsprogramme. Angesichts der mangelnden ärztlichen Vor- und Nachsorge bei der Vergabe von Verhütungsmitteln wird die Behauptung unglaubwürdig, mit Familienplanung die Frauengesundheit positiv beeinflussen zu wollen. Die schlechte Qualität der Beratung und massive Nebenwirkungen der Kontrazeptiva sind häufig Gründe dafür, daß Frauen die angebotenen Mittel nicht anwenden, selbst wenn sie ihre Kinderzahl begrenzen wollen.

Aufgrund des Scheiterns vieler Programme und als Resultat wachsender Kritik von seiten feministischer Wissenschaftlerinnen und Gesundheitsorganisationen widmen DemographInnen und bevölkerungspolitische Institutionen in den letzten Jahren den Belangen von Frauen größere Aufmerksamkeit. So formulierte der *Population Council* eine sogenannte »Benutzerinnen-Perspektive«, wonach die individuellen Erfahrungen der Betroffenen die bestimmenden Faktoren in Familienplanungsprogrammen sein sollten. Dieses Konzept mündete in den späten 80er Jahren in den Ansatz der »Qualität der Versorgung«. Dieser geht davon aus, daß die verbesserte Qualität der Familienplanungsdienste durch eine größere Palette des Verhütungsmittelangebots, umfassende Information und qualifizierte Ausbildung des Personals die leitenden Prinzipien der Familienplanungsprogramme sein sollten.

En vogue ist neuerdings der Ansatz sexueller und reproduktiver Gesundheit, der die Vor- und Nachsorge bei Schwangerschaft und Geburt, die Gesundheitsversorgung von Neugeborenen, die Prävention sexuell übertragbarer Krankheiten und eine gynäkologische Basisversorgung umfassen soll. Familienplanung, so fordern ReformerInnen innerhalb der Bevölkerungslobby, müsse in ein breiteres Konzept sexueller und reproduktiver Gesundheitsversorgung eingebunden sein. Ein derartiger Ansatz ist – auf dem Papier – ein großer Schritt nach vorn. In der Praxis reduziert sich das Verständnis von reproduktiven Rechten jedoch auf eine breitere Palette von Kontrazeptiva. Die frauenfreundliche Modernisierung der Legitimationsmuster relativiert sich auf diese Weise schnell, an den demographischen Grundprinzipien wird festgehalten (Hartmann 1995: 136f.). Pünktlich zur Einstimmung auf die Konferenz in Kairo wurde eine Studie der US-amerikanischen John-Hopkins-Universität veröffentlicht, die den »ungedeckten Bedarf« an Verhütungsmitteln als hauptsächliche Ursache für die unterschiedlichen Fruchtbarkeitsraten betrachtet. Ihr zufolge ist Entwicklung keine notwendige Voraussetzung zur Fruchtbarkeitssenkung. So sei die Fertilität in vielen Ländern des Südens stark gesunken, während deren Wirtschaft stagniert habe. Ausreichend sei der Einsatz von Kontrazeptiva in Verbindung mit Kampagnen durch die Massenmedien. Werde der bestehende Bedarf an Verhütungsmitteln gedeckt, wäre eine Reduktion des Bevölkerungswachstums in den Entwicklungsländern von 2,3 % auf 1,6 % pro Jahr möglich (Robey/ Rutstein/Morris 1993). Bevölkerungspolitik wird somit zur »Serviceleistung« für Frauen, die keine Mittel zur Familienplanung haben. Verhütungsmittel werden zur kostengünstigen Alternative zu Entwicklungspolitik, von der vor allem die Pharmaindustrie profitiert. Die Rate der Verwendung von Verhütungsmitteln sagt jedoch wenig über die Höhe der Fruchtbarkeitsrate aus. So haben Frauen in Zimbabwe durchschnittlich 1,5 Kinder mehr als die Frauen in Indien, obgleich der Gebrauch von Kontrazeptiva in beiden Ländern bei 45 % liegt. Ein derartiger Ansatz läßt nicht nur die Erörterung zweifelhafter Methoden außen vor. Er blendet auch aus, daß Kinderwünsche und Familienplanung nicht der marktwirtschaftlichen Logik von Angebot und Nachfrage unterliegen, sondern von unterschiedlichen Faktoren abhängig sind: den kulturellen Vorstellungen von Sexualität, den Geschlechterbeziehungen und dem Verhältnis zwischen den Generationen, dem sozialen Umfeld und den ökonomischen Bedingungen.

Das Konzept der »reproduktiven Rechte«

Gegen diese technokratischen Ansätze und ihr Kosten-Nutzen-Kalkül setzten Feministinnen eigene Konzepte wie »Selbstbestimmung« und »reproduktive Rechte« – Formulierungen, die mittlerweile auch von BevölkerungsplanerInnen gerne benutzt werden. Diese Konzepte sind das Resultat des Versuchs von Frauenbewegungen, angesichts verschiedener Erfahrungen eine gemeinsame Grundlage für den Kampf gegen Bevölkerungspolitik zu finden. In den westlichen Industrieländern verband sich mit der Forderung nach reproduktiver Selbstbestimmung zunächst vor allem die Zurückweisung von Zwängen, die auf die Geburt von Kindern abzielten, außerdem die Forderung nach Anerkennung von Lebensentwürfen ohne Kinder und die Legalisierung von Abtreibung. In den Ländern des Südens stand hingegen die Auseinandersetzung mit den antinatalistischen, also den gegen Geburten gerichteten Bevölkerungsprogrammen im Vordergrund. Das Konzept der »reproduktiven Rechte«, das im Zuge der Entwicklung der internationalen Frauengesundheitsbewegung in den 80er Jahren entstand, versucht sowohl den Kampf gegen pro- als auch antinatalistische Politiken zu integrieren.

In jüngerer Zeit wurde jedoch die Frage nach einer Universalisierbarkeit des Selbstbestimmungsbegriffes aufgeworfen. Kritisiert wurde seine spezifisch westliche Implikation von Frauenemanzipation, die sich an einer größtmöglichen Planbarkeit der Geburten orientiert, seine Ausrichtung an dem aufklärerischen Modell der Naturbeherrschung und seine zweckrationale Interpretation (Schultz 1994; Zimmermann 1988). Problematisiert wird der Selbstbestimmungsbegriff westlicher Feministinnen vor allem von schwarzen Frauen und Frauen aus den Ländern des Südens, die in der Forderung nach »Kontrolle über den eigenen Körper« und »reproduktiven Rechten« den Kontext der ökonomischen, politischen und kulturellen Zwänge ausgeblendet sehen. Das Selbstbestimmungsideal setzt nach dieser Kritik Emanzipation mit einer möglichst großen Planbarkeit von Zahl und Zeitpunkt von Geburten gleich. Diese Vorstellung hat in den Lebensentwürfen vieler Frauen keine Gültigkeit. Orientiert am Subjektbegriff der Aufklärung, ist die Vorstellung von Selbstbestimmung normativ verknüpft mit einer Trennung zwischen körperloser Vernunft und einem durch Naturgesetze bestimmten Körper, über den das Individuum verfügen soll. Die Maßstäbe für Selbstbestimmung sind demnach rationale Planbarkeit und uneingeschränkter Zugang zu Technologien. Andere Praktiken bezüglich Körperlichkeit, Fruchtbarkeit und Sexualität bleiben ausgeblendet.

Die Wissenschaftlerin Farida Akther aus Bangladesh weist darüber hinaus zu Recht darauf hin, daß der Begriff »reproductive rights« den weiblichen Körper auf seine Fortpflanzungsfunktion reduziere, diese überbewerte und die Rolle von Frauen in der gesellschaftlichen Produktion vernachlässige. Am Beispiel der Bevölkerungspolitik in ihrem Land stellt sie dar, wie aus dem »Recht auf Verhütung« eine Pflicht zur Geburtenkontrolle gemacht wird: »Es geht dabei nicht um das Recht, Kinder zu haben oder keine zu haben. Die Forderung umfaßt bloß, keine Kinder haben zu dürfen.« (Akhter 1994: 36). Farida Akhter sieht statt dessen die Frage der Selbstbestimmung eingebettet in einen sozialen Rahmen, der sowohl die Reproduktions- als auch die Produktionsverhältnisse umfaßt. Correa und Petchesky (1994) greifen diese Kritik auf und definieren in einem erweiterten Ansatz reproduktive und sexuelle Rechte im Kontext von Macht und Ressourcen: Einmal geht es um die Macht, informierte Entscheidungen über die eigene Fruchtbarkeit, das Gebären und Aufziehen von Kindern, über gynäkologische Gesundheit und sexuelle Aktivität zu fällen. Zum anderen werden die Ressourcen thematisiert, um diese Entscheidungen sicher und wirksam zu treffen (Correa/ Petchesky 1994: 107). Um diese Rechte auszuüben, müßten Bedingungen wie ökonomische, soziale und persönliche Sicherheit sowie politische Freiheit gegeben sein.

Schlußbemerkungen

Auf dem »Women´s Caucus« in Kairo wurde beschlossen, unter dem Titel »Women Watching ICPD« den Nachfolgeprozeß der Weltbevölkerungskonferenz zu überwachen. Im Zuge dieser Strategie werden derzeit in einzelnen Ländern von Frauenorganisationen Studien durchgeführt, welche die Umsetzung des Aktionsprogrammes untersuchen. Dabei ist auch die Frage wichtig, wie die Bevölkerungsinstitutionen konkret ihre Ressourcen verwenden. Eine grundsätzliche Neuorientierung der Programme hin zur Priorität von Frauenbildung und allgemeiner Gesundheitsversorgung wurde bislang nicht festgestellt. Statt dessen ergab eine Untersuchung von 118 Frauenorganisationen in 15 Ländern Lateinamerikas, daß 40 % der Organisationen in der Folge der Kairoer Konferenz erhebliche Mittelkürzungen verzeichnen mußten (Reproductive Health Matters 1995: 162). Die Auseinandersetzung um Bevölkerungspolitik sowie um den Bedeutungsgehalt von »Selbstbestimmung« und »reproduktiven Rechten« ist noch längst nicht abgeschlossen. Trotz aller Kontroversen besteht innerhalb der feministischen Debatte Konsens darüber, daß ein Zuwachs an Gestaltungsmacht für Frauen in allen Lebensbereichen eigenständiges Ziel sein muß. Selbstbestimmung im Zusammenhang der Reproduktion kann nicht unabhängig von Autonomie in allen anderen Lebensbereichen verstanden und erreicht werden, muß also Geschlechterbeziehungen, soziale, politische, ökonomische und kulturelle Normen und Bedingungen umfassen. Dies schließt den Zugang zu materiellen und nichtmateriellen Ressourcen und die Verfügung über sie ein. Ein solcher Ansatz geht über Empfängnisverhütung und Familienplanung weit hinaus (Smyth 1995: 101).

Feministinnen haben mit ihrer Kritik an den bevölkerungspolitischen Praktiken und dem Konzept der »reproduktiven Rechte« erreicht, daß sich das Bevölkerungsestablishment mit den Forderungen von Frauen auseinandersetzt. Zugleich geben die Bevölkerungs-Institutionen aufgrund ihrer Machtüberlegenheit die Priorität der Themen vor. In den Konzepten der Bevölkerungsinstitutionen werden »reproduktive Rechte« begrenzt auf das Recht, Zugang zu Familienplanung zu haben. Dies bestätigt die Befürchtung der Vereinnahmung und Aufweichung radikaler Positionen zugunsten der Bevölkerungspolitik. Die Verwirklichung von Frauenrechten auf der einen Seite und Bevölkerungspolitik auf der anderen Seite scheinen dann nicht mehr im Widerspruch zu stehen. Die grundsätzliche Unterscheidung zwischen selbstbestimmter Geburtenkontrolle und von außen gesteuerter Bevölkerungskontrolle wird so verwässert. Mit der Konzentration auf »Selbstbestimmung« und »reproduktive Rechte« hat es die feministische Kritik bislang allerdings vernachlässigt, sich mit den grundlegenden Prämissen, wissenschaftlichen Denkmodellen und Funktionsweisen der bevölkerungspolitischen Diskurse und Praktiken zu befassen. Angesichts des hegemonialen Diskurses um »Überbevölkerung« besteht hier weiterhin ein großer Klärungsbedarf.

Literatur

Akhter, Farida, 1994: Reproduktive Rechte und Bevölkerungspolitik, in: Brot für alle et al.: Wenig Kinder – viel Konsum?, Basel/Zürich/Luzern, S. 34-41.

Barbieri, Teresita de, 1993: Gedanken über Mutterschaft, in: Lateinamerika-Nachrichten, 231/232/1993, S. 18-20.

Beerer, Marge, 1991: More Than Just Saying »No«. What Would a Feminist Population Policy Be Like?, in: Conscience 5/1991, S. 1-5.

Brot für alle et al., 1994: Wenig Kinder – viel Konsum?, Basel/Zürich/Luzern.

Correa, Sonia/Petchesky, Rosalind 1994: Reproductive and Sexual Rights: A Feminist Perspective, in: Sen, Gita et al. (Hg.): Population Policies Reconsidered. Health, Empowerment, and Rights, Boston, S. 107-126.

Declaration of People´s Perspectives on »Population« Symposium, 1994, in: E. coli-bri, Nr. 9/19/1994, S. 13-16.

DGVN (Deutsche Gesellschaft für die Vereinten Nationen), 1988: Weltbevölkerungsbericht 1988: Die Zukunft sichern, Bonn.

Eichhorn, Cornelia/Grimm, Susanne (Hg.), 1994: Gender Killer. Texte zu Feminismus und Kritik, Berlin/Amsterdam.

García-Moreno, Claudia/Claro, Amparo, 1994: Challenges from the Women´s Health Movement: Women´s Rights versus Population Control, in: Sen, Gita et al. (Hg.): Population Policies Reconsidered. Health, Empowerment, and Rights, Boston, S. 47-61.

Hartmann, Betsy, 1995: Reproductive Rights and Wrongs. The Global Politics of Population Control, Boston.

Hauff, Volker (Hg.), 1987: Unsere gemeinsame Zukunft. Der Brundtland-Bericht der Weltkommission für Umwelt und Entwicklung, Greven.

Heim, Susanne/Schaz, Ulrike, 1994: »Das Revolutionärste, was die Vereinigten Staaten je gemacht haben«. Vom Aufstieg des Überbevölkerungsdogmas, in: Wichterich, Christa (Hg.): Menschen nach Maß. Bevölkerungspolitik in Nord und Süd, Göttingen, S. 129-150.

Heim, Susanne/Schaz, Ulrike, 1996: Berechnungen und Beschwörungen. Überbevölkerung – Kritik einer Debatte, Berlin: Verlag der Buchläden: Schwarze Risse/ Rote Straße.

Randeria, Shalini, 1994a: Fortpflanzung selbstverantwortlich gestalten, in: Brot für alle et al.: Wenig Kinder – viel Konsum? Basel/Zürich/Luzern.

Randeria, Shalini, 1994b: Konsum, Kultur, Kontrazeptiva. Was beeinflußt die Zahl der Geburten?, in: der überblick, Nr. 4/94, 30. Jg., S. 14-17.

Randeria, Shalini, 1995: Die sozio-ökonomische Einbettung reproduktiver Rechte: Frauen und Bevölkerungspolitik in Indien, in: Feministische Studien, 1/1995, S. 119-132.

Reproductive Health Matters 6/1995: Women´s Health Policies: Organising for Change.

Robey, Bryant/Rutstein, Shea O./Morris, Leo, 1993: The Fertility Decline in Developing Countries, in: Scientific American, Dezember 1993.

Ruf, Anja, 1994: Zentrum – nicht Brennpunkt. Frauen bei der Weltbevölkerungskonferenz, in: epd-Entwicklungspolitik, 18/94, S. 18-21.

Sadik, Nafis, 1995: Weltbevölkerungsbericht 1995: Grundlagen der Entwicklung: Macht für Frauen und reproduktive Gesundheit, Bonn.

Schultz, Susanne, 1994: Feministische Bevölkerungspolitik? Zur internationalen Debatte um Selbstbestimmung, in: Eichhorn, Cornelia/Grimm, Susanne (Hg.): Gender Killer. Texte zu Feminismus und Kritik, Berlin/Amsterdam, S. 11-23.

Sen, Gita et al. (Hg.), 1994: Population Policies Reconsidered. Health, Empowerment, and Rights, Boston.

Smyth, Ines, 1995: Bevölkerungspolitik: Offizielle Antworten auf feministische Einsprüche, in: Feministische Studien, 2/1995, S. 92-106.

Spiller, Ingrid, 1994: Objekt »Frau« in Familienplanungsprogrammen, in: Wichterich, Christa (Hg.): Menschen nach Maß. Bevölkerungspolitik in Nord und Süd, Göttingen, S. 151-162.

United Nations, 1994: Report of the International Conference on Population and Development.

WGNRR-Newsletter – Women´s Global Network for Reproductive Rights 42/1993.

Wichterich, Christa, 1992: Die Erde bemuttern. Frauen und Ökologie nach dem Erdgipfel in Rio, Köln.

Wichterich, Christa (Hg.), 1994a: Menschen nach Maß. Bevölkerungspolitik in Nord und Süd, Göttingen.

Wichterich, Christa, 1994b: Postfeministische Politik bei der Weltbevölkerungskonferenz in Kairo, in: Beiträge zur feministischen Theorie und Praxis, 38/1994, S. 145-151.

Women´s Voices ´94: Erklärung von Frauen zu Bevölkerungspolitik, in: epd-Entwicklungspolitik, 22/93, S. a-d.

Zimmermann, Susan, 1988: Weibliches Selbstbestimmungsrecht und auf »Qualität« abzielende Bevölkerungspolitik, in: Beiträge zur feministischen Theorie und Praxis, 21/22/1988, S. 53-71.

PAULINA MAKINWA-ADEBUSOYE

Bevölkerung, Situation der Frauen und nachhaltige Entwicklung in Afrika

Die Armut von Frauen, ihre unzureichende Nahrungsmittelsicherheit und wirtschaftliche Machtlosigkeit auf der einen Seite, auf der anderen Seite ihr Verhältnis zur Umwelt bzw. ihre Rolle im Umgang mit natürlichen Ressourcen sind zwei eng miteinander verbundene zentrale Bereiche, die Politiker in Afrika in den letzten Jahren sehr stark beschäftigten. Die Staats- und Regierungschefs der Organisation für Afrikanische Einheit (OAU) haben in ihrer Aktionsplattform für Frauen *(Platform of Action for Women,* PAW) nachdrücklich die wichtige Rolle der Frauen für die regionale Entwicklung anerkannt. Die Plattform wurde auf dem 31. Ordentlichen Gipfeltreffen im äthiopischen Addis Abeba im Juni 1995 verabschiedet. Weibliche Armut hat der Aktionsplattform zufolge ihren Ursprung in »fehlendem Einkommen; Ausgeschlossensein vom Markt sowie vom sozialen und politischen Leben; ungleicher Verteilung von Wohlstand und Einkommen auf globaler, regionaler, subregionaler und lokaler Ebene; wirtschaftlicher Rezession; Dürre und anderen Katastrophen; hoher Verschuldung; Strukturanpassungsprogrammen (SAP), die mit nachhaltiger Entwicklung nicht vereinbar sind; hohem Bevölkerungswachstum; bewaffneten Konflikten und Bürgerkriegen« (UNECA/OAU, 1995). Diese Faktoren sind wiederum mit den allgemeinen wirtschaftlichen, sozialen und politischen Bedingungen in den einzelnen afrikanischen Staaten verknüpft.

Für Armut gibt es verschiedene Indikatoren. So starben beispielsweise im Jahr 1993 in Subsahara-Afrika 103 von 1000 neugeborenen Säuglingen, in den entwickelten Ländern waren es nur 71 von 1000. Von 1985 bis 1990 standen nur 51 % der städtischen Bevölkerung und nur 16 % der Landbevölkerung in Afrika sanitäre Einrichtungen zur Verfügung. In Gesamtafrika bekamen die Menschen im Jahr 1993 durchschnittlich 2100 Kalorien und 53 Gramm Eiweiß pro Tag, der weltweite Durchschnitt lag bei 2600 Kalorien und 71 Gramm Eiweiß (UNECA/OAU, 1995).

Die schwere Last der Armut trifft die Frauen überdurchschnittlich hart, insbesondere in den 35 % der Haushalte, die keinen männlichen Haushaltsvorstand haben (UNECA/OAU, 1995). Die Feminisierung der Armut ist eine afrikanische Realität. Frauen stellen zwar die Bevölkerungsmehrheit, sie haben aber nur einen beschränkten Zugang und stark eingeschränkte Eigentumsrechte an Kapital, Land und anderen Ressourcen zur Sicherung des Lebensunterhaltes. Als Arbeitnehmerinnen werden Frauen vorwiegend an schlecht bezahlten, wenig anspruchsvollen Arbeitsplätzen mit geringen Aufstiegsmöglichkeiten eingesetzt, während ihre nicht wettbewerbsfähigen Produktions- und Reproduktionsleistungen in der Regel unbeachtet bleiben und nicht in die volkswirtschaftliche Gesamtrechnung eingehen. Auf diese Weise werden Frauen systematisch die »means of sustainability« vorenthalten. Sie werden bei Bildung und Berufsausbildung stark diskriminiert, der Zugang zu Krediten und anderen Geldquellen wird ihnen erschwert. Dies stellt ein wesentliches Hemmnis für eine Steigerung der Produktivität dar. Die Schwierigkeiten der Frauen werden durch die besonderen Umweltprobleme in Afrika noch verschärft.

Der vorliegende Beitrag beginnt mit einem kurzen Überblick des weltweiten Diskussionsstandes über die Beziehung zwischen Bevölkerung und Umwelt. In den folgenden Abschnitten werden Bevölkerung, Entwicklung und Umweltprobleme in Afrika mit Blick auf die Auswirkungen auf Frauen untersucht. Dies führt zur Erörterung der These, daß es nachhaltige oder zukunftsfähige Entwicklung ohne »empowerment«[1] von Frauen nicht geben kann. Zusammenfassend argumentiert der Beitrag, daß ohne *empowerment* von Frauen eine Linderung der Armut, die Gewährleistung der Ernährungssicherheit und der Schutz der Umwelt nicht erreicht werden können.

Bevölkerung und Umwelt

Seit Thomas Malthus im 18. Jahrhundert vor den Gefahren für das Wohlergehen der Menschen für den Fall warnte, daß die Bevölkerungszahl rascher als das Nahrungsmittelangebot wachsen sollte, ist der Zusammenhang zwischen verfügbaren natürlichen Ressourcen und Bevölkerungswachstum ein zentrales Thema geblieben. Der Brundtland-Bericht (1987) mit dem Titel »Unsere gemeinsame Zukunft« gilt als ein wegweisendes Dokument, das den Zusammenhang von Umwelt und Entwicklung eindrucksvoll betont und Nachhaltigkeit als zentralen Bezugspunkt für alle Umwelt- und Entwicklungsbemühungen festschreibt:

> »Rasches Bevölkerungswachstum kann den Druck auf Ressourcen verstärken und die Verbesserung des Lebensstandards bremsen. Nachhaltige Entwicklung kann es nur geben, wenn Bevölkerungszahl und Bevölkerungswachstum in Harmonie mit dem sich verändernden produktiven Potential des Ökosystems bleiben.«

Bekräftigt wurde diese Einschätzung durch die Weltbank (1992), die davor warnte, daß eine Umweltkatastrophe die Lebensqualität heutiger und künftiger Generationen beeinträchtigen könnte. Tatsächlich wird in der umfangreichen Literatur über Bevölkerung, Entwicklung und Umwelt im allgemeinen ein pessimistisches Bild der Zukunft gezeichnet.

---

1 Der Begriff *empowerment* läßt sich im Deutschen nur sehr unzulänglich mit Machtgleichstellung oder Befähigung zur Macht übersetzen, *vgl. dazu auch die Beiträge von Holthaus/Klingebiel und Hummel,* hier insbesondere Fußnote 2.

Ökologen glauben fest an die »Grenzen des Wachstums« und sind fixiert auf die Vorstellung, daß die Erde nur eine bestimmte, begrenzte Zahl von Menschen »tragen« könne. Sie argumentieren, daß arme Länder mit ihrer großen Bevölkerungszahl und verbreiteten Armut dazu neigen, die Boden- und Wasserressourcen übermäßig auszubeuten. Die reichen Länder verbrauchten hingegen durch die kontinuierliche Steigerung der Güterproduktion immer mehr Rohstoffe, Wasser und andere Ressourcen und verursachten entsprechend hohe Umweltbelastungen (Ehrlich/Ehrlich 1990, Meadows et al. 1992). Ökologen gehen auch davon aus, daß beispielsweise die Welternährungssituation einen kritischen Punkt erreicht habe. Das werde in Zukunft zu noch größeren Problemen führen, weil immer mehr Boden- und Wasserressourcen zu stark ausgebeutet würden, um eine wachsende Bevölkerung mit Nahrung zu versorgen (Ehrlich 1971, Brown 1988, Ehrlich/Ehrlich 1990). In einer Studie von Ehrlich/Ehrlich (1990) heißt es:

> »Die Anzahl der Menschen befindet sich auf einem direkten Kollisionskurs mit massiven Hungersnöten. (...) Wenn die Menschheit es versäumt zu handeln, dann wird die Natur an unserer Stelle der Bevölkerungsexplosion ein Ende machen – auf sehr unangenehme Weise –, lange bevor die 10-Milliarden-Marke erreicht ist.«[2]

Die Warnung von Ökologen lautet: Wenn die gegenwärtig zu beobachtenden Trends sich fortsetzen – rasches Bevölkerungswachstum und weltweiter Anstieg der Produktion aufgrund des steigenden Lebensstandards für viele –, dann wird die Verbindung zwischen steigender Bevölkerungszahl und dem Anstieg der Produktion den Druck auf die natürlichen Ressourcen und die Umwelt erhöhen und weitere Umweltverschmutzung zur Folge haben (Ehrlich/Ehrlich 1990, Meadows et al. 1992). Somit sind der Konsum und die in der Produktion eingesetzte Technologie (zur Befriedigung der Konsumwün-

2 Die englischsprachigen Zitate in diesem Beitrag wurden ins Deutsche übertragen.

sche) die unmittelbaren Ursachen der Umweltzerstörung, die Bevölkerung (als Konsumenten/Produzenten) ist das letzte Glied in der Verursacherkette mit ihren Wünschen nach Gütern und Dienstleistungen. Zur Beschreibung dieser Wechselwirkungen hat Paul Ehrlich die Gleichung

$$B = Z \times W \times T$$

aufgestellt:

B = Belastung der Umwelt, das heißt das meßbare Aufkommen eines Schadstoffes;
Z = Bevölkerungsgröße;
W = Wohlstand (Pro-Kopf-Konsum), in der Regel gemessen als Bruttosozialprodukt (BSP) pro Kopf;
T = Technologie, in der Regel gemessen als Grad der Verschmutzung pro BSP-Einheit.

Diese grundlegende Gleichung macht deutlich, daß die Umweltwirkungen der vielfältig verflochtenen Faktoren W und T in den entwickelten Ländern ganz besonders stark ins Gewicht fallen. Auf der anderen Seite hat die hohe, rasch wachsende Bevölkerungszahl in den Entwicklungsländern erhebliche Auswirkungen auf die Umwelt, da der Einfluß des starken Bevölkerungswachstums die Faktoren W und T potenziert. Anders ausgedrückt behaupten Ökologen, daß das westliche Modell der Entwicklung in Anbetracht der beschränkten »Tragfähigkeit« der Erde nicht uneingeschränkt weiter verfolgt werden könne. Ehrlich et al. (1989) haben die Tragfähigkeit der Erde definiert als die Zahl der Menschen, die auf der Erde leben können, ohne daß dadurch die Lebensmöglichkeiten künftiger Generationen unwiederbringlich beeinträchtigt werden. Mit der oben genannten Gleichung wird die Tragfähigkeit errechnet als Produkt aus der Zahl der Menschen, der durchschnittlichen Konsumrate pro Kopf und der dadurch verursachten Belastung pro Konsumeinheit einschließlich Abfall und anderer Formen der Umweltverschmutzung.

In vielen Ländern Afrikas sind große Bodenflächen durch Erosion und Wüstenbildung bereits zerstört. Deshalb schlägt der Brundtland-Bericht ein alternatives Entwicklungsparadigma vor, das in letzter Zeit in den internationalen Foren neu bekräftigt wird. Nur so könne den Erfordernissen der Landwirtschaft, ja überhaupt den Grundbedürfnissen der Menschen Rechnung getragen werden, ohne daß dadurch zukünftige Generationen bei der Befriedigung ihrer Bedürfnisse beeinträchtigt würden.

Krise in Afrika[3]

Die afrikanischen Länder mit hohen Bevölkerungswachstumsraten weisen unmißverständliche Zeichen erheblicher Umweltbelastung auf. Die Nahrungsmittelproduktion konnte in den letzten 20 Jahren mit der jährlichen Wachstumsrate der Bevölkerung nicht Schritt halten. Insofern stützt das Beispiel Afrika die Argumentation der Ökologen, die auf die starke Wechselwirkung von raschem Bevölkerungswachstum, geringer landwirtschaftlicher Produktivität und Verschlechterung der Umwelt hinweisen (UNECA 1994, Cleaver/Schreiber 1994).

Rasches Bevölkerungswachstum

Afrika, insbesondere Subsahara-Afrika, hat den demographischen Übergang – also die Trendwende hin zu sinkenden Geburtenraten bei gleichzeitig steigendem Wohlstand – noch vor sich. Die Gesamtfruchtbarkeitsrate[4] liegt seit 20 Jahren auf

---

3 Dieser Abschnitt wurde von der Autorin unter dem Titel »Sustainable Development, Population, and Environmental Quality: The Case of Africa« im Rahmen eines UNESCO-Projekts über »Nachhaltigkeit als Konzept der Sozialwissenschaften« erarbeitet und im November 1996 bei einem Seminar des Instituts für Soziale Ökologie in Frankfurt am Main vorgetragen.

4 Die Rate mißt die Gesamtzahl der Kinder, die eine Frau bekommen würde, falls sie bis zum Ende des gebärfähigen Alters und in jeder Altersstufe in Übereinstimmung mit den altersspezifischen Fruchtbarkeitsziffern Kinder

dem hohen Niveau von 6,0, während die durchschnittliche Fruchtbarkeitsrate aller Entwicklungsländer auf rund 4,0 gesunken ist. Wegen der gleichzeitig sinkenden Sterblichkeitsrate in Afrika hat sich das Bevölkerungswachstum weiter beschleunigt. 1970 lebten in Afrika schätzungsweise 362 Millionen Menschen, 1990 waren es rund 642 Millionen, und mit der heute weltweit höchsten jährlichen Wachstumsrate von 3 % werden es am Ende des Jahrhunderts – in weniger als drei Jahren – 867 Millionen sein.

Tabelle 1: Demographische Indikatoren für Afrika

Indikator	**1970**	**1980**	**1990**
Gesamtbevölkerung (in Mio.)	362,0	477,0	642,0
Anteil der städtischen Bevölkerung in Prozent	23,0	28,0	34,0
Durchschnittsalter der Bevölkerung	17,6	17,5	17,4
Anteil der unter 15jährigen in Prozent der Gesamtbevölkerung	44,8	44,8	45,0
	1970-1980	**1980-1990**	**1990-2000**
Wachstumsrate der Bevölkerung	2,76	2,97	3,00
Fertilitätsrate	6,61	6,30	5,90
Lebenserwartung bei Geburt		50,80	55,10

Quelle: UNECA 1994.

Die hohe Fruchtbarkeitsrate beruht auf der Tatsache, daß fast alle Frauen früh heiraten, sehr jung ihr erstes Kind bekommen und daß ein hoher Prozentsatz der Frauen im gebärfähigen Alter ist. Das Gebären von Kindern hat in der afrikanischen Gesellschaft traditionell einen hohen Stellenwert – mit der

zur Welt brächte. Bei einer Rate von 2,1 gleichen sich Sterbefälle mit Geburten aus.

Folge, daß in den meisten afrikanischen Staaten (mit den bemerkenswerten Ausnahmen von Botswana, Kenia und Simbabwe) der Gebrauch von Verhütungsmitteln niedrig ist. Wie *Tabelle 1* zeigt, ist die Bevölkerung von Afrika jung, das Durchschnittsalter liegt bei 17,4 Jahren (1990). Mehr als 45 % der Bevölkerung sind jünger als 15 Jahre. Die Zahl der Menschen wird aufgrund der Eigendynamik der Bevölkerungsentwicklung darum in den nächsten 60 bis 70 Jahren weiter ansteigen (UNECA 1994).

Ein zentrales Problem der Bevölkerungsentwicklung ist der starke und noch anwachsende Zustrom von MigrantInnen. Sie kommen vorwiegend aus den ländlichen Gebieten mit der Folge, daß die Bevölkerung innerhalb der Länder sehr ungleich verteilt ist. Die Mehrheit der AfrikanerInnen lebt zwar nach wie vor in Dörfern auf dem Land, aber der Anteil der Stadtbewohner wächst rasch mit einer Wachstumsrate von jährlich rund 5 %. Die Verstädterung nimmt auch deshalb schneller zu, als es der Wachstumsrate des gesamten Landes entspricht, weil das natürliche Bevölkerungswachstum in großen Städten wie Kairo (Ägypten), Ibadan und Lagos (Nigeria), Nairobi (Kenia) und Daressalam (Tansania) sehr hoch ist. Das rasche Wachstum der Städte führt wiederum zu einer Verschlechterung der Umweltsituation, gekennzeichnet durch ausgedehnte Slums und Behelfssiedlungen, einem unzureichenden Abwassersystem, unzulänglichen Sanitäreinrichtungen und einem Mangel an sauberem Trinkwasser.

Geringe landwirtschaftliche Produktivität

Im Jahr 1990 waren mehr als 60 % der Menschen in Afrika für ihren Lebensunterhalt von der Landwirtschaft abhängig. Doch die landwirtschaftliche Produktivität blieb in den letzten 20 Jahren gering, und der Produktivitätszuwachs (um 2 % pro Jahr) lag unter dem Bevölkerungswachstum (um 3 % pro Jahr). Folglich ging die Nahrungsmittelproduktion pro Kopf in vielen Ländern zurück, der Import von Nahrungsmitteln stieg an. Nach Schätzungen der UN-Organisation für Ernährung und Landwirtschaft (FAO) werden nahezu alle afrikanischen Länder – selbst bei verstärktem Einsatz von Düngemitteln, Pestiziden und ähnlichem – nicht einmal mehr die Hälfte ihrer Bevölkerung aus eigener Kraft ernähren können, wenn sie das Bevölkerungswachstum nicht in nächster Zukunft bremsen (UNECA 1994).

In Subsahara-Afrika wuchs der im primären Sektor erwirtschaftete Teil des Bruttosozialproduktes (BSP) zwar im Zeitraum von 1970 bis 1980 um 1,5 % und im Zeitraum von 1980 bis 1991 um 1,8 %, doch der Anteil der landwirtschaftlichen Produktion am BSP insgesamt sank kontinuierlich von 40 % im Jahr 1965 auf 31 % im Jahr 1991. Die Wachstumsrate des Exports von landwirtschaftlichen Produkten fiel dramatisch, sowohl nach Produktionswert wie nach Produktionsvolumen. Die jährliche Wachstumsrate der Agrarexporte lag im Zeitraum von 1975 bis 1980 dem Produktionswert nach bei 9,6 %. Dann fiel sie kontinuierlich und erreichte negative Werte: Im Zeitraum von 1980 bis 1985 betrug sie -2,4 % und nach 1986 -3,1 %. Seit 1975 ist das Volumen des Exports von landwirtschaftlichen Erzeugnissen rückläufig.

Fehlende Ernährungssicherheit ist ein schwerwiegendes Problem, wie bei der rückläufigen Nahrungsmittelerzeugung deutlich wird. Wenn wir den Index für die Nahrungsmittelproduktion pro Kopf für den Bezugszeitraum 1979/80 auf 100 ansetzen, dann fiel er für den Zeitraum 1989/90 auf 94. Es ist darum nicht überraschend, daß trotz eines Exportzuwachses bei Nahrungsmitteln (Getreide) in Subsahara-Afrika für 98 Millionen Menschen oder 28 % der Bevölkerung im Zeitraum 1980 bis 1982 die Nahrungsmittelversorgung nicht gesichert war. Mit einiger Berechtigung kann angenommen werden, daß der Prozentsatz bis heute weiter angestiegen ist. Dies ist eine Folge der verschlechterten wirtschaftlichen Situation, die mit einer nicht kontrollierbaren Inflation bei den Preisen für Nahrungsmittel und andere Konsumgüter einhergeht. Im übrigen bleibt die Ernährung mit durchschnittlich 2027 Kalorien pro Kopf (im Zeitraum von 1986 bis 1989) deutlich – um 13 % – unter dem von der Weltgesundheitsorganisation (WHO) festgesetzten Mindestwert.

Afrika erscheint heute in den Statistiken als eine der ärmsten Regionen der Welt. Der wirtschaftliche Niedergang, der in den späten 70er Jahren begann, hat sich beschleunigt; viele Länder schreiben negative wirtschaftliche Wachstumsraten. Im Jahr 1987 verzeichneten etliche Länder einen Rückgang der Durchschnittseinkommen um mindestens 20 %. Tatsächlich ist das reale BSP pro Kopf nach Weltbank-Angaben heute niedriger als vor 20 Jahren.

Ende der 80er Jahre war die durchschnittliche jährliche Wachstumsrate des BSP um zwei Drittel im Vergleich zu den 70er Jahren gefallen: Im Zeitraum von 1975 bis 1979 lag die Wachstumsrate bei 5 %, seit 1988 nur noch bei 1,7 %. Im gleichen Zeitraum gingen die jährlichen Bruttoinlandsinvestitionen von 26,7 auf 20,2 % des BSP zurück (UNECA 1994). Da die afrikanischen Länder in erheblichem Umfang Kredite aufgenommen hatten, um die wachsenden Nahrungsmittelimporte bezahlen zu können, stieg die Verschuldung gegenüber dem Ausland. Dies führte dazu, daß die Regierungen Sozialausgaben drastisch kürzten. Heute ist die wirtschaftliche Entwicklung in vielen afrikanischen Ländern rückläufig, bestenfalls stagniert sie. Dies findet seinen Niederschlag in erheblichen Kürzungen bei Ausgaben für das Gesundheits- und Bildungswesen. Beispielsweise sanken die Ausgaben für Schulen 1990 um 25 %. Als Folge davon sank die Einschulungsrate im Primarschulbereich von 78 % im Jahr 1986 auf 72 % im Jahre 1990 (UNECA 1994). In etlichen Ländern steigt sowohl die Säuglingssterblichkeit als auch die Unterernährung bei Kindern wieder an. 1992 betrug die Lebenserwartung in Afrika 54 Jahre (52 Jahre in Subsahara-Afrika), während sie in den entwickelten Ländern bei über 70 Jahren lag.

Zunehmende Umweltzerstörung

Die traditionellen Anbaumethoden, das Pachtsystem und die traditionelle Rollenverteilung, die Männer beim Zugang zu Ressourcen gegenüber Frauen bevorteilt, haben zur kontinuierlichen Umweltzerstörung beigetragen. Sie ist durch einen massiven Rückgang der Wälder, durch Bodenerosion und Wüstenbildung gekennzeichnet (UNECA 1994). Eine Studie des Umweltprogramms der Vereinten Nationen von 1991 (UNEP, in: UNECA 1994) kam zu dem Ergebnis, daß Überweidung die Hauptursache für die Verschlechterung der Bodenqualität in Afrika und verantwortlich für fast die Hälfte, genauer 49,2 %, der Bodendegradation war. Weitere Ursachen waren Ausdehnung und Intensivierung der Landwirtschaft mit einem Anteil von 24,6 %, Abholzung mit 13,5 % und Übernutzung mit 12,7 %.

Jedes Jahr gehen infolge von Bodenerosion durch Wind und Wasser Millionen Hektar Ackerland verloren oder sind nicht länger nutzbar. Eine gemeinsam von der FAO und UNEP im Jahr 1979 durchgeführte Untersuchung kam beispielsweise zu dem Ergebnis, daß 36 % der Landfläche nördlich des Äquators mehr oder weniger durch Winderosion bedroht sind. In einer weiteren Studie der FAO (aus dem Jahr 1984) wurde geschätzt, daß das gesamte landwirtschaftlich nutzbare Land in Afrika durch Erosion um 29 % vermindert werden könnte (UNECA 1994). Der Anteil des Ackerlandes ist genau in dem Maße größer geworden, wie die Wildnis abgenommen hat. Die Akkerfläche pro Kopf ist hingegen von 0,5 Hektar im Jahr 1965 auf 0,29 Hektar im Jahr 1990 zurückgegangen (Cleaver/Schreiber 1994).

Der Rückgang der Wälder hängt mit der vorherrschenden landwirtschaftlichen Nutzweise des Wanderhackbaus und der damit verbundenen Brandrodung zusammen. Nach der Rodung wird ein Stück Land so lange genutzt, bis der Rückgang der Erträge anzeigt, daß der Boden ausgelaugt ist. Daraufhin bleibt das Stück Land für eine »Bracheperiode« ungenutzt, damit es sich erholen und wieder fruchtbar werden kann. Eine solche Bracheperiode kann bis zu zehn Jahre dauern. Dieses traditionelle System funktioniert so lange gut, bis andere Faktoren, insbesondere ein rasches Bevölkerungswachstum, dazu führen, daß die Ackerfläche knapp und die Bracheperiode deswegen verkürzt wird. Ein rasches Bevölkerungswachstum und zunehmender Bevölkerungsdruck haben zur Folge, daß die Bracheperiode bisweilen auf weniger als zwei Jahre verkürzt wird. Der Boden ist dann nicht mehr fruchtbar, die Erträge sinken. Häufige Rodung und Brandrodung von Wäldern und baumbestandenen Savannen zur Gewinnung von Ackerland sind der Hauptgrund dafür, daß anstelle der einst üppigen Wälder heute nur noch spärliche Büsche und Bäume wachsen.

Das Mißverhältnis zwischen Abholzung und Aufforstung trägt ebenfalls zum raschen Rückgang der Wälder bei. Nach Schätzungen der FAO (zitiert in: UNECA 1994) übertrifft die Abholzung die Aufforstung im Verhältnis von 30:1. Ein weiterer wichtiger Grund für Abholzung ist die Verwendung von Bäumen als Brennholz. Brennholzmangel ist ein großes Problem. Die Zahl der Menschen, die in Afrika von Brennholzknappheit betroffen sind, wird schätzungsweise von 201 Millionen im Jahr 1980 auf 535 Millionen im Jahr 2000 ansteigen (Baldi 1988, zitiert in: UNECA 1994).

Allein im Verlauf des Jahres 1983 hat sich die Sahara um vermutlich 150 Kilometer nach Süden über den größten Teil des Sahelgürtels ausgedehnt (UNECA 1994). Erosion, unerwartete Klimaveränderungen und infolgedessen immer längere Dürreperioden haben die Ausdehnung der Wüsten in Afrika gefördert. UNEP geht davon aus, daß insgesamt 1500 Millionen Hektar Land, das sind 80 % der Trockengebiete und des Graslandes in Subsahara-Afrika, Anzeichen von Wüstenbildung aufweisen.

Um dem Problem der zunehmenden Umweltbelastung und der geringen landwirtschaftlichen Produktivität entgegenzuwirken, sollte die Politik die Armut bekämpfen. Außerdem sollte die traditionelle Aufgabenteilung und Rollenverteilung abgebaut werden, die Frauen einen untergeordneten Platz zuweist und ihnen den Zugang zu Produktionsmitteln einschließlich Boden verwehrt (Cleaver/Schreiber 1994). Die Überwindung von Armut und die wirtschaftliche Stärkung der Frauen (diskutiert unter dem Stichwort *empowerment)* durch Zugang zu Land, so wird argumentiert, werde das Wirtschaftswachstum in ländlichen Gebieten fördern, was eine entscheidende Voraussetzung dafür sei, um die Mittel für die Erhaltung der Umwelt und die ökonomische Basis für den demographischen Übergang zu niedrigeren Geburtenraten zu gewährleisten.

Frauen und Umwelt

Die Umweltzerstörung hat einerseits gravierende Auswirkungen auf das Leben der Frauen, sowohl in ländlichen Gebieten wie in den Städten. Andererseits tragen Frauen durch ihren extensiven Verbrauch von Brennholz und Wasser sowie durch ihre landwirtschaftliche Tätigkeit selbst zum kontinuierlichen Rückgang der Wälder und dem daraus resultierenden Wassermangel bei. Wegen der verbreiteten Armut ländlicher Haushalte, der »Feminisierung« von Armut und fehlender Alternativen des Lebensunterhalts beuten Frauen die natürlichen Ressourcen aus, um ihr Überleben und das ihrer Familien zu sichern. Sie sind dazu gezwungen, obwohl sie vielleicht das nötige Wissen über Umweltschutz und nachhaltiges Wirtschaften besitzen.

Die Umweltzerstörung stellt für die afrikanische Landwirtschaft und damit für die Ernährungssicherheit eine sehr große Bedrohung dar. Natürliche Ressourcen sind von entscheidender Bedeutung für den Lebensunterhalt ländlicher Haushalte, wobei die Frauen zuständig sind für deren Verarbeitung sowie, in geringerem Umfang, für den Anbau und die Verarbeitung landwirtschaftlicher Produkte. Frauen könnten »Umweltmanagerinnen« sein, denn sie wissen sehr viel über Pflanzen und die ökologischen Vorgänge, in die sie elementar mit eingebunden sind. Doch sie sind diskriminiert, soweit es den Zugang zu und die Zuständigkeit für Land und Besitz anbetrifft.

Negative Auswirkungen

In Afrika tragen Frauen die Hauptverantwortung für die Versorgung und Erziehung der Kinder. Darüber hinaus ist es – sowohl auf dem Land wie in der Stadt – primär die Aufgabe der Frauen, Wasser zu holen, Brennholz zu sammeln und zu kochen. Auf dem Land haben Frauen außerdem die Verantwortung für kleinere Nutztiere wie Ziegen, Schafe und Hühner. Frauen verfügen auch über ein spezielles Wissen bei der Auswahl der Yamswurzeln für den Anbau. Infolgedessen spüren sie die Auswirkungen der Umweltzerstörung unmittelbar, da sich ihre Aufgaben und die traditionelle Arbeitsteilung verändern. Die Umweltzerstörung führt dazu, daß sie mehr Zeit und Energie für die Verrichtung ihrer herkömmlichen Aufgaben, der Beschaffung von Wasser und Brennholz, aufwenden müssen. Wenn die Wälder schwinden, müssen die Frauen immer weitere Wege auf der Suche nach Brennholz zurücklegen. Folglich verbringen sie viel Zeit mit dem Brennholzsammeln. In den ländlichen Gebieten von Malawi müssen die Frauen auf der Suche nach Brennholz beispielsweise mehr als acht Kilometer pro Tag laufen, und die Situation wird sich mit zunehmender Abholzung noch verschlimmern (Cleaver/Schreiber 1994).

Ungünstige Umweltbedingungen wirken sich auch negativ auf das Klima und die Wasservorräte aus. Wenn das Wasser knapper wird, müssen die Frauen beim Wasserholen weitere Wege zurücklegen. Im Mosambik wenden die Frauen mehr als 15 Stunden pro Woche für das Wasserholen auf, im Senegal sind es sogar rund 17,5 Stunden (UNDP 1995).

In vielen afrikanischen Ländern steht sauberes Trinkwasser nur eingeschränkt zur Verfügung. Wenn infolge der Umweltschäden immer weitere Wege zurückgelegt werden müssen, um sauberes Wasser zu finden, wächst der Druck, unsauberes Wasser verwenden zu müssen. Folglich steigt die Anfälligkeit für Infektionskrankheiten.

Lösungsmöglichkeiten

Die Agenda 21[5] enthält als Aktionsprogramm für das 21. Jahrhundert eine Reihe sozialer und wirtschaftlicher Themen wie Bevölkerungskontrolle, Entwicklungshilfe und Linderung der Armut, Schutz der Natur und Umgang mit natürlichen Ressourcen. Weiter geht es um die Finanzierung der Umsetzung des Aktionsplans ebenso wie Technologietransfers, die wissenschaftlichen Grundlagen für nachhaltige Entwicklung, Umwelterziehung, Informations- und Entscheidungsprozesse.

Im Anschluß an die Umweltkonferenz bekundeten alle industrialisierten Staaten (der Norden) und etliche multilaterale Einrichtungen wie die von der Weltbank eingerichtete Globale Umweltfazilität (GEF), das Entwicklungsprogramm der Vereinten Nationen (UNDP) und das VN-Umweltprogramm (UNEP) ihre Absicht, den Ländern der Dritten Welt (dem Süden) mehr finanzielle Hilfe für Umweltprogramme zu gewähren. Doch schon bald wurde in Anbetracht der dominierenden Position des Nordens in der Weltbank bezweifelt, ob künftige Projekte, die auf Initiative und unter der finanziellen Regie der GEF zustande kommen, tatsächlich die erhofften positiven Wirkungen entfalten können. Die Länder des Südens und Nichtregierungsorganisationen aus der Dritten Welt sind nur nominell an den Entscheidungen über die Verteilung der Gelder beteiligt.

---

5 Abschlußdokument der VN-Weltkonferenz über Umwelt und Entwicklung in Rio 1992 (UNCED, auch Rio-Konferenz genannt).

Als grundsätzliche Kritik an der offiziellen Linie von UNCED wird weiterhin vorgebracht, daß Maßnahmen für eine Verbesserung der Umweltqualität nur unter dem Aspekt gesehen werden, wie mehr Geld in Umweltschutzprogramme gelenkt werden kann. In dieser Perspektive bleibt unberücksichtigt, daß das westliche Modell der Entwicklung von Grund auf überdacht werden muß. Ausgeklammert sind damit auch die Probleme der Verschuldung. Viele Länder müssen wegen des Schuldendienstes verstärkt Bodenschätze und Rohstoffe exportieren, und das hat wiederum negative Auswirkungen auf die Umweltsituation. Das Geld, das in Maßnahmen zur Erholung der Umwelt fließt, wiegt dann möglicherweise nur zu einem Bruchteil den Schaden auf, der dadurch verursacht wird, daß ein Land zur Begleichung seiner Schulden und zur Finanzierung von Importen Bodenschätze in die industrialisierten Staaten exportiert. Ghana und Nigeria zum Beispiel haben einen beträchtlichen Teil ihres Waldes durch den großflächigen Einschlag von Harthölzern für den Export verloren.

Auch der 1987 erschienene Brundtland-Bericht über zukunftsfähige Entwicklung vernachlässigt die Tatsache, daß das Bruttosozialprodukt (jener Indikator, der Wachstum nach dem westlichen Entwicklungsmodell mißt) bevorzugt in den Bereichen wirtschaftlicher Tätigkeit entsteht, die am meisten zur Umweltzerstörung beitragen. Beispiele für solche umweltschädigenden Wirtschaftsbereiche sind die Ölindustrie, die Petrochemie und die agro-industrielle Landwirtschaft in tropischen Gebieten. Die Steigerung des BSP, die nach dem heute vorherrschenden Verständnis mit wirtschaftlicher Entwicklung gleichgesetzt wird, gerät dann oft in Konflikt mit Umweltschutzerfordernissen.

Vor diesem Hintergrund haben der Bevölkerungsfonds der Vereinten Nationen (UNFPA) und insbesondere Frauengruppen zu einem alternativen, auf den Menschen konzentrierten Entwicklungsmodell aufgerufen. Es soll den praktischen und strategischen Bedürfnissen von Frauen Vorrang einräumen, weil nur so die Ziele Umweltschutz und zukunftsfähige Entwicklung erreicht werden könnten. Im Jahr 1989 fand in Paris auf Initiative der Expertengruppe »Frauen in der Entwicklung« der Organisation für Wirtschaftliche Zusammenarbeit und Entwicklung (OECD) ein Seminar statt, bei dem Frauen aus der Weltbank, aus der *World Conservation Union* (IUCN), der *International Planned Parenthood Federation* (IPPF), der OECD, dem VN-Entwicklungsprogramm (UNEP) und anderen Organisationen über die verschiedenen Aspekte der Verbindung von Frauen und Umwelt diskutierten. Das Seminar stellte abschließend fest, daß es dringenden Handlungsbedarf beim *empowerment* der Frauen in den Ländern des Südens gebe. Frauen dürften nicht länger diskriminiert werden. Sie sollten frei über ihren Körper verfügen können, um die Geburtenrate zu kontrollieren, und sie müßten Zugang zu angepaßter Technologie erhalten. Nur so sei eine sozial, kulturell und ökologisch nachhaltige Entwicklung möglich (OECD/DAC, zitiert in: Braidotti et al. 1994).

Im selben Jahr organisierte das *Women´s Environmental Network* (WEN) zusammen mit *War on Want* einen Workshop in London zum Thema »Frauen, Umwelt und Entwicklung«. Im Mittelpunkt stand die Art der Beziehung zwischen Frauen und Umwelt als einer Form des wechselseitigen Hegens und Nährens, wobei die Kritik am vorherrschenden Entwicklungsmodell als Ausgangspunkt diente. Die Teilnehmerinnen des Workshops empfahlen, das vorherrschende, auf Wachstum durch Export ausgerichtete Entwicklungsmodell von Grund auf zu überdenken. Es wurde für nötig befunden, die Frauen durch Zugang zu Bildung und adäquate Strukturen zu stärken, damit sie ihren Beitrag zu einer nachhaltigen Entwicklung leisten könnten (WEN 1988, zitiert in: Braidotti et al. 1994).

Frauen und nachhaltige Entwicklung

Nachdem die Grenzen einer Entwicklung nach westlichem Vorbild erkannt und anerkannt wurden, begann die Suche nach einem alternativen, nachhaltigen Entwicklungsmodell. Die am häufigsten zitierte Definition von »Nachhaltigkeit« wurde von der Brundtland-Kommission (1987) formuliert:

> »Unter nachhaltiger Entwicklung verstehen wir eine Form der Entwicklung, die den Bedürfnissen der heutigen Generationen entspricht, ohne daß sie die Möglichkeiten der künftigen Generationen gefährdet, ihre Bedürfnisse zu befriedigen. (...) Nachhaltige Entwicklung heißt, daß die Grundbedürfnisse aller befriedigt werden und daß alle die Möglichkeit erhalten, ihre Wünsche nach einem besseren Leben zu erfüllen.«

Nach dieser Definition ist nachhaltige Entwicklung mehr als nur Bewahrung der Natur oder der umsichtige Umgang mit dem Ökosystem. Dazu gehören auch neue Modelle der gesellschaftlichen Entwicklung und der gesellschaftlichen Transformation. Zwei zentrale Aspekte des Konzepts, die in der Debatte über nachhaltige Entwicklung immer wiederkehren, sind zum einen Wirtschaftswachstum und zum anderen die Gleichstellung der Staaten, der Generationen sowie insbesondere der Geschlechter.

Die Betonung der Gleichstellung ist von entscheidender Bedeutung in der Debatte über Frauen, Umwelt und nachhaltige Entwicklung. Nachhaltiges wirtschaftliches Wachstum wird in Afrika nur erreicht werden können, wenn das Wohlergehen und die Produktivität der Frauen gefördert werden. Die Frauen spielen die entscheidende Rolle bei der Nahrungsmittelproduktion, der Sicherung des Lebensunterhalts und in der Reproduktion. Sie sind für die Erzeugung von rund drei Vierteln der Nahrungsmittel des afrikanischen Kontinents zuständig. Und die Zahl der Frauen, die Landwirtschaft betreiben, wächst ständig, weil immer mehr Männer auf der Suche nach bezahlter Arbeit in die Städte abwandern. Laut dem *Human Develop-*

ment Report aus dem Jahr 1995 war in Afrika der volkswirtschaftliche Beitrag der Frauen höher als in anderen Teilen der Welt: In Lateinamerika leisteten Frauen 28 %, in Asien 36% der wirtschaftlichen Tätigkeiten für den Markt oder Subsistenzbereich; in Afrika waren es 44 %. 80 % der Nahrungsmittelproduzenten in Afrika sind Frauen. In den ländlichen Regionen von Kenia arbeiten die Frauen im Durchschnitt 56 Stunden pro Woche; diejenigen, die Genußmittel wie Tee und Kaffee anbauen, arbeiten 62 Stunden pro Woche. Die Männer arbeiten hingegen nur rund 42 Stunden pro Woche (UNDP 1995). *Tabelle* 2 verdeutlicht die ungleiche Arbeitsteilung zwischen Männern und Frauen.

Tabelle 2: Wirtschaftliche Tätigkeiten nach Geschlecht (durchschnittlich aufgewendete Stundenzahl)

Land		Landwirtschaftliche Tätigkeiten	Andere Tätigkeiten	Insgesamt
Burkina Faso	Männer	7,0	1,7	8,7
	Frauen	8,3	6,0	14,3
Kenia	Männer	4,3	3,8	8,1
	Frauen	6,2	6,1	12,3
Nigeria	Männer	7,0	1,5	8,5
	Frauen	9,0	5,0	14,0
Sambia	Männer	6,4	0,8	7,2
	Frauen	7,6	4,6	12,2

Quelle: Saito et al. 1994.

Gegenwärtig sind die Bildungsunterschiede zwischen den Geschlechtern groß, die Ressourcen und das Eigentum an Produktionsmitteln sind ungleich zwischen den Geschlechtern verteilt, und die geltenden gesellschaftlichen Normen stehen einer gleichberechtigten Teilnahme der Frauen am Wirtschaftsprozeß entgegen. In den letzten zehn Jahren hat sich der

Frauenanteil im Bildungswesen zwar stark erhöht, doch hinsichtlich des Bildungsgrades gibt es nach wie vor Unterschiede zwischen Männern und Frauen (*vgl. Tabelle 3*).

Tabelle 3: Alphabetisierungsrate und Bildungsgrad nach Geschlecht
(ausgewählte afrikanische Länder)

Land	Einschulungsrate Anteil der Frauen in % der Männer, 1986-1992		Alphabetisierungsrate Anteil der Frauen in % der Männer, 1990
	Primarschulen	Weiterführende Schulen	
Mali	59	44	59
Elfenbeinküste	72	50	60
Uganda	82	50	56
Südafrika	96	k. A.	k. A.

Quelle: UNICEF 1995; k.A. = keine Angabe.

Bildung wirkt sich sehr positiv auf die Produktivität von Frauen, insbesondere im landwirtschaftlichen Sektor, aus. Eine Simulationsstudie, die von statistischen Angaben für Kenia ausgeht, hat dies aufgezeigt: Die landwirtschaftlichen Erträge, die Frauen erwirtschaften, könnten um 24 % gesteigert werden, wenn alle Frauen wenigstens ein Jahr Elementarbildung erhielten. Es ist vielfach belegt, daß eine Korrelation zwischen Bildung und Rückgang des Bevölkerungswachstums besteht. Mit höherem Bildungsniveau sinkt die Geburtenrate. Besser ausgebildete Frauen haben bessere Berufsmöglichkeiten, gesündere Kinder und sind eher in der Lage, das erworbene Wissen an ihre eigenen Kinder weiterzugeben.

Obwohl die afrikanischen Frauen in der Landwirtschaft eine herausragende Rolle spielen, haben sie nur selten Rechtsansprüche auf das Land, das sie bebauen, selbst wenn sie der

Haushaltsvorstand sind. In Kenia kann eine Frau nur Land pachten, wenn sie noch einen männlichen Verwandten hat. In Lesotho, Namibia und Swasiland unterstehen verheiratete Frauen juristisch ganz und gar ihren Ehemännern und haben kein Recht auf eigenen Besitz (UNDP 1995). Zu welchen positiven Folgen eine rechtliche Gleichstellung führen könnte, verdeutlicht ein Bericht der Weltbank: »Land wird seltener übernutzt, wenn die Besitzer einen eindeutigen Rechtstitel haben. Menschen, die ein sicheres Recht auf das Land haben, das sie bebauen, werden sich im Umgang damit eher von einer langfristigen Perspektive leiten lassen.« (Weltbank 1992: 137).

Weitere Hindernisse für die Beteiligung von Frauen am Wirtschaftsleben sind rechtliche Beschränkungen für Landbesitz, erschwerter Zugang zu Saatgut mangels Geld sowie Schwierigkeiten, Kredite zu erhalten, weil Bürgen fehlen. Frauen brauchen bezahlte Arbeit, damit sie ein Einkommen haben. Doch im formellen Sektor des Arbeitsmarktes finden Frauen schlecht eine Anstellung, weil sie nicht gut genug ausgebildet sind, und manchmal auch, weil sie nicht mobil genug sind. Wenn Frauen beschäftigt werden, arbeiten sie meist im informellen Sektor, wo die Verdienstmöglichkeiten gering sind.

Ausschlaggebend für nachhaltige Entwicklung ist die »Investition in Frauen«. Wenn Frauen in die Lage versetzt werden, produktiver zu sein, wird das zur Sicherung der Nahrungsmittelversorgung beitragen und das Problem der Unterernährung mildern. Darüber hinaus können die Frauen selbst ein Teil der Lösung des Umweltproblems sein, wenn sie die Investitionshilfen erhalten, die sie brauchen, um ihre Produktivität zu steigern. Eine bessere Ausbildung der Frauen, mehr Gesundheitsvorsorge und bessere hygienische Bedingungen werden ihr Umweltbewußtsein deutlich erhöhen. Besonders indem Frauen Landbesitz und Eigentum erhalten, wird ihre Bereitschaft gestärkt, in das Land zu investieren und sorgfältig damit umzugehen.

Fazit

Auf jeder Stufe der Entwicklung hängen die Auswirkungen des menschlichen Handelns auf die Umwelt von der Beziehung zwischen Bevölkerungsgröße und der Produktion ab, die zur Befriedigung des Konsums pro Kopf erforderlich ist. Außerdem spielen die negativen oder positiven Auswirkungen der bei der Produktion eingesetzten Technologien eine Rolle. In Afrika bleibt das rasche Bevölkerungswachstum eine schwere Bürde für die Umwelt. Die Verantwortung für eine Verlangsamung des Bevölkerungswachstums wird den Frauen zugewiesen. Damit sie diese Erwartung erfüllen können, müssen die geschlechtsbedingten Ungleichheiten abgebaut werden, die dem *empowerment* der Frauen entgegenstehen.

Da in Afrika ein nachhaltiges Wirtschaftswachstum stark von einer Förderung des Wohlergehens und der Produktivität der Frauen abhängt, müssen auch die Umweltbedingungen besser werden. Dies erleichtert Frauen wiederum ihre Arbeit und läßt ihnen mehr freie Zeit für Erholung und Entspannung. Wenn sie weniger Zeit aufwenden müssen, um Brennholz zu sammeln, Wasser zu holen und Futter für kleine Nutztiere zu beschaffen, haben sie mehr Zeit für die Landwirtschaft und andere einträgliche Tätigkeiten. Ein besserer Zugang zu sauberem Trinkwasser hilft, die Erkrankungsziffern zu senken, während mehr Zeit für die Produktion mehr Ernährungssicherheit schaffen und die Unterernährung mildern wird (Weltbank 1992). Bessere Bildung, Zugang zu Land und Krediten, Stärkung der gesetzlichen Rechte von Frauen würden nicht nur den einzelnen Frauen zugute kommen, sondern auch zum Schutz der Umwelt und zum wirtschaftlichen Wohlergehen ihrer Familien und der Gemeinschaft insgesamt beitragen. Besonders wichtig ist es, daß Frauen ein Recht auf Landerwerb und Eigentum bekommen, denn dann werden sie in das Land investieren und es schonend bebauen. Wenn im Bildungswesen die Kluft zwischen den Geschlechtern geschlossen wird, wird sich der Umgang mit der Umwelt verbessern. Außerdem wird sich die Produktivität der Frauen erhöhen, sie werden gesünder sein, die Kindersterblichkeit wird zurückgehen, der Gesundheitszustand der Familien wird besser werden, die Geburtenrate wird sinken, so daß sich das Bevölkerungswachstum verlangsamen kann.

Frauen können selbst ein Teil der Lösung des Umweltproblems sein. Zugleich dürfen, wie einige AutorInnen angemerkt haben (Braidotti et al. 1995), für das Erreichen dieses Ziels nicht allein die Frauen verantwortlich gemacht werden.

Deutsche Übersetzung: Dr. Ursel Schäfer

Literatur

Baden, S./Green, C./Otoo-Oyortey, N./Peasgood, T., 1994: Background Paper on Gender Issues in Ghana, Informationen über Entwicklung und Geschlecht, Institut für Entwicklungsstudien an der Universität von Sussex.

Boserup, E., 1970: Women´s Role in Economic Development, New York. (deutsch: Die ökonomische Rolle der Frau in Afrika, Asien, Lateinamerika, Stuttgart 1982).

Braidotti, R./Charkiewicz, E./Häusler, S./Wieringa, S., 1994: Women, the Environment and Sustainable Development. Towards a Theoretical Synthesis, Zed Books in Verbindung mit INSTRAW.

Brown, L., 1988: The Changing World Food Prospect: The Nineties and Beyond, Worldwatch Paper 85, Oktober, Washington D.C.

Brundtland-Bericht, 1987: Unsere gemeinsame Zukunft. Der Brundtland-Bericht der Weltkommission für Umwelt und Entwicklung, hrsg. von Volker Hauff, Greven.

Cleaver, K.M./Schreiber, G.A., 1994: Reversing the Spiral: The Population, Agriculture and Environment Nexus in Sub-Saharan Afrika, (Weltbank), Washington D.C.

Ehrlich, P./Ehrlich, A., 1990: The Population Explosion, New York.

Ehrlich, P./Ehrlich, A., 1991: Healing the Planet, Reading/Mass.

Ehrlich, P., 1971: Eco-Catastrophe!, in: Revelle, R./Khosla, A./Vinovskis, M. (Hg.): The Survival Equation: Man, Resources, and his Environment, Boston, S. 352-364.

Ehrlich, P. et al., 1989: Global Change and Carrying Capacity: Implications for Life on Earth, Stanford/California.

FAO (Organisation für Ernährung und Landwirtschaft der Vereinten Nationen), 1994: Potential Population-Supporting Capacity of Lands: Environmental Aspects, in: Vereinte Nationen (Hg.): Population, Environment, and Development. Bericht über die Verhandlungen der Expertengruppe der Vereinten Nationen über Bevölkerung, Umwelt und Entwicklung im Januar 1992, New York, S. 256-261.

Gould, W., o.J.: Population Growth, Environmental Stability and Migration in Western Kenya; from Malthus to Boserup, in: Zaba, B./Clarke, J. (Hg.): Environment and Population Change, IUSSP, Lüttich.

Makinwa-Adebusoye, P./Olawoye, J., 1992: Gender Issues in the Nexus between Population Growth, Agricultural Stagnation, and Environmental Degradation in Nigeria, Studie im Auftrag der Weltbank, Washington D.C.

Malthus, Th. R., 1970 (1798): An Essay on the Principle of Population, hrsg. von A. Field, Harmondsworth, (deutsch: Das Bevölkerungsgesetz, München 1977).

Meadows, D./Meadows, D./Randers, J., 1992: Beyond the Limits. Global Collapse or a Sustainable Future, Post Mills (deutsch: Die neuen Grenzen des Wachstums. Die Lage der Menschheit: Bedrohung und Zukunftschancen, Stuttgart 1992).

Republik Nigeria in Zusammenarbeit mit UNICEF, 1995: Multiple Indicator Cluster Survey.

Revelle, R., 1976: The Resources Available for Agriculture, in: Scientific American, Nr. 235, S. 164-178.

Saito, K./Mekonen, H./Spurling, D., 1994: Raising the Productivity of Women Farmers in Sub-Saharan Africa, Diskussionspapier für die Weltbank, Washington D.C.

UNDP (United Nations Development Programme), 1995: Human Development Report 1995, Weltbank, Social Indicators of Development, Washington D.C.

UNFPA (United Nations Fund for Population Activities), 1996: 1996 Population Issues Briefing Kit.

UNICEF (United Nations International Children´s Emergency Fund), 1995: The State of the World´s Children, Oxfordshire.

UNECA (United Nations Economic Commission for Africa), 1994: Major Population and Environmental Problems in Africa, in: Vereinte Nationen (Hg.): Population, Environment, and Development, Bericht über die Verhandlungen der Expertengruppe der Vereinten Nationen über Bevölkerung, Umwelt und Entwicklung im Januar 1992, New York, S. 220-234.

UNECA (United Nations Economic Commission for Africa)/OAU (Organization for African Unity), 1995: African Platform for Action: African Common Position for the Advancement of Women, 5. Afrikanische Regionalkonferenz über Frauen, Dakar 16.-23. November 1994.

Weltbank, 1990: World Development Report 1990: Poverty, New York.

Weltbank, 1992: World Development Report 1992: Development and the Environment, New York.

WHO (Weltgesundheitsorganisation), 1994: Environmental Causes of Morbidity and Mortality, in: Vereinte Nationen (Hg.): Population, Environment, and Development, Bericht über die Verhandlungen der Expertengruppe der Vereinten Nationen über Bevölkerung, Umwelt und Entwicklung im Januar 1992, New York, S. 271-277.

World Resource Institute, 1992: World Resources 1992-93, New York.

BINA AGARWAL

Geschlechterfrage und Umwelt: Anregungen aus Indien[1]

Wie sieht die Beziehung von Frauen zu ihrer Umwelt aus? Ist sie anders als die der Männer? In der wachsenden Literatur zum Ökofeminismus im Westen, vor allem in den Vereinigten Staaten, wird das Verhältnis zwischen Geschlecht und Umwelt in erster Linie als ein ideologisches konzipiert. Der sich zuspitzende Überlebenskampf in den Entwicklungsländern beleuchtet die materielle Grundlage dieses Verhältnisses und bildet den Ausgangspunkt für eine Alternative zum ökofeministischen Verständnis, das ich »feminist environmentalism«[2] nenne.

In diesem Beitrag wird aufgezeigt, wie Frauen – und hier vor allem in armen ländlichen Haushalten in Indien – auf eine sehr geschlechtsspezifische Weise zu Opfern der Umweltzerstörung werden. Zugleich handeln Frauen als Akteurinnen in Bewegungen zum Umweltschutz, in die sie häufig eine geschlechtsspezifische Perspektive miteingebracht haben, die unsere Sichtweise der Alternativen prägen sollte. Um diese Diskussion zu konkretisieren und um die gegensätzlichen Dimensionen von Frauen als Opfer und Handelnde erörtern zu können, wird sich dieser Beitrag mit indischen Beispielen beschäftigen, die jedoch sicherlich auch für andere Teile der

---

1 Dies ist die leicht gekürzte Fassung eines Beitrages, der erschienen ist in: Feminist Studies, Jg. 18 (Frühjahr 1992) Nr.1, S. 120-158.

2 Der von Agarwal im englischen Original benutzte Begriff »feminist environmentalism« läßt sich nur unzureichend mit »feministischem Umweltschutz« übersetzen und wird daher übernommen (Anm. der Herausgeberinnen).

Dritten Welt relevant sind. Der Beitrag gliedert sich in fünf Abschnitte. Der erste Abschnitt gibt einen Überblick über die ökofeministische Debatte in den Vereinigten Staaten und eine bekannte indische Variante dieser Richtung, um dann ein Alternativkonzept vorzustellen. Die folgenden drei Abschnitte gehen der Art und den Ursachen der Umweltzerstörung im ländlichen Indien nach, ihren klassen- und geschlechtsspezifischen Auswirkungen sowie den Reaktionen darauf durch den Staat und Basisinitiativen. Im Schlußteil wird ein alternativer, transformativer Entwicklungsansatz vertreten.

Einige konzeptionelle Erläuterungen

Ökofeminismus

Der Begriff Ökofeminismus schließt verschiedene Diskursstränge ein, von denen die meisten zum einen noch konkreter ausformuliert werden müssen und zum anderen die verschiedenen Standpunkte innerhalb der westlichen feministischen Bewegung (radikale, liberale, sozialistische) widerspiegeln. Noch ist der Ökofeminismus als Denkrichtung unausgereift und erst dabei, sich herauszubilden, doch findet er immer größere Zustimmung. Anstatt einer detaillierten Kritik dieses Diskurses werde ich mich auf einige seiner grundlegenden Elemente beschränken, vor allem um zu prüfen, ob und inwiefern sie in die Formulierung einer Dritte-Welt-Perspektive zu Geschlecht und Umwelt einfließen können.

Entwirrt man die verschiedenen Diskussionsstränge und beschränkt sich auf diejenigen, die am klarsten ausformuliert sind, dann ergibt sich folgendes Bild der ökofeministischen Argumentation:[3]

3 Dazu insbesondere King 1981, 1989 und 1990; Griffin 1978; Merchant 1980; Longino 1981; Salleh 1984; Cheney 1987; Warren 1987; und Zimmermann 1987.

- Es bestehen wichtige Zusammenhänge zwischen der Beherrschung und Unterdrückung von Frauen und der Beherrschung und Ausbeutung der Natur.
- Im patriarchalischen Denken gelten Frauen als stärker naturverbunden, Männer hingegen erscheinen in größerer Nähe zur Kultur. Die Natur wird als minderwertig gegenüber der Kultur betrachtet, folglich werden Frauen als minderwertig gegenüber Männern betrachtet.
- Da die Herrschaft über die Frauen und die Herrschaft über die Natur miteinander einhergehen, haben Frauen ein besonderes Interesse daran, die Herrschaft über die Natur zu beenden und »die entfremdete menschliche und nichtmenschliche Natur zu heilen« (King 1989: 18)[4].
- Die feministische und die Umweltbewegung stehen beide für egalitäre, nichthierarchische Systeme. Folglich haben sie vieles gemeinsam und müssen bei der Formulierung einer gemeinsamen Perspektive, Theorie und Praxis zusammenarbeiten.

Nach der ökofeministischen Argumentation wird somit der Zusammenhang zwischen der Herrschaft über Frau und Natur im wesentlichen *ideologisch* gesehen, als verankert in einem System der Ideen und Vorstellungen, der Werte und Überzeugungen, das Frauen und die nichtmenschliche Welt dem Mann hierarchisch unterordnet. Frauen und Männer werden aufgefordert, sich selbst und ihr Verhältnis zueinander und zur nichtmenschlichen Welt neu und nicht hierarchisch zu definieren. Hier stellt sich die Frage, wie sich die Verbindung von Natur und Frau begründen läßt. Die Auffassung, daß Frauen stärker naturverbunden seien als Männer, wurde ursprünglich von Sherry Ortner in die feministische Diskussion eingebracht (Ortner 1974: 72f.) und in ihrer ursprünglichen Formulierung eindeutig auf den biologischen Reproduktionsprozeß zurückgeführt, obwohl Ortner auch einräumt, daß Frauen ebenso wie

4 Die englischsprachigen Zitate in diesem Beitrag wurden ins Deutsche übertragen.

Männer zwischen Natur und Kultur vermitteln. KritikerInnen vor allem aus der Sozialanthropologie argumentieren, die Trennung zwischen Natur und Kultur sei ebensowenig universal in allen Kulturen vorhanden wie die einheitliche Bedeutung, die Ortner den Begriffen »Natur«, »Kultur«, »männlich« und »weiblich« zuschreibt.[5] Während Ortner den biologistischen Standpunkt nicht mehr vertritt, greifen einige Ökofeministinnen unkritisch ihre Hervorhebung der Biologie auf und wiederholen sie auf verschiedene Weise. Eine Extremform dieses Standpunktes nimmt Ariel Kay Salleh ein, indem sie argumentiert:

> »Der monatliche Fruchtbarkeitszyklus der Frauen, die Kräfte zehrende Symbiose der Schwangerschaft, der Trennungsschmerz während der Geburt und die Freude, ein Kind zu stillen, all diese Dinge begründen das Bewußtsein von Frauen, eins mit der Natur zu sein. Wie verborgen oder unbewußt diese Identität vielen Frauen auch sein mag (...), sie ist dennoch ›eine Gegebenheit des Lebens‹.« (Salleh 1984: 340)

Andere Ökofeministinnen wie Ynestra King und Carolyn Merchant führen an, die Dichotomie zwischen Natur und Kultur sei falsch. Sie sei ein patriarchalisches ideologisches Konstrukt, das dazu diene, die Hierarchie der Geschlechter aufrechtzuerhalten. Gleichzeitig erkennen sie an, daß Frauen aufgrund ihrer biologischen Funktionen ideologisch als stärker naturverbunden konstruiert werden (Merchant 1980: 2f.). Merchant zeigt jedoch in einer aufschlußreichen historischen Analyse, daß die konzeptionelle Verbindung zwischen Frau und Natur im vorneuzeitlichen Europa auf zwei parallel existierenden und stark divergierenden Bildern beruhte, die beide mit dem weiblichen Geschlecht identifiziert wurden. Während das eine die Zerstörung der Natur sanktionierte, schränkte das andere sie ein und identifizierte die Natur, vor allem die Erde,

---

5 Siehe dazu die Einzelstudien und insbesondere MacCormacks Einführung in: MacCormack/Strathern 1980: 13. Daneben auch Moore 1989.

mit einer nährenden Mutter. Kulturell hemmte dieses Bild »die sozial und moralisch sanktionierten Handlungen der Menschen, die sie sich gegenüber der Erde herausnahmen. Man schlachtet nicht seine Mutter, wühlt in ihren Eingeweiden nach Gold oder verstümmelt ihren Leib.« (Merchant 1980: 144). Das entgegengesetzte Bild, das die Natur als wilde, unbezähmbare Macht zeigte, die Gewalt, Stürme, Dürre und allgemeines Chaos brachte, sanktionierte in kultureller Hinsicht die Bändigung und die Beherrschung der Natur durch den Menschen.

Die wissenschaftliche Revolution und die Ausweitung der marktorientierten Gesellschaftsordnung in Europa zwischen dem 16. und 17. Jahrhundert höhlten das Bild eines organischen Kosmos mit einer lebendigen weiblichen Erde im Mittelpunkt aus. Es mußte einer mechanistischen Weltanschauung weichen, in der die Natur als etwas betrachtet wurde, das der Mensch zu bändigen und zu beherrschen hatte. Die beiden Vorstellungen des Mechanismus und der Beherrschung der Natur trugen gleichermaßen zur Beraubung der Natur und zur männlichen Dominanz über Frauen bei. Wenn heute die egalitären Ziele der Frauen- und der Umweltbewegung nebeneinandergestellt würden, so könnten nach Merchant neue Wertvorstellungen und gesellschaftliche Strukturen entstehen. Sie würden nicht länger auf der Ausbeutung der Frau und der Natur als Ressourcen, sondern auf der uneingeschränkten Entfaltung männlicher wie weiblicher Anlagen und auf der Bewahrung einer unversehrten Umwelt beruhen (Merchant 1980: xix).

Der ökofeministische Diskurs hebt folgende Punkte hervor: (a) einige wichtige konzeptionelle Zusammenhänge zwischen der symbolischen Konstruktion von Frau und Natur und der Weise, wie beide behandelt werden; (b) die zugrunde liegende Gemeinsamkeit zwischen den Prämissen und den Zielen der Frauen- und Umweltbewegung und (c) eine alternative Vision einer egalitäreren und harmonischeren Gesellschaft der Zukunft.

Gleichzeitig ist die ökofeministische Argumentationsweise, wie sie konstruiert wurde, in mehrfacher Hinsicht problematisch:

- Sie postuliert den Begriff »Frau« als eine einheitliche Kategorie und differenziert nicht nach Klassenzugehörigkeit, Rasse, ethnischer Herkunft und so weiter. So werden andere als geschlechtsspezifische Herrschaftsformen ignoriert, obwohl sie ebenfalls die Position der Frau maßgeblich bestimmen.[6]
- Die Herrschaft über Frau und Natur wird beinahe ausschließlich in der Ideologie verortet, während die (damit verknüpften) materiellen Quellen für diese auf ökonomischen Prinzipien und politischer Macht beruhende Dominanz vernachlässigt werden.
- Selbst im Bereich der ideologischen Konstrukte (mit Ausnahme von Merchants Analyse) wird wenig über die sozialen, ökonomischen und politischen Strukturen ausgesagt, innerhalb derer sich diese Konstrukte herausgebildet und verändert haben. Zudem wird nicht die zentrale Frage der Mittel angesprochen, mit deren Hilfe bestimmte herrschende Gruppierungen (aufgrund ihres Geschlechtes, ihrer Klasse oder ähnlichem) in der Lage sind, Veränderungen der Ideologie zu ihren Gunsten zu bewerkstelligen und diese zu festigen.
- Die ökofeministische Argumentation betrachtet nicht die tatsächlich gelebte Beziehung von Frauen zur Natur, die im Widerspruch steht zu der Vorstellung, die andere und sie selber möglicherweise von der Beziehung haben.
- Die Strömungen des Ökofeminismus, die den Zusammenhang zwischen Frau und Natur auf die Biologie zurückführen, können als Repräsentanten einer Form des Essentialismus betrachtet werden (einer bestimmten Vorstellung von einer weiblichen »Essenz«, die unveränderbar und nicht re-

6 King 1981 (im Gegensatz zu ihrem früheren Werk) erwähnt die Notwendigkeit einer solchen Differenzierung, erörtert aber nicht, welchen Einfluß eine Anerkennung dieser Unterschiede auf ihre grundlegende Analyse hätte.

duzierbar ist).[7] Eine solche Formulierung widerspricht der weithin anerkannten Auffassung, daß Konzepte der Natur, Kultur, des Geschlechtes etc. historisch und sozial konstruiert werden und quer durch die verschiedenen, wie auch innerhalb der Kulturen und Epochen variieren.[8]

Die Debatte erhellt die Auswirkungen ideologischer Konstrukte auf die Herausbildung von Formen der Geschlechterdominanz und von Verhaltensweisen gegenüber der nichtmenschlichen Welt. Sollen diese Konstrukte aber hinterfragt werden, dann muß ein Schritt weitergegangen werden. Wir benötigen ein theoretisches Verständnis dessen, was man die »politische Ökonomie der ideologischen Konstruktion« nennen könnte, also von dem Wechselspiel zwischen gegensätzlichen Diskursen, den Gruppen, die bestimmte Diskurse vertreten, und den Mitteln, mit deren Hilfe die in diesen Diskursen enthaltenen Ansichten gefestigt werden. Von entscheidender Bedeutung ist ebenso die Basis einer Beziehung der Frauen zur nichtmenschlichen Welt auf anderen Ebenen außer der ideologischen (zum Beispiel anhand der Arbeit, die Frauen und Männer leisten, und der geschlechtsspezifischen Verteilung von Besitz und Macht). Ebenso gilt es aufzuzeigen, wie die nach Schichten (Kasten oder Rassen) unterschiedlichen materiellen Realitäten von Frauen ihre jeweilige Reaktion auf die Umweltzerstörung bestimmen. Im Westen haben beispielsweise Frauen auf ganz spezifische Weise auf die drohende Umweltzerstörung reagiert. Sie haben zum Beispiel in England den »Greenham Commons«-Widerstand gegen Atomraketen organisiert und sich in ganz Europa und den Vereinigten Staaten aktiv in der Grünen-Bewegung engagiert. In vergleichbarer Weise haben Frauen in der Dritten Welt zahlreiche Maßnahmen ergriffen, die noch erörtert werden. Die Frage lautet also: Gibt es geschlechtsspezifische Aspekte in diesen Reaktionen? Und wenn ja, worin gründen sie?

---

7 Eine aufschlußreiche Erörterung der Debatte um Essentialismus und Konstruktivismus innerhalb der feministischen Theorie findet sich bei Fuss 1989.

8 Siehe dazu die Einzelstudien in MacCormack/Strathern 1980.

Vandana Shivas Arbeit über Indien bringt uns einen Schritt weiter. Wie die Ökofeministinnen meint sie, Gewalt gegen Frauen und Natur beruhe auf der Art und Weise ihrer Wahrnehmung. Wie Merchant argumentiert sie (Shiva 1988: 39), daß Gewalt gegen die Natur ein fester Bestandteil des herrschenden industriellen Entwicklungsmodells sei und eine Bürde der Kolonialzeit. Mit der Übernahme dieses Entwicklungsmodells, so Shiva weiter, sei ein radikaler Begriffswechsel verbunden gewesen: weg von der traditionellen indischen kosmologischen Sichtweise der (belebten und unbelebten) Natur als *Prakriti,* als Aktivität und Mannigfaltigkeit und als Ausdruck von *Shakti,* dem femininen und kreativen Prinzip des Kosmos, das zusammen mit dem maskulinen Prinzip *(Purusha)* die Welt erschaffen habe. Bei diesem Wandel sei die lebendige Beziehung zwischen Mensch und Natur ersetzt worden durch die Vorstellung von einem Menschen, der losgelöst sei von der trägen und passiven Natur und der über sie herrsche. Aus Sicht der Natur und der in ihr verwurzelten Frauen sei dieser Wechsel repressiv und gewaltsam gewesen. »Für die Frauen (...) ist der Tod von Prakriti gleichzeitig der Beginn ihrer Marginalisierung, Erniedrigung, Verdrängung und am Ende Entbehrlichkeit. Die ökologische Krise ist, ihrem Ursprung nach, der Tod des femininen Prinzips.« (Shiva 1988: 42).

Gleichzeitig stellt Shiva fest, daß Gewalt gegen Frauen und die Natur nicht nur auf ideologischer, sondern auch auf materieller Ebene miteinander verknüpft sind. So seien Frauen in der Dritten Welt bei der Beschaffung des Lebensunterhalts für sie selbst, ihre Familien und Gemeinschaften auf die Natur angewiesen. Die Zerstörung der Natur bedeutet folglich die Zerstörung der Lebensgrundlagen. Shiva beruft sich auf ihre Erfahrungen bei der Zusammenarbeit mit Frauenaktivistinnen in der Chipko-Bewegung – der Umweltbewegung für den Schutz und die Erneuerung der Wälder in den Garhwal-Bergen in Nordwestindien. Sie argumentiert, daß Frauen in der Dritten Welt einerseits stark abhängig von der Natur seien, andererseits aber auch ein besonderes Wissen über die Natur hätten.

Dieses Wissen sei unter dem Einfluß der modernen Wissenschaft systematisch marginalisiert worden: »Die moderne reduktionistische Wissenschaft, wie die Entwicklungspolitik, erweist sich als ein patriarchales Modell, das Frauen als Expertinnen, die Ökologie sowie ganzheitliche Erkenntnismethoden ausgeschlossen hat, welche die Prozesse innerhalb der Natur und ihre Verknüpftheit untereinander als Wissenschaft anerkennen.« (Shiva 1988: 14f.).

Shiva geht sicherlich einen Schritt weiter als westliche Ökofeministinnen, indem sie Verbindungen erforscht zwischen Entwicklungsmodellen, entwicklungspolitischen Veränderungen und den Auswirkungen dieser Veränderungen gleichermaßen auf die Umwelt und Menschen, die mit ihrem Lebensunterhalt von ihr abhängig sind. Diese Verknüpfungen sind von entscheidender Bedeutung. Dennoch leidet Shivas Argumentation unter drei grundlegenden analytischen Problemen. Erstens verallgemeinert sie ihre Erfahrungen mit ländlichen Frauen aus Nordwestindien auf alle Frauen der Dritten Welt, die sie in einer Kategorie zusammenfaßt. Sie unterscheidet zwar Frauen der Dritten Welt von anderen, doch differenziert sie ebensowenig wie die Ökofeministinnen nach Frauen aus verschiedenen Klassen, Kasten, Rassen oder ökologischen Zonen. Somit stützt sich auch ihre Analyse implizit auf eine Form des Essentialismus, wenn sie Frauen der Dritten Welt als »verankert in der Natur« betrachtet, die allein aufgrund ihres Geschlechtes eine besondere Beziehung zu ihrer natürlichen Umwelt haben. Auch hier stellt sich wieder die Frage: Worauf gründet sich diese Beziehung, und wie gelangen Frauen zu diesem besonderen Verständnis?

Zweitens diskutiert Shiva nicht, durch welche konkreten Prozesse und Institutionen sich in Indien die ideologischen Konstrukte zu Geschlecht und Natur verändert haben. Ebensowenig erkennt sie, trotz der ethnischen und religiösen Vielfalt Indiens, das Nebeneinander verschiedener ideologischer Strömungen an. Ihre Herausstreichung des femininen Prinzips als Leitidee des indischen philosophischen Diskurses trifft lediglich auf den Hinduismus zu und läßt sich nicht auf InderInnen anderer religiöser Überzeugungen übertragen.[9] Der Hinduismus selbst ist pluralistisch, flexibel und enthält mehrere nebeneinander bestehende Lehren mit unterschiedlichen Auswirkungen auf die Geschlechterfrage.[10] Noch wichtiger ist

---

9 Siehe dazu Dietrich 1989. Abgesehen von der religionsbezogenen Eigenart der Lehre vom femininen Prinzip bieten die geheiligten Haine ein interessantes Beispiel für die Beziehung zwischen unterschiedlichen religiösen Traditionen und ihrer Umgebung. Diese Haine, die zunehmend verschwinden, sind lokalen Gottheiten gewidmet. Sie erstrecken sich gelegentlich über Dutzende Hektar, werden traditionell von örtlichen Hindu- und Stammesgemeinden unterhalten und sind in verschiedenen Teilen des Landes zu finden. Der Zutritt zu ihnen war streng geregelt, und das Schlagen von Bäumen war in der Regel verboten (Gadgil/Vartak 1975). Unter dem Stamm der Khasi im Nordosten Indiens haben ältere nichtchristliche Khasi, mit denen ich gesprochen habe, den Hauptgrund für die Zerstörung der Haine in der weitverbreiteten Konversion der Khasi zum Christentum gesehen, was den traditionellen Glauben an Gottheiten aushöhlte und damit das Haupthindernis für die Ausbeutung dieser Haine zur persönlichen Bereicherung beseitigte.

10 Von der Rigveda, der mündlich seit mehr als 3000 Jahren überlieferten Sammlung geheiligter Hymnen aus dem Sanskrit, welche die Wurzeln des brahmanischen Hinduismus enthält, heißt es beispielsweise, sie sei traditionell für Frauen und die Kaste der Unberührbaren unzugänglich gewesen; mit der Begründung, sie würden die Magie der Worte besudeln, war es beiden untersagt, die Hymnen zu zitieren (ausführlich dazu Flaherty 1990). Im Gegensatz dazu suchte die *Bakhti*-Bewegung, die um das sechste Jahrhundert einsetzte, die direkte Verbindung zwischen Gott und Individuum (ohne die Vermittlung eines Brahmanen), ohne Rücksicht auf das Geschlecht und die Kaste des Einzelnen. Ihre Anhänger verbreiteten zahlreiche Lobeshymnen und -verse in den Umgangssprachen. Viele Frauen werden mit der Bewegung in Zusammenhang gebracht, eine der bekanntesten ist die Dichterin und Heilige Mirabai aus dem 16. Jahrhundert. Heutzutage besteht die *Bakhti*-Tradition neben ritualistischeren und strengeren brahmanischen Traditionen. In ähnlicher Weise hat es in der Geschichte verschiedene Fassungen des großen historischen Epos *Ramayana* gegeben, darunter auch Fassungen, in denen die weibliche Hauptfigur Sita keineswegs die Unterwürfigkeit gegenüber ihrem Gatten an den Tag legt, die in der allgemein bekannten Fassung (die wie ein heiliger Text behandelt wird) hervorgehoben wird und das Bild der idealen indischen Frau in den modernen Medien geprägt hat. Der feministische Widerstand gegen solche künstlichen Geschlechterverhältnisse hat verschiedene Formen angenommen. Unter anderem wird die weitverbreitete Interpretation weiblicher Fi-

die Tatsache, daß Shivas Analyse offenläßt, wie und in welchen historischen Zeitspannen sich das feminine Prinzip in der Praxis auf das Geschlechterverhältnis oder die Beziehung zwischen Mensch und Natur ausgewirkt hat. Drittens macht Shiva für die Zerstörung der Natur und die Unterdrückung von Frauen (sowohl symbolisch wie auch real) in erster Linie die koloniale Geschichte der Dritten Welt verantwortlich, daneben aber auch die Oktroyierung der westlichen Wissenschaft und des westlichen Fortschrittmodells. Unleugbar haben Kolonialherrschaft und Modernisierungsprozesse in den Ländern der Dritten Welt zur Zerstörung und Deformation wirtschaftlicher, institutioneller und kultureller Strukturen beigetragen. Allerdings darf nicht übersehen werden, daß dieser Prozeß die bereits bestehenden wirtschaftlichen und sozialen (auch geschlechtsspezifischen) Ungleichheiten verschärfte.

Das vorbritische Indien war, insbesondere während der Mogulherrschaft, sehr stark nach Schichten oder Kasten gegliedert, auch wenn die Stratifizierung regional unterschiedlich aussah (Habib 1984; ders. in Chaudhuri/Habib 1982). Dies wirkte sich auf den Zugang zu den natürlichen Ressourcen und deren Nutzung durch verschiedene Schichten und gesellschaftliche Gruppierungen aus. Auch wenn die politische Ökonomie der Nutzung natürlicher Ressourcen vor der Kolonialzeit noch viel intensiver erforscht werden muß, mahnt der Nachweis damaliger, sozial differenzierter bäuerlicher Gemeinschaften zur Vorsicht vor zu starken historischen Verallgemeinerungen über die Auswirkungen der Kolonialherrschaft.

Indem Shiva das »Problem« beinahe ausschließlich in der Erfahrung der Dritten Welt mit dem Westen ansiedelt, berücksichtigt sie zu wenig den sehr realen lokalen Einfluß der Macht-, Privilegien- und Besitzverhältnisse, die schon vor der Kolonialzeit bestanden. Die heutigen Gegebenheiten sind das

---

guren in den Epen in Frage gestellt und die Aufmerksamkeit auf alternative Ansätze gelenkt (Chakravarty 1983; Agarwal 1985).

vielschichtige Ergebnis eines Wechselspiels kolonialer und vorkolonialer Verhältnisse, das die Grenzen und die Parameter vorgibt, innerhalb derer und von denen aus das gegenwärtige Denken und Handeln bezüglich der Entwicklung, der Nutzung von Ressourcen und des sozialen Wandels sich fortentwickeln muß. Eine Strategie des Wandels erfordert besonders eine ausführliche Analyse der strukturellen Ursachen der Umweltzerstörung, ihre Auswirkungen und die Reaktionen darauf. Im folgenden stelle ich deshalb das von mir so benannte alternative Denkmodell des »feminist environmentalism« vor.

Feminist environmentalism

Ich möchte an dieser Stelle anregen, daß das Verhältnis von Frauen wie von Männern zur Natur als verankert in den materiellen Gegebenheiten, in der spezifischen Interaktion mit der Umwelt verstanden werden muß. Die Arbeitsteilung wie auch die Verteilung des Reichtums beruhen auf der Geschlechts- und (Kasten- oder Rassen-) Klassenzugehörigkeit, prägen so die Interaktion zwischen Mensch und Natur und beeinflussen die Auswirkungen der Umweltzerstörung auf die Menschen und deren Reaktionen darauf. Erfahrungen werden von der Arbeitsteilung und der Verteilung von Macht und Reichtum geprägt. Und wo das Wissen über die Natur in seinen Grundstrukturen erfahrbar ist, da beeinflussen diese Prägungen wiederum das Wissen, das auf dieser Erfahrung beruht. So war es zum Beispiel eine typische Aufgabe armer Bauern- und Stammesfrauen, Brennholz und Viehfutter zu holen. In Berg- und Stammesgemeinschaften waren sie häufig auch diejenigen, die die Felder bestellten; sie sind somit auf spezifische Weise von der Umweltzerstörung betroffen. Gleichzeitig erwarben sie im täglichen Umgang mit der Natur ein besonderes Wissen von der Artenvielfalt und den natürlichen Regenerationsprozessen. Folglich können Frauen sowohl als Opfer der Naturzerstörung wie auch als Quellen für ein Wissen über die Natur betrachtet werden, das sich von den Männern ihrer Schicht unterscheidet. Der erstgenannte Aspekt bietet folglich den geschlechtsspezifischen Antrieb zum Widerstand und zur Reaktion auf Umweltzerstörung. Letzterer beeinflußt ihre Wahrnehmung und ihre Handlungsmöglichkeiten.

Diese Konzeptualisierung ermöglicht es, die Beziehung zwischen Frauen und Umwelt als strukturiert von einer gegebenen geschlechts- und (kasten- oder rassen-) klassenspezifischen Organisation der Produktion, Reproduktion und Verteilung zu sehen. Ideologische Konstrukte, wie das der Geschlechter, der Natur und der Beziehung zwischen den beiden, können als (interaktiver) Teil dieser Strukturierung betrachtet werden, aber nicht als das Ganze. Diese Perspektive nenne ich »feminist environmentalism«. Im Sinne von konkretem Handeln ruft eine solche Perspektive zum Kampf sowohl um Ressourcen wie auch um symbolische Bedeutungen. Sie impliziert die Auseinandersetzung mit den herrschenden Gruppen, die über die Macht und das Privileg verfügen, die Ressourcen zu kontrollieren. Darin eingeschlossen ist zudem die Auseinandersetzung mit denselben oder anderen Gruppen, welche mittels Bildungseinrichtungen, Medien, religiösen oder juristischen Institutionen die Einstellungen zu den Ressourcen kontrollieren. Feministisch gesehen, müssen hier sowohl die Vorstellungen von dem Geschlechterverhältnis in Frage gestellt und verändert werden als auch die tatsächliche Arbeits- und Ressourcenverteilung zwischen den Geschlechtern. Aus Sicht der Umweltbewegung müssen nicht allein die Vorstellungen von der Beziehung zwischen Mensch und Natur hinterfragt und umgestaltet werden, sondern auch die tatsächlichen Methoden, wie sich einige wenige die natürlichen Ressourcen aneignen. Der Ansatz des »feminist environmentalism« unterstreicht die Notwendigkeit, sich diesen Fragen von beiden Seiten her zuzuwenden. Die Erfahrungen in Indien in den folgenden Abschnitten bieten ein konkretes Beispiel für diese theoretische Erörterung. Der Schwerpunkt liegt durchweg auf dem ländlichen Raum.

Umweltzerstörung und Formen der Aneignung

In Indien (ebenso wie in großen Teilen Asiens und Afrikas) sammeln ländliche Haushalte im Gemeindeeigentum und den Wäldern eine breite Vielfalt wesentlicher Dinge für den täglichen persönlichen Gebrauch und Verkauf, zum Beispiel Nahrung, Brenn- und Kleinholz, Viehfutter, Fasern, Dung, Bambus, Heilkräuter, Öle, Materialien für den Hausbau und Handwerksarbeiten, Harz, Kautschuk, Honig und Gewürze (Kerala Forestry Research Institute 1980: 235). Alle ländlichen Haushalte können den Gemeinbesitz nutzen, aber für die Armen ist er angesichts der ungleichen Verteilung des privatisierten Landes auf dem Subkontinent von lebenswichtiger Bedeutung.[11] Zahlen aus den frühen 80er Jahren von zwölf semiariden Bezirken in sieben indischen Bundesstaaten zeigen, daß arme ländliche Haushalte (landlose Familien und Familien mit weniger als zwei Hektar Trockenland) wenigstens 9 % des Gesamteinkommens aus dem Gemeinschaftseigentum beziehen, in den meisten Fällen sogar 20 % und mehr, während der Anteil am Einkommen der Nichtarmen lediglich 1 bis 4 % beträgt (Jodha 1986). Bei Brennholz und Viehfutter sind die Armen besonders stark auf Hilfe angewiesen, da sie anders als die relativ unabhängigen Haushalte mit größerem Grundbesitz zu 91 % beim Feuerholz und gut 65 % beim Weideland auf das Gemeinschaftseigentum angewiesen sind. Der Zugang dazu mindert die Ungleichheiten bei den Einkommen im Dorf unter armen und nichtarmen Haushalten.

In ähnlicher Weise sicherten auch Wälder den Unterhalt vor allem für die indigene Bevölkerung und ermöglichten den Anbau durch Brandrodung, die Jagd und das Sammeln von Walderzeugnissen außer Holz. In Indien sind schätzungsweise

11 Schätzungen zufolge besaßen in den Jahren 1981/82 zwei Drittel aller landbesitzenden Haushalte im ländlichen Indien lediglich ein Hektar Land oder weniger und nennen damit nur 12,2 % des gesamten Landes ihr eigen (National Sample Survey Organisation 1987). Das bebaute Pachtland ist beinahe ebenso ungleich aufgeteilt.

30 Millionen Menschen auf dem Land gänzlich oder zu einem wesentlichen Teil auf solche Walderzeugnisse für den Lebensunterhalt angewiesen (Kulkarni 1983). Besonders wichtig sind diese Quellen bei dürftigen Ernteerträgen und während Dürren und Hungersnöten (Pingle 1975; Agarwal 1990). Gesunde Wälder wirken sich wiederum auf die Qualität der Böden aus (vor allem in den Bergen) und auf die Verfügbarkeit von Grund- und Oberflächenwasser zur Bewässerung und als Trinkwasser. Ein Großteil der ländlichen Haushalte entnimmt das Trinkwasser, das Wasser für die Bewässerung und für den Hausgebrauch direkt aus den Flüssen und Strömen. Auch hier bestehen schichtspezifische Unterschiede im Grad ihrer Abhängigkeit und in ihrem Zugang. Die reicheren Haushalte sind eher in der Lage, das (vergleichsweise saubere) Grundwasser als Trinkwasser und für die Bewässerung aus eigenen (tieferen) Brunnen zu entnehmen, während die Armen im wesentlichen auf Oberflächenwasser angewiesen sind.

Die Verfügbarkeit der natürlichen Ressourcen für die Armen in Indien wird jedoch zum einen durch die verstärkte Abnahme sowohl der Menge als auch der Qualität der Ressourcen ausgehöhlt. Zum anderen beschränkt die zunehmende Verstaatlichung (Aneignung durch den Staat) und Privatisierung (Aneignung durch eine Minderheit von InderInnen) sowie die damit verknüpfte Abnahme des ehemaligen Gemeinschaftsbesitzes die Verfügbarkeit. Der erste Trend verringert insgesamt die Verfügbarkeit der Ressourcen, der zweite hingegen spitzt die Ungleichheiten in der Verteilung der zur Verfügung stehenden Ressourcen zu. Beide Tendenzen beeinflussen sich aber auch wechselseitig. Eine veränderte Verteilung zugunsten des Staates und einiger einzelner und zu Lasten der gemeinschaftlichen Kontrolle kann zu einer weiteren Umweltzerstörung führen, da die gemeinschaftliche Bewirtschaftung der Ressourcen möglicherweise wirksamer zum Umweltschutz und zur Regeneration beiträgt als der Staat oder Einzelpersonen. Diese beiden Tendenzen nenne ich Primärfaktoren, die den klassen- und geschlechtsspezifischen Auswirkungen der Umweltveränderungen zugrunde liegen. Mehrere intermediäre Faktoren, die sich wechselseitig beeinflussen, wirken sich auf diese primären Faktoren aus, wobei die wichtigsten meiner Ansicht nach folgende sind: die Zerstörung der Systeme zur gemeinschaftlichen Bewirtschaftung der Ressourcen – eine Folge des Abbaus der gemeinschaftlichen »Kontrollrechte« über die natürlichen Ressourcen[12] –, das Bevölkerungswachstum und die Wahl der Technologie in der Landwirtschaft und die damit verbundene Auswirkung auf die lokalen Wissenssysteme.

Formen der Umweltzerstörung

Auch wenn die Datenbasis noch nicht ausreicht, um das exakte Ausmaß der Umweltzerstörung in Indien und ihre jeweilige regionale Ausprägung einzuschätzen, geben die verfügbaren Makroinformationen berechtigten Anlaß zu großer Besorgnis und möglicherweise zu einem Alarm. Die Degradation der natürlichen Ressourcengrundlage Indiens zeigt sich in schwindenden Wäldern, in einer Verschlechterung der Bodenbeschaffenheit und in der Erschöpfung der Wasserquellen. Satellitenbilder zeigen, daß 19,5 % der Landfläche in Indien in den Jahren 1985-1987 bewaldet waren und daß die Waldgebiete jährlich um schätzungsweise 1,3 Millionen Hektar abnahmen (Forest Survey of India 1990). Im Jahr 1980 litten, ebenfalls nach offiziellen Schätzungen, 56,6 % der indischen Landfläche unter Umweltproblemen, vor allem unter der Erosion durch Wasser und Wind. Inoffizielle Schätzungen liegen noch höher. Bei einigen Kanalbauprojekten ist die Hälfte des zu bewässernden und zu bebauenden Gebietes wegen Versumpfung

---

12 Ich ziehe den Begriff »Kontrollrechte« im Gegensatz zu dem gebräuchlicheren Begriff »Besitzrechte« hier vor, weil in diesem Zusammenhang weniger entscheidend ist, wer die Ressourcen besitzt, als vielmehr, wer die Kontrolle über sie ausübt. Zum Beispiel könnte die Kontrolle über Ressourcen im Staatsbesitz sehr effektiv bei der Dorfgemeinschaft liegen.

verlorengegangen (Joshi/Agnihotri 1984). Dabei entstand ein Phänomen, das die Einheimischen treffend »nasse Wüsten« nennen. Zwischen 1971 und 1981 hat sich das Gebiet, das periodisch überflutet wird, verdoppelt, gleichzeitig nimmt die Fruchtbarkeit des Bodens wegen des intensiven Einsatzes von chemischen Düngemitteln ab. In ähnlicher Weise sinkt die verfügbare Menge sowohl des Grund- als auch des Oberflächenwassers. Der Grundwasserspiegel ist wegen des wahllosen Grabens von Röhrentiefbrunnen *(tubewells)* – dem Hauptbeitrag der Grünen Revolution auf dem Gebiet der Technologie – in mehreren Regionen ständig gefallen, auch in Nordindien mit seinen hohen Wasserständen (Bandyopadhyay 1986; Dhawan 1982). Als Folge davon sind viele Trinkwasserbrunnen ausgetrocknet oder aus anderen Gründen unbrauchbar geworden. Darüber hinaus vernichtete das Einsickern von Kunstdüngern und Pestiziden in die natürlichen Wasserquellen die Fische und vergiftete in mehreren Gebieten das Wasser für den menschlichen Gebrauch (Center for Science and Environment 1986).

Verstaatlichung

In Indien hat sowohl unter der Kolonialherrschaft als auch noch in der Zeit danach die staatliche Kontrolle über Wälder und Gemeinschaftsland zugenommen, verbunden mit einem selektiven Zugang einiger Privilegierter. Mehrere Aspekte der britischen Kolonialpolitik haben noch lange nachgewirkt (Guha 1983). Die Briten errichteten zum einen das Staatsmonopol über die Wälder und behielten sich weite Flächen für die Nutzholzgewinnung vor. Damit wurden die Gewohnheitsrechte der lokalen Bevölkerung bezüglich dieser Ressourcen stark eingeschränkt. Die Zugangsrechte wurden nur noch unter restriktiven Bedingungen gewährt, und der Tauschhandel oder Verkauf von Walderzeugnissen wurde durch die Inhaber solcher Rechte völlig unterbunden. Gleichzeitig konnte der zuständige Forstbeamte denjenigen Menschen beträchtliche Zugeständnisse machen, die er bevorzugt behandeln wollte. Der Kolonialstaat propagierte die Idee einer »wissenschaftlichen« Forstwirtschaft. Dahinter verbarg sich im wesentlichen die Praxis, gezielt kommerziell gewinnbringende Arten anzupflanzen, häufig zu Lasten der von der lokalen Bevölkerung angebauten Arten. Es kam zu einer praktisch wahllosen Waldausbeutung durch europäische und indische Privatunternehmen, vor allem für den Bau von Eisenbahnen, Schiffen und Brücken. Die Waldrodung wurde auch für die Gründung von Tee- und Kaffeeplantagen gefördert und erweiterte die landwirtschaftlich genutzte Fläche, um die Steuereinkünfte des Staates zu vergrößern. Tatsächlich hatten diese politischen Maßnahmen schwerwiegende Folgen: (a) Sie höhlten lokale Systeme der Forstwirtschaft aus; (b) sie raubten auf legalem Weg Menschen eine wichtige Quelle für ihren Lebensunterhalt, auch wenn es weiterhin zur illegalen Nutzung kam; (c) sie schufen ein ständiges Spannungsfeld zwischen den Forstbeamten und der lokalen Bevölkerung; und (d) sie richteten die Forstwirtschaft nach den Gesetzen des Marktes aus.

Die Politik nach der Unabhängigkeit hielt im wesentlichen an der Ansicht aus der Kolonialzeit fest, der Wald sei eine Quelle für kommerzielle Nutzung und Gewinn. Ebenfalls beibehalten wurden das Staatsmonopol über die Wälder – mit all den damit verbundenen Spannungen –, außerdem die Praxis der wissenschaftlichen Forstwirtschaft mit Blick auf kommerziellen Gewinn. Die Beschränkungen des Zugangs der lokalen Bevölkerung zu Walderzeugnissen haben abgesehen vom Nutzholz noch zugenommen, und die Belästigung und Ausbeutung der Waldbewohner durch staatliche Forstbeamte ist gang und gäbe (Chand/Bezboruah 1980; Swaminathan 1982).

Privatisierung

Eine zunehmende Privatisierung gemeinschaftlicher Ressourcen in den Händen einzelner (in der Regel Männer) ist mit dem Prozeß der Verstaatlichung einhergegangen. Nach der herkömmlichen Ordnung waren große Teile des dörflichen Gemeindeeigentums, vor allem in Nordwestindien, sogenannter »gemeinschaftlicher Privatbesitz«. Sie waren insofern privat, als die Nutzrechte für das Land in der Regel auf die Mitglieder der Gemeinschaft beschränkt und deshalb exklusiv waren; und sie waren insofern gemeinschaftlich, als diese Rechte meist von einer Gruppe und nicht von einem einzelnen wahrgenommen wurden.[13] Die Studie von Jodha über 19 Distrikte in sieben Bundesstaaten weist zwischen 1950 und 1984 einen Rückgang der Fläche des gemeindeeigenen Landes um 26 bis 63 % auf. Dies ist vor allem einer Regierungspolitik zuzuschreiben, die ausgewählte Gruppierungen bevorzugte. Diese Politik umfaßte die Legalisierung einer illegalen Nutzung seitens der Farmer, die staatliche Versteigerung von Teilen des Gemeindebesitzes an Privatunternehmer zur kommerziellen Nutzung sowie die staatliche Aufteilung von Gemeindeland an Einzelpersonen. Diese Maßnahme sollte zumindest theoretisch zum Nutzen der Armen sein, in der Praxis aber kam sie den wohlhabenden Bauern zugute.[14]

Das Anzapfen des Grundwassers durch Röhrentiefbrunnen schafft drastische Ungleichheiten in der Verteilung einer Ressource, die effektiv unterirdischer Gemeinschaftsbesitz ist. Röhrentiefbrunnen gehören ausschließlich den Reichen, und das damit verbundene Absinken des Wasserstandes hat in vielen Gebieten zahlreiche seichte Bewässerungssysteme und

---

13 Das Ausmaß, mit dem die Dorfgemeinschaft als zusammenhängende Gruppe agierte, und die Kontrolle, die sie über die gemeinschaftlichen Ländereien ausübte, variierte jedoch über das ungeteilte Indien hinweg; im Nordwesten war es weit stärker als in anderen Regionen (Baden Powell 1957).

14 Für eine ausführliche Erörterung der Ursachen siehe Jodha 1986.

Trinkwasserbrunnen ausgetrocknet, die von armen Bauern genutzt wurden. In einigen Regionen haben die Röhrentiefbrunnen sogar den von armen Haushalten genutzten Böden Feuchtigkeit entzogen (Bandyopadhyay 1986).

Aushöhlung der gemeinschaftlichen Bewirtschaftung von Ressourcen

Die Verstaatlichung und Privatisierung der gemeinschaftlichen Ressourcen haben systematisch die traditionellen Institutionen für die Nutzung der Ressourcen und ihre Bewirtschaftung untergraben. Forschungen auf dem Gebiet des Umweltschutzes sind im Entstehen und dokumentieren Systeme einer Wasserwirtschaft, Methoden, Feuerholz und Viehfutter zu sammeln, und Methoden des Fruchtwechsels, welche schonend mit der Natur umgehen.[15] Einige religiöse und lokale Traditionen trugen ebenfalls zur Bewahrung der Natur bei, vor allem der Bäume oder Obstgärten, die als heilig galten.[16]

Wie regional verbreitet diese traditionellen Bewirtschaftungssysteme waren und welche Rahmenbedingungen für eine erfolgreiche gemeinschaftliche Zusammenarbeit notwendig waren, muß erst noch empirisch erforscht werden. Der springende Punkt ist jedoch, daß in den zahlreichen Gebieten, wo eine gemeinschaftliche Kontrolle der Ressourcen bestand, die *Verantwortung für die Bewirtschaftung* verknüpft war mit der

---

15 Zu den traditionellen Systemen der Wasserwirtschaft innerhalb der Gemeinschaft siehe Leach 1967; Seklar 1981; Sengupta 1985. Zur gemeinschaftlichen Forstwirtschaft und zu den Dorfgemeinschaften siehe Guha 1985; Gadgil 1985; Moench 1988. Zu den Methoden, Feuerholz zu sammeln, siehe Agarwal 1987. In ländlichen Haushalten wurde Feuerholz für den Hausgebrauch herkömmlicherweise in Form von Zweigen und abgefallenen Ästen gesammelt, was den Bäumen nicht schadete. Noch heute werden in Nordindien 75 % (und in anderen Regionen 100 %) des häuslichen Feuerholzes in dieser Form verwendet.

16 Die in Anmerkung 8 erwähnte Bewahrung der heiligen Haine ist ein solches Beispiel.

Nutzung der Ressourcen. Wo die Kontrolle über die Ressourcen von den Händen der Gemeinschaft in die Hände des Staates oder von Einzelpersonen überging, wurde diese Verbindung effektiv zerbrochen. Der Wechsel von der gemeinschaftlichen Kontrolle und der Bewirtschaftung des Gemeinbesitzes hin zu staatlichem oder privatem Besitz und Kontrolle wiederum hat die Umweltzerstörung verstärkt (Dasgupta/Maler 1990). Die Übertragung der Eigentumsrechte auf Einzelpersonen bietet ebensowenig eine Garantie für eine Regeneration der Umwelt, wie weiter unten ausführlicher erörtert wird.

Bevölkerungswachstum

Dem übermäßigen Bevölkerungswachstum ist häufig die Hauptschuld an der Umweltzerstörung zugeschrieben worden. Und ohne Frage wird eine rasch wachsende Bevölkerung, die über einen längeren Zeitraum eine begrenzte Boden-, Wasser- und Waldressource nutzt, mit großer Wahrscheinlichkeit zu einer Umweltdegradation führen. Allerdings wirken sich Aspekte der politischen Ökonomie sowohl auf die *Geschwindigkeit* dieses Prozesses aus wie auch auf die *Lastenverteilung* in Folge dieser Entwicklung. Durch die kontinuierliche (legale und illegale) Ausbeutung der Wälder und die zunehmende Aneignung von gemeinschaftlichen Ressourcen durch einige wenige ist die große Mehrheit dazu gezwungen, von einer schrumpfenden natürlichen Grundlage zu leben. Mit der Aushöhlung der gemeinschaftlichen Ressourcenbewirtschaftung geht ein Instrument verloren, das mit seinen Regeln der Ressourcennutzung eventuell trotz des Bevölkerungswachstums einen schonenderen Umgang mit der Natur gewährleistet hätte (Bromley/Cernea 1989).

Das Bevölkerungswachstum kann folglich als die Verschärfung einer gegebenen Situation aufgefaßt werden und nicht als ihre Hauptursache *(siehe dazu den Beitrag von Makinwa-Adebusoye)*. Es ist fraglich, ob Maßnahmen zur Kontrolle des

Bevölkerungswachstums allein schon die Umweltzerstörung aufhalten können. Allerdings läßt sich mit Sicherheit »entscheidende Zeit gewinnen, bis wir herausgefunden haben, wie die grundlegenderen Ursachen behoben werden können« (Shaw 1989: 7).

Zusätzlich kompliziert wird gerade diese Möglichkeit durch den Umstand, daß Umweltzerstörung und Bevölkerungswachstum umgekehrt kausal zusammenhängen können. Zum Beispiel kann eine mit Umweltverschmutzung einhergehende Armut eine Reihe von Faktoren verstärken, die die Geburtenrate ansteigen lassen. Dazu gehören eine geringere Bildung für junge Mädchen, weil sie mehr Zeit aufwenden für das Sammeln von Brennholz, Viehfutter und ähnlichem, was angesichts der umgekehrten Korrelation zwischen weiblicher Bildung und der Geburtenzahl langfristig zu einer steigenden Fertilitätsrate führt. Dazu gehört auch eine höhere Kindersterblichkeit, die wiederum eine höhere Geburtenzahl bewirkt, um eine bestimmte Familiengröße zu sichern. Der Wunsch nach einer größeren Anzahl an Kindern, um das Familieneinkommen zu diversifizieren, stellt darüber hinaus einen typischen Mechanismus dar, das Risiko in ökologisch stark gefährdeten Gegenden zu reduzieren (Rosenzweig/Wolpin 1985). Diese Zusammenhänge gemahnen einmal mehr, daß es absolut notwendig ist, bei der Formulierung von Maßnahmen zum Umweltschutz das Augenmerk auf den Status der Frauen zu richten *(siehe den Beitrag von Hummel).*

Wahl der Agrartechnologie und Verlust des lokalen Wissens

Viele der genannten Formen der Umweltzerstörung sind eng mit der Technologie der Grünen Revolution verknüpft. Das Ziel, den Ernteertrag zu steigern, konnte mit ihrer Hilfe kurzfristig erreicht werden. Aber insgesamt ging dies stark zu Lasten der Umwelt: So fielen die Wasserstände wegen der Einführung von Röhrentiefbrunnen, so vernäßten und versalzten Böden durch die meisten großen Bewässerungssysteme, nahm die Bodenfruchtbarkeit durch den übermäßigen Einsatz chemischer Kunstdünger ab und wurden die Gewässer durch Pestizide vergiftet. Überdies erscheint es zweifelhaft, ob der bislang erreichte Anstieg der Ernteerträge langfristig gehalten werden kann. Die sich verschlechternde Boden- und Wasserqualität spiegelt sich bereits in sinkenden Ernteerträgen wider.[17] Die genetische Artenvielfalt hat ebenfalls abgenommen, und viele der indigen gezüchteten Getreidearten (seit langem bewährt und an die örtlichen Gegebenheiten angepaßt) sind von hochgezüchteten Saaten verdrängt worden, die anfälliger für Seuchen sind. Die langfristige jährliche Wachstumsrate der landwirtschaftlichen Produktion in Indien in den Jahren 1968 bis 1985 sank um 2,6 % – und damit unter die Rate von 3,08 %, die in der Periode vor der Grünen Revolution zwischen 1950 und 1968 erreicht wurde. Darüber hinaus sind die Ernteerträge unsicherer geworden (Hanumantha Rao/ Ray/Subbarao 1988). All das wirft die Frage auf, ob mit den gegenwärtigen Formen der Technologie und Ressourcenbewirtschaftung in Indien und ganz Südasien ein langfristig nachhaltiges Wachstum der Landwirtschaft und ganz allgemein der ländlichen Produktionssysteme erreicht werden kann.

Die Wahl der Agrartechnologie und der Produktionssysteme hängt von der herrschenden Meinung ab, wie eine nach wissenschaftlichen Prinzipien durchgeführte Landwirtschaft auszusehen hat. Die Grüne Revolution steht für eine technologische Mischung, die der laborgestützten Forschung und den industriell gefertigten Inputs (Kunstdünger, Pestizide und ähnliches) den Vorrang einräumt und die Landwirtschaft als ein isoliertes Produktionssystem ansieht. Bei einer wahllosen Ausdehnung der Landwirtschaft mit wenig Neigung, das Gleichgewicht zwischen Wäldern, Acker- und Weideland zu

17 Bei einigen großangelegten Bewässerungsprojekten sind die Ernteerträge niedriger als in der Zeit unmittelbar vor Beginn des Projektes (Joshi/ Agnihotri 1984).

erhalten, wird davon ausgegangen, daß zwischen der Landwirtschaft, den Wäldern und dem dörflichen Gemeinschaftsbesitz eine antagonistische anstelle einer komplementären Beziehung besteht. Im Gegensatz dazu beruhen die rasch schwindenden organischen Anbausysteme auf der Bewahrung eben dieses Gleichgewichts. Ganz allgemein hat über die Jahre hinweg eine systematische Entwertung und Verdrängung des indigenen Wissens von der Artenvielfalt, von den natürlichen Prozessen und den nachhaltigen Formen der Wechselwirkung zwischen Mensch und Natur stattgefunden. Diese Tendenzen beschränken sich keineswegs auf Länder, die nach kapitalistischen Produktionsweisen wirtschaften. Auch in China gibt es ähnliche Probleme, wie die Abholzung, Verwüstung, Versalzung, der wiederkehrende Seuchenbefall des Getreides und die Pestizidverseuchung zeigen (Glaeser 1987).

Nicht die moderne Wissenschaft selbst steht zur Diskussion, sondern die Entstehung und Anwendung dessen, was als »wissenschaftliches Wissen« gilt, und die Frage, wie die Früchte dieser Anwendung verteilt werden. Innerhalb der Hierarchie des Wissens wird das Wissen, das über traditionelle Formen der Interaktion mit der Natur erworben wurde, tendenziell als minderwertig erachtet (Marglin 1988). Und die Menschen, die dieses Wissen in ihrem täglichen Leben anwenden – Bauern und Waldbewohner und vor allem die Frauen dieser Gemeinschaften –, werden meist von den Institutionen ausgeschlossen, die für die wissenschaftliche Wissensproduktion zuständig sind. Diese Abgrenzung muß aber nicht sein. So wurden in Japan während der Meiji-Ära das Wissen der Bauern und ihre innovativen Fertigkeiten durch ein systematisches Zusammenspiel zwischen dem Bauern, dem Beauftragten zur Dorfentwicklung und dem Wissenschaftler in ein breiteres System der wissenschaftlichen Erkenntnis eingebracht. Das ermöglichte einen doppelten Informationsfluß vom Bauern zum Wissenschaftler und umgekehrt (Johnston 1969).

Solche Versuche stehen in einem extremen Gegensatz zu den charakteristischeren Informationsflüssen von oben nach unten, von den angeblichen Experten zu den angeblich Unwissenden. Dabei läßt sich das Problem nur zum Teil auf Klassenunterschiede zurückführen. Der Trennung in Wissenschaftler/Fachleute (in der Regel städtisch) auf der einen Seite und ländliche BenutzerInnen der Innovationen (einschließlich der Innovationen der BenutzerInnen selbst) auf der anderen Seite liegen in der Regel auch die Trennungen zwischen geistiger und körperlicher Arbeit, zwischen Stadt und Land und zwischen Männern und Frauen zugrunde.

Klassen- und geschlechtsspezifische Auswirkungen

Degradation, Verstaatlichung und Privatisierung natürlicher Ressourcen sowie der Verlust der traditionellen Systeme der Erkenntnis und der Bewirtschaftung von Ressourcen haben sich besonders nachteilig auf die armen Haushalte ausgewirkt. Durch die Beschränkung auf die spezifische Bedeutung der gemeinschaftlichen Ressourcen ergibt sich jedoch nur ein unvollständiges Bild. Hier spielt auch eine wichtige geschlechtsspezifische Ebene mit hinein, weil gerade Frauen und Mädchen am stärksten von der Umweltzerstörung betroffen sind. Das hat in erster Linie drei Gründe: Zunächst einmal liegt eine bereits zuvor bestehende Arbeitsteilung vor. Gerade die Frauen in armen Bauern- und Stammeshaushalten übernehmen zum großen Teil das Sammeln aus den Wäldern und dem Gemeindeland sowie das Wasserholen aus den Flüssen und Brunnen. Darüber hinaus lastet auf den Frauen dieser Haushalte eine bedeutende Verantwortung für den Lebensunterhalt. Häufig sind sie die wichtigsten und in vielen von Frauen geführten Haushalten die einzigen ökonomischen Ernährerinnen.

Zweitens bestehen systematische geschlechtsspezifische Unterschiede in der Verteilung der Ressourcen für die Subsistenz (auch bei der Ernährung und medizinischen Versorgung), wie eine ganze Reihe von Indikatoren zeigt: anthropometrische Daten[18], die Erkrankungsziffer, die Sterblichkeitsrate und das Geschlechterverhältnis – in ganz Indien kommen 93 Frauen auf 100 Männer (Agarwal 1986a). Diese Unterschiede, vor allem in der medizinischen Versorgung, sind in Indien und ganz Südasien weit verbreitet.[19] Drittens herrschen bedeutsame Ungleichheiten im Zugang von Frauen und Männern zu der wichtigsten Produktivressource in ländlichen Wirtschaften: zum Ackerland und zu den dazugehörigen Produktionstechnologien.[20] Frauen nehmen auch auf dem Arbeitsmarkt eine systematisch benachteiligte Stellung ein. Sie haben weniger Beschäftigungsmöglichkeiten, eine geringere berufliche Mobilität, eine schlechtere Ausbildung und eine geringere Bezahlung für die gleiche oder vergleichbare Arbeit.[21] Wegen der stärkeren Spezialisierung ihrer Arbeit haben sie ferner in einem größeren Ausmaß als Männer mit saisonbedingten Fluktuationen bei der Beschäftigung und dem Einkommen zu kämpfen und mit einer geringeren Aussicht, in schlechten Jahreszeiten eine Beschäftigung zu finden (Agarwal 1984; Ryan/Ghodake 1980).

Angesichts der begrenzten Rechte auf Ressourcen im Privatbesitz wie Ackerland haben die Zugangsrechte zu gemeinschaftlichen Ressourcen (wie dem dörflichen Gemeindeland) ländlichen Frauen und Kindern (vor allem denen aus den Haushalten von Stammesvölkern, Landlosen oder Margi-

---

18 Anthropometrische Daten sind empirisch erhobene Angaben zu den Maßverhältnissen des menschlichen Körpers.

19 Dieses Geschlechterverhältnis ist in den landwirtschaftlich blühenden nordwestlichen Regionen Punjab und Haryana besonders ungünstig für die Frauen. Hier liegt die Quote bei 88 beziehungsweise 87 Frauen auf 100 Männer. Eine Untersuchung der Ursachen für diese regionalen Unterschiede findet sich bei Miller 1981 und Agarwal 1986a.

20 In Indien besitzen Frauen in seltenen Fällen Land und haben in den meisten Gegenden einen eingeschränkten Zugang zu persönlichem Vermögen wie Bargeld und Schmuck (Agarwal 1988).

21 Siehe dazu die Diskussionen in Bardhan 1977; Agarwal 1984; Agarwal 1986a.

nalbauern) immer schon eine Existenzmöglichkeit geboten, die nicht über ein *Abhängigkeitsverhältnis zu Männern* vermittelt wurde. Da der Zugang zum Gemeindeland in der Regel nur an die Zugehörigkeit zur Dorfgemeinschaft geknüpft ist, sind Frauen nicht in der Weise ausgeschlossen, wie sie es in einem System der individuellen privaten Grundrechte möglicherweise wären. In Regionen mit einer starken Abgeschiedenheit von Frauen (wie in Nordwestindien) kommt dem zusätzliche Bedeutung zu. Dort ist der Zugang von Frauen zur Geldwirtschaft, zu den Märkten und zum Marktplatz selbst eingeschränkt und hängt von der Vermittlung eines männlichen Verwandten ab (Agarwal 1989).

Vor diesem analytischen Hintergrund müssen wir die, wie ich sie nenne, »klassen- und geschlechtsspezifischen Auswirkungen« (geschlechtsspezifische Auswirkungen, die durch die Klassenzugehörigkeit vermittelt werden) der Prozesse der Umweltzerstörung, der Verstaatlichung und der Privatisierung untersuchen. Diese Auswirkungen berühren unter anderem sechs wichtige Aspekte: die Zeit, das Einkommen, die Ernährung, die Gesundheit, die gesellschaftlichen Netzwerke zum Überleben und das indigene Wissen. Sie alle spielen überall im ländlichen Indien eine wichtige Rolle. Ihre Intensität und Verknüpfungen untereinander sind jedoch von Region zu Region unterschiedlich. Sie variieren je nach der Ökologie, der Agrartechnologie, der Landverteilung und den gesellschaftlichen Strukturen. Letztere wiederum sind verknüpft mit den unterschiedlichen Formen der geschlechtsspezifischen Arbeitsteilung, den sozialen Beziehungen, den Möglichkeiten für den Lebensunterhalt und den Verwandtschaftsverhältnissen.[22] Im folgenden werden alle Beispiele zur Veranschaulichung in ihrem regionalen Kontext untersucht.

22 Zu einer detaillierten, alle Regionen vergleichenden Kartographie einiger Variablen im Zusammenhang mit den Landrechten der Frauen in Südasien siehe Agarwal 1994.

Da Frauen die Hauptsammlerinnen von Brennholz, Viehfutter und Wasser sind, verlängert sich in erster Linie deren Arbeitstag (bereits jetzt durchschnittlich zehn bis zwölf Stunden) durch die Erschöpfung der Wälder, Wasservorräte und Böden und durch den eingeschränkten Zugang zu ihnen. Feuerholz beispielsweise ist die einzige und wichtigste häusliche Energiequelle in Indien (es liefert über 65 % der häuslichen Energie in den Bergen und Wüsten im Norden). Ein großer Teil davon wird vor allem von den Armen gesammelt und nicht käuflich erworben. In den letzten Jahren hat die für das Holzsammeln aufgewendete Zeit um ein Vielfaches zugenommen. In ähnlicher Weise wird wegen der Abnahme des dörflichen Gemeindelandes mehr Zeit für das Sammeln von Viehfutter benötigt. Die Trinkwasserknappheit hat die Bürde der aufgewendeten Zeit und Energie für die Frauen und jungen Mädchen noch verschärft. Wo Frauen der unteren Kasten häufig Zugang zu nur einem Brunnen haben, kann dessen Austrocknung eine endlose Warterei zur Folge haben, bis ihre Gefäße von Frauen höherer Kasten gefüllt werden, wie es bekanntermaßen in Orissa vorgekommen ist.[23] Ein vergleichbares Problem tritt auf, wenn die Trinkwasserbrunnen in der Nähe von Bewässerungsprojekten versalzen (Agarwal 1981). Nach den Angaben einer Aktivistin an der Basis in Uttar Pradesh hat das zunehmend harte Leben junger Frauen im Zusammenhang mit der ökologischen Degradation zu einer steigenden Zahl von Selbstmorden unter ihnen geführt. Ihr vergebliches Bemühen, eine ausreichende Menge Wasser, Viehfutter und Brennholz zu beschaffen, führt zu Spannungen mit ihren Schwiegermüttern (in deren Jugend noch reichlich Wälder vorhanden waren). Wegen der Bodenerosion ist es für die Frauen noch schwieriger geworden, in einer Region mit einer hohen Zahl mannlicher

23 Persönliches Gespräch, Chitra Sundaram, Danish International Development Agency (DANIDA), in Delhi 1981.

Auswanderer genug Ernteertrag für die Existenz zu gewinnen (Bahuguna 1984).

Einkommen

Der Rückgang der gesammelten Produkte aus den Wäldern und dem Gemeindeland hat unmittelbar das Einkommen der Frauen verringert. Darüber hinaus hat die zusätzlich zum Sammeln benötigte Zeit die für den Ackerbau zur Verfügung stehende Arbeitszeit verringert. Eine aktuelle Studie in Nepal belegt diesen Zusammenhang anhand der Abnahme der Produktion von Mais, Weizen und Senf. Diese Anbauprodukte werden während der Trockenzeit in erster Linie von Arbeiterinnen angebaut, wenn die Notwendigkeit, Brennholz und andere Produkte zu sammeln, höher ist als sonst (Kumar/ Hotchkiss 1988).

Ähnlich wirkt sich der Rückgang des gemeinschaftlichen Weidelands und die damit verbundene Knappheit an Viehfutter aus. Viele landlose Witwen, mit denen ich im Jahr 1988 in Rajasthan (Nordwestindien) sprach, sagten, sie könnten es sich nicht erlauben, einen Kredit für den Kauf eines Büffels im Rahmen des Regierungsprogramms zur Bekämpfung der Armut zu beantragen, weil sie keinen Platz hätten, wo das Tier grasen könnte, und kein Geld, um Viehfutter zu kaufen. Da andere Quellen für den Lebensunterhalt versiegt sind, wird der Verkauf von Feuerholz immer gebräuchlicher, vor allem in Ost- und Zentralindien. Die meisten sogenannten »headloaders« (Kopfträger) sind Frauen, die täglich kümmerliche 5,50 Rupien für 20 Kilogramm Holz verdienen (Bhaduri/Surin 1980). Die Abholzung wirkt sich unmittelbar auch auf diese Quelle für den Lebensunterhalt aus.

Ernährung

Auch der Anteil der gesammelten Nahrungsmittel am Speiseplan armer Haushalte geht zurück, weil die Fläche und die Produktivität der dörflichen Gemeinschaftsländer und der Wälder abnehmen. Die sinkende Verfügbarkeit von Brennholz wirkt sich zusätzlich auf die Ernährung aus. Wegen der Sparanstrengungen gehen viele zu weniger nahrhaften Speisen über, die beim Kochen nicht so viel Brennholz erfordern oder roh gegessen werden können. Oder sie sehen sich gezwungen, halbrohe Speisen zu sich zu nehmen, die giftig sein können, oder die Überreste zu verzehren, die im tropischen Klima verrotten, oder schließlich Mahlzeiten auszulassen. Bislang gibt es zwar noch keine systematischen Studien für alle Regionen Indiens, aber einige Studien über das ländliche Bangladesh sind sehr aussagekräftig und zeigen, daß in armen Haushalten die Gesamtzahl der täglichen Mahlzeiten ebenso wie die Zahl der gekochten Mahlzeiten bereits abgenommen hat (Howes/Jabbar 1986).

Daß Unterernährung ebensosehr durch einen Mangel an Brennholz verursacht werden kann wie durch einen Mangel an Nahrung, ist Teil der überlieferten Weisheit ländlicher Frauen, die es so ausdrücken: »Was im Topf ist, macht dir nicht so viel Kummer, wie das, was darunter ist.« Auch wenn diese negativen Auswirkungen auf die Ernährung den gesamten Haushalt betreffen, müssen die Frauen und Mädchen aufgrund der geschlechtsspezifischen Diskriminierungen bei der Verteilung der Nahrung und der medizinischen Versorgung innerhalb der Familie eine zusätzliche Bürde tragen.

Gesundheit

Abgesehen von den gesundheitlichen Folgen der unzureichenden Ernährung sind arme Frauen auch stärker als Männer durch Krankheiten gefährdet, die durch Wasser übertragen werden, und unmittelbarer der Vergiftung der Flüsse und Teiche durch Ausschwemmungen von Kunstdünger und Pestiziden ausgesetzt. Das liegt an der Natur der Aufgaben, die sie ausüben, wie Wasser holen oder Kleider waschen in der Nähe von Teichen, Kanälen und Wasserläufen (Agarwal 1981). Krankheitsfälle in der Familie wegen einer Verunreinigung des Wassers lasten ebenfalls auf den Schultern der Frauen, da sie sich um die Kranken kümmern. Eine zusätzliche Quelle der Anfälligkeit sind die Aufgaben in der Landwirtschaft, die von Frauen ausgeübt werden. Dazu gehört in den meisten Teilen Asiens die Reisverpflanzung, die eine Reihe von Krankheiten wie Arthritis und gynäkologische Leiden auslöst (Mencher/Saradamoni 1982; UNDP 1979). Dazu gehören auch das Baumwollpflücken und andere Aufgaben im Baumwollanbau. Durch sie kommen Frauen mit den Pestiziden in Kontakt, die für diese Anbaupflanze in großem Stil eingesetzt werden. In China sind in der Milch von stillenden Müttern, die in der Landwirtschaft arbeiteten, Rückstände der hochwirksamen Insektizide DDT und HCH entdeckt worden, die um ein Vielfaches über der als unbedenklich geltenden Menge liegen (Wagner in: Glaeser 1987).

Netzwerke der sozialen Unterstützung

Beim Bau großer Bewässerungsprojekte oder hydroelektrischer Anlagen kommt es infolge der Überschwemmung von Dörfern ebenso zur beträchtlichen Umsiedlung von Menschen wie auch aufgrund großangelegter Abholzung. Als eine weitere (wenig beachtete) klassen- und geschlechtsspezifische Implikation zerreißen soziale Unterstützungsnetzwerke. Solche Beziehungen innerhalb der Verwandtschaftsgruppen und mit Dorfbewohnern außerhalb der Verwandtschaft bieten eine wirtschaftliche und soziale Unterstützung, die für alle ländlichen Haushalte und insbesondere für Arme und für Frauen wichtig ist. Dazu zählen gegenseitige Vereinbarungen zur Arbeitsteilung während der landwirtschaftlichen Hochsaison, Kredite in Form von Geld oder Naturalien während schwerer Krisen wie Dürreperioden sowie das Borgen kleiner Mengen Lebensmittel, Brennholz, Viehfutter und ähnlichem, selbst in normalen Zeiten. Frauen hängen typischerweise stark von solchen informellen Hilfsnetzwerken ab, die sie im Alltag mit aufbauen. Durch ihre Mitwirkung bei Eheschließungen und ihre komplexe Praxis des Gabentausches tragen sie auch dazu bei, diese Netzwerke aufrechtzuerhalten (Sharma 1980, Vatuk 1981). Auch die soziale und wirtschaftliche Unterstützung, die dies im Sinne einer Stärkung ihrer Verhandlungsmacht innerhalb der Familie darstellt, muß in Betracht gezogen werden.[24] Diese Netzwerke, die sich über eine Reihe nahegelegener Dörfer erstrecken, lassen sich nicht ohne weiteres erneuern – ein Aspekt, den die Planer der Rehabilitationsmaßnahmen außer acht lassen.

Überdies verbindet die Waldbewohner nicht allein eine funktionale oder ökonomische Beziehung mit dem Wald, sondern auch eine symbolische, die durchsetzt ist mit den Bedeutungen und Nuancen ihrer Kultur und eingewoben ist in ihre Lieder und Ursprungslegenden. Die massive Abholzung hat eine ganze Lebens- und Denkweise ausgelöscht. Zwei Beobachter des Lebens der Stammesvölker von Orissa in Ostindien stellten fest, daß »das frühere Gefühl, mit anderen zu teilen, verschwunden ist. Heute ist es von einem Gefühl der Entfremdung und Hilflosigkeit verdrängt worden. (...) Der Trend geht dahin, jede Familie ihrem Schicksal zu überlassen.« (Fernandes/Menon 1987: 115). Witwen und Alte werden am stärksten vernachlässigt.

---

24 In Sen 1990 wird der Ansatz, über die Kaufkraft die Geschlechterbeziehungen innerhalb der Haushalte begrifflich zu fassen, erörtert. In Agarwal 1990 werden die Faktoren untersucht, die sich auf die Kaufkraft innerhalb der Haushalte auswirken.

Indigenes Wissen der Frauen

Schon allein das Sammeln von Nahrung erfordert ein umfassendes Wissen über die Ernährungseigenheiten und Heilkräfte der Pflanzen, Wurzeln und Bäume. Dazu zählt auch ein großer Kenntnisschatz über eßbare Pflanzen. Eine Untersuchung der Überlebensmechanismen von Haushalten während Dürren und Hungersnöten zeigt eine bedeutsame Abhängigkeit von diesen sonst nicht verwendeten Pflanzen, die dann vor allem von Frauen und Kindern zum Überleben gesammelt werden. In den Berggemeinschaften übernehmen in der Regel die Frauen auch die Auswahl des Saatgutes und haben ein sehr detailliertes Wissen über die Getreidesorten.[25] Dieses Wissen über Natur und Landwirtschaft, das arme Frauen auf dem Land im Laufe ihres täglichen Kontaktes mit den natürlichen Ressourcen und ihrer Abhängigkeit davon erwerben, ist mit der klassenbezogenen Besonderheit und der geschlechtsbezogenen Arbeitsteilung verknüpft.

Die bisherige Entwicklungspolitik hat sich doppelt auf dieses Wissen ausgewirkt. Zum einen wirkt sich der oben erörterte Prozeß der Abwertung und Marginalisierung der indigenen Kenntnisse und Fertigkeiten vor allem auf das Wissen aus, das in der Regel arme Bauern- und Stammesfrauen haben. Aktuelle Entwicklungsstrategien haben wenig Anstrengungen unternommen, dieses Wissen und Verständnis zu nutzen oder ihm zur Geltung zu verhelfen. Gleichzeitig sind Frauen von den Institutionen ausgeschlossen worden, durch die moderne wissenschaftliche Erkenntnisse erworben und vermittelt werden. Zum anderen hat die Degradation der natürlichen Ressourcen und ihre Aneignung durch eine Minderheit zu einer

25 Unter den Garo-Stämmen in Nordostindien fand Burling Anfang der 60er Jahre heraus, daß sich Männer diesbezüglich stets an die Frauen wandten, die schätzungsweise 300 ursprünglich angebaute Reissorten kannten (Burling 1963). In Nepal übernehmen noch heute in praktisch allen Gemeinschaften die Frauen die Auswahl des Saatgutes (Acharya/Bennett 1981).

Zerstörung der materiellen Grundlage geführt, die den Lebensunterhalt sichert und auf die sich das Wissen der Frauen über die natürlichen Ressourcen und Prozesse stützt.

Reaktionen: Staat und Basisbewegungen

Der Staat und die von der Umweltzerstörung betroffenen Menschen haben auf diese Prozesse unterschiedlich reagiert. Bis vor kurzem leugneten staatliche Stellen das Ausmaß der Umweltzerstörung. Da die staatliche Entwicklungspolitik, wie wir gesehen haben, selbst eine wesentliche Ursache der Krise ist, überrascht es nicht, daß die Reaktionen des Staates scheibchenweise erfolgten und nicht das Problem insgesamt in Angriff nahmen. So wurde dem Problem der Abholzung und des Brennholzmangels mit direkten Aufforstungsprogrammen begegnet, bzw. die Dorfgemeinschaften und individuellen Bauern wurden zur Aufforstung ermuntert.

Die meisten staatlichen Aufforstungsprojekte (Agarwal 1986b) verzeichneten jedoch bei den angepflanzten Schößlingen eine hohe Ausfallquote. Dies hatte mehrere Ursachen: erstens die Konzentration auf Monokulturen, die in der Regel zur kommerziellen Nutzung gedacht waren und in einigen Fällen sogar Mischwälder verdrängt haben; zweitens die Übernahme von Land, das die lokale Bevölkerung nutzte; und drittens die Durchsetzung der Projekte von oben nach unten. Folglich waren die Programme in vielen Fällen weit davon entfernt, den Armen zu nutzen. Da ihnen sogar bestehende Rechte und Ressourcen entzogen wurden, entstand ein starker lokaler Widerstand. Frauen werden bei all diesen Programmen nicht berücksichtigt oder müssen bestenfalls mit der Rolle der Verwalterin einer Baumschule vorliebnehmen, mit wenig Einfluß auf die Artenwahl oder andere Aspekte des Projektes. Gemeinschaftliche Aufforstungsprogramme werden darüber hinaus häufig durch ökonomische Ungleichheiten innerhalb der Dorfgemeinschaft behindert und schüren weiteres Mißtrauen unter den Armen gegenüber einem System, das keinen gerechten Zugang zu den Produkten der gepflanzten Bäume gewährleisten kann.

Ironischerweise gelten die weit über die gesteckten Ziele hinausgehenden Anpflanzungen der wohlhabenden Bauern als »Erfolgsstories«. In vielen Regionen trachteten die reicheren Bauern danach, rasche Gewinne zu erzielen, indem sie fruchtbares Ackerland für kommerziell nutzbare Bäume einsetzten. Als Folge sind die Beschäftigung, der Ernteertrag und die Erntereste für Brennstoff zum Teil drastisch zurückgegangen, da die angepflanzten Bäume wie der Eukalyptus kein Viehfutter und schlechtes Brennholz liefern (Chandrashekar/Murti/Ramaswamy 1987; Shiva 1988). Daß es auch anders geht, zeigt die neue Regierungspolitik in Westbengalen (Ostindien): Degradiertes Waldland wird lokalen Gemeinschaften zur kollektiven Bepflanzung, Bewirtschaftung und Überwachung von Baumschulen zur Eigennutzung verpachtet. Dagegen sind in anderen Teilen des Landes große Landzüge unter anderem für die Anpflanzung kommerziell nutzbarer Arten an Papierfabriken vergeben worden. Ökologen betonen zurecht, daß dieser überwiegend kommerziell ausgerichtete Ansatz in der Forstwirtschaft, der als »wissenschaftliche Forstwirtschaft« propagiert wird, reduktionistisch ist. Die Natur wird dabei nur in ihren Einzelteilen betrachtet und nicht als ein miteinander zusammenhängendes System der Vegetation, des Bodens und des Wassers. Der Wald wird auf Bäume reduziert, die Bäume auf ihre Biomasse. Shiva stellt beispielsweise fest, daß in der reduktionistischen Weltanschauung nur die Eigenschaften eines Ressourcensystems in Betracht gezogen werden, die Profite einbringen. Diejenigen Eigenschaften hingegen, die ökologische Prozesse stabilisieren, sich aber kommerziell nicht nutzen lassen, werden vernachlässigt und später zerstört (Shiva 1987).

Die aufgezeigten Auswirkungen der Entwicklungspolitik auf die Umwelt deuten auf eine Strategie hin, die eher ausbeuterisch/destruktiv auf die Natur gewirkt hat als bewahrend/regenerativ. Die Strategie vernachlässigt die langfristige komplementäre Beziehung zwischen der Landwirtschaft und der Bewahrung der natürlichen Ressourcen. Die zentrale Frage lautet daher, ob das System in der Lage ist, sowohl die langfristige Steigerung der landwirtschaftlichen Produktivität zu erhalten, als auch den Lebensunterhalt der Menschen zu sichern. Müssen wir aber die Menschen allgemein und besonders die Frauen lediglich als Opfer der Umweltzerstörung und falsch konzipierter und von oben auferlegter Regierungspolitik betrachten? Die Entstehung basisorientierter Umweltbewegungen auf dem ganzen Subkontinent (und vor allem in Indien) zeigt, daß die armen Bauern- und Stammesgemeinschaften im allgemeinen und die Frauen unter ihnen im besonderen zwar von der Umweltzerstörung und der Aneignung stark betroffen sind, daß sie gleichzeitig aber als AkteurInnen für einen Wandel eintreten. Vor allem in den letzten zehn Jahren hat in Indien der Widerstand gegen die Umweltzerstörung zugenommen. Der massiven Abholzung widersetzten sich zum Beispiel gewaltlose Bewegungen wie Chipko in den Ausläufern des Himalaya und Appiko in Karnataka. Widerstand weckten auch gewaltige Bewässerungsprojekte und hydroelektrische Anlagen. Beispiele sind das Projekt im Narmada-Tal, das drei Regionen in Zentralindien umfaßte, das Koel-Karo-Projekt in Bihar, das Silent-Valley-Projekt in Kerala (das 1983 durch die Intervention der Regierung und durch lokale Proteste eingestellt wurde), die Staudämme Inchampalli und Bhopalpatnam in Andhra Pradesh (gegen die 5000 StammesbewohnerInnen 1984 protestierten – mit Frauen an der vordersten Front) und der umstrittene Tehri-Staudamm in Garhwal.

Auch wenn diese Widerstandsbewegungen von unterschiedlichen ideologischen Strömungen inspiriert wurden, so haben sie doch gezeigt, daß die Betroffenen sehr wohl wichtige AkteurInnen des Wandels sein können. Ramachandra Guha nennt als drei verschiedene Strömungen die Anhänger Gandhis *(Crusading Gandhian)*, die Befürworter angepaßter Technologien *(Appropriate Technology)* und den ökologischen Marxismus. Einig sind sie sich in ihrer Kritik am gegenwärtigen Entwicklungsmodell, das weder den Lebensunterhalt noch die Nachhaltigkeit sichern konnte. Doch die Ausgangspunkte ihrer Kritik liegen weit auseinander. Insbesondere unterscheiden sie sich in ihren Haltungen zur modernen Wissenschaft und zu sozioökonomischen Ungleichheiten. Nach Guhas Darstellung wird nach dem gandhianischen Ansatz »die moderne Wissenschaft verantwortlich für die schlimmsten Exzesse der Industriegesellschaft« gemacht (Guha 1988), während sozioökonomische Ungleichheiten innerhalb der Dorfgemeinschaften beschönigt werden. Der ökologische Marxismus hält dagegen die moderne Wissenschaft und eine wissenschaftliche Denkweise für unverzichtbar beim Aufbau einer neuen Gesellschaftsordnung. Klassen- und kastenspezifische Ungleichheiten werden wahrgenommen und attackiert; die Haltung in der Geschlechterfrage ist allerdings unklar. Die Denkschule der angepaßten Technologie, die zwischen diesen beiden Strängen liegt, ist als philosophisches und theoretisches Konzept nicht so gut ausgearbeitet wie der Gandhianismus und der Marxismus. In ihrer Herangehensweise an die moderne Wissenschaft ist sie sehr pragmatisch und unterstreicht die Notwendigkeit, traditionelle und moderne Technologien miteinander zu verbinden. Die Probleme hinsichtlich der sozioökonomischen Hierarchien werden zwar erkannt, aber es gibt kein klares Programm, um sie zu überwinden. In den letzten zehn Jahren haben sich diese unterschiedlichen ideologischen Strömungen zum Teil fruchtbar gegenseitig beeinflußt.

Allerdings ist es wichtig, zwischen den Perspektiven zu unterscheiden, die durch eine Analyse der *Praxis der Umweltbewegung* sichtbar werden, und der expliziten theoretischen Ausformulierung einer umweltbezogenen Perspektive. Auch wenn beide dialektisch miteinander verknüpft sind, so sind sie doch nicht deckungsgleich. Die drei von Guha ausgemachten ideologischen Strömungen haben zwar auf je unterschiedliche Weise die Umwelt ihren übrigen Zielen hinzugefügt. Doch wurde keine neue theoretische Perspektive formuliert, wie sie für einen umweltbezogenen Ansatz der Entwicklungspolitik nötig wäre.

Frauen sind ein unübersehbarer Teil der Widerstands- und der meisten ländlichen, ökologischen Basisbewegungen gewesen (wie ganz allgemein bei Bauernbewegungen). Am sichtbarsten wird ihre Teilnahme in der unten geschilderten Chipko-Bewegung. Allerdings beinhaltet die Teilnahme von Frauen an einer Bewegung keineswegs an sich schon eine explizite Übernahme einer geschlechtsspezifischen Perspektive innerhalb der Bewegung, weder theoretisch noch praktisch, obwohl eine solche Formulierung unverzichtbar ist. Der »feminist environmentalism«, den ich weiter oben in diesem Beitrag vorgestellt habe, ist ein Versuch in diese Richtung. Mit dem »feminist environmentalism« habe ich versucht, eine theoretische Perspektive zu entwickeln, die sowohl die symbolischen als auch die materiellen Verbindungen zwischen Mensch und Umwelt in ihren spezifischen Formen des Wechselspiels ansiedelt. Geschlechts- und klassenspezifische Unterschiede in diesen Beziehungen werden zurückverfolgt zu einer gegebenen geschlechts- und klassenspezifischen Aufteilung von Arbeit, Reichtum und Macht. Im Gegensatz zum Gandhianismus und Marxismus ist der »feminist environmentalism« keine Sichtweise, die bewußt von einer Reihe von Individuen und Gruppen vertreten wird. Doch läßt sich die besondere Sorge der Stammesfrauen und der Frauen armer Bauernfamilien um die Umweltzerstörung auf eben diese materielle Realität zurückverfolgen. Insofern können ihre Reaktionen darauf, die sowohl in Ergänzung der anderen ideologischen Strömungen als auch im Widerspruch zu ihnen artikuliert worden sind, als im Einklang mit der Denkrichtung des »feminist environmentalism« gelten.

Die Chipko-Bewegung ist hierfür ein interessantes Beispiel. Auch wenn sie aus der gandhianschen Tradition hervorging, hat sie im Verlauf ihrer Verbreitung Grenzen eines Ansatzes aufgezeigt, der das Problem der Klassen- und Geschlechtszugehörigkeit vernachlässigt. Als Bewegung ist sie von einer beträchtlichen historischen Bedeutung, die über die lokalen Gegebenheiten hinausreicht. Sie ist zugleich der bemerkenswerte Ausdruck der spezifischen Auffassung der Bergfrauen vom Schutz der Wälder und der Regeneration der Umwelt.[26] Die Bewegung nahm 1972/73 im Chamoli-Bezirk in Nordwestindien ihren Anfang. Der Protest richtete sich gegen den Verkauf von 300 Eschen an einen Hersteller von Sportartikeln. Die Regierung verweigerte zugleich der lokalen Arbeitsgenossenschaft die Erlaubnis, ein paar Bäume zu schlagen, um landwirtschaftliche Geräte für die Gemeinschaft zu fertigen. Von dort hat sich die Bewegung nicht nur über die ganze Region ausgebreitet, sondern ihre Methoden und ihre Botschaft haben auch andere Teile des Landes erreicht (Appiko in Karnataka/Südindien ist ein Ableger davon).[27] Dabei dehnte sich der Widerstand auf andere Kontexte aus. So wird gegen das Fällen von Bäumen unter anderem Widerstand geleistet, um Katastrophen wie Erdrutsche zu verhindern.

Die aktive Beteiligung von Frauen in der Chipko-Bewegung weist bemerkenswerte Besonderheiten auf:

- Im Widerstand gegen die kommerzielle Ausbeutung der Himalayawälder handelten sie gemeinsam mit den Männern ihrer Gemeinschaft, um den Unternehmern von außerhalb entgegenzutreten. Doch aufgrund von Meinungsunterschieden über die Prioritäten bei der Nutzung der Ressourcen traten sie in Opposition zu den Männern. Immer wieder haben sich Frauen weitsichtig für die Bewahrung der Wälder und der Umwelt und gegen kurzfristige Gewinne bei Entwicklungsprojekten entschieden, da diese mit hohen Kosten für die Umwelt verbunden waren.

---

26 Unter den zahlreichen Schriften zur Chipko-Bewegung siehe vor allem Jain 1984; Bandyopadhyay/Shiva 1987; Shiva 1987 (sowie Punnamparambil 1990, Anmerkung der Herausgeberinnen).

27 Auch in den USA gab es Fälle, bei denen Menschen Bäume umarmt haben, um sie vor Holzfällern zu schützen. Allerdings haben sie augenfällig keine Verbindung zur Chipko-Bewegung.

- Frauen haben aktiv und oft mit Erfolg Bäume beschützt, Baumversteigerungen gestoppt und über das illegale Abholzen von Bäumen gewacht. In der Stadt Gopeshwar hat eine örtliche Frauengruppe Wachfrauen ernannt, die einen Lohn in Form von Naturalien erhalten für die Bewachung der umgebenden Wälder und für die Überwachung der Entnahme von Walderzeugnissen durch die Dorfbewohner. Zweige können ohne Einschränkung gesammelt werden, aber jede Beschädigung von Bäumen ist strafbar.
- Aufforstung ist ein wesentlicher Bestandteil der Bewegung. Aber bei der Wahl der Bäume stimmen die Prioritäten von Frauen und Männern nicht immer überein – Frauen ziehen typischerweise Bäume vor, die Brennholz, Viehfutter und Dinge für den täglichen Bedarf liefern, während Männer kommerziell nutzbare Arten vorziehen.[28] Einmal mehr deutet dies auf einen Zusammenhang hin zwischen der geschlechtsspezifischen Verantwortlichkeit für den Lebensunterhalt der Familie und geschlechtsspezifischen Reaktionen auf eine Bedrohung der Ressourcen, die diesen Bedarf dekken.
- Chipko ist heute mehr als eine ökologische Bewegung und hat das Potential, eine breitere Bewegung gegen Geschlechter-Ungleichheiten zu werden. Ferner hat ein Wandel im Selbstbewußtsein der Teilnehmerinnen stattgefunden, wie unten aufgezeigt wird.
- In der Bewegung ist implizit ein ganzheitliches Verständnis der Umwelt allgemein und insbesondere der Wälder enthalten. Die Frauen haben beispielsweise einen poetischen Dialog verfaßt, der den Unterschied zwischen ihrer eigenen Sichtweise und der von Förstern veranschaulicht (hier zitiert nach der deutschen Übersetzung in Punnamparambil 1990: 145):

28 Diese Divergenz unter den Geschlechtern ist auch in anderen Fällen beobachtet worden (Brara 1987).

»Förster: Was können wir vom Wald erwarten?
Harz, Bauholz und Gewinne!
Frauen (Chor): Was können wir vom Wald erwarten?
Boden, Wasser und gute Luft zum Atmen.
Boden, Wasser und gute Luft zum Atmen,
Bewahrt die Erde und alles, was sie enthält.«

Die Frauen reduzieren die Wälder nicht nur auf Bäume und die Bäume auf das Holz für die kommerzielle Nutzung. Sie erkennen, daß Vegetation, Boden und Wasser miteinander in Beziehung stehen und Teile eines komplexen Ökosystems bilden. Diese Erkenntnis der Beziehungen und gegenseitigen Abhängigkeit zwischen den verschiedenen materiellen Bestandteilen der Natur und zwischen der Natur und dem menschlichen Lebensunterhalt ist entscheidend für die Entwicklung einer Strategie des nachhaltigen Umweltschutzes und der Regeneration. Die Bewegung macht zwar Gebrauch von der gandhianischen Tradition der Region, die der Chipko-Bewegung vorausging, aber die Reaktionen der Frauen reichen weit über den Rahmen dieser Tradition hinaus und kommen in ihrer Perspektive einem »feminist environmentalism« sehr nahe. Erste Anfänge der Auseinandersetzung mit geschlechts- und klassenspezifischen Fragen zeigen sich in einer Reihe kleiner, aber bedeutsamer Schritte. Als die Frauen in mehreren Fällen ihre Standpunkte gegen die der Dorfmänner vertraten, als sie die Forderung nach einer Mitgliedschaft im Dorfrat aufstellten und sich der Trunksucht der Männer und der häuslichen Gewalt widersetzten, da stellten sie die Geschlechterverhältnisse in Frage. In ähnlicher Weise rückte der Klassenunterschied bei ihrem Widerstand gegen die Unternehmer in den Blick, die die Lizenzen für den Bergbau und die Abholzung in der Gegend besaßen.

Doch müssen ökologische Bewegungen wie Chipko in ihren lokalen Kontext gestellt und aus ihm heraus verstanden werden. Der lokal angesiedelte Widerstand gegen die Prozesse der Aneignung und Degradation der natürlichen Ressourcen in Indien hat zwar viele verschiedene Formen angenommen und ist aus verschiedenen regionalen Kontexten hervorgegangen. Proteste jedoch, bei denen ganze Gemeinschaften und Dörfer mitwirkten und eine Bewegung bildeten (wie Chipko, Appiko und Jharkhand), sind in erster Linie in Berges- oder Stammesgemeinschaften aufgekommen. Das ist möglicherweise auf zwei Faktoren zurückzuführen: die Unmittelbarkeit der Bedrohung der Existenz dieser Menschen durch die Naturaneignung und -zerstörung sowie den Umstand, daß diese Gemeinschaften eine relativ schwache soziale und klassenbedingte Differenzierung kennzeichnet. Sie verfügen über ein größeres Potential für eine breitere Beteiligung der Gemeinschaft, als es in ökonomisch und sozial stärker differenzierten Dorfgemeinschaften in Südasien der Fall ist. Diese sind in der Regel von Spaltung bedroht. Außerdem haben in Berg- und Stammesgemeinschaften Frauen stets eine erkennbar wichtige Funktion und oft die Hauptrolle in der Agrarproduktion gespielt – ein Aspekt, der ihrer Teilnahme am öffentlichen Leben dienlich ist. In vielen anderen Gemeinschaften Nordindiens werden Frauen hingegen ausgeschlossen.

Wenn ich hier die Rolle armer Bäuerinnen und Stammesfrauen in ökologischen Bewegungen hervorhebe, plädiere ich keineswegs – wie manche Feministinnen – dafür, daß Frauen über eine spezifisch feminine Sensibilität oder Denkweise verfügen. Frauen haben nicht schon allein als Frauen bestimmte Wesenszüge, die sie dafür vorausbestimmen, auf Besonderheiten der Natur zu achten, eher interaktiv zu handeln als individuell oder das wahre Wesen komplexer natürlicher Prozesse ganzheitlich zu verstehen.[29] Vielmehr sind m.E. die Sichtweisen und Reaktionen der armen Bäuerinnen und Stammesfrauen (Sichtweisen, die in der Tat häufig interaktiv und ganzheitlich sind) Teil ihrer materiellen Realität. Diese ist gekennzeichnet durch ihre Abhängigkeit von den natürlichen Ressourcen für das Überleben, durch ihr Wissen über die Natur, das sie im Laufe der tatsächlichen Nutzung der Ressourcen

29 Eine Kritik dieser Argumentationsweisen findet sich in Longino 1987.

erworben haben, und durch die breiteren kulturellen Parameter, welche die Aktivitäten der Menschen und die Denkweisen in diesen Gemeinschaften prägen. So gesehen sind auch die Perspektiven und Reaktionen der Männer, die Berg- oder Stammesgemeinschaften angehören, dem Umweltschutz und der Regeneration dienlicher als die anderer Männer. Allerdings haben sie keine so große Sensibilität wie die Frauen in solchen Gemeinschaften. Das liegt daran, daß sich die Frauen aus Bergregionen und der indigenen Bevölkerung eine wechselseitige Beziehung zu den natürlichen Ressourcen bewahrt haben. Auf ihr beruht die gegebene soziale Organisation einschließlich der geschlechtsspezifischen Arbeitsteilung.

Gleichzeitig dürfen die positiven Aspekte dieser Verbundenheit nicht als Argument dienen, um die Verankerung von Frauen innerhalb einer gegebenen Arbeitsteilung festzuschreiben. Vielmehr sollte sie als ein Argument dienen für die Schaffung von Bedingungen, die zu einer Universalisierung dieser Verbundenheit mit der Natur beitragen. Denkbar ist, daß die klassen- und geschlechtsspezifische Organisation und Verteilung der produktiven und reproduktiven Tätigkeiten (inner- und außerhalb des Hauses) sowie von Besitz, Ressourcen, Wissen und Macht überwunden werden.

Schlußfolgerungen

Die indische Erfahrung vermittelt verschiedene Einsichten:

- Die Prozesse der Umweltzerstörung und der Aneignung natürlicher Ressourcen durch einige wenige weisen besondere klassen- und geschlechtsspezifische sowie auch ortsspezifische Implikationen auf. Dabei sind gerade die Frauen der armen ländlichen Haushalte am stärksten betroffen und engagieren sich zugleich aktiv in der Umweltbewegung. »Frauen« lassen sich deshalb keineswegs (wie im ökofeministischen Diskurs üblich) als eine einheitliche Kategorie postulieren, weder national, noch regional in der gesamten Dritten Welt und schon gar nicht global.

- Die negativen klassen- und geschlechtsspezifischen Auswirkungen dieser Prozesse zeigen sich im Verlust sowohl der Systeme für den Lebensunterhalt wie auch der Wissenssysteme, auf die arme ländliche Frauen angewiesen sind.
- Die Art und Wirkungsweise dieser Prozesse fußen einerseits auf ideologischen Konstrukten (von Entwicklung, wissenschaftlicher Erkenntnis, der geeigneten geschlechtsspezifischen Arbeitsteilung etc.). Andererseits beruhen sie auf dem ökonomischen Vorteil und der politischen Macht, die besonders von den Besitzunterschieden zwischen verschiedenen Haushalten und den Geschlechtern bestimmt sind.
- Der Widerstand an der Basis gegen diese Ungleichheit und Umweltzerstörung weitet sich aus und richtet sich gegen derartige Prozesse, Produkte, Menschen, Besitz- und Machtverhältnisse und die Profitorientierung, die ihnen zugrunde liegen.

Erfahrungen mit Fraueninitiativen innerhalb der Umweltbewegungen zeigen, daß sich Frauen stärker als Männer militant engagieren, wenn es um das Überleben der Familie geht. Implizit steckt in all diesen Kämpfen der Versuch, sich Raum für eine alternative Lebensweise zu schaffen, die auf Gleichheit beruht und nicht auf Dominanz über Menschen, die auf der Zusammenarbeit mit der Natur und nicht auf ihrer Beherrschung gründet. Tatsächlich stellen diese Bewegungen (implizit oder explizit) auf verschiedene Weise das bestehende Entwicklungsmodell in Frage – mit seiner besonderen Mischung aus Produkten und Technologie, seinen Formen der Ausbeutung natürlicher und menschlicher Ressourcen und seinen Auffassungen von den Beziehungen unter den Menschen und zwischen Mensch und Natur. Dabei reicht das bloße Wissen um die zerstörerische Wirkung der derzeitigen Entwicklungsprozesse nicht aus. Politische Maßnahmen sind nötig, die eine Abkehr weg von der aktuellen oberflächlichen Herangehensweise an die Krankheiten der Natur und den

Wohlstand der Menschen bedeutet. Bislang waren die Rezepte kurzsichtig: Bei ausgelaugten Böden empfahl man einzig die Beifügung chemischer Nährstoffe von außen, bei schwindenden Wäldern die Anpflanzung von Monokulturen, bei Hungersnöten in Dürrezeiten Essen-für-Arbeit-Programme, gegen geschlechtsspezifische Ungleichheiten Frauenprojekte mit einkommensschaffenden Maßnahmen und so weiter. Diese Lösungen spiegeln einen Ansatz der Entwicklungspolitik wider, der vergleichbar ist mit dem Verabreichen von Kopfschmerztabletten: Sie sind weder heilsam noch vorbeugend, sie unterdrücken die Symptome lediglich eine Zeitlang.

Dieser Beitrag verfolgte nicht die Absicht, eine realistische und auch durchsetzbare Alternative zu skizzieren. Denn es ist zunächst einmal nicht leicht, eine solche Alternative überhaupt zu formulieren. Bislang sind lediglich die groben Umrisse eines Ansatzes erkennbar. Ein alternativer und den Grundsätzen des »feminist environmentalism« folgender Ansatz muß eher transformativ als karitativ sein. In ihm sind Entwicklung, Umverteilung und Ökologie wechselseitig auf regenerative Weise miteinander verknüpft. Das würde komplexe und miteinander zusammenhängende Veränderungen erforderlich machen. Verändert werden müssen die Produktzusammensetzung, die bei der Produktion zur Anwendung kommenden Technologien, die Entscheidungsprozesse über Produkte und Techniken, die Wissenssysteme, auf denen solche Entscheidungen beruhen, und die klassen- und geschlechtsspezifische Verteilung von Produkten und Aufgaben.

So könnte eine andere Zusammensetzung des Produktes im Bereich von Forstprogrammen einen Wechsel von den momentan favorisierten kommerziellen Baumarten in Monokulturen hin zu gemischten Arten einleiten, die entscheidend sind zur lokalen Subsistenzsicherung. Alternative landwirtschaftliche Technologien könnten den Wechsel vom vorrangig chemischen Ackerbau hin zu stärker organischen Anbaumethoden fördern, von monokulturellen Hochertragssorten hin zu einer gemischten Bebauung mit indigen gezüchteten Sorten. Auch ließe sich übergehen von der Bevorzugung großer Bewässerungsprojekte hin zu einer Vielfalt von Systemen für die Wasserbeschaffung und von einer Konzentration auf naß angebaute Getreidearten hin zu einem stärkeren Augenmerk auf Arten für den Anbau auf Trockenland. Ein Wandel in den Entscheidungsprozessen würde den Wechsel von dem gegenwärtigen hierarchischen Ansatz hin zu einem Ansatz bedeuten, der die demokratische Beteiligung benachteiligter Gruppierungen gewährleisten und sich auf eine breite Basis stützen würde.

In Anbetracht der Tatsache, daß die Erfolgsstories der Wiederaufforstung heutzutage jene lokalen Gemeinschaften betreffen, welche die Verantwortung für ihre Umwelt selbst übernommen haben, wären für eine adäquate Lösung eine dezentralisierte Planung und Kontrolle sowie dezentrale Institutionen nötig. Wichtig wäre die Miteinbeziehung der ländlichen Armen und besonders der Frauen in die Entscheidungsfindung darüber, welche Bäume gepflanzt werden sollen und wie die damit verbundenen Gewinne aufzuteilen sind. Um die anhaltende Nutzung und Erweiterung des lokalen Wissens über Pflanzen und Sorten im Prozeß der Regeneration unserer Umwelt zu fördern, wären in ähnlicher Weise neue Formen der Zusammenarbeit zwischen der lokalen Bevölkerung und den ausgebildeten Wissenschaftlern erforderlich. Darüber hinaus müßte die Definition von »wissenschaftlich« erweitert werden, so daß mehrere Quellen der Erkenntnis und für Innovationen miteinbezogen werden (und nicht nur die der Universitäten und Laboratorien). Äußerst vielschichtig und schwierig, dabei aber unverzichtbar ist die Umgestaltung der klassen- und geschlechtsspezifischen Verteilung von Arbeit und Ressourcen und der damit verknüpften gesellschaftlichen Verhältnisse. Die neu entstandenen sozialen Bewegungen in Indien sind dabei in Fragen des Geschlechterverhältnisses, der Umwelt und der demokratischen Rechte vielfach richtungsweisend und geben Anlaß zur Hoffnung.

Bei der Zusammenschau der Umwelt- und Geschlechterfrage eröffnet sich die Notwendigkeit einer Revision, aber auch die Möglichkeit, bereits länger bekannte Probleme der Entwicklung, Umverteilung und des institutionellen Wandels in einem neuen Licht zu sehen. Daß es hierbei keine einfachen politischen Lösungen gibt, zeigt erneut die tiefe ideologische und materielle Verflechtung von Interessen in den bestehenden Strukturen und Entwicklungsmodellen. Daher bildet die basisorientierte politische Organisation der Armen und der Frauen eine notwendige Voraussetzung dafür, ihren Stimmen Gehör zu verschaffen und damit den einflußreichen Interessengruppen entgegenzuwirken. Vor allem aber wird der Bedarf nach einer alternativen Vision unterstrichen, welche die verstreuten Rinnsale des Widerstandes zu einem schöpferischen, mitreißenden Strom kanalisieren kann.

Kurz gesagt: Ein alternativer, transformativer Entwicklungsansatz muß sowohl die *Denkweise* über die Dinge als auch die *Verhaltensweise* zu ihnen umfassen. Im gegenwärtigen Kontext würde das zum einen die Frage aufwerfen, wie die Geschlechterverhältnisse und die Beziehung zwischen Mensch und nichtmenschlicher Welt konzeptionalisiert sind, und zum anderen, wie diese Beziehungen bei der Verteilung von Reichtum, Macht und Wissen sowie in der Formulierung von entwicklungspolitischen Zielen und Programmen konkretisiert werden. Da es die ökofeministische Analyse bislang versäumte, sich mit diesen Fragen der politischen Ökonomie zu beschäftigen, stellt ihre Kritik für die bestehende Ordnung keine Gefahr dar.

Deutsche Übersetzung: Norbert Juraschitz

Literatur

Achary, Meena/Bennett, Lynn, 1981: Women and the Subsistence Sector in Nepal, Arbeitspapier Nr. 526 des Stabes der Weltbank, Washington.

Agarwal, Bina, 1981: Women and Water Resource Development, Delhi.

dies., 1984: Rural Women and the High-Yielding Variety Rice Technology in India, in: Economic and Political Weekly, 31. März 1984, S. A39-A52.

dies., 1985: Sita Speak, in: Indian Express, 17. November 1985.

dies., 1986a: Women, Poverty, and Agricultural Growth in India, in: Journal of Peasant Studies, Jg. 13 (Juli 1986), S. 165-220.

dies., 1986b: Cold Hearthes and Barren Slopes. The Woodfuel Crisis in the Third World, London.

dies., 1987: Under the Cooking Pot. The Political Economy of the Domestic Fuel Crisis in Rural South Asia, in: IDS Bulletin, Jg. 18 (1987) Nr. 1, S. 11-22.

dies., 1988: Who Sows? Who Reaps? Women and Land Rights in India, in: Journal of Peasant Studies, Jg. 15 (Juli 1988), S. 531-581.

dies., 1989: Women, Land, and Ideology, in: Afshar, Haleh/Agarwal, Bina (Hg.): Women, Poverty, and Ideology. Contradictory Pressures, Uneasy Resolutions, London.

dies., 1990: Social Security and the Family. Coping with Seasonality and Calamity in Rural India, in: Journal of Peasant Studies, Jg. 17 (April 1990), S. 341-412.

dies., 1994: A Field of One´s Own. Gender and Land Rights in South Asia, Cambridge.

Baden Powell, B. H., 1957: The Indian Village Community, New Haven.

Bahuguna, Sundarlal, 1984: Women´s Non-violent Power in the Chipko Movement, in: Madhu Kishwar/Vanita, Ruth (Hg.): In Search of Answers. Indian Women´s Voices, London.

Bandyopadhyay, Jayanta, 1986: A Case Study of Environmental Degradation in Karnataka, Redebeitrag zu einem Workshop über Dürren und Desertifizierung, India International Center, 17./18. Mai 1986.

Bandyopadhyay, Jayanta/Shiva, Vandana, 1986: The Evolution, Structure and Impact of the Chipko Movement, in: Mountain Research and Development, Bd. 6 (1986) Nr. 1.

dies., 1987: Chipko, in: Seminar, (Februar 1987), Nr. 330.

Bardhan, Kalpana, 1977: Rural Employment, Welfare, and Status. Forces of Tradition and Change in India, in: Economic and Political Weekly, 25. Juni 1977, S. A34-A48; 2. Juli 1977, S. 1062-1074; 9. Juli 1977, S. 1101-1118.

Bhaduri, T./Surin, V., 1980: Community Forestry and Women Headloaders, in: Community Forestry and People´s Participation, Seminar Report, 20.-22. November 1980.

Blaikie, Piers, 1985: The Political Economy of Soil Erosion in Developing Countries, London/New York.

Brara, Rita, 1987: Commons Policy as Process. The Case of Rajasthan, 1955-1985, in: Economic and Political Weekly, 7. Oktober 1987, S. 2247-2254.

Bromley, Daniel W./Cernea, Michael M., 1989: The Management of Common Property Natural Resources, Diskussionspapier Nr. 57 der Weltbank, Washington.

Burling, Robbins, 1963: Rensanggri. Family and Kinship in a Garo Village, Philadelphia.

Center for Science and Environment, 1986: The State of India´s Environment. A Citizen´s Report, 1985/86, Delhi.

Chakravarty, Uma, 1983: The Sita Myth, in: Samya Shakti, Jg. 1 (Juli 1983).

Chand, Malini/Bezboruah, Rita, 1980: Employment Opportunities for Women in Forestry, in: Community Forestry and People´s Participation, Seminar Report, 20.-22. November 1980.

Chandrashekar, D.M./Murti, B.V. Krishna/Ramaswamy, S.R., 1987: Social Forestry in Karnataka. An Impact Analysis, in: Economic and Political Weekly, 13. Juni 1987, S. 935-941.

Chaudhuri, Tapan Ray/Habib, Irfan (Hg.), 1982: Cambridge Economic History of India, Cambridge.

Cheney, Jim, 1987: Ecofeminism and Deep Ecology, in: Environmental Ethics, Jg. 9 (Sommer 1987), S. 115-145.

Dasgupta, Partha/Maler, Karl-Goran, 1990: The Environment and Emerging Development Issues, Redebeitrag bei einer Konferenz zu Umwelt und Entwicklungspolitik, September 1990, Helsinki.

Dhawan, B. D., 1982: Development of Tubewell Irrigation in India, Delhi.

Dietrich, Gabrielle, 1989: Plea for Survival. Book Review, in: Economic and Political Weekly, 18. Februar 1989, S. 353f.

Fernandes, Walter/Menon, Geeta, 1987: Tribal Women and Forest Economy. Deforestation, Exploitation and Status Change, Delhi.

Flaherty, Wendy O., 1990: Other People´s Myths, New York/London.

Forest Survey of India 1990, hrsg. vom Ministerium für Entwicklung und Forstwirtschaft, Neu Delhi.

Fuss, Diane, 1989: Essentially Speaking, New York.

Gadgil, Madhav/Vartak, V.D., 1975: Sacred Groves of India. A Plea for Continued Conservation, in: Journal of the Bombay Natural History Society, Jg. 72 (1975), Nr. 2.

Gadgil, Madhav, 1985: Towards an Ecological History of India, in: Economic and Political Weekly, (November 1985) Sonderband, S. 1909-1938.

Glaeser, Bernhard (Hg.), 1983: Umweltpolitik in China, Bochum.

ders. (Hg.), 1987: Learning from China? Development and Environment in Third World Countries, London.

Griffin, Susan, 1978: Women and Nature. The Roaring within Her, New York.

Guha, Ramachandra, 1983: Forestry in British and Post-British India. A Historical Analysis, in: Economic and Political Weekly, 29. Oktober 1983, S. 1882-1896.

ders., 1985: Scientific Forestry and Social Change in Uttarakhand, in: Economic and Political Weekly, (November 1985) Sonderband, S. 1939-1952.

ders., 1988: Ideological Trends in Indian Environmentalism, in: Economic and Political Weekly, 3. Dezember 1988, S. 2578-2581.

Habib, Irfan, 1984: Peasant and Artisan Resistance in Mughal India, in: McGill Studies in International Development, Nr. 34, McGill University.

Hanumantha Rao, C. H./Ray, S.K./Subbarao, K., 1988: Unstable Agriculture and Drought, Delhi.

Howes, Michael/Jabbar, M.A., 1986: Rural Fuel Shortages in Bangladesh. The Evidence from Four Villages, Diskussionspapier Nr. 213, Sussex.

Jain, Shobhita, 1984: Women and People´s Ecological Movement. A Case Study of Women´s Role in the Chipko Movement in Uttar Pradesh, in: Economic and Political Weekly, 13. Oktober 1984, S. 1788-1794.

Jodha, N. S., 1986: Common Property Ressources and Rural Poor, in: Economic and Political Weekly, 5. Juli 1986, S. 1169-1181.
Johnston, Bruce F., 1969: The Japanese Model of Agricultural Development. Its Relevance to Developing Nations, in: Kazushi, Okhawa/Johnston, Bruce F./Kaneda, Hiromitsu (Hg.): Agriculture and Economic Growth - Japan´s Experience, Princeton.
Joshi, P. K./Agnihotri, A.K., 1984: An Assessment of the Adverse Effects of Canal Irrigation in India, in: Indian Journal of Agricultural Economics, Jg. 39 (Juli-September 1984), S. 528-536.
Kerala Forestry Research Institute, 1980: Studies in the Changing Patterns of Man-Forest Interaction and its Importance for Ecology and Management, Trivandrum.
King, Ynestra, 1981: Feminism and the Revolt, in: Heresies, Nr. 13, Special Issue on Feminism and Ecology, S. 12-16.
dies., 1989: The Ecology of Feminism and the Feminism of Ecology, in: Plant, Judith (Hg.): Healing the Wounds. The Promise of Ecofeminism, Philadelphia, S. 18-28.
dies., 1990: Healing the Wounds. Feminism, Ecology, and the Nature/Culture Dualism, in: Diamond, Irene/Orenstein, Gloria (Hg.): Reweaving the World. The Emergence of Ecofeminism, San Francisco, S. 98-112.
Kulkarni, Sharad, 1983: Towards a Social Forestry Policy, in: Economic and Political Weekly, 5. Februar 1983, S. 191-196.
Kumar, Shubh/Hotchkiss, David, 1988: Consequences of Deforestation for Women´s Time, Allocation, Agricultural Production, and Nutrition in Hill Areas of Nepal, Forschungsbericht 69, Washington.
Leach, Edmund R., 1967: Pul Eliya - A Village in Ceylon. A Study of Land Tenure and Kinship, Cambridge.
Longino, Helen E., 1981: Rezension von Merchant 1980, in: Environmental Ethics, Jg. 3 (Winter 1981), S. 365-369.
dies., 1987: Can There Be a Feminist Science? in: Hypatia, Jg. 2 (Herbst 1987), S. 51-64.
MacCormack, Carol P./Strathern, Marilyn (Hg.), 1980: Nature, Culture, and Gender, Cambridge.
Marglin, Stephen A., 1988: Losing Touch. The Cultural Conditions of Worker Accomodation and Resistance, in: Marglin, Frederique/Marglin, Stephen A. (Hg.): Knowledge and Power, Oxford.

Mencher, Joan P./Saradamoni, K., 1982: Muddy Feet and Dirty Hands. Rice Production and Female Agricultural Labour, in: Economic and Political Weekly, 23. Dezember 1982, S. A149-A167.

Mencher, Joan, 1988: Women´s Work and Poverty. Women´s Contribution to Household Maintenance in Two Regions of South India, in: Dwyer, Daisy/Bruce, Judith (Hg.): A Home divided. Women and Income in the Third World, Stanford.

Merchant, Carolyn, 1980: The Death of Nature. Women, Ecology, and the Scientific Revolution, San Francisco (deutsch: Der Tod der Natur. Ökologie, Frauen und neuzeitliche Naturwissenschaft, München 1987).

Miller, Barbara, 1981: The Endangered Sex. Neglect of Female Children in North West India, Ithaca.

Moench, M., 1988: Turf and Forest Management in a Garhwal Hill Village, in: Fortmann, Louisa/Bruce, John W. (Hg.): Whose Trees? Propriety, Dimensions of Forestry, Boulder.

Mohan, Dinesh, 1987: Food vs. Limbs. Pesticides and Physical Disabilitites in India, in: Economic and Political Weekly, 28. März 1987, S. A23-A29.

Moore, Henrietta L., 1989: Feminism and Anthropology, Minneapolis (deutsch: Mensch und Frau sein. Perspektiven einer feministischen Anthropologie, Gütersloh 1990).

National Sample Survey Organisation, 1987: Thirty-seventh Round Report on Land Holdings - I. Some Aspects of Household Ownership Holdings, Department of Statistics, Government of India.

Ortner, Sherry, 1974: Is Male to Female As Nature is to Culture? in: Rosaldo, Michelle Z./Lamphere, Louise (Hg.): Women, Culture and Society, Stanford.

Pingle, V., 1975: Some Studies of Two Tribal Groups of Central India. Part 2: The Importance of Food Consumed in Two Different Seasons, in: Plant Food for Man, Jg. 1.

Punnamparambil, José (Hg.), 1990: Umarme den Baum. Indische Ansichten zu Ökologie und Fortschritt, Bad Honnef.

Rosenzweig, Mark/Wolpin, Kenneth I., 1985: Specific Experience, Household Structure, and Intergenerational Transfers. Farm Family Land and Labor Arrangement in Developing Countries, in: Quarterly Journal of Economics, Jg. 100 (1985) Suppl., S. 961-987.

Ryan, James G./Ghodake, R.D., 1980: Labour Market Behaviour in Rural Villages in South India. Effects of Season, Sex, and Socio-

Economic Status, Fortschrittsbericht, Wirtschaftsprogramm 14, International Crop Research Insitute for Semi-Arid Tropics, Hyderbad.
Salleh, Ariel Kay, 1984: Deeper than Deep Ecology. The Eco-Feminist Connection, in: Environmental Ethics, Jg. 16 (Winter 1984), S. 339-345.
Seklar, David, 1981: The New Era of Irrigation Management in India, Delhi.
Sen, Amartya, 1990: Gender and Cooperative Conflict, in: Tinker, Irene (Hg.): Persistent Inequalities, New York.
Sengupta, Nirmal, 1985: Irrigation. Traditional vs. Modern, in: Economic and Political Weekly, (November 1985) Sonderband, S. 1919-1938.
Sharma, Ursula, 1980: Women, Work, and Property in North West India, London.
Shaw, Paul, 1989: Population, Environment, and Women. An Analytical Framework, Redebeitrag für den Bevölkerungsfonds der Vereinten Nationen (UNFPA), 6. März 1989, New York.
Shiva, Vandana, 1987: Ecology Movements in India, in: Alternatives, Jg. 11, S. 255-273.
dies., 1988: Staying Alive. Women, Ecology, and Survival, London (deutsch: Das Geschlecht des Lebens. Frauen, Ökologie und Dritte Welt, Berlin 1989).
Swaminathan, Srilata, 1982: Environment. Tree versus Man, in: India International Center Quarterly, Jg. 9, Nr. 3 und 4.
UNDP (Entwicklungsprogramm der Vereinten Nationen) 1979: Rural Women´s Participation in Development. Evaluation Study Nr. 3 (Juni 1979), New York.
Vatuk, Sylvia, 1981: Sharing, Giving, and Exchanging of Food in South Asian Societies, University of Illinois in Chicago, Oktober.
Warren, Karen J., 1987: Feminism and Ecology. Making Connections, in: Environmental Ethics, Jg. 9 (Frühjahr 1987), S. 3-20.
Zimmermann, Michael E., 1987: Feminism and Ecology. Deep Ecology and Environmental Ethics, in: Environmental Ethics, Jg. 9 (Frühjahr 1987), S. 21-44.

Fünfter Teil:

Wirtschaft und Entwicklung

Gudrun Lachenmann

Strukturanpassung aus Frauensicht: Entwicklungskonzepte und Transformationsprozesse

Groß ist die Spannbreite der Kritik der internationalen Frauenbewegung an der Entwicklungspolitik: Sie reicht von einer Grundsatzkritik der negativen Folgen von Strukturanpassung und Globalisierung über Forderungen nach einem neuen Weltwirtschaftssystem bis hin zum herrschenden »mainstream«-Bereich. Hier wird versucht, in makroökonomische Strukturmodelle einen feministischen Blickwinkel einzuführen. Diese Kritik reicht jedoch nicht aus, um Staat, Wirtschaft und Gesellschaft im Hinblick auf die zugrundeliegende Konstruktion von Geschlecht zu transformieren. Methodologisch und politisch notwendig ist daher die Beschäftigung mit handlungstheoretischen Aspekten auf der mittleren Ebene, also zwischen der Mikroebene der Haushalte und der gesamtwirtschaftlichen Makroebene.

Im folgenden soll die aktuelle Diskussion zu Phänomenen der Globalisierung und der Strukturanpassungspolitik beleuchtet und der Stand der Frauenförderungskonzepte und -politik betrachtet werden. Von besonderem Interesse ist, wie die Weltbank als Hauptakteurin im Bereich der Strukturanpassungspolitik auf feministische Kritik reagiert. Darüber hinaus sollen die beiden folgenden Diskussionsstränge verfolgt werden: erstens die Bedeutung der Globalisierung für Frauenarbeitsplätze und zweitens die Versuche einer Feminisierung bzw. Strukturanpassung der Makroökonomie. Dabei werden die Organisation und Strukturierung ökonomischer Tätigkeit sowie die Einbettung der sogenannten Frauenökonomie in den

Markt diskutiert. Beispiele aus Afrika zeigen die geschlechtsspezifische Bearbeitung verschiedener Sektorpolitiken auf.

Von der Frauenförderung über die internationale Frauenpolitik zur geschlechtsspezifischen Entwicklungspolitik

Die Analyse und programmatische Einbeziehung der geschlechtsspezifischen Sichtweise und des Verhältnisses der Geschlechter untereinander *(Gender and Development*/GAD-Ansatz) hat offiziell in der Entwicklungspolitik den WID-Ansatz *(Women in Development*/Integration der Frauen in den Entwicklungsprozeß) ersetzt. In der Entwicklungspolitik gab es schon lange den Gegensatz zwischen spezifischen Frauenprojekten und Frauenpolitik auf der einen und dem sogenannten Integrationsansatz auf der anderen Seite. Dieser ging davon aus, daß Frauen als eine ›Zielgruppe‹ unter anderen zu behandeln seien. Bekanntlich wurde damit sehr wenig bewegt und insbesondere keine frauenpolitische Ausrichtung aller Politikbereiche (zum Beispiel Agrar-, Strukturanpassungs- und Sozialpolitik sowie Ressourcenschutz) erreicht.

Aus dieser Enttäuschung heraus wurde seit 1985 als offizielle Programmatik von UNIFEM, dem entwicklungspolitischen Frauenfonds der Vereinten Nationen, angestrebt, »grundlegende Änderungen in den ökonomischen, gesellschaftlichen und politischen Strukturen zu erreichen« (Anderson 1993: 5).[1] Dieser »mainstreaming-Ansatz« trug 1995 entscheidend zur Anerkennung der »vollen ökonomischen und politischen Partizipation der Frauen« auf der Basis von Gleichstellung auf der 4. Weltfrauenkonferenz in Peking bei (Lachenmann 1996a). Inzwischen haben alle internationalen Instanzen den aus der

1 Fremdsprachige Zitate in diesem Beitrag wurden ins Deutsche übertragen.

feministischen Dritte-Welt-Bewegung[2] stammenden Ansatz des »empowerment« übernommen. Nach ihm sind Geschlechterverhältnisse als Machtverhältnisse zu verstehen und müssen sich ändern, wenn Frauenförderung, Strukturanpassungspolitik und Transformationsprozesse Erfolg haben sollen.

In der Nord-Süd-Frauenbewegung wurde kritisiert, daß der Begriff »empowerment«[3] durch das internationale Establishment der Institutionen vereinnahmt werde (Wichterich 1995). Nach Peking scheint sich diese Debatte stark auf die Frage der Einbeziehung von Frauen in das bestehende ökonomische Modell oder seine Ersetzung durch ein anderes Entwicklungsparadigma zuzuspitzen. Der WID-Ansatz wird besonders in bezug auf die Annahme hinterfragt, die Zunahme der Produktivität habe automatisch positive Auswirkungen auf die Gleichheit der Geschlechter. Dabei wird das Argument des ökonomischen Wachstumspotentials der Frauen gebraucht, ohne die Reproduktionssphäre zu betrachten (Kabeer 1994: 9). Frauen sollten in die »effizienteren Sektoren« überwechseln, eine eher zynisch anmutende Empfehlung.[4] Ein »entweder – oder«, d.h. entweder Haus- und Subsistenzarbeit oder unrentable Markteinbettung, führt nicht weiter. Anzustreben ist vielmehr eine strukturelle Änderung von Ökonomie und Arbeitsbedingungen. Ziel muß die Entwicklung weiblicher Sphären oder Räume auch in einer ›modernen‹ Industrie- und Wirtschaftsumgebung sein: zum Beispiel Arbeitsräume für Frauen in Computerfirmen, Frauenbanken etc. (Mirza 1996). Anstatt frauenspezifische wirtschaftliche Bereiche oder Tätigkeiten generell als diskriminierend abzulehnen, sollte darin auch eine

---

2 Sie wird insbesondere repräsentiert durch DAWN *(Development Alternatives with Women for a New Era).* Siehe auch die Übersicht über internationale Frauennetzwerke (zusammengestellt von Anja Ruf) im Anhang.

3 Der Begriff »empowerment« wurde in der deutschen Übersetzung des Pekinger Abschlußdokumentes sehr unzureichend mit »Ermächtigung von Frauen« übersetzt; *siehe dazu auch den Beitrag von Holthaus/Klingebiel.*

4 Siehe dazu Koordinationsstelle ›Frauen und Entwicklung‹ 1995 sowie United Nations 1995.

Möglichkeit gesehen werden, die Autonomie von Frauen zu stärken und ihre Handlungsspielräume zu erweitern.

Transformationsprozesse und Strukturanpassung: Einbettung der Frauenökonomie

Seit Mitte der 80er Jahre werden in den meisten sogenannten Entwicklungsländern wirtschaftliche Reformen durchgeführt. Sie stehen im Zusammenhang mit der Gewährung internationaler Kredite, die nur mit der Auflage sogenannter Strukturanpassungsprogramme vergeben werden. Zu den wesentlichen Zielen dieses Transformationsprozesses gehören Entstaatlichung, Liberalisierung und Privatisierung. In vielen dieser Gesellschaften gibt es eigenständige Frauenräume, die sehr oft im Zuge der sozio-ökonomischen Wandlungsprozesse verschwinden.

Die wirtschaftspolitischen Maßnahmen und die Neubildung von Märkten führen in afrikanischen Ländern zur Verdrängung von Frauen aus bisher geschlechtlich abgegrenzten Zuständigkeitsbereichen. Ein Beispiel ist die Neuordnung und Expansion bestimmter Agrarmärkte im Zuge der Privatisierung staatlicher Vermarktungssysteme. Auch werden weltmarktorientierte *cash-crop* Produktionen umgestellt, und zwar hin zu von Männern dominierten Produkten (zum Beispiel Nahrungsmittel- statt Kakaoproduktion in Kamerun).

Frauen waren immer mehr für die Nahrungsmittelproduktion zuständig, die nicht von der Agrarpolitik gefördert wurde, und wurden daher tendenziell in die Informalität, sogar Illegalität gedrängt. Sie waren die Akteurinnen auf Parallelmärkten, und ihre Hauptwirtschaftstätigkeit stand oft in direktem Zusammenhang mit Schmuggel. Sie mußten Bedingungen mit staatlichen Instanzen aushandeln, indem sie als Händlerinnen Abgaben leisteten. Jedoch waren sie grundsätzlich weniger in das Verflechtungssystem zwischen Politik und Wirtschaft einbezogen, da sie nicht so häufig in staatlichen Positionen zu finden waren. Dort befanden und befinden sich die Quellen von Pfründewirtschaft. Auch waren Frauen weniger in Klientelbeziehungen eingebunden.

Dadurch, daß sie kaum am Verteilungssystem beteiligt waren, hatten sie nur einen begrenzten Zugang zu ›modernen‹ wirtschaftlichen Ressourcen. Zum Beispiel erhielten sie selten eigenständige Parzellen in landwirtschaftlichen Bewässerungsprojekten, d.h. ihr traditioneller Landzugang ging verloren. Im Rahmen der Entstaatlichung wäre anzunehmen, daß mehr Chancen für Frauen bestünden. Tatsächlich wurde jedoch die Liberalisierung nach den Prinzipien der Pfründenwirtschaft gestartet: So wurde zum Beispiel die parastaatliche Gesellschaft im Senegaltal im Produktionsbereich aufgelöst, und landwirtschaftliche Maschinen wurden zu geringen Preisen an die früheren männlichen Bediensteten abgegeben. Jetzt verkaufen sie Dienstleistungen nicht zuletzt an weibliche Produzentinnen.

Im Hinblick auf die Förderung der Marktintegration von Frauen kommt es zu vielen Widersprüchen. Einerseits werden Frauen nach wie vor in nur marginale Einkommen schaffende Maßnahmen und Kleinprojekte gedrängt, die den Marktbedingungen nicht entsprechen. Auf der anderen Seite wird gefordert, daß Frauen in die ›effizienten‹ Wirtschaftssektoren gehen müßten, in denen ihnen jedoch nur niedrige Löhne gezahlt werden. Damit wird der Charakter der Frauenökonomie völlig verkannt: Er beruht meist nicht auf einem sich autonom im Markt bewegenden Betrieb, sondern benötigt die Komplementarität mit der Subsistenzproduktion und der Lebenswelt. Güter- und Arbeitsmärkte sind zudem extrem segregiert, d.h. in geschlechtsspezifische, regionale, formelle und informelle Märkte aufgeteilt, so daß kaum irgendwo vollständige Liberalisierungsmaßnahmen durchgesetzt werden dürfen und können.

In Afrika sind so zum Beispiel die Getreidemärkte ein wichtiger Bereich, der grundlegenden Transformationen unterzogen wird. Frauen sind durchaus in die bestehenden Marktstrukturen integriert. Sie verschenken Teile ihrer landwirtschaftlichen Produktion als ›Gaben‹, um bestimmte soziale Allianzen aufrechtzuerhalten. Sie gehen mit einer kleinen Menge Getreide zum Händler, um zum Beispiel Speiseöl für den alltäglichen Konsum zu kaufen oder zu tauschen. Sie agieren als Verkäuferinnen ihrer Produkte auf den lokalen Märkten, als Aufkäuferinnen für Großhändler oder den städtischen Markt. Es besteht also die Gefahr, daß Frauen ihre Chancen nicht nützen können und so noch extremer marginalisiert werden, weil sie die Art der stattfindenden Liberalisierung und der Einbindung der Frauenökonomie benachteiligt.

Obwohl gewisse Grundprinzipien der Strukturanpassung (wie die völlige Streichung von Betriebsmittelsubventionen, die Auflösung von Vermarktungsbehörden, die Privatisierung von Krediten) besonders fatale Auswirkungen auf die Frauenökonomie haben, werden diese in bezug auf Verdrängungsprozesse aus bestimmten ökonomischen Bereichen und Ressourcenzugang kaum thematisiert (Lachenmann 1993). Frauen verfügen nicht über die ökonomischen Grundvoraussetzungen, insbesondere nicht über ausreichendes Kapital (Gladwin 1991: 14). Die Marktverzerrungen sind sicher nicht im Interesse von Frauen; tatsächlich hat sich jedoch gezeigt, daß die Preissubventionierung von Betriebsmitteln Frauen besser erreicht, als die Förderung allgemeiner Frauenprojekte es vermag. Eine Gruppe von Expertinnen aus den Commonwealth-Ländern (Chinery-Hesse et al. 1989: 105ff.) forderte bereits 1990, Strukturanpassung »frauenrelevant« zu machen; die bisherigen Errungenschaften der Frauenförderung hätten durch die aktuellen Politikmaßnahmen ihre Dynamik verloren. Es wird sogar die Schaffung »strukturierter Märkte« bis hin zu frauenspezifischer Quotierung von Krediten, Devisenzuteilungen und Staatsausgaben gefordert. Anderenfalls würden Frauen keinen angemessenen Zugang zu Produktionsressourcen erhalten. Sie gehen davon aus, daß die Frau als Individuum auf dem Markt keine Chancen hat. Sie fordern daher die Förderung von Basisgruppen, Kooperativen, Kammern etc. sowie verbesserte und angemessene Dienstleistungen vor allem im Bereich der Agrarberatung, der Kreditvergabe, des Landzugangs und der Vermarktung.

Ein hervorstechendes Merkmal des Diskurses über die Folgen der Strukturanpassungsmaßnahmen ist das Lamentieren über die Situation der Frauen, die erstaunlicherweise als »verletzliche« Gruppe bezeichnet werden. So werden sie zur »Zielgruppe« verschiedenster wohlmeinender Armutsbekämpfungs- und Sozialhilfemaßnahmen, wo *sie* es doch sind, die in hohem Maße das Überleben sichern. Als Ergebnis dieser »Etikettierung« ist es möglich, sie in bezug auf »harte« ökonomische Tatsachen außer acht zu lassen. Vernachlässigt werden sowohl negative strukturelle Entwicklungen für die Frauenökonomie als auch ungewollte Folgen sozialpolitischer, flankierender Maßnahmen. Nur in dieser marginalisierten Position werden Frauen dann zu Adressatinnen von Kleinprojekten, meist zum Nutzen der Gemeinschaft, von sogenannten einkommenschaffenden Maßnahmen, bei denen Krisenerscheinungen wie Inflation, Preisverfall etc. am deutlichsten durchschlagen. Es gibt keine ernsthaften Bemühungen, einen stärker integrierten Ansatz zur Zusammenführung von Subsistenzproduktion und Reproduktionsarbeit mit marktorientierten Tätigkeiten zu entwickeln.

Auf der einen Seite wird ein modernistischer Integrationsansatz vertreten, bei dem Frauen unter anderem Zugang zu »moderner Bildung«, der Eintritt in den Kapitalmarkt und in »effizientere« Wirtschaftssektoren verordnet wird. Auf der anderen Seite werden der Gesundheitsbereich und die Familienplanung als angeblich besonders relevant für Frauenförderung benannt. Tatsächlich aber besteht in der staatlichen Sozialpolitik eine einseitige Ausrichtung auf Frauen in ihrer Reproduktionsphase. Außerdem werden Bildungsmaßnahmen vor allem mit dem Argument der Reduktion des Bevölkerungswachstums begründet *(vgl. den Beitrag von Hummel).* Nicht beachtet in den Maßnahmen werden ungewollte Folgen der Strukturanpassungspolitik. Hier sind der verschlechterte Zugang zu Produktionsmitteln und die Verdrängung weiblicher Wirtschaftstätigkeit zu nennen. Weiterhin werden selbstregulierte und -verantwortete Bereiche zerstört, die eine Veränderung der Geschlechterverhältnisse einschließlich der Sozialstruktur mit sich bringen.

Frauen kommen meist nicht in den Genuß von Frühruhestandsregelungen, da sie im Regelfall keine Dauerstellen als Staatsbedienstete haben. Für Projekte zur Förderung von Privatunternehmen erfüllen Frauen meist nicht die entsprechenden formalen Voraussetzungen bei Startkapital oder Qualifikationsniveau. So werden vermehrt Frauen aus Wirtschaftsbereichen verdrängt, die zuvor »Frauendomänen« waren. Beispielsweise bauen jetzt junge Männer vermehrt Gemüse an, oder Genossenschaften mit praktisch nur männlichen Mitgliedern übernehmen nach der Auflösung der staatlichen Vermarktungssysteme den Getreidehandel. Die meisten Programme, zum Beispiel Beschäftigungsfonds, werden für »dynamische« junge Männer konzipiert, weil sie als das höchste Protestpotential angesehen werden. Dagegen erfolgt eine immer stärkere Mobilisierung von Arbeit und Ressourcen auf der lokalen Ebene vor allem durch Frauen. Bei allen einkommenschaffenden Maßnahmen, abgesehen von den Problemen der Nachfrageorientiertheit und Rentabilität, kommt es zu keinem »upgrading«, d.h. die Selbstbeschäftigung der Frauen findet keinen dynamischen Antrieb und geht nicht in eine größere Produktionsskala über.

»Looking at the world through women's eyes«[5]

Gita Sen, Gründungsmitglied und derzeitige Koordinatorin von DAWN *(Development Alternatives with Women for a New Era),* einem maßgeblichen internationalen Frauennetzwerk, arbeitete während des NRO-Forums bei der Weltfrauenkonferenz in Peking[6] folgende Schlüsselfaktoren heraus, die die Lebensbedingungen der Frauen derzeit prägen: Das vorherrschende Entwicklungsparadigma setze immer noch Wachstum gleich Wohlfahrt. Die Krise der Verschuldung, der Nahrungsmittel-, der Brennstoff- und der Wasserversorgung sowie der Sicherung der Lebensgrundlagen nehme zu. Die derzeitige Globalisierung weise alte und neue Elemente auf, nämlich die ungemilderte Infragestellung der Lebensgrundlagen, ökonomische und politische Unsicherheit, Verarmung, Umweltzerstörung, Instabilität durch Globalisierung des Handels und des internationalen Finanzsystems. Internationaler Währungsfonds und Weltbank seien die Stoßtruppen der Globalisierungsprozesse, die die repressive Kapazität des Staates erhöhten. Insbesondere in Asien führe die Globalisierung zu einer Dynamik, die wachsende Ungleichheiten und zunehmende Geschlechterunterschiede im Arbeitsmarkt zur Folge hätten. Der globale Markt baue auf der nicht anerkannten Arbeit der Frauen auf. Diese werde nicht nur schlecht bezahlt und ausgebeutet, sondern unterdrücke sie auch in ihrer menschlichen Entwicklung.

Der allgemeine Tenor auf dem Forum war, Globalisierung als gänzlich negativen Prozeß darzustellen bzw. pauschal als Schlagwort für eine Entwicklung zu verwenden, mit der im Grunde alle negativen Tendenzen erklärt werden könnten. Internationaler Währungsfonds und Weltbank wurden als die »Buhmänner« angesehen. Der Globalisierungsdruck, der sich auch in Kürzungen der Staatshaushalte ausdrückt, wird

5 »Die Welt aus der Sicht der Frauen betrachten« – so lautete das Motto des NRO-Forums in Huairou, das parallel zur 4. Weltfrauenkonferenz 1995 stattfand und an dem über 10.000 Frauen aus aller Welt teilnahmen.

6 *Siehe den Beitrag von Holthaus/Klingebiel.*

grundsätzlich abgelehnt – eine Haltung, die in vielen Veranstaltungen unhinterfragt übernommen wurde. Ich halte diese Position für eine gewisse Selbstmarginalisierung, die zum Selbstaussschluß aus wichtigen Debatten führt. Eine differenzierte, kritische, methodologisch und politisch innovative Analyse ist gefordert. Ganz richtig wird von Gita Sen vertreten, daß es notwendig sei, die negativen Kräfte, die durch Globalisierung entstehen, zu bekämpfen; es gehe darum, die Regierungen und Staaten zu transformieren und die Institutionen der Zivilgesellschaft aufzubauen.

Feministische Analyse des Welthandels

Im Rahmen der Vor- und Nachbereitung der GATT-Runde 1995 sind der Welthandel und seine Implikationen für Frauen zu einem wichtigen Thema geworden. Susan Joekes[7] Analyse der Vor- und Nachteile des liberalisierten Welthandels für Frauen greift dabei eher zu kurz. Joekes sieht als Gewinnerinnen die jungen Frauen an, die, wie aus weltweiten Statistiken hervorgeht, neue Beschäftigungsmöglichkeiten gewonnen haben. Dagegen hätten ältere Frauen und jene, die im informellen Sektor tätig sind, nicht profitiert. Sie konstatiert als Vorteil und Chance den Export und die Beschäftigung von Frauen in nicht-traditionellen Produktionen wie Gartenbau (Blumen, Gemüse) und neuen Dienstleistungen wie zum Beispiel im EDV-Bereich. Im Vordergrund steht der Zugang zu Produktionsfaktoren. Außen vor bleiben die strukturellen Verschiebungen in der Geschlechterarbeitsteilung, die Verdrängung von Frauen aus ihren bisherigen Bereichen unter anderem durch junge dynamische Männer. Alternative Formen quer zur herkömmlichen Aufteilung zwischen formellem und

7 Vortrag bei einer Tagung von WIDE und dem NRO-Frauenforum im Mai 1996 im Gustav-Stresemann-Institut, Bonn. Siehe auch Joekes/Weston 1994 und Joekes 1995.

informellem Sektor, Subsistenz- und Marktsektor werden ebenfalls nicht berücksichtigt.

Zweifellos gibt es Aspekte der Emanzipation und Verbesserung der Lebensbedingungen weltweit von jungen Frauen, jedoch ist auch bekannt, wie stark diese Arbeitsverhältnisse der Flexibilisierung unterworfen sind. Wir wissen, daß gerade die junge, weibliche Arbeitskraft nach relativ kurzer Zeit ausgetauscht wird (Braig 1992), daß Arbeitszeit und Arbeitsbedingungen sehr schlecht sind und meist keine gewerkschaftliche Organisation geduldet wird. In allen Sektoren hat die Globalisierung des Wettbewerbs zu mehr Unsicherheit, höherer Arbeitsintensität sowie zu höheren Gesundheits- und Sicherheitsrisiken geführt.

Für die Verbesserung und den Schutz der Arbeitnehmerrechte im Rahmen der Handelsliberalisierung setzt sich die Frauenorganisation *Women_Working Worldwide*[8] (WWW) ein. In ihrer Analyse arbeitet sie heraus, daß die Handelsliberalisierung für Frauen spezifische Auswirkungen hat, nämlich mehr Arbeit (im weitesten Sinne) und teilweise sich verschlechternde Lebensbedingungen. Ein Großteil der Frauenarbeit bleibt unbezahlt und wird nicht anerkannt. Aber auch bezahlte Frauenarbeit bleibt vielfach ohne formale Absicherung, so daß keine Gleichstellung auf dem Arbeitsmarkt erreicht wurde. Frauen sind auf bestimmte Branchen konzentriert. Der Unterschied zwischen Männer- und Frauenarbeit verläuft nach wie vor zwischen Technikorientierung einerseits und häuslicher bzw. Dienstleistungsorientierung andererseits. Die steigende Nachfrage nach Frauenarbeit ist darin begründet, daß die Liberalisierung besonders die typisch weiblichen Tätigkeiten betrifft. Es werden in Weltmarktfabriken verstärkt weibliche Arbeits-

---

8 *Women Working Worldwide,* Centre for Employment Research in Manchester, kommt aus einer kritisch-gewerkschaftlich orientierten Richtung und hat primär erwerbstätige Frauen im formalen Sektor im Blickwinkel, deren »Rechte in einer sich wandelnden Weltökonomie« sie fördern will (WWW 1996).

kräfte eingestellt, die billiger, flexibler und leicht zu kündigen sind (WWW 1996: 7; *vgl. auch den Beitrag von Mohanty).*

Im informellen Sektor findet Verdrängung und Ausweitung zugleich statt. WWW sieht eine Bedrohung des Lebensunterhaltes für weibliche Kleinproduzenten durch die Öffnung der lokalen Märkte für billige Importe auch in den Heimindustrien. Gleichzeitig nimmt die Zahl der Arbeitskräfte in einigen exportorientierten informellen Branchen zu. WWW diskutiert, ob Mindestbeschäftigungsstandards oder Sozialklauseln in Handelsabkommen – Verhaltenskodizes für Unternehmer, faire Handelsvereinbarungen und Netzwerke für Exporteure aus dem Süden – von Frauen für ihre Belange nutzbar gemacht werden können (WWW 1996: 10ff.). Der Welthandel solle sozial reguliert werden. So könnten Protestbewegungen gegen Strukturanpassungsprogramme und Handelsabkommen den Liberalisierungsprozeß zwar nicht aufhalten, jedoch die Bedingungen der Abkommen beeinflussen. Ziel ist die Vereinbarung universeller Mindeststandards zur Verbesserung der Arbeitsbedingungen wie zum Beispiel hinsichtlich familiärer Verpflichtungen, sexueller Belästigung am Arbeitsplatz, Mutterschutz und Kinderbetreuung, Bestimmungen zu Arbeitszeit, Gesundheit und Sicherheit.

Neben der so angestrebten Transformation bestehender Handelsbeziehungen wird auch auf den Aufbau alternativer Handelsnetze gesetzt, den sogenannten »fair trade«. Auf diese Weise entstehen Handelsmarken für Umwelt- und Arbeitsstandards, so etwa die Fairtrade-Stiftung in Großbritannien. Im Norden nimmt die Verbraucherbewegung zu, die sich für eine stärkere Verantwortlichkeit der Konsumenten für die Arbeitsbedingungen der Lieferbetriebe des Südens einsetzt. Viele der in direkten Handelsnetzen involvierten Kleinproduzenten sind Frauen und Frauenkooperativen, nicht zuletzt aufgrund ihrer Marginalisierung von der »mainstream«-Ökonomie.

Auch WWW betrachtet in herkömmlicher Weise nur den formalen Sektor als ökonomisch interessant. Der Begriff der »Verletzlichkeit« *(vulnerability)* wird pauschal auf die »ärmste und am stärksten marginalisierte Bevölkerung außerhalb des formalen Sektors« angewendet. Der informelle Sektor (in Kombination mit Hausarbeit und ungeregelter Markttätigkeit) wird nicht als dynamisch, sondern als offensichtlich minderwertig dargestellt (WWW 1996: 6). Die Autorinnen weisen zurecht darauf hin, daß dies die Mehrheit der Frauenarbeit weltweit betrifft. Sie analysieren jedoch nicht eine positive Entwicklung von innen, haben also immer noch die Klischees der nachholenden universalistischen Entwicklung im Kopf.

WWW zeigt auf, daß Frauen kaum gewerkschaftlich organisiert sind, sich an lokalen Gewerkschaften wenig beteiligen und innerhalb von Gewerkschaften auf das bekannte Problem der Männerdominanz treffen. Gemeinsame Aktionen der Frauen im informellen Sektor seien schwierig. Frauenorganisationen wie WWW müßten Möglichkeiten thematisieren, gerade durch internationale Vernetzung neuartige Forderungen zu stellen, die quer zu den klassischen gewerkschaftlichen Positionen liegen. Beispiele wären die regionale Vernetzung weiblicher Gewerkschaften, Gewerkschaftsbildung von Hausmädchen in Lateinamerika, Organisation von Frauen im informellen Sektor nach Wirtschaftsbereichen, wie sie zum Beispiel die *Self Employed Women´s Association* in Indien praktiziert.[9]

Kritik an der Globalisierung der Weltordnung

Eine Position, die der Globalisierung grundsätzlich kritisch gegenübersteht, wird in der feministischen Aktivismusforschung[10] vertreten. Eine ihrer prominentesten Vertreterinnen,

9 Ausführlicher zu dieser Organisation *siehe den Beitrag von Mohanty.*

10 Darunter fasse ich die Lobby- und sonstigen, immer stärker institutionalisierten Organisationsformen mit internationaler Vernetzung, die politik- und lobbyorientierte Politikanalyse und -forschung betreiben und insbesondere Frauen aus Forschung und Dritte-Welt-Solidarität in einen informierten Diskurs hineinholen wollen.

Vandana Shiva aus Indien, betrachtet Globalisierung als einen Prozeß der immer stärkeren weltweiten Differenzierung in Arm und Reich und spricht von »globaler Apartheid«. Globalisierung in der neuen Weltordnung bedeutet vor allem Deregulierung des Handels und des Marktes. Shiva unterscheidet zwischen denen, die an der globalen Wirtschaft teilnehmen, und denen, deren lokale Lebensgrundlagen *(livelihoods)* zerstört wurden und deren Überleben bedroht ist. »Es kann keine Gerechtigkeit zwischen den Geschlechtern in einer Welt der globalen Apartheid geben, wenn die sozialen und politischen Strukturen, die die Armen schützen, abgebaut werden, weil diese den freien Handel ›blockieren‹ oder als ›ineffizient‹ oder ›verschwenderisch‹ im Sinne der marktwirtschaftlichen Logik der Gewinnmaximierung gelten.« (Shiva 1996: 78) Sie konstatiert die gleiche Betroffenheit und damit die Allianz vieler Frauen aus Europa und den ehemaligen Sowjetrepubliken. Die Schwächung der Nationalstaaten in ihren Möglichkeiten eigener Wirtschaftspolitik durch die Diktate der internationalen Finanzinstitutionen verringern die Chancen einer sozial einigermaßen gerechten Entwicklung innerhalb der Länder. Insbesondere die Aktivitäten der transnationalen Konzerne wertet sie als totale Liberalisierung und Bindungslosigkeit von Arbeitskraft und Ressourcenzugang. Auch die Vereinten Nationen sieht sie in ihrem Demokratie- und Gerechtigkeitspotential gefährdet, weil die Bretton Woods-Institutionen Weltbank und Internationaler Währungsfonds (IWF) eine immer stärkere Vormacht erlangen. Sie schätzt daher die Aktionsplattform von Peking als Symptom einer Vereinnahmung der Frauenforderungen ein.

Ich denke, was die Verfügbarkeit von Arbeitskraft angeht und auch die Schwierigkeiten, transnationale Konzerne im Sinne einer Gerechtigkeitsethik zu kontrollieren, ist dies sicherlich das Hauptaugenmerk, auf das sich internationale Bewegungen richten müssen – die Gewerkschaften sind hier eindeutig hilflos. Jedoch verhindert Pauschalkritik Aktionen gegenüber den eigenen Regierungen. Diese haben nach wie vor grundsätzliche Gestaltungsmöglichkeiten, werden aber aus der Verantwortung zum Beispiel für die Art ihres Entwicklungsmodells genommen. Auch Shiva scheint in dem Festhalten an einem sozialen Nationalstaatsideal befangen zu sein, dessen Bürokratismus, Autoritarismus und Repression weltweit abzulehnen sind. Sie versäumt es, nach neuen Modellen zum Beispiel der produktionsorientierten sozialen Sicherung (Lachenmann 1997) und nach der internationalen Stärkung von Netzwerken unterhalb der nationalstaatlichen Ebene zu suchen.

Weltbank: Gender und Strukturanpassungsprogramme

Seit 1994 postuliert die Weltbank für ihre Politik die »grundlegende Bedeutung einer vollen Teilhabe der Frauen«. Das sogenannte GRADE-Programm *(gender-responsible actions for development)* des Afrika-Regionalbüros zielt auf die »systematische Einbeziehung der Geschlechterverhältnisse in alle Aktivitäten«, insbesondere im Sonderprogramm Afrika (Banque Mondiale 1995: 5). Als Problemanalyse wird nach wie vor der bekannte ›Diskriminierungsdiskurs‹ geführt: Ausgangspunkt ist eine Sicht auf Frauen als »ökonomische Ressource«. Im Vordergrund stehen Frauen in der Landwirtschaft, die laut Weltbank ca. 70 % der Arbeitsleistung erbringen, fast die gesamte Verantwortung für Familie und Haushaltsführung tragen und eine höhere Arbeitsbelastung als Männer aufweisen. Ohne eine feministische Analyse der machtbasierten Geschlechterverhältnisse werden diese auf Gesetzgebung und »die Tradition« zurückgeführt, die Männern und Frauen nicht die gleichen Zugangsrechte zu Ressourcen einräume und durch diese Ungleichheiten die sozio-ökonomische Entwicklung in Afrika behindere (Banque Mondiale 1995: 8).

Die Weltbank will in Afrika strukturelle Hindernisse, die Frauen benachteiligen, nicht zuletzt deshalb berücksichtigen, weil ein derartiger Ansatz die Wirksamkeit der Anpassung erhöht. Als eine wichtige Ursache dafür, daß Strukturanpassungspolitik wenig Wirkung zeigt und das »Angebot« in Reaktion auf die wirtschaftspolitischen Maßnahmen so gering ist, wird genannt, daß vor allem Frauen »die Reaktion der Haushalte bestimmen, die dann wieder die Reaktion des formellen wie des informellen Sektors auf die Anpassungsmaßnahmen bestimmt« (Banque Mondiale 1995: 10). Die Zurkenntnisnahme von »unsichtbarer Hausarbeit« ist fortschrittlich. Diese Analyse zeigt, daß sozialwissenschaftliches Wissen in die Analysen der Weltbank aufgenommen wurde. Jedoch könnte man folgern, daß die Frauen nun endgültig als die Wachstums- und Anpassungsbremserinnen entdeckt wurden. Die Weltbank legt nach wie vor keine innovative Analyse der wirtschaftlichen, geschlechtsspezifischen Strukturen und der gesellschaftlichen Einbettung vor, d.h. der Konstruktion der Geschlechter in verschiedenen Institutionen und Politikmaßnahmen. Zwar wird von den Bedürfnissen der Frauen gesprochen, diese werden aber immer auf Haushaltsebene abgehandelt und nie mit den besonderen Märkten, Tätigkeitsfeldern und dem Ressourceneinsatz in einen Zusammenhang gebracht. Im Grunde wird implizit lediglich ein undifferenzierter Gleichheitsanspruch verfolgt. Die Unterstützung geschlechtsspezifischer besonderer Aktivitäten, die nicht automatisch eine Unterdrückungssituation bedeuten, wird nicht als Möglichkeit gesehen.

Die Netzwerke *European Network on Debt and Development* (EURODAD) und *Women in Development Europe* (WIDE) haben ein Positionspapier zur Strukturanpassungspolitik der Weltbank erarbeitet. Für sehr beachtenswert an der offiziellen Weltbank-Position halten die Autorinnen das Eingeständnis,

- daß Strukturanpassungsprogramme kurzfristig negative überproportionale und unverhältnismäßig gegen Frauen gerichtete Auswirkungen haben können, wie höhere Arbeitslosigkeitsziffern etc.,

- daß Vorteile sich besonders langsam für Frauen einstellen und
- daß Geschlechteraspekte unzureichend in Länderhilfsstrategien einbezogen werden, mit der bekannten Begründung der »unwilligen Regierungen«.

Die Autorinnen konstatieren allerdings auch, daß der »gender and development« (GAD)-Ansatz wesentliche Erkenntnisse, wie zum Beispiel Aushandlungsprozesse in den Haushalten, erst noch erforschen wolle (EURODAD/WIDE 1994: 17). Sie kritisieren, daß der Machtfaktor nicht ausreichend thematisiert werde, und sind der Meinung, daß das gender-Thema nicht in den *mainstream* der Bank übergegangen sei (EURODAD/WIDE 1994: 18ff.). Außerdem erscheine die gender-Dimension bisher vor allem auf der Projektformulierungsebene oder bei der Vergabe von sozialen Sektordarlehen.

Die geschlechtsspezifische Differenzierung der ökonomischen Akteure und die »Förderung der Produktivität weiblicher Arbeitskraft« wird von EURODAD/WIDE als positiv angesehen. Sie nehmen besonders auf Humankapitalinvestitionen in Gesundheit, Bildung und Bevölkerungswachstum Bezug. Es wird jedoch auch hier argumentiert, daß Ressourcen von weniger produktiven zu stärker produktiven Bereichen verlagert werden sollen, um damit »geschlechtsspezifische Hemmnisse für Mobilität« zu beseitigen, die effizientes, dynamisches und flexibles Wirtschaften beeinflussen. Das führt dann zu den keineswegs neuen Forderungen, daß zum Beispiel keine Maßnahmen die Arbeitsbelastung der Frauen erhöhen sollen. Vielmehr sollen arbeitssparende Technologie, verbesserte Infrastruktur, Finanzdienstleistungen etc. eingeführt werden. Dabei bleibt auch in dieser Position der Hauptaspekt nicht berücksichtigt: die Finanzierung dieser Verbesserungen im Subsistenzbereich und das Zusammenwirken desselben mit dem Markt.

Feministische Ökonomie: Alternativen zu Strukturanpassung und makroökonomischer Analyse

Mit stärkerer Integration der Frage nach der Frauenökonomie in die wirtschaftspolitische Debatte wächst die Gefahr der Instrumentalisierung des »Potentials« der Frauen. Die Weltbank hat, nachdem sie Frauen »sichtbar« gemacht hatte, zu einer sehr starken Verfestigung der Gegenüberstellung eines »sozialen« und eines »ökonomischen« Ansatzes der Frauenförderung beigetragen. Die vermeintlich so einsichtige Argumentation tendiert immer stärker dahin, das Potential der Frauen für Wachstumsziele nutzen zu wollen.

Diane Elson (1995: 1863f.) beurteilt den Weltbank-Ansatz zur Einbeziehung der Geschlechterproblematik als sehr beschränkt: Die schwachen und ungleichen Zugangs- und Mitbestimmungsmöglichkeiten für Frauen blieben unbeachtet und die soziale Reproduktion vernachlässigt. Nachhaltige Strukturanpassungsprogramme erfordern ihrer Meinung nach Investition in soziale Reproduktion und nicht nur eine Verlagerung der Arbeitskräfte in die Marktproduktion. Ingrid Palmer beschäftigt sich insbesondere mit den Konsequenzen, die der in den Strukturanpassungsprogrammen implizierte Rückgang öffentlicher Ausgaben hat. Außerdem thematisiert sie die Folgen, die der Gesamtwirtschaft durch die Verstärkung der geschlechtsspezifischen Verzerrungen auf den Märkten und durch die Verdrängung des Beitrags der Frauen entstehen. Sie plädiert für die Weiterführung von Ansätzen in der Makropolitik, die die Komplementarität öffentlicher Investitionen und privater Produktion unterstützen. Außerdem fordert sie ein geschlechtsspezifisches Steuer- und Ausgabensystem, damit ein funktionierender Arbeitsmarkt und gleichberechtigtes, nachhaltiges Wachstum entstehen kann. Als Schlagwort propagiert sie »growth with gender equity«, also Wachstum, das beiden Geschlechtern gleichermaßen zugute kommt (Palmer 1995: 1981ff.; 1996), als neue Wachstumstheorie, die auf langfristige Effekte wie zum Beispiel menschliche Ressourcen und Infrastruktur abhebt.

Hier wird sowohl auf die empirische Erforschung der geschlechtsspezifischen Wirkungen der Strukturanpassungsprogramme hingewiesen als auch theoretische Kritik an den Konzepten des Internationalen Währungsfonds und der Weltbank geübt. Dabei steht die geschlechtsspezifische Verzerrung im Vordergrund. Studien zu den Überlebensstrategien armer Haushalte haben die Intensivierung und Zunahme reproduktiver Frauenarbeit sowie eine Zunahme der Beteiligung der Frauen an der Erwerbsbevölkerung gezeigt. Außerdem wurde eine zunehmende Benachteiligung weiblicher Bildung, eine Verschlechterung der Gesundheit und soziale Desintegration festgestellt. Dazu kamen geschlechtsspezifische Muster von Beschäftigung und Arbeitslosigkeit.

Eine Volkswirtschaft soll – und dies ist ein neuer theoretischer Beitrag – als geschlechtsspezifische Struktur betrachtet werden (Elson/McGee 1995). Es müssen politische Strategien entwickelt werden, die zeigen, wie in den Politikformulierungs- und -implementationsprozeß eingegriffen werden kann (Pearson 1995). MacDonald (1994) weist auf die Notwendigkeit einer öffentlichen Debatte über Wirtschaftspolitik hin, die nicht nur »Experten« überlassen werden solle. Hier ist die grundlegend ablehnende Position gegenüber Strukturanpassung und Handelsliberalisierung überwunden. Außerdem werden negative Auswirkungen für Frauen in einem sehr viel breiteren Sinne aufgezeigt. So können die Argumente für eine Analyse der kreativen Veränderung der Ökonomie verwendet werden.

Das Ziel besteht in der Überwindung der Barriere zwischen geschlechtsspezifischer Analyse und Makroökonomie. Ein Weiterdenken in diese Richtung muß über die Konstruktion einer Zivilgesellschaft als Trägerin neuer Gesellschaftsvisionen und Geschlechterverhältnisse (Lachenmann 1992, 1996a) sowie neuer Handlungsfelder erfolgen. An diesem Punkt kommen alternative Ökonomievorstellungen der Dritte-Welt-Frauenbewegung zum Tragen. In einer Stellungnahme zum Weltsozialgipfel 1995 in Kopenhagen forderte DAWN eine dreifache Strategie geschlechtsspezifischer Forderungen in die Gestaltung von Wirtschaftspolitik einzubringen. Im Rahmen politiknaher »advocacy«-Arbeit wird der Staat auf den Nutzen für die Mehrheit verpflichtet, vom Markt eine größere soziale Verantwortung eingefordert und von den Institutionen eine Stärkung der Zivilgesellschaft erwartet (DAWN 1995a). Nach Meinung der DAWN-Vertreterinnen hängt die Beseitigung der Armut und die Verminderung sozialer Ungleichheit von einer Neustrukturierung der Ressourcenallokation ab, zum Beispiel von dem Abbau von Militärausgaben, der Besteuerung spekulativer Finanztransaktionen, der Aushandlung von Schuldenerleichterung und von veränderten Steuersystemen. Außerdem sei eine weltweite Neuorientierung der politikgestaltenden Institutionen im Hinblick auf die Bedürfnisse und Wünsche der Armen, besonders der Frauen, notwendig.

Die Spannbreite der Kritik an Strukturanpassungsprogrammen reichte bislang von der Ablehnung (zum Beispiel bei DAWN) bis hin zu dem Versuch, sie aus Frauensicht zu reformieren. Zu den Reformversuchen gehören die Ansätze der geschlechtsspezifischen Strukturanpassungspolitik (Palmer 1995), die Planung unter Berücksichtigung geschlechtsspezifischer Belange (»gender aware planning«-Vorstellung) (Moser 1993) und der Abbau der geschlechtsspezifischen Verzerrungen, der sich auf die Veränderung der Verfügungsmacht über Ressourcen sowie die Stärkung der Organisations- und Artikulationsmacht bezieht (Elson 1995). Die Autorinnen von EURODAD/WIDE bemühen sich um eine Überwindung dieser gegensätzlichen Positionen und plädieren für ein neues »engendered development paradigm« (1994: 23ff.), d.h. ein Entwicklungsparadigma, das die Frage der Geschlechterbeziehungen als integralen Bestandteil enthält.

Die Autorinnen argumentieren, daß eine grundsätzlich veränderte Sichtweise notwendig sei. Eine Dialogverweigerung nehme jedoch die Chance, sich mit den entscheidenden Fragen auf einer mittleren (auch theoretischen und politischen) Ebene zu befassen. Daher begrüßen sie die bereits geübte Praxis bestimmter Geberländer, den GAD-Ansatz zu unterstützen. Ihre Forderungen erscheinen mir allerdings nicht ausreichend innovativ. Natürlich muß mehr Öffentlichkeit hergestellt werden, jedoch halte ich die geforderten Monitoring-Maßnahmen für ungeeignet, um neue methodologische Perspektiven hineinzubringen. Besser wäre es, die Debatte über Politikgestaltung und soziale Differenzierung eben gerade durch Öffentlichkeit, besonders durch kritische Forscherinnen-Communities und die Frauenbewegung, anregen und austragen zu lassen. Kritikerinnen aus der internationalen Frauenbewegung sollten sich nicht damit zufriedengeben, »watch-dogs« zu sein, sondern sich mehr auf der Arbeits- und Politikebene einmischen (EURODAD/WIDE 1994: 26).

Perspektiven eines transformativen Ansatzes

Die Forderungen der kritischen Makroökonominnen sind zu unterstreichen, obwohl sie von einer grundsätzlichen und wenig reflektierten Gleichstellung der ökonomischen Tätigkeiten der Geschlechter ausgehen. Über die bisherigen Ansätze hinaus sollte eine differenzierte, konstruktive Weiterentwicklung einer spezifischen transformativen Ökonomie in den Mittelpunkt der Analyse gestellt werden. Damit verbunden ist eine Reihe von Analyseschritten sinnvoll, die hier nur in Stichworten benannt werden können:

- Betrachtung der reproduktiven im Verhältnis zur produktiven Ökonomie;
- Abschied von der auf Folgewirkungen bedachten »impact-Analyse« und der Behandlung von Frauen als »verletzliche Gruppe«;
- Betrachtung der Interaktion und strukturellen Einbettung der Ökonomie und Geschlechterbilder in Institutionen;

- ein dynamischer Planungsansatz in der Entwicklungspolitik (Kabeer 1994);
- eine genaue Analyse der Interaktion von Subsistenz- und Marktwirtschaft;
- Betrachtung der Frauenökonomie als Handlungszusammenhang, der in Interaktion mit anderen Handlungsfeldern steht (Lachenmann 1995, 1996c).

Darüber hinaus gilt es, die alte Kluft zwischen informellem und formellem Sektor in der Forschung zu überwinden, um auf diese Weise ein »upgrading«, also eine schrittweise Aufwertung und Ausweitung der weiblichen ökonomischen Felder zu erzielen. Damit einher geht die realistische Betrachtung der Chancen und Möglichkeiten von Liberalisierung einerseits und Abbau bürokratischer und autoritärer staatlicher Steuerungsmuster andererseits. Letztere sind geprägt durch patrimoniale Bevorzugungsstrukturen, die sich durch Klientelismus und die Personalisierung von Machtbeziehungen auszeichnen. Nützlich wären

- die Berücksichtigung solcher Konzepte wie nachhaltige Entwicklung (Harcourt 1994);
- ein Anerkennen der Notwendigkeit von Subsistenzwirtschaft in zum Teil geschlechtsspezifisch und regional aufgeteilten Märkten;
- die Transformation der Zugangsrechte und Institutionen im ökonomischen Bereich, zum Beispiel Landrechte; schließlich
- die Transformation der Organisationsformen der Marktakteure.

Zusammengefaßt geht es darum, sich von der engen Analyse von negativen Auswirkungen der Strukturanpassungspolitik und Globalisierung und der immanenten Erweiterung makroökonomischer Modelle zu lösen. Es muß eine gesellschaftswissenschaftliche Analyse und Politikdebatte auf der mittleren Ebene unter dem Begriff der Frauenökonomie geführt werden. Darunter verstehe ich ökonomische Beziehungen über die Haushaltsebene hinaus, d.h.: Strukturen der Zusammenarbeit, Allianzen, kollektiver Ressourcenzugang und vor allem auch die soziale Organisation des Marktes (neuerdings erfaßt von dem Ansatz der *New Institutional Economics).* Würden mehr empirisch fundierte, geschlechtsspezifische Analysen der Ökonomie einbezogen, könnten auch die Vorteile des Welthandels etwas differenzierter betrachtet werden. Es könnte dann berücksichtigt werden, daß Frauen in vielen Ländern schon immer im Handel aktiv waren – wenn auch oft in der Illegalität des Schmuggels, wo sie durch staatliche Barrieren sowie legale und illegale Gebührenerhebungen besonders betroffen waren. Hier ergeben sich von den feministischen Kritikerinnen der Strukturanpassungsprogramme und der wirtschaftlichen Integration von Frauen noch kaum diskutierte Möglichkeiten der Intensivierung der bisherigen Wirtschaftsaktivitäten von Frauen. Frauenspezifische ökonomische Tätigkeiten und ›Räume‹ nicht grundsätzlich als diskriminierend zu sehen, sondern als Handlungsspielraum und Möglichkeit der Differenz zu begreifen, bedeutet keineswegs, sozialen Wandel zu verhindern. Im Gegenteil, es heißt die Autonomie von Frauen zu stärken und ihnen die Möglichkeit zu geben, in ganz unterschiedlicher Form Chancen und auch Nischen wahrzunehmen, vorhandene Frauenräume auszuweiten sowie kreative Formen der Wahrnehmung der durchaus vorhandenen neuen Möglichkeiten zu finden.

Literatur

Anderson, Mary, 1993: Women on the Agenda: UNIFEM's Experience in Mainstreaming with Women 1985-1990, Unifem, New York.

Banque Mondiale, 1995: La Contribution des Femmes au Developpement, in: La Banque en Afrique. Publication du Bureau du Vice-Président, Région Afrique, Jg. 1, Nr. 2, September.

Braig, Marianne, 1992: Mexiko – ein anderer Weg der Moderne. Weibliche Erwerbsarbeit, häusliche Dienste und Organisation des Alltags, Sozialwissenschaftliches Forum 27, Köln.

Chinery-Hesse, Mary, et al., 1989: Engendering Adjustment for the 1990s. Report of a Commonwealth Expert Group on Women and Structural Adjustment, London.

DAWN (Development Alternatives with Women for a New Era), 1995a: Securing our Gains and Moving forward to the 21st Century, Vivienne Wee, Barbados.

DAWN, 1995b: Rethinking Social Development: DAWN's Vision, in: Cagatay, Nilüfer/Elson, Diane/Grown, Caren (Hg.): Gender, Adjustment and Macroeconomics, Schwerpunktheft in: World Development, Jg. 23, Nr. 11, S. 2001-2004.

Elson, Diane, 1995: Gender Awareness in Modeling Structural Adjustment, in: Cagatay, Nilüfer/Elson, Diane/Grown, Caren (Hg.): Gender, Adjustment and Macroeconomics, Schwerpunktheft in: World Development, Jg. 23, Nr. 11, S. 1851–1868.

Elson, Diane/McGee, R., 1995: Gender Equality, Bilateral Program Assistance and Structural Adjustment: Policy and Procedures, in: Cagatay, Nilüfer/Elson, Diane/Grown, Caren (Hg.): Gender, Adjustment and Macroeconomics, Schwerpunktheft in: World Development, Jg. 23, Nr. 11, S. 1987-1994.

EURODAD/WIDE (European Network on Debt and Development/Women in Development Europe), 1994: World Bank Structural Adjustment and Gender Policies. Strangers Passing in the Night – Fleeting Acquaintances or Best Friends?, Position Paper, Autorin Lois Woestman, Institute of Social Studies Advisory Services, Den Haag/Brüssel.

Gladwin, Christina H. (Hg.), 1991: Structural Adjustment and African Women Farmers, Gainesville.

Harcourt, Wendy (Hg.), 1994: Feminist Perspectives on Sustainable Development, London/Rom.

Joekes, Susan, 1995: A Gender Perspective on Development and International Trade, in: icda Journal. Focus on Trade and Development, Jg. 3, Nr. 2, S. 81–93.

Joekes, Susan/Weston, Anne, 1994: Women and the New Trade Agenda, New York.

Kabeer, Naila, 1994: Reversed Realities. Gender Hierarchies in Development Thought, London/New York.

Koordinationsstelle »Frauen und Entwicklung« der evangelischen Hilfswerke und Missionen der Schweiz, Frauenrat für Außenpolitik, 1995: Strukturanpassung im Süden. Eine Dokumentation von Frauensichten, Zürich.

Lachenmann, Gudrun, 1992: Frauen als gesellschaftliche Kraft im sozialen Wandel in Afrika, in: Peripherie, 12. Jg., Nr. 47/48, S. 74-93.

Lachenmann, Gudrun, 1993: Selbstorganisation sozialer Sicherheit von Frauen in Entwicklungsländern, Working Paper 191, Forschungsschwerpunkt Entwicklungssoziologie, Bielefeld.

Lachenmann, Gudrun, 1995: Konzepte zur Berücksichtigung der Geschlechterverhältnisse im ländlichen Raum, in: Altmann, Uta/Teherani-Krönner, Parto (Hg.): Frauen in der ländlichen Entwicklung, Tagungsbericht 16.-18.6.1994, H. 1, Berlin: Humboldt-Universität, Landwirtschaftlich-Gärtnerische Fakultät, S. 38-55.

Lachenmann, Gudrun, 1996a: Weltfrauenkonferenz und Forum der Nichtregierungsorganisationen in Peking – internationale Frauenbewegungen als Vorreiterinnen einer globalen Zivilgesellschaft?, Working Paper 251, Forschungsschwerpunkt Entwicklungssoziologie, Bielefeld.

Lachenmann, Gudrun, 1996b: Transformationsprozesse in Westafrika – Widersprüche und Chancen für Frauenpolitik und Wandel der Geschlechterverhältnisse, in: Afrika, Asien, Lateinamerika, Jg. 24, S. 231-251.

Lachenmann, Gudrun, 1996c: The Future of Women's Projects in Rural Development – Intervention, Interaction or Empowerment?, Vortragsmanuskript zu Women in Rural Development. What Have Women's Projects Accomplished so far? Second International Conference Women in Rural Development, 28.-30.6.1996, Berlin.

Lachenmann, Gudrun, 1997: Selbstorganisation sozialer Sicherheit von Frauen in Entwicklungsländern, Working Paper 191, Forschungsschwerpunkt Entwicklungssoziologie, Bielefeld.

MacDonald, Mandy (Hg.), 1994: Gender Planning in Development Agencies. Meeting the Challenge, Oxford.

Mirza, Jasmin, 1996: Marktintegration durch Ausbildung in »Männerberufen«? Überlegungen zu einer Frauenförderstrategie in der Islamischen Republik Pakistan, in: beiträge zur feministischen theorie und praxis, Schwerpunktheft »Um Bildung«, 19. Jg., Nr. 43/44, S. 127–138.

Moser, Caroline O.N., 1993: Gender Planning and Development. Theory, Practice and Training, New York.

Palmer, Ingrid, 1995: Public Finance from a Gender Perspective, in: Cagatay, Nilüfer/Elson, Diane/Grown, Caren (Hg.): Gender, Adjustment and Macroeconomics, Schwerpunktheft in: World Development, Jg. 23, Nr. 11, S. 1981–1986.

Palmer, Ingrid, 1996, Makroökonomie aus geschlechterdifferenzierter Sicht. Hinweise zur Gender-Orientierung, Deutsche Gesellschaft für technische Zusammenarbeit, Abteilung 401, Eschborn.

Pearson, Ruth, 1995: Bringing it All Back Home: Integrating Training for Gender Specialists and Economic Planners, in: Cagatay, Nilüfer/Elson, Diane/Grown, Caren (Hg.): Gender, Adjustment and Macroeconomics, Schwerpunktheft in: World Development, Jg. 23, Nr. 11, S. 1995-2000.

Sen, Gita/Grown, Caren, 1988: Development, Crises and Alternative Visions. Third World Women's Perspectives, New Feminist Library, DAWN, New York.

Shiva, Vandana, 1996: Beijing Conference: Gender Justice and Global Apartheid, in: Third World Resurgence, Nr. 61/62, in: Aiithal, Vathsala (Hg.): Vielfalt als Stärke: Beijing '95, Texte von Frauen aus dem Süden zur vierten Weltfrauenkonferenz, S. 75-79.

United Nations, 1995: Women in a Changing Global Economy. 1994 World Survey on the Role of Women in Development, Department for Policy Coordination and Sustainable Development, New York.

Wichterich, Christa, 1995: Frauen der Welt. Vom Fortschritt der Ungleichheit, Göttingen.

World Bank, 1990: Women in Development. A Progress Report on the World Bank Initiative, Washington D.C.

World Bank, 1992: Enhancing the Economic Role of Women in Development, Policy Paper, Washington D.C.

World Bank, 1993: Africa Gender Team Technical note, Making the GRADE: Transforming the Development Agenda in the Africa Region, Washington D.C. = Paradigm Postponed: Gender and Economic Adjustment in Sub-Saharan Africa, Africa Department (zitiert nach EURODAD/WIDE, S. 17ff.).

World Bank, 1994: Enhancing Women's Contribution to Economic Development, Policy Paper, Washington D.C.

WWW (Women Working Worldwide), 1996: World Trade is a Women's Issue. Promoting the Rights of Women Workers in a Changing World Economy, Briefing Paper, Autorin Angela Hale, Manchester.

CHANDRA TALPADE MOHANTY

Arbeiterinnen und die globale Ordnung des Kapitalismus: Herrschaftsideologien, gemeinsame Interessen und Strategien der Solidarität[1]

»Wir träumen davon, daß wir unsere Kinder anständig kleiden können, wenn wir hart arbeiten, und daß uns außerdem noch etwas Zeit und Geld für uns selbst bleibt. Und wir träumen davon, daß wir wie andere Leute behandelt werden, wenn wir genauso gut sind, und daß uns andere nicht ablehnen, nur weil wir nicht so sind wie sie. (...) Dann fragen wir uns: ›Wie können wir das verwirklichen?‹ Und bisher sind uns nur zwei mögliche Antworten darauf eingefallen: in der Lotterie gewinnen oder uns organisieren. Ich kann nur sagen, daß ich mit Zahlen noch nie Glück hatte.

1 Dies ist die stark gekürzte Fassung eines Beitrages von Chandra Talpade Mohanty, der unter dem Titel »Women, Workers and Capitalist Scripts: Ideologies of Domination, Common Interests, and the Politics of Solidarity« erschienen ist in: Alexander, Jaqui M./Mohanty, Talpade (Hg.), 1997: Feminist Genealogies, Colonial Legacies, Democratic Futures, New York, S. 3-29.
Ich danke Jacqui Alexander für die sorgfältige und geduldige Lektüre dieses Aufsatzes sowie Satya Mohanty für seine scharfsinnige Kritik und seine großzügige Unterstützung, ferner meinen Studentinnen am Hamilton College und verschiedenen Zuhörerinnen, denen ich Auszüge aus dieser Arbeit vortrug und die mich auf Zack hielten. Ich danke meinen Kameradinnen in der *Grassroots Leadership* von North Carolina und im Unterstützungskomitee für die Arbeiterinnen von Maquiladora, die mein Bewußtsein für die Kämpfe armer, arbeitender Menschen und für politische Solidarität geschärft haben. Ich danke allen diesen engagierten Menschen für die Einsichten, die sie mir vermittelt haben, und für die organisatorische Basisarbeit, die sie weiterhin unter großen Schwierigkeiten leisten.

Also schreiben Sie folgendes in Ihrem Buch: Sagen Sie den Leuten, daß sie sich organisieren müssen, auch wenn sie meinen, sie hätten dafür keine Zeit. (...) Wenn sie etwas Macht über ihr Leben bekommen wollen, müssen sie gemeinsam etwas dafür tun, mit der Unterstützung anderer Menschen, die ihre Bedürfnisse teilen. Einen anderen Weg gibt es nicht.« (Irma, philippinische Arbeiterin im Silicon Valley, Kalifornien, zitiert in: Hossfeld, o.J.: 50f.)

Irmas Traum bringt den Kampf armer Arbeiterinnen im globalen kapitalistischen Weltwirtschaftssystem auf den Punkt. Im vorliegenden Beitrag beschäftige ich mich mit der Ausbeutung armer Dritte-Welt-Frauen sowie ihrer Subjektivität und ihrem Handeln als Arbeiterinnen. Unter Dritte-Welt-Frauen werden ebenso Frauen aus der geographischen Dritten Welt verstanden wie Immigrantinnen und einheimische farbige Frauen in den USA und Westeuropa. Meine Aufmerksamkeit gilt ihren gemeinsamen Interessen als Arbeiterinnen, die auf einem Verständnis ihrer geteilten Bedürfnisse und gemeinsamen Verantwortung in der Weltwirtschaft basieren, sowie ihren Organisationsstrategien und -praktiken, die in ihrem täglichen Leben wurzeln und zur Veränderung des Alltags führen.[2]

Ich werde aufzeigen, daß an der spezifischen Art und Weise, wie Dritte-Welt-Frauen gegenwärtig in der »neuen« Weltordnung und in der internationalen Arbeitsteilung sozial verortet sind, sich wesentliche Merkmale der kapitalistischen Ausbeutungs- und Herrschaftsprozesse *aufzeigen* und *erklären* lassen[3]. Diese Merkmale der sozialen Welt werden in der Diskussion über »Fortschritt« und »Entwicklung« gewöhnlich verschleiert oder mystifiziert. Denn es wird als selbstverständlich vorausgesetzt, daß mit dem triumphalen Aufstieg des

2 Folgende Fallstudien werden hier untersucht: Mies 1982; Katz/Kemnitzer 1983; Katz/Kemnitzer 1984; Hossfeld 1990. Ferner beziehe ich mich auf Fallstudien über farbige Arbeiterinnen in Großbritannien bei Westwood/Bhachu 1988.

3 Zur sozialen Stellung von Dritte-Welt-Frauen siehe Satya Mohanty 1991: 39.

Kapitalismus in aller Welt ökonomische und soziale Fortschritte wie die Schaffung von Arbeitsplätzen für Arme einhergehen, wofür Dritte-Welt-Frauen als Indikatoren dienen.

Ich erhebe nicht den Anspruch, *alle* relevanten Merkmale der sozialen Welt zu erklären oder die kapitalistischen Rekolonisierungsprozesse *umfassend* zu analysieren. Ich möchte jedoch behaupten, daß Dritte-Welt-Arbeiterinnen eine potentielle gemeinsame Identität haben, eine Identität als Arbeiterinnen in einer bestimmten internationalen Arbeitsteilung zum gegenwärtigen Zeitpunkt. Und ich bin davon überzeugt, daß die Untersuchung dieser potentiellen Gemeinsamkeiten über geographische und kulturelle Grenzen hinweg den Weg zu einem besseren Verständnis der Welt ebnet und eine Erklärung dafür liefern kann, warum sich Ungleichheiten aufgrund von Geschlechts-, Rassen- und Klassenzugehörigkeit verschärfen. Eine solche Analyse ist unerläßlich[4], um Visionen und Strategien einer transnationalen feministischen Solidarisierung zu entwerfen.

Der Fokus meiner Analyse liegt hier in erster Linie auf den *Gemeinsamkeiten* in den Erfahrungen, in der Geschichte und den Überlebensstrategien dieser besonderen Gruppe von Arbeiterinnen. Das bedeutet nicht, daß es keine Unterschiede und Brüche in den Erfahrungen gibt oder sie belanglos sind. Die Fokussierung auf Gemeinsamkeiten hat vielmehr einen strategischen Grund: Sie eröffnet die Möglichkeit, die Funktionsweise des Kapitals von einem gesellschaftlichen Standort – dem der Arbeiterinnen aus der Dritten Welt – zu interpretieren. Die Sichtweise der Arbeitskraft ist, obgleich sie den Kern einer bestimmten Form von globaler Ausbeutung bildet, bislang relativ unsichtbar geblieben und nur unzureichend theoretisch beleuchtet worden.

Zusammengefaßt beschäftige ich mich im vorliegenden Beitrag mit folgenden analytischen und politischen Themen

4 Meine Einblicke in die Zusammenhänge zwischen sozialer Stellung, Erfahrung und Identität in politischen und wissenschaftlichen Fragen verdanke ich zahlreichen Diskussionen mit Satya Mohanty (1995).

hinsichtlich der Dritte-Welt-Arbeiterinnen in der Weltwirtschaft:

- Ich schreibe eine bislang vernachlässigte Gruppe von Arbeiterinnen in die Geschichte und Gegenwart der kapitalistischen Hegemonie ein.
- Ich skizziere, ausgehend von einer Entmystifizierung der Ideologie der vermännlichten Arbeiterin, die Gemeinsamkeiten dieser Arbeiterinnen und ihre Möglichkeiten zu solidarischem Handeln über nationale Grenzen hinweg.
- Ich zeige, daß die Entwertung der Arbeit von Dritte-Welt-Frauen als »häusliche Nebentätigkeit« in Wahrheit eine Strategie der globalen kapitalistischen Rekolonisierung ist.
- Ich vertrete die These, daß Frauen als Arbeiterinnen gemeinsame Interessen haben, die nicht nur darin bestehen, ihr Arbeitsleben und Umfeld zu ändern, sondern auch den häuslichen Bereich neu zu definieren, damit Heimarbeit als Erwerbsarbeit anerkannt und nicht nur als zusätzliche Freizeitbetätigung betrachtet wird.
- Ich postuliere die Notwendigkeit eines emanzipatorischen feministischen Wissens als notwendige Basis für den Zusammenschluß von Frauen und ihren gemeinsamen Kampf um ökonomische und politische Gleichstellung.
- Ich stelle eine Arbeits-Definition der gemeinsamen Interessen von Dritte-Welt-Arbeiterinnen zur Diskussion, die auf einer Theorie ihrer gemeinsamen sozialen Identität als Frauen und Arbeiterinnen beruht.
- Schließlich untersuche ich Formen des Widerstandes und des gemeinsamen Kampfes sowie Strategien zur Organisation armer Dritte-Welt-Arbeiterinnen.

Geschlecht und Arbeit: Historische und ideologische Veränderungen

Seit den 50er Jahren hat sich in der globalen Arbeitsteilung zwar viel verändert, doch die Ideologie der Frauenarbeit, ihre Bedeutung und ihr Stellenwert für Frauen und die Kämpfe von Arbeiterinnen gegen ihre Ausbeutung sind auch heute noch zentrale Themen für Feministinnen in aller Welt.

Die amerikanische Geschichte – gekennzeichnet von Sklavenarbeit, Schuldknechtschaft, vertragsgebundener Arbeit, Akkordarbeit, Selbständigkeit und Lohnarbeit – ist zugleich auch die Geschichte der Geschlechter, Rassen und (Hetero-) Sexualität im Kontext des sich entfaltenden Kapitalismus. So haben Frauen unterschiedlicher rassischer, ethnischer und sozialer Herkunft zutiefst unterschiedliche, wenn auch miteinander verwobene Erfahrungen in der Arbeitswelt gemacht. Dies beginnt bei den wirtschaftlichen und sozialen Organisationsformen des 19. Jahrhunderts: auf Sklaverei basierende Agrarwirtschaft im Süden, aufstrebender Industriekapitalismus im Nordosten, Hacienda-System im Südwesten, selbständige Familienfarmen im ländlichen Mittelwesten, Wildbeuterkultur und Ackerbau bei der indigenen Bevölkerung. Es reicht bis hin zu Lohnarbeit und beruflicher Selbständigkeit (Familienbetriebe eingeschlossen) im ausgehenden 20. Jahrhundert.[5] Die Herrschafts- und Ausbeutungsprozesse, die unsere sogenannte Neue Weltordnung (Brecher 1993) stützen, haben in materieller, kultureller und politischer Hinsicht für die überwältigende Mehrheit der Menschen verheerende Folgen – vor allem für arme Frauen und Frauen in der Dritten Welt. Nach Maria Mies trifft die zunehmende Spaltung der Welt in Konsumenten und Produzenten besonders hart weibliche Erwerbstätige in der Dritten Welt, die in die internationale Arbeitsteilung eingebunden sind. Sie können als Arbeitskräfte in der Landwirtschaft oder in großen verarbeitenden Indu-

5 Siehe dazu die ausgezeichnete Analyse in Amott/Matthaei 1991: 22f.

striezweigen wie der Textil- und Bekleidungsindustrie, der Elektronik- und Spielzeugindustrie tätig sein. Sie können aber auch als Kleinproduzentinnen von Verbrauchsgütern wie handwerklichen Erzeugnissen und Lebensmitteln (informeller Sektor) oder als Beschäftigte in der Sex- und Tourismusbranche arbeiten.[6]

Ich möchte im folgenden an drei Beispielen die Eingliederung von Frauen in die Weltwirtschaft umreißen: Spitzenmacherinnen im indischen Narsapur, Arbeiterinnen in der Elektronikindustrie im Silicon Valley und Arbeitsmigrantinnen in Großbritannien.

Hausfrauen und Hausarbeit: Die Spitzenmacherinnen von Narsapur

Maria Mies (1982) zeigt in ihrer Studie über die Spitzenmacherinnen im indischen Narsapur, wie auf dem Rücken erwerbstätiger Frauen, die als *Hausfrauen* definiert werden, kapitalistische Produktionsverhältnisse aufgebaut werden. Geschlechter- und Arbeitsideologien und ihre historische Transformation bilden die notwendige Grundlage für die Ausbeutung der Spitzenmacherinnen. Doch die Definition von Frauen als Hausfrauen läßt auch die Heterosexualisierung von Frauenarbeit erkennen – Frauen werden stets über ihr Verhältnis zu Männern und zur Ehe definiert. Mies' Beschreibung der Entwicklung der Spitzenindustrie und ihrer Produktionsverhältnisse zeigt die grundlegenden Veränderungen in den Beziehungen zwischen den Geschlechtern, Kasten und Ethnien.

Zum Zeitpunkt der Studie gab es in Narsapur und Serepalam 60 Spitzen-Industrielle, für die rund 200.000 Mädchen und Frauen im Alter von 6 bis 80 Jahren durchschnittlich sechs

---

6 Mies 1986: 114f.; *siehe hierzu auch die Beiträge von Lachenmann und Breton Baumgartner.*

beziehungsweise acht Stunden am Tag arbeiteten. Mies führt aus, daß die Expansion der Branche zwischen 1970 und 1978 und ihre Integration in den Weltmarkt zu einer Klassen/Kastendifferenzierung in bestimmten Gemeinden führte, die mit einer Vermännlichung aller Tätigkeiten außerhalb der Produktion (Handel) und einer Feminisierung des gesamten Produktionsprozesses einherging. Die Polarisierung zwischen Männer- und Frauenarbeit, bei der die Männer sich selbst als Exporteure und als Unternehmer definierten, die in Frauenarbeit investierten, untermauerte die gesellschaftliche und ideologische Definition der Frau als Hausfrau und ihrer Arbeit als »Freizeitbetätigung«. Eine derartige Definition von Arbeit hat zur Folge, daß Frauenarbeit und ihre Kosten unsichtbar werden. Darüber hinaus untergräbt sie die Perspektive von Frauen als handelnden Subjekten, die zu eigenen Entscheidungen fähig sind, denn sie werden hier definiert als Opfer eines Verarmungsprozesses oder »traditioneller« oder »patriarchaler« Strukturen.

Die ursprünglichen Kastenunterschiede zwischen den feudalen Kriegerkasten (den Grundbesitzern) und den Frauen in Narsapur (arme Christinnen) und in Serepalam (armen Kapus/Hindu-Bäuerinnen) erfuhren einen tiefgreifenden Wandel, und es bildete sich eine neue Kastenhierarchie heraus. Während in den Anfängen der Spitzen-Industrie männliche und weibliche Kapus noch in der Landwirtschaft arbeiteten und lediglich Frauen aus der niederen Harijan-Kaste Spitzen produzierten, änderte sich dies mit der Entfaltung der kapitalistischen Produktionsverhältnisse und erhöhter Kasten/Klassenmobilität. Bald arbeiteten die Harijan-Frauen in der Landwirtschaft, während die Kapu-Frauen in ihrer »Freizeit« Spitzen herstellten. Die Ideologie der Abgeschlossenheit und der Verschleierung, die im Kastensystem verwurzelt ist, bildete hier eine wesentliche Voraussetzung für die Abschöpfung eines Mehrwerts. Da die Abgeschlossenheit und Verschleierung der Frau Zeichen eines höheren Kastenstatus ist, lag die Domestizierung der Kapu-Arbeiterinnen – bei der ihre Tätigkeit (die Herstellung von Spitzen) mit dem Bild der »Frau, die zu Hause sitzt« verschmolz – innerhalb der Logik von kapitalistischer Akkumulation und Profit. Heute leben auch die Kapu-Frauen und nicht nur die Frauen der feudalen Grundbesitzerkaste zurückgezogen und produzieren als Hausfrauen für den Weltmarkt.

Die Ideologien der Abgeschlossenheit und die Domestizierung von Frauen sind eindeutig sexuell motiviert und stützen sich auf männliche und weibliche Schutz- und Eigentumsbegriffe. Zugleich sind es heterosexuelle Ideologien, die auf der normativen Definiton der Frau als Ehefrau, Schwester und Mutter basieren. Die im Kastensystem verankerte Unterscheidung zwischen Frauen, die zu Hause bleiben, und solchen, die außer Haus arbeiten (Kapu-Hausfrauen versus Harijan-Arbeiterinnen), verknüpft somit die Arbeit von Frauen wirkungsvoll mit ihrer Geschlechts- und Kasten/Klassenidentität. Die Domestizierung funktioniert in diesem Fall, weil die Ideologie der Hausfrau nach wie vor ihre Legitimität behält. Der Gegensatz zwischen den Definitionen der »Arbeiterin« und der »Hausfrau« verankert die Unsichtbarkeit (und den kastenspezifischen Status) der Arbeit; tatsächlich definiert er Frauen als *Nicht-Arbeitende.* Die Spitzenmacherinnen tauchen nicht nur in keiner Statistik auf (schließlich ist ihre Arbeit nur eine Freizeitbetätigung), ihre Definition als Hausfrauen erlaubt es obendrein, die Männer als »Familienernährer« einzustufen.

Die betroffenen Frauen haben keinen Zugang zu einer Analyse dieser Widersprüche, die dazu führen könnte, daß sie

- ihre Ausbeutung im Gesamtzusammenhang sehen oder
- sich organisieren und eine Strategie zur Veränderung ihrer materiellen Lage entwerfen oder
- ihre gemeinsamen Interessen als Arbeiterinnen über Kasten/Klassenschranken hinweg erkennen.

Tatsächlich betrachteten die Spitzenmacherinnen in Serepalam ihre Erwerbstätigkeit nicht als Lohnarbeit, sondern als »Hausarbeit« und »Freizeitbeschäftigung«. Frauen, denen es gelungen war, sich als Warenproduzentinnen zu etablieren, verstanden sich als Unternehmerinnen, die *Produkte* und nicht ihre Arbeitskraft verkauften. In beiden Fällen verinnerlichten die Frauen die Ideologien, die sie als Nicht-Arbeitende definieren. Allerdings, so deutet Mies an, haben diese Ideologien erste Risse bekommen: Die Spitzenmacherinnen blickten etwas neidisch auf die Arbeiterinnen in der Landwirtschaft, die es aus der Sicht der Spitzenmacherinnen genossen, gemeinsam auf den Feldern zu arbeiten.

Immigrantinnen und Fabrikarbeit: Arbeiterinnen im Silicon Valley

Im Gegensatz zu den Spitzenmacherinnen in Narsapur, die als *Hausfrauen* verortet und deren Arbeit auf einem sehr komplexen Weltmarkt als *Freizeitbetätigung* definiert wurde, werden Dritte-Welt-Arbeiterinnen in der kalifornischen Elektronikindustrie, im sogenannten Silicon Valley, als *Mütter, Ehefrauen* und *Zuverdienerinnen* verortet. Während in Drittweltländern hauptsächlich ledige Frauen als Fließbandarbeiterinnen nachgefragt werden, so ist es nach einer Studie von Katz und Kemnitzer (1983) die Ideologie der »verheirateten Frau«, die das Arbeitsprofil im Valley bestimmt.

Auch Hossfelds Studie (1990) dokumentiert, wie herrschende Ideologien von Weiblichkeit die Ausbeutung erwerbstätiger Immigrantinnen im Valley zementieren und wie die Frauen diese patriarchalische Logik häufig gegen das Management ins Feld führen. Eine solche Taktik mag kurzfristig zu Verbesserungen am Arbeitsplatz führen, doch sie stützt sich auf rassische und geschlechtsspezifische Stereotypen, die auf lange Sicht gegen Dritte-Welt-Frauen verwendet werden können und es auch werden. An zwei entgegengesetzten Enden des »globalen Fließbands« der Elektronikindustrie (hierzu zählen: China, Hongkong, Indien, Italien, Japan, Malaysia, Pakistan, die Philippinen, Schottland, Südkorea, Taiwan,

Thailand und die Vereinigten Staaten)[7] gelten in einigen Regionen »ledige«, in anderen hingegen »verheiratete« Frauen als ideale Arbeitskräfte. Dies hat seinen Grund in normativen Begriffen von Weiblichkeit und geschlechtlicher Identität. Meines Erachtens machen die von Katz und Kemnitzer sowie Hossfeld zusammengetragenen Daten deutlich, weshalb die Elektronikindustrie bevorzugt Dritte-Welt-Frauen einstellt. Wie weiter unten gezeigt wird, liegen die Gründe darin, daß die Arbeit als befristete und ungelernte Nebentätigkeit definiert, die Frau primär als Mutter und Hausfrau wahrgenommen und Fabrikarbeit als unweiblich dargestellt wird. Hinzu kommt ein besonderes Bild der Dritten Welt: Immigrantinnen gelten als fügsame und duldsame Arbeitskräfte, die sich mit Niedriglöhnen begnügen *(siehe dazu den Beitrag von Breton Baumgartner).* Es ist die ideologische Neudefinition von Frauenarbeit, die uns die notwendige Erklärung für dieses Phänomen liefert.

Obwohl Dritte-Welt-Frauen und neu zugewanderte Immigrantinnen den Löwenanteil der Erwerbstätigen im Valley bilden, ist in der dortigen Elektronikindustrie auch eine nicht unerhebliche Zahl von Dritte-Welt-Männern und Immigranten beschäftigt. Anfang der 80er Jahre waren 80 bis 90 % der unqualifizierten Stellen im Produktionsbereich mit Frauen besetzt. Von diesen 70.000 Frauen stammten 45 bis 50 % aus der Dritten Welt, insbesondere aus Asien. Weiße Männer arbeiteten als Techniker oder bekleideten Aufsichtsfunktionen. In Interviews charakterisierten Managementvertreter die Tätigkeit der Frauen als ungelernte Arbeit (»so leicht wie nach Rezept kochen«), als eintönige Arbeit, die Duldsamkeit erfordere (Asiatinnen seien deshalb geeigneter), und als Zusatzbeschäftigung für Frauen, deren Hauptaufgaben Kindererziehung und Hausarbeit seien, obwohl sie Vollzeitbeschäftigte sind.

Diese von Katz und Kemnitzer dokumentierte Etikettierung von Stellen muß als Definition von *Frauenarbeit* analysiert

---

7 Women Working Worldwide (Hg.), o.J.

werden, speziell als Definition von Frauenarbeit, die (verheiratete) Dritte-Welt-Frauen/Immigrantinnen leisten. Erstens haben der Begriff »ungelernt« im Sinne von leicht und der Begriff »Duldsamkeit« gegenüber langweiliger Arbeit eine rassische und geschlechtsspezifische Dimension. Beide stützen sich auf Stereotypen, die zum einen Dritte-Welt-Frauen infantilisieren, d.h. nicht als eigenverantwortliche Erwachsene ernst nehmen, und zum anderen die Fähigkeit, »Langeweile« zu ertragen, als Charakteristikum nicht-westlicher, vorwiegend agrarischer und vormoderner (asiatischer) Kulturen werten. Zweitens fügt die Definition der Arbeit als Zusatzbeschäftigung für *Mütter* und *Hausfrauen* eine weitere Dimension hinzu: Die Identität von Frauen wird auf ihre sexuelle Identität und die Idee der heterosexuellen Weiblichkeit somit auf ihre Rolle in Ehe und Familie reduziert.

Hossfeld weist darauf hin, daß Fabrikarbeit von den weiblichen Erwerbstätigen selbst als »unweiblich« betrachtet wird. Das Management macht sich diese Ideologien zunutze und verstärkt sie, indem es Frauen nahelegt, Weiblichkeit als unvereinbar mit Fabrikarbeit zu sehen. Daher wird die Arbeit der Frauen als untergeordnet oder befristet definiert, und sie werden vor die Wahl gestellt, sich selbst entweder als Frau oder als Arbeiterin zu verstehen. Weiblichkeit definiert sich somit über das Vorbild familiärer Häuslichkeit, Arbeit ist nur eine zeitlich befristete Ergänzung der primären Identität. Obwohl 80 % der Immigrantinnen in Hossfelds Studie mit ihrer Erwerbsarbeit den größten Teil zum Jahreseinkommen der Familie beisteuern, gelten auch für sie bezeichnenderweise immer noch die Männer als die Hauptern ährer.

Ähnlich wie die indischen Spitzenmacherinnen werden also auch Dritte-Welt-Frauen im Silicon Valley in erster Linie als »Mütter und Hausfrauen« verortet und erst in zweiter Linie als Erwerbstätige. Hier wie dort gilt der Mann als der Haupternährer. Wird (Frauen-)Arbeit gewöhnlich als Tätigkeit definiert, die im öffentlichen Raum oder in der Produktionssphäre stattfindet, so beruhen diese Ideologien eindeutig auf stereotypen Vorstellungen von der ans Haus gebundenen Frau. Zudem läßt sich die Unsichtbarkeit der Arbeit in Indien mit dem *befristeten/untergeordneten* Charakter der Arbeit im Valley vergleichen. Wie die Mies-Studie zeigen auch die von Hossfeld und Katz/Kemnitzer gesammelten Daten, daß regionale Ideologien sowie Geschlechter- und Rassenhierarchien die Grundlage für die Ausbeutung der Arbeiterinnen in der Elektronikindustrie bilden. Dies wirft folgende Frage auf: Wie beurteilen die Frauen selbst ihre Lage?

Interviews mit Arbeiterinnen in der Elektronikindustrie zeigen, daß sie ihre Arbeit im Gegensatz zum Management keineswegs als befristete Tätigkeit betrachten, sondern als Teil ihrer Lebensplanung, die auf sozialen Aufstieg ausgerichtet ist. Im Bewußtsein ihrer vielfältigen Diskriminierung kämpfen sie gegen ihre Degradierung als Arbeiterinnen an, indem sie ihr Einkommen aufbessern: durch häufigen Stellenwechsel, Überstunden und Akkord- bzw. Schwarzarbeit. Bemerkenswert ist, daß die Arbeiterinnen im Silicon Valley ihre »Heimarbeit« unter ganz ähnlichen Bedingungen leisten wie die Spitzenmacherinnen in Narsapur, ihr jedoch eine ganz andere Bedeutung beimessen.

Für Katz und Kemnitzer ist die klassenbezogene Aufwärtsmobilität der Arbeiterinnen in der Elektronikindustrie ein wichtiger Teil ihrer Selbstbehauptung. So hat Heimarbeit im Silicon Valley, anders als in Narsapur, für die Frauen einen unternehmerischen Aspekt. In Narsapur macht Frauenarbeit die Männer zu Unternehmern. Die Frauen im Valley ziehen aus der widersprüchlichen Situation, in der sie als *individuelle Arbeiterinnen* stehen, einen Vorteil. Während in Narsapur Abgeschlossenheit und Kasten/Klassenmobilität die notwendige Selbstdefinition liefern, um zu Hause geleistete Frauenarbeit als »Freizeitbetätigung« zu verankern, ist es im Silicon Valley ein spezifisch amerikanischer Begriff von individuellem Unternehmertum, der Dritte-Welt-Frauen den notwendigen ideologischen Rückhalt gibt.

Katz und Kemnitzer behaupten, daß diese Schattenwirtschaft zu einer ideologischen Neubestimmung der Jobs führt und die Möglichkeit eröffnet, sie *anders zu definieren* als die Jobs der weißen, städtischen Arbeiterklasse, die als eine historisch stabile Existenzgrundlage galten. Nach Katz und Kemnitzer werden *Frauen* und *Farbige* weiterhin *per definitionem* aus dem alten Wirtschaftssystem ausgegrenzt und zur Zielscheibe und/oder zum Instrument einer ideologischen Verschiebung gemacht, bei der Nationalität, Rasse und Geschlecht an die Stelle der Klassenzugehörigkeit treten. In einem solchen Kontext wird individueller Erfolg abgetrennt von Gewerkschaftsarbeit, politischem Kampf und kollektiven Beziehungen.[8] Obwohl Katz und Kemnitzer das Verhältnis zwischen Produktionsweisen, gesellschaftlichen Produktionsverhältnissen, Kultur und Ideologie am Beispiel der Arbeiterinnen im Silicon Valley eingehend analysieren, gehen weder sie noch Hossfeld näher auf die Frage ein, warum gerade Dritte-Welt-Frauen den Löwenanteil der Beschäftigten stellen. Auch Hossfeld unterscheidet zuweilen zwischen »Frauen« und »erwerbstätigen Angehörigen von Minderheiten« (Hossfeld 1990: 176), obwohl sie die geschlechtsspezifische Teilung der Erwerbsarbeit und die Konsolidierung der kapitalistischen Akkumulation mittels einer Logik, die sich der Kriterien Rasse und Geschlecht bedient, detailliert untersucht. Durch die Unterscheidung zwischen Frauen und Farbigen laufen Katz und Kemnitzer Gefahr, die alte begriffliche Unterscheidung zwischen Geschlecht und Rasse zu reproduzieren, bei der Frauen in erster Linie durch ihr Geschlecht und Farbige durch ihre Rasse definiert werden. Was hier fehlt, ist ein *interaktiver* Begriff von Geschlecht und Rasse, durch den die geschlechtsrollenspezifische Identität von Frauen in der Rasse und die rassische Identität von Farbigen im Geschlecht verankert wird.

8 Hossfeld 1990: 149: »Sie bekommen weniger Lohn, weil Frauen anders sind als Männer.« Oder: »Immigranten kommen mit weniger Geld aus.«

Töchter, Ehefrauen und Mütter: Arbeitsmigrantinnen in Großbritannien

In einer Sammlung von Aufsätzen zur häuslichen und außerhäuslichen Erwerbstätigkeit farbiger Frauen und Minderheitenfrauen heben Sallie Westwood und Parminder Bhachu (1988) hervor, welchen Nutzen der kapitalistische, britische Staat aus der rassistisch geprägten und geschlechtsspezifischen Arbeit von Migrantinnen zieht. Ein Kernbegriff ist dabei die sogenannte »ethnische Ökonomie«. Er meint die besondere Art der Ressourcennutzung, mit der MigrantInnen in einer Situation ihr Überleben sichern, in der ein feindseliges, rassistisches Milieu und wirtschaftlicher Niedergang zu ihrer Unterdrükkung benutzt werden. Westwood/Bhachu weisen darauf hin, daß die »ethnische Ökonomie« im wesentlichen auch eine geschlechtsspezifisch organisierte Wirtschaft ist. So zeigen die Studien feministischer britischer Wissenschaftlerinnen (z.B. Phizacklea 1988, Westwood 1988, Josephides 1988), daß familiale Ideologien von Häuslichkeit und heterosexueller Ehe die ökonomische und soziale Ausbeutung farbiger Frauen in Familienbetrieben zementieren. Die repressiven patriarchalen Ideologien, die der Frau lediglich eine Rolle innerhalb der Familie zuweisen, wurzeln in tradierten Systemen der Ungleichheit und Unterdrückung innerhalb der Ursprungskultur der farbigen Frauen. Und eben diese Ideologien werden reproduziert und bekräftigt, damit im rassistischen und kapitalistischen britischen Staat Gewinne erwirtschaftet werden können.

Die Beispiele aus Großbritannien verdeutlichen, daß Migrantinnen dort in ähnlicher Weise ausgebeutet werden wie in den USA. Alle genannten Fallstudien zeigen, wie Ideologien von Häuslichkeit, Weiblichkeit und Rasse als Grundlage dafür benutzt werden, einen Begriff von »Frauenarbeit« für Dritte-Welt-Frauen in der heutigen Wirtschaft zu konstruieren. So läßt sich die *Unsichtbarkeit* der Spitzenmacherinnen als Arbeiterinnen durchaus mit dem *befristeten* Charakter der Arbeit von Dritte-Welt-Frauen im Silicon Valley vergleichen. Und im Fall der Migrantinnen in britischen Familienbetrieben wird Erwerbsarbeit zur Erweiterung der familiären Rollen und Pflichten und führt letztlich zu einer Verstärkung der patriarchalischen Abhängigkeiten. Übergreifend tragen Vorstellungen von *Flexibilität, Unsichtbarkeit, Häuslichkeit und zeitlicher Befristung* zu einer Naturalisierung der Arbeitskategorien bei. Dadurch wird ein Bild von der Dritte-Welt-Frau als geeigneter, billiger, fügsamer und duldsamer Arbeitskraft konstruiert.

Heimarbeit spielt eine wichtige Rolle in der heutigen Weltwirtschaft. In der Diskussion über die Heimarbeit von Dritte-Welt-Frauen in Indien, USA und Großbritannien wird eine Besonderheit der derzeitigen kapitalistischen Rekolonisierungsstrategien deutlich. So kam Heimarbeit in den USA zur selben Zeit auf wie Fabrikarbeit – im frühen 19. Jahrhundert. Als System hat sie stets die Verbindung von Kapitalismus und Patriarchat verstärkt. Heimarbeit ist deshalb grundsätzlich ausbeuterisch und als Erwerbsarbeit unsichtbar, weil die Frauen, die sie ausüben, durch stereotype Geschlechterrollenzuweisung in erster Linie als Hausfrauen und Mütter definiert werden, die Männer dagegen als Versorger und Ernährer (Allen 1989).

In Familienbetrieben in Großbritannien zeigt sich – innerhalb einer anderen Klassendynamik – ein ähnliches ideologisches Muster. Farbige Frauen verstehen sich durchaus nicht als Lohnarbeiterinnen, sondern als Unternehmerinnen, die in einer rassistischen Gesellschaft für das Wohl ihrer Familien arbeiten. Ihre Erwerbsarbeit bleibt dabei ebenso unsichtbar wie die Arbeit der Heimarbeiterinnen in den USA und Indien. Ihre Unsichtbarkeit (für den Markt und zuweilen auch für die Betroffenen selbst) ist auch der Grund, warum die Veränderung des Geschlechterverhältnisses, in dem Heimarbeit verankert ist, und die Organisation von Heimarbeiterinnen für Feministinnen eine so große Herausforderung darstellen.

Bei der Untersuchung von Fabrikarbeit und Familienbetrieben in Großbritannien sowie von Heimarbeit in allen drei geographischen Regionen stellt sich die Frage, ob Heimarbeit und Fabrikarbeit auch dann in dieser speziellen Weise definiert würden, wenn die Arbeiterinnen unverheiratet wären. In diesem Fall hängt das Konstrukt *Arbeiterin* von Geschlechterideologien ab. Tatsächlich spielt der Gedanke, daß Arbeit für die psychische, materielle und geistige Entwicklung und das Überleben von Arbeiterinnen unerläßlich sein könnte, keine Rolle. Vielmehr wird davon ausgegangen, daß ihre Identität als Hausfrau, Mutter und Ehefrau (eine Identität, die außerhalb der Arbeit definiert wird) die Grundlage für ihr Überleben und ihre Entwicklung sei.

Gemeinsame Interessen – unterschiedliche Bedürfnisse: Kollektive Kämpfe armer Arbeiterinnen

Bislang hat sich dieser Beitrag mit den ideologischen Gemeinsamkeiten bei der Ausbeutung (zumeist) armer Dritte-Welt-Frauen durch globale kapitalistische Wirtschaftsprozesse in verschiedenen Weltregionen befaßt. Im weiteren werden die gemeinsamen Interessen der Dritte-Welt-Arbeiterinnen in der heutigen kapitalistischen Weltwirtschaft diskutiert und eine Definition zur Diskussion gestellt, die sich auf die Arbeit der feministischen Politologin Anna G. Jónasdóttir stützt.

Jónasdóttir untersucht den Begriff »Fraueninteressen« in der politischen Theorie über demokratische Partizipation. Sie betont sowohl die formalen wie auch die inhaltlichen Aspekte einer Theorie der sozialen und politischen Interessen, einer Theorie, die »sich auf verschiedene Ebenen der sozialen Existenz bezieht: auf die Perspektive von Frauen als handelnde Akteurinnen und die Bedürfnisse/Wünsche, die dieser Perspektive Kraft und Bedeutung verleihen« (Jónasdóttir 1988: 57). Jónasdóttir vermittelt dabei zwischen politischen TheoretikerInnen, die »gemeinsame Interessen« in einem abstrakten Sinn verstehen (d.h. als Forderung nach aktiver Teilhabe, als Wahlmöglichkeit, die eigenen Lebensbedingungen mitzugestalten oder die Voraussetzungen dafür zu erwerben), und jenen, die das Interessenkonzept ablehnen zugunsten eines Konzepts der (subjektiven) individualisierten und gruppenspezifischen »Bedürfnisse und Wünsche«. Sie formuliert ein Konzept der gemeinsamen Interessen, das ersteres betont, jedoch beide Ansätze miteinander verknüpft.

Wie läßt sich diese Theorie auf die Konzeptualisierung der gemeinsamen Interessen von Dritte-Welt-Arbeiterinnen anwenden? Jónasdóttirs Unterscheidung zwischen einer Perspektive von Frauen als Akteurinnen und dem Resultat ihres Handelns ist in diesem Fall sehr nützlich. Feministinnen müssen in diesem Zusammenhang verstehen, daß a) Dritte-Welt-Arbeiterinnen als Erwerbstätige gemeinsame Interessen haben (sie sind somit Agentinnen und treffen als Arbeiterinnen Entscheidungen) und daß b) die Widersprüche und Verschiebungen im Selbstverständnis dieser Frauen als Arbeiterinnen und somit auch in ihren Bedürfnissen und Wünschen bisweilen einem Zusammenschluß auf der Basis gemeinsamer Interessen (dem Resultat der Interessenwahrnehmung) entgegenwirken können. Also muß einerseits der Zusammenhang zwischen der sozialen Verortung und den historischen und aktuellen Herrrschaftserfahrungen von Dritte-Welt-Arbeiterinnen untersucht werden, andererseits muß eine Theorie der gemeinsamen *sozialen Identität* von Dritte-Welt-Arbeiterinnen formuliert und in die Praxis umgesetzt werden.

Was erwerbstätige Frauen in den Freihandelszonen zahlreicher Länder angeht, so bildeten Gewerkschaften bislang das sichtbarste Forum für die Artikulation ihrer Bedürfnisse und Forderungen. Doch der Sexismus von Gewerkschaften hat Frauen davon überzeugt, daß es notwendig ist, alternative und demokratischere Organisationsstrukturen zu entwickeln und Frauengewerkschaften zu gründen – wie in Korea, China, Italien und Malaysia (Women Working Worldwide o. J.) – oder bei kommunalen Gruppen, Kirchenkomitees oder feministischen Organisationen Unterstützung zu suchen. Die in der amerikanischen Elektronikindustrie beschäftigten Dritte-Welt-Arbeiterinnen stehen den Gewerkschaften häufig ablehnend gegenüber, weil sie erkannt haben, daß diese Organisationen eindeutig Interessenträger der weißen, männlichen Arbeiterschaft sind. So ist die Einbeziehung der Kirche in die Kämpfe immigrierter Arbeiterinnen eine wichtige Form des kollektiven Widerstandes in den Vereinigten Staaten gewesen (Women Working Worldwide o.J.: 38).

In Frauengewerkschaften organisierte Arbeiterinnen haben stets innovative Strategien entwickelt. So etwa 1989, als die Koreanische Arbeiterinnengewerkschaft in Masan eine Fabrik besetzte. Die Frauen zogen in die Fabrik, wohnten und kochten dort, bewachten Maschinen und Gebäude und brachten die Produktion zum Erliegen (Women Working Worldwide o.J.: 31). Bei einer solchen Betriebsbesetzung wird das Alltagsleben zu einem wesentlichen Element des Widerstands, und Opposition wird in der Lebensrealität armer Frauen verankert. Sie bringt nicht nur zum Ausdruck, daß die Frauen als Arbeiterinnen gemeinsame Interessen haben, sondern auch, daß die künstliche Trennung von Arbeit und Heim aufgrund ihrer sozialen Lage für sie wenig Bedeutung hat. Eine solche »Besetzung« ist eine Strategie des kollektiven Widerstands, mit der darauf aufmerksam gemacht wird, daß Gemeinschaftsbildung für arme Arbeiterinnen eine Frage des Überlebens ist.

Ähnlich argumentiert Kumudhini Rosa bei ihrer Untersuchung von Widerstandsformen von Arbeiterinnen in Freihandelszonen auf den Philippinen, in Sri Lanka und Malaysia (Rosa 1994: 86). Der Umstand, daß diese Frauen zusammenleben und -arbeiten, ist wichtig bei der Untersuchung der Frage, wie sie ihr Gemeinschaftsleben organisieren, ihre Ressourcen teilen und Träume austauschen, sich am Fließband oder auf der Straße gegenseitig helfen und individuelle und kollektive Formen des Widerstands entwickeln. Nach Rosa wurzeln ihre Formen des Widerstands und der gegenseitigen Unterstützung in einer »subversiven Kultur«: Frauen, die in patriarchalischen und autoritären Haushalten leben, wo ihnen Gehorsam und

Disziplin abverlangt werden, haben Übung »in versteckten Formen des Rebellierens«. So organisieren Arbeiterinnen in Sri Lanka »spontane Streiks«, in Malaysia »wilde Streiks« und auf den Philippinen »Sympathiestreiks«. Zudem unterstützen sie einander, indem sie systematisch das Produktionssoll drücken oder langsamen Arbeiterinnen helfen, am Fließband ihr Soll zu erfüllen. Rosas Untersuchung zeigt, daß die Arbeiterinnen ihre gemeinsamen Interessen auf der abstrakten Ebene der »Teilhabe« erkennen. Sie sind sich der Widersprüche in ihrem täglichen Leben als Frau und Arbeiterin bewußt und leisten Widerstand. Doch sie haben sich noch nicht aktiv organisiert mit dem Ziel, ihre kollektiven Bedürfnisse zu identifizieren und ihre alltäglichen Lebensverhältnisse zu verändern.

Die verschiedenen Strategien zur Organisation von Heimarbeiterinnen in Großbritannien wurden von der »West Yorkshire Homeworking Group« Ende der 80er Jahre wie folgt beschrieben (Tate 1994): Die Gruppe benennt und identifiziert die »wirklichen« Arbeitgeber (oder wirklichen Gegner), statt ihre organisatorischen Bemühungen nur gegen lokale Subunternehmer zu richten. Sie betreibt Verbraucheraufklärung und übt Druck auf den Konsumenten aus, indem sie Warenkauf und den Kampf der Heimarbeiterinnen zueinander in Beziehung setzt. Sie kämpft für Arbeitsregelungen für Zulieferer, indem sie Bündnisse zwischen Gewerkschaften, Frauengruppen und Verbraucherverbänden schmiedet. Sie verknüpft ihre Kampagnen mit dem Aufbau alternativer Handelsorganisationen. Sie verschafft sich in internationalen Organisationen wie der Internationalen Arbeitsorganisation (ILO) Gehör, und schließlich strebt sie eine grenzüberschreitende Vernetzung lokaler Basisgruppen von Heimarbeiterinnen an mit dem Ziel, Ressourcen zu teilen, gemeinsame Strategien zu entwickeln und auf *empowerment* hinzuwirken. Die West-Yorkshire-Gruppe hat bei der Organisierung von Heimarbeiterinnen zwar gewisse Erfolge erzielt, doch noch immer leistet eine feministische Gruppe die organisatorische Arbeit (das heißt, der Anstoß dazu kommt nicht aus den Reihen der Arbeiterinnen selbst).

Eine starke Leitbildfunktion haben dagegen die beiden indischen Organisationen »Self Employed Women's Association« (SEWA) und »Working Women's Forum« (WWF) für die Organisation armer Arbeiterinnen. Beide sind unabhängige Gewerkschaften, deren Mitglieder Heimarbeiterinnen, kleine Händlerinnen, Straßenverkäuferinnen und arme Arbeiterinnen im informellen Sektor sind.[9] Nach Swasti Mitter besteht der Erfolg von SEWA und WWF darin, daß sie über das Potential verfügen, schlagkräftige Gruppen erwerbstätiger Frauen zu organisieren (WWF hat 85.000, SEWA 46.000 Mitglieder). Außerdem machen sie diese »unsichtbaren« Arbeiterinnen für nationale und internationale PolitikerInnen als *Arbeiterinnen* sichtbar. WWF wie SEWA widmen sich den Forderungen armer erwerbstätiger Frauen. Sie bieten sowohl Kinderbetreuung wie auch Fortbildungs- und Förderprogramme an, darunter Kurse in Führungstraining. Sie gründen Kreditbanken für Frauen und Produzenten-Kooperativen, die alternative Vermarktungschancen anbieten. Der Kampf für die Rechte armer erwerbstätiger Frauen geht stets Hand in Hand mit Strategien zum Aufbau alternativer Wirtschaftssysteme. SEWA konzentriert sich auf die politische und rechtliche Bildung armer Frauen sowie die Erziehung zu einem kritischen, kollektiven Bewußtsein. Die Vereinigung entwickelt Strategien für den kollektiven Kampf *und* für die wirtschaftliche, soziale und psychische Entwicklung. Insofern verfolgt dieses Projekt der Transformation zutiefst feministische und demokratische Ziele.

SEWA scheint der Artikulation der gemeinsamen Interessen und Bedürfnisse von Dritte-Welt-Arbeiterinnen im Sinne Jónasdóttirs am nächsten zu kommen. Die Organisation setzt bei ihrer Arbeit an den objektiven Interessen armer Arbeiterinnen an, indem sie ihrem Anspruch als Erwerbstätige und Bürgerinnen auf rechtliche Gleichstellung und Gerechtigkeit Vorrang gibt. Doch SEWA geht noch weiter und artikuliert die

---

9 Für eine ausführliche und kritische Würdigung dieser beiden Organisationen siehe Scheu 1995 (Anm. der Herausgeberinnen).

Bedürfnisse und Wünsche, die auf der Anerkennung der subjektiven, kollektiven Interessen beruhen. Wie oben ausgeführt, ist es diese Ebene der Anerkennung und Artikulation gemeinsamer Interessen, die die wichtigste Herausforderung für erwerbstätige Frauen in aller Welt darstellt. Doch der Übergang zur Identifizierung der gemeinsamen Bedürfnisse und Wünsche (der inhaltliche Aspekt des Interesses) von Dritte-Welt-Arbeiterinnen, der potentiell zu ihrer *Identitätsfindung als Dritte-Welt-Arbeiterinnen* führt, muß erst noch vollzogen werden – ein Weg, auf dem SEWA bisher vielleicht am weitesten gekommen ist.

Schlußbemerkung

Wie oben ausgeführt, bietet die besondere Verortung von Dritte-Welt-Arbeiterinnen im gegenwärtigen Entwicklungsstadium des globalen Kapitalismus einen günstigen Ausgangspunkt für zwei Anliegen. Erstens lassen sich bestimmte Herrschafts- und Rekolonisierungspraktiken sichtbar und transparent machen und dadurch lokale und globale Prozesse der kapitalistischen Rekolonisierung von Arbeiterinnen erhellen. Zweitens können die Gemeinsamkeiten in der jeweils eigenen Erfahrung, Geschichte und Identität als Grundlage für eine Solidarisierung und grenzüberschreitende Organisation von Dritte-Welt-Arbeiterinnen begriffen werden. Meines Erachtens darf die soziale Identität von Frauen als Arbeiterinnen nicht nur klassenbezogen definiert werden. Vielmehr muß sich eine solche Definition auf ein Verständnis der rassen-, geschlechts- und klassenspezifischen Geschichte und Erfahrungen in der Arbeitswelt stützen. Heimarbeit stellt im heutigen globalen Kapitalismus eine der signifikantesten und repressivsten Formen von »Frauenarbeit« dar. Wenn ich von der Ideologie der »Dritte-Welt-Arbeiterin« spreche, die sich im Kontext der globalen Arbeitsteilung herausgebildet hat, bringe ich auch

Unterschiede zum Ausdruck, die in einer je eigenen Geschichte der Ungleichheit angesiedelt sind. Als Beispiele habe ich die Geschichte der Geschlechter und Kasten/Klassen in Narsapur und die Geschichte der Geschlechter, Rassen und des liberalen Individualismus im Silicon Valley sowie in Großbritannien untersucht.

Gleichwohl will ich damit nicht andeuten, daß diese unterschiedlichen historischen Lebenszusammenhänge voneinander zu trennen wären. Wenn ich von Frauenarbeit als einer besonderen Form der Ausbeutung von Dritte-Welt-Frauen in der gegenwärtigen Wirtschaftsordnung spreche, so will ich damit auch eine besondere Geschichte hervorheben, die Frauen aus der Ersten und Dritten Welt gemeinsam zu haben scheinen: die Geschichte der Logik und Funktionsweise des Kapitals in der heutigen Weltwirtschaft. Ich behaupte, daß das gegenwärtige multinationale Kapital bei der Durchsetzung seiner Interessen Strategien verfolgt, die einen Rekurs auf indigene, soziale Hierarchien ermöglichen und Ideologien von Männlichkeit/Weiblichkeit, technischer Überlegenheit, Entwicklung, qualifizierter/unqualifizierter Arbeit usw. konstruieren, reproduzieren und aufrechterhalten. Ich habe dies am Beispiel der Kategorie »Frauenarbeit« dargestellt, die, wie ich gezeigt habe, auf einer Ideologie der »Dritte-Welt-Arbeiterin« beruht.

Eine Analyse der Verortung von Dritte-Welt-Frauen in der neuen internationalen Arbeitsteilung muß sich auf die Geschichte von Rasse und Kolonialismus, Klasse und Kapitalismus, Geschlecht und Patriarchat, von Sexualität und familiären Konstellationen stützen. Die Analyse der ideologischen Definition und Neudefinition von Frauenarbeit bildet somit eine politische Basis für gemeinsame Kämpfe, und auf dieser Basis muß meines Erachtens die politische Einheit von Dritte-Welt-Arbeiterinnen geschmiedet werden. Das steht im Widerspruch zur ahistorischen Sichtweise der gemeinsamen Erfahrung, Ausbeutung oder Stärke von Dritte-Welt-Frauen oder von Frauen aus der Ersten und der Dritten Welt. Eine solche Sichtweise dient letztlich dazu, normative westlich-feministische

Kategorien des Selbst und des Anderen zu verabsolutieren. Wenn Dritte-Welt-Frauen als *Subjekte der Theorie und des Kampfes* wahrgenommen werden sollen, dann müssen wir die Besonderheiten ihrer/unserer gemeinsam geteilten *und* unterschiedlichen Geschichte berücksichtigen.

Wie müssen wir gemeinsame Interessen und Bedürfnisse definieren, damit die Identität von Dritte-Welt-Arbeiterinnen eine revolutionäre Basis bildet für den Kampf gegen die kapitalistische Rekolonialisierung und für feministische Selbstbestimmung und Autonomie? Diese Frage ist sehr schwierig zu beantworten. Doch wie die Maquiladora-Arbeiterin Veronica Vasquez und die Frauen in der SEWA beweisen, führen Frauen bereits solche Kämpfe. Das ausgehende 20. Jahrhundert mag von einer Verschärfung der Geschlechterpolitik im Rahmen der globalen kapitalistischen Herrschaft und Ausbeutung gekennzeichnet sein. Aber es vermittelt auch den Eindruck, daß wir am Beginn einer neuen Politik der Hoffnung und Solidarität stehen.

Deutsche Übersetzung: Reiner Pfleiderer

Literatur

Alexander, Jaqui M./Mohanty, Chandra Talpade (Hg.), 1997: Feminist Genealogies, Colonial Legacies, Democratic Futures, New York.

Allen, Sheila,1989: Locating Homework in an Analysis of the Ideological and Material Constraints on Women´s Paid Work, in: Boris, Eileen/Daniels, Cynthia R. (Hg.): Homework, Historical and Contemporary Perspectives on Paid Labor at Home, Urbana, S. 272-291.

Amott, Teresa L./Matthaei, Julie A., 1991: Race, Gender and Work: A Multicultural Economic History of Women in the United States, Boston.

Bhachu, Parminder, 1988: Apni Marzi Kardhi, Home and Work: Sikh Women in Britain, in: Westwood, Sallie/Bachu, Parminder (Hg.): Enterprising Women, New York, S. 76-102.

Brecher, Jeremy, 1993: The Hierarch´s New World Order – and Ours, in: Brecher, Jeremy/et al. (Hg.): Global Visions, Beyond the New World Order, Boston, S. 3-12.

Hossfeld, Karen J., 1990: Their Logic Against Them: Contradictions in Sex, Race, and Class in the Silicon Valley, in: Ward, Kathryn (Hg.): Women Workers and Global Restructuring, Ithaca, S. 149-178.

Hossfeld, Karen J., o.J.: United States: Why Aren´t High-Tech Workers Organised?, in: Women Working Worldwide (Hg.): Common Interests: Women Organising in Global Electronics, London, S. 33-52.

Jónasdóttir, Anna G., 1988: On the Concept of Interest, Women´s Interests, and the Limitations of Interest Theory, in: Jones, Kathleen/Jónasdóttir, Anna G. (Hg.): The Political Interests of Gender, London, S. 33-65.

Josephides, Sasha, 1988: Honor, Family, and Work: Greek Cypriot Women before and after Migration, in: Westwood, Sallie/Bhachu, Parminder (Hg.): Enterprising Women, New York, S. 34-57.

Katz, Naomi/Kemnitzer, David, 1983: Fast Forward: The Internationalization of the Silicon Valley, in: Nash, June/Fernandez-Kelly, M. Patricia (Hg.): Women, Men, and the International Division of Labor, Albany, S. 273-331.

Katz, Naomi/Kemnitzer, David, 1984: Women and Work in the Silicon Valley, in: Sacks, Karen Brodkin: My Troubles Are Going to Have Trouble with Me, New Brunswick, S. 193-208.

Mies, Maria, 1982: The Lacemakers of Narsapur, Indian Housewives Produce for the World Market, London.

Mies, Maria, 1986: Patriarchy and Accumulation on a World Scale: Women in the International Division of Labour, London.

Mitter, Swasti, 1994: On Organising Women in Causalized Work: A Global Overview, in: Rowbotham, Sheila/Mitter, Swasti (Hg.): Dignity and Daily Bread: New Forms of Organizing among Poor Women in the Third World and the First, New York, S. 14-52.

Moghadam, Valentine M., 1993: Identity Politics and Women, Cultural Reassertions and Feminism in International Perspective, Boulder.

Moghadam, Valentine M., 1994: Claiming our Place, Working the Human Rights System to Women´s Advantage, Washington D.C.

Mohanty, Chandra Talpade, 1991: Cartographies of Struggle: Third World Women and Politics of Feminism, in: Mohanty/Russo/Torres (Hg.): Third World Women and The Politics of Feminism, Bloomington.

Mohanty, Chandra Talpade, 1997: Women, Workers and Capitalist Scripts: Ideologies of Domination, Common Interests, and the Politics of Solidarity, in: Alexander, Jaqui M./Mohanty, Talpade (Hg.), 1997: Feminist Genealogies, Colonial Legacies, Democratic Futures, New York, S. 3-29.

Mohanty, Satya, 1995: Colonial Legacies, Multicultural Futures: Relativism, Objectivity, and the Challenge of Otherness, in: PMLA, Januar 1995, S. 108-117.

Phizacklea, Annie, 1988: Entrepreneurship, Ethnicity and Gender, in: Westwood, Sallie/Parminder Bhachu (Hg.): Enterprising Women, New York, S. 20-33.

Rosa, Kumudhini, 1994: The Conditions and Organisational Activities of Women in Free Trade Zones: Malaysia, Philippines and Sri Lanka, 1970-1990, in: Rowbotham, Sheila/Mitter, Swasti (Hg.): Dignity and Daily Bread: New Forms of Organizing among Poor Women in the Third World and the First, New York, S. 73-99.

Rowbotham, Sheila/Mitter, Swasti (Hg.), 1994: Dignity and Daily Bread: New Forms of Organizing among Poor Women in the Third World and the First, New York.

Scheu, Hildegard, 1995: Entwicklungsziel: Frauenmacht! Frauenarbeit und Frauenorganisation in Indien, Frankfurt/M.

Tate, Jane, 1994: Homework in West Yorkshire, in: Rowbotham, Sheila/Mitter, Swasti (Hg.): Dignity and Daily Bread: New Forms of Organizing among Poor Women in the Third World and the First, New York, S. 193-217.

Westwood, Sallie/ Parminder Bhachu (Hg.), 1988: Enterprising Women, New York.

WWW (Women Working Worldwide) (Hg.), o.J.: Common Interests: Women Organising in Global Electronics, London.

Anhang

Übersicht über internationale Frauennetzwerke

Zusammengestellt von Anja Ruf

Akina Mama wa Afrika

ist eine Nichtregierungsorganisation für afrikanische Frauen mit Sitz in London. Die Organisation entstand aus einer Gruppe von Afrikanerinnen, die im März 1985 zum internationalen Frauentag zusammenkamen. Sie führt einen »Kampf an zwei Fronten«: gegen die rassistische Diskriminierung in der Gesellschaft und gegen die geschlechtsspezifische Unterdrückung in den Gemeinschaften afrikanischer Frauen und Männer. Sie besteht aus afrikanischen Migrantinnen, Flüchtlingen, Asylsuchenden, Fachfrauen, Studentinnen und Frauen afrikanisch-europäischer Nationalität. Das Netzwerk arbeitet eng mit Frauen in anderen europäischen Ländern zusammen und hat intensive Verbindungen zur Frauenbewegung in Afrika. Akina Mama wa Afrika gibt den Newsletter »Sister Links« heraus und führt u.a. ein Projekt für afrikanische Frauen in englischen Gefängnissen durch. Zu ihren Zielen gehört neben der Mobilisierung und dem *empowerment* afrikanischer Frauen auch der Abbau rassistischer und sexistischer Stereotypen.

Adresse: Akina Mama wa Afrika, London Women's Centre, 4 Wild Court, London WC2B 4AU, Tel.: (+44-171) 405-0678, Fax: (+44-171) 831-3947.

Asian Women's Human Rights Council (AWHRC)

ist ein Netzwerk asiatischer Frauen. Die Frauenrechtsorganisation publizierte – zusammen mit anderen NGOs – vor Peking einen offenen Brief an die Teilnehmerinnen und Teilnehmer der VN-Weltkonferenzen, in dem die dort erreichten »Siege« als Verschleierung der Tatsache bezeichnet wurden, daß die herrschende Weltord-

nung für die Mehrheit der Menschen tödlich ist. Beim NGO-Forum 1995 in Huairou führte der AWHRC das »World Public Hearing on Crimes against Women« durch, bei dem Frauen aus Algerien, Bosnien, Brasilien, China, Indien, Korea, Mauretanien, Palästina, den Philippinen, Rumänien und Thailand Zeugnis ablegten über Menschenrechtsverletzungen an Frauen. Der AWHRC formulierte außerdem einen offenen Brief des Dankes an die chinesischen Menschen, in dem deren Gastfreundschaft anläßlich der 4. Weltfrauenkonferenz in Peking gelobt und die internationalen Medien für ihre Berichterstattung über das NGO-Forum kritisiert wurden. Der Brief wurde von 700 NGOs, die an dem Forum teilgenommen hatten, mitunterzeichnet.
Adresse: Asian Women's Human Rights Council, India Secretariat, 2124, 1st A Cross, 16th B main, HAL II A stage, Bangalore - 560008, Indien, Fax: (+91-80) 5278628.

Babaylan

ist ein Netzwerk philippinischer Frauen, Frauengruppen und Frauenorganisationen in Europa. Gegründet wurde es bei der ersten Konferenz von Filipinas in Europa im September 1992 in Barcelona. Es befaßt sich mit den Problemen, mit denen Filipinas konfrontiert sind. Ziele sind Informationsaustausch, Networking, Lobbyarbeit zur Veränderung der Situation von Migrantinnen und das *empowerment* philippinischer Frauen. Alle zwei Jahre veranstaltet Babaylan einen gemeinsamen Kongreß aller Mitgliedsorganisationen. Beim NGO-Forum in Huairou führte es u.a. einen Workshop über bi-kulturelle Beziehungen durch.
Adresse: Babaylan, c/o Mary Lou U. Hardillo-Werning, Schwalbenweg 31, 50226 Frechen, Tel.: (02234) 61910.

CEEWA

Der *Council for Economic Empowerment for Women in Africa* (CEEWA) entstand im November 1994 bei einem Workshop mit dem Titel »Antworten von Frauen auf Wirtschaftspolitiken in Afrika«, während des Afrikanischen NGO-Forums zur regionalen Vorkonferenz der

Pekinger Weltfrauenkonferenz in Dakar. CEEWA versteht sich als Diskussionsforum für alle afrikanischen Frauen. Sein Hauptziel ist die Verbesserung der ökonomischen Stellung der Frau. Er untergliedert sich in fünf Koordinationsstellen: Norden (Ägypten, Marokko, Tunesien); Westen (Elfenbeinküste, Gambia, Niger, Nigeria, Senegal); Osten (Äthiopien, Burundi, Djibuti, Eritrea, Kenia, Ruanda, Somalia, Tansania, Uganda); Zentralafrika (Kamerun, Kongo, Mauretanien, Mauritius, Zaire, Zentralafrikanische Republik); Süden (Angola, Botswana, Lesotho, Madagaskar, Malawi, Mosambik, Namibia, Sambia, Swaziland, Zimbabwe).
Adresse: CEEWA, P.O. Box 42542, Nairobi, Kenia, Tel.: (+254-02) 2267742, Fax: (+254-02) 340367.

DAWN

Development Alternatives with Women for a New Era, abgekürzt DAWN, das im Englischen auch ›Morgenröte‹ bedeutet, wurde 1984 gegründet und trat erstmals bei der dritten Weltfrauenkonferenz 1985 in Nairobi in Erscheinung. In diesem Netzwerk von Frauen aus Afrika, Asien und Lateinamerika arbeiten Wissenschaftlerinnen und Aktivistinnen an einer Globalsicht von unten. Ihre Analyse verzahnt die Unterdrükkung des Südens durch den Norden und die Unterdrückung nach Rasse, Klasse und Geschlecht miteinander. Die Erfahrung armer Frauen des Südens wird dabei zum Ausgangspunkt für Veränderung gemacht. DAWN hat in den letzten zehn Jahren die Paradigmen des Entwicklungsdiskurses nachhaltig beeinflußt; sein Konzept des *empowerment* von Frauen hat bei den Vereinten Nationen, bei Entwicklungsorganisationen und Regierungen seinen Niederschlag gefunden, wurde allerdings, indem es Eingang in die offiziellen Dokumente fand, auch erheblich verwässert. DAWN war an der Lobbyarbeit vor und während der großen VN-Konferenzen maßgeblich beteiligt, verfolgt insgesamt jedoch eine Strategie, die nicht nur die Veränderung politischer Institutionen im Blick hat, sondern eine umfassende und ganzheitliche Transformation des Entwicklungsprozesses. Ein entsprechendes Diskussionspapier legte DAWN beim NGO-Forum in Huairou 1995 vor; sein Titel: »Securing Our Gains and Moving Forward to the 21st Century« (Unsere Fortschritte sichern und ins 21. Jahrhundert voranschreiten).

Adresse: Development Alternatives with Women for a New Era (DAWN), c/o Women and Development Unit (WAND), University of the West Indies, School of Continuing Studies, Pinelands, St. Michael, Barbados, Tel.: (+1246) 426 9288, Fax: (+1246) 429 4854.

International Cross-Cultural Black Women's Studies Institute

ist ein von schwarzen Frauen organisiertes Netzwerk, das internationale und interkulturelle Kooperationen zur Förderung des Friedens, der Menschenrechte und der ökonomischen Entwicklung unterstützt. Seine Hauptaktivität ist die Durchführung von Studienseminaren. Das Konzept eines regelmäßigen Forums für interkulturelle Studien wurde von den Teilnehmerinnen des »Cross-Cultural Black Women's Studies Seminar« 1987 am Institut für Erziehung der Universität in London entworfen. 1988 fand das erste autonome Seminar in New York City statt. Es brachte Frauen mehr als 30 verschiedener Nationalitäten zusammen. Durch die Veranstaltung von Foren zu einer Vielzahl von Themen dient das Institut global als Vermittlerin systematischer Kenntnisse über die Erfahrung insbesondere schwarzer Frauen. Zentrale Informationsstelle: Medgar Evers College, City University of New York, 1150 Carroll Street, Brooklyn, New York 11225 USA, Attention: Dr. Andrée Nicola McLaughlin, Fax: (+1-718) 270-5126.

International Women Count Network

ist ein Netzwerk von Frauen aus Barbados, Belgien, Brasilien, Deutschland, Frankreich, Großbritannien, Guyana, Indien, Irland, Italien, Kanada, den Philippinen, Spanien, Tansania, Trinidad & Tobago und den USA. Unter dem Slogan »Frauen zählen, zählt die Frauenarbeit!« (Women Count, Count Women's Work) kämpft das Netzwerk seit 1980 für die Erhebung und Wertschätzung unbezahlter und unsichtbar gemachter Frauenarbeit. Bei der Weltfrauenkonferenz in Peking 1995 gehörte es zu den aktivsten, am besten organisierten Lobbygruppen. Die in dem Netzwerk zahlreich organisierten *Women of Colour* sehen das Sichtbarmachen von unbezahlter Frauenarbeit als Schritt im Kampf gegen Rassismus. Denn nicht nur werden schwarze

Frauen und Migrantinnen auf der ganzen Welt für ihre Arbeit am wenigsten entlohnt – das Berechnen unbezahlter Arbeit könnte auch dem fremdenfeindlichen Klima in den Industrieländern Einhalt gebieten. Denn daraus würde ersichtlich, in welchem Maße schwarze Menschen zum Lebensstandard und zur Lebensqualität beitragen.
Adressen:
Karibik: Mount Pleasant Road, Arima, Trinidad, Tel.: (+1809) 6675247.
Europa: P.O. Box 287, London NW6 5QU, England, Tel.: (+44-171) 8377509, Fax: (+44-171) 8334817.
USA: Box 86681, Los Angeles CA 90086, Tel./Fax: (+1-213) 2927405.

International Women's Tribune Centre (IWTC)

ist eine internationale Nichtregierungsorganisation mit Sitz in New York und wurde bei dem NGO-Forum ins Leben gerufen, das parallel zur 1. Weltfrauenkonferenz 1975 in Mexico City stattfand. IWTC will den Austausch von Kenntnissen, Erfahrungen und Ideen zwischen Gruppen ermöglichen, die daran arbeiten, die aktive und gleichberechtigte Rolle von Frauen in einem nachhaltigen, partizipatorischen Entwicklungsprozeß voranzubringen. IWTC bietet Training auf zahlreichen Gebieten an (Information, Kommunikation, Bildung, Networking, Wissenschaft, Technologie, Organisierung von Frauen, Gemeindeentwicklung). Es unterhält ein Dokumentationszentrum und einen Buchverlag und bringt vierteljährlich die Zeitschrift »The Tribune« heraus, die ca. 20 000 Menschen erreicht, größtenteils in Asien, dem Pazifikraum, Afrika, Lateinamerika und der Karibik. Vor der 4. Weltfrauenkonferenz entstand auf Initiative des IWTC das *Global Faxnet,* ein elektronisches Informationsnetz für ca. 500 Multiplikatoren in allen Teilen der Welt.
Adresse: International Women's Tribune Centre, 777 United Nations Plaza, New York, NY 10017, USA, Tel.: (+1-212) 687-8633, Fax: (+1-212) 661-2704.

Plutonium Free Future Women's Network (PFFWN)

ist ein internationales, multikulturelles Netzwerk, das Aktivistinnen, Künstlerinnen und Politikerinnen umfaßt sowie Frauen aus Gemein-

den, die von nuklearer Verseuchung betroffen sind. PFFWN organisiert und verknüpft Kampagnen von Frauen überall in der Welt, die zum Ziel haben, den Transport von Plutonium und anderen nuklearen Stoffen zu stoppen, atomare Tests zu beenden, nukleare Waffen zu verdammen, den Abbau von Uran zu verhindern, den Gebrauch von atomarer Energie einzustellen und sichere Alternativen der Energieerzeugung durchzusetzen.
Adresse: Plutonium Free Future Women's Network, P.O. Box 2589, Berkeley, CA 94702, USA, Tel.: (+1-510) 540-5917, Fax: (+1-510) 540-6159.

Third World Network

mit Sitz in Malaysia setzt sich aus Gruppen und Individuen zusammen, die daran arbeiten, eine stärkere Artikulation der Bedürfnisse und Rechte von Menschen in der Dritten Welt zu verwirklichen. Ziel ist außerdem die faire Verteilung der Weltressourcen sowie die Schaffung von Entwicklungsmodellen, die den Bedürfnissen der Menschen gerecht werden und die ökologisch und menschlich verträglich *(harmonious)* sind.
Adresse: Third World Network, 228 Machister Road, 10400 Penang, Malaysia, Tel.: (+60-4) 2293511, Fax: (+60-4) 364505.

TIYE

wurde 1994 als Plattform für nationale Organisationen schwarzer Frauen, Migrantinnen und Flüchtlingsfrauen in den Niederlanden etabliert, ist jedoch auch international ausgerichtet. Die Arbeit von TIYE hat die volle und gleichberechtigte Partizipation von Frauen in allen Sphären des öffentlichen Lebens zum Ziel, einschließlich ökonomischer und politischer Entscheidungsfindung für eine nachhaltige Entwicklung, ungeachtet Klasse, Rasse, Religion und Geschlecht. Der Name TIYE stammt von einer schwarzen nubischen Königin, die denselben Status wie der König in Anspruch nahm.
Adresse: TIYE, Bomeolaan 374, NL-1019 KL Amsterdam, Niederlande, Tel./Fax: (+31-20) 6651407.

Virtual Sisterhood

mit Sitz in den USA ist ein globales elektronisches Frauennetzwerk, das die weltweite feministische Organisierung und deren Einfluß durch Zugang zu elektronischen Medien und deren Kontrolle zu stärken versucht.
Adresse: Virtual Sisterhood, P.O. Box 252, Metuchen NJ 08840, USA, Tel.: (+1-908) 548-3422, Fax: (+1-908) 548-0131, e-mail: vsister@igc.apc.org; gopher: gopher.igc.apc.org.

WEDO

Women's Environment & Development Organization (WEDO) wurde 1990 ins Leben gerufen. WEDO bezeichnet sich selbst als globale, internationale »activist, advocacy and information organization«, was in etwa eine Organisation von Aktivistinnen, Lobbyistinnen und Öffentlichkeitsarbeiterinnen bedeutet. Sie verknüpft eigenen Angaben zufolge 20 000 Frauen, Männer und Gruppen in allen Teilen der Welt. Gründerin von WEDO ist Bella Abzug, eine bekannte ehemalige amerikanische Kongreßabgeordnete; der Vorstand setzt sich international zusammen, und zwar aus prominenten Feministinnen wie Thais Corral (Brasilien), Farkhonda Hassan (Ägypten), Wangari Maathai (Kenia), Chief Bisi Ogunleye (Nigeria) und Vandana Shiva (Indien). Weltweite Beachtung hat WEDO durch sein Engagement vor und bei den VN-Weltkonferenzen der letzten Jahre sowie in deren Folgeprozessen gefunden. So veranstaltete WEDO im Vorfeld des 1992er Erdgipfels von Rio den »Frauenweltkongreß für einen gesunden Planeten«, bei dem 1500 Frauen aus 83 Ländern eine Frauenagenda zur Thematik »Frauen und Umwelt« erstellten. WEDO tat sich auch hervor in der Organisierung der Frauenvollversammlungen bei den Weltkonferenzen, die es den Frauen erlaubten, als vereinte Kraft in das Konferenzgeschehen einzugreifen. Aufgrund der Lobbyarbeit von WEDO und anderen flossen zahlreiche Empfehlungen der Frauenorganisationen in die Abschlußdokumente der Regierungsgipfel ein. Daneben führt WEDO Kampagnen durch, die auf eine Mobilisierung von Basisfrauen zielen, so zu den Themen Umwelt, Gesundheit, Brustkrebsprävention. Sie publiziert einen regelmäßig erscheinenden Newsletter sowie Aufklärungsbroschüren, die die Auswirkungen der

globalen Ökonomie auf Frauen und auf die Umwelt zum Thema haben. Aufgrund dieser Aktivitäten, und der damit verbundenen Anerkennung von vielen Seiten, sieht WEDO sich selbst als »champion of women's empowerment« also als Vorreiterin im Prozeß des *empowerment* von Frauen.
Adresse: Das WEDO-Büro in New York befindet sich im Umzug!

WIDE

Network Women in Development Europe (WIDE) ist ein frauen- und entwicklungspolitisches Netzwerk mit Sitz in Brüssel. Es hat nationale Plattformen in Belgien, Dänemark, Deutschland, Finnland, Frankreich, Großbritannien, Irland, Italien, den Niederlanden, Österreich, der Schweiz sowie Spanien und arbeitet in engem Kontakt mit großen außereuropäischen Netzwerken wie DAWN und WEDO. WIDE ist sehr engagiert in der Lobbyarbeit auf internationaler Ebene, bei den großen VN-Gipfeln, versucht aber auch, die EU-Politik kontinuierlich zu beeinflussen. Zu seinen Aktivitäten gehören: eine jährliche Konferenz; Expertinnengruppen, die die Lobbyarbeit in bestimmten Bereichen unterstützen, beispielsweise bei den Themen Frauen und Handel oder Strukturanpassung; Monitoring der Folgeprozesse von Kairo und Peking (Weltbevölkerungskonferenz, Weltfrauenkonferenz). Inhaltlicher WIDE-Schwerpunkt ist die globale Ökonomie sowie die Erarbeitung von ökonomischen Alternativen. In diesem Zusammenhang hat WIDE zahlreiche Materialien publiziert.
Adresse des WIDE Office: RUE du Commerce, 70, 1040 Brüssel, Belgien, Tel.: (+32-2) 5459070, Fax: (+32-2) 5127342.

Women's Global Alliance for Economic Alternatives

ist eine Koalition von Netzwerken und Organisationen mit einer feministischen Perspektive auf die politische Ökonomie. Sie erarbeitet Alternativen in mikro- und makroökonomischen Fragen. Die Allianz nahm aktiv am Weltsozialgipfel 1995 und dem Prozeß der Weltfrauenkonferenz teil, indem sie gemeinschaftlich Lobbyinitiativen, Workshops, Podiumsdiskussionen und Tribunale durchführte oder unterstützte. Ihre Mitglieder sind: *Alternative Women in Development*

(Alt-WID), *Canadian Research Institute for the Advancement of Women* (CRIAW), *Center for Women's Global Leadership, Development Alternatives for Women in a New Era* (DAWN), *Eurostep Gender Working Group, National Action Committee on the Status of Women in Canada* (NAC), *Society for International Development – Women in Development* (SIDWID), *Women's Environment & Development Organization* (WEDO), *Women in Development Europe* (WIDE).
Kontakte: Maria Riley, Alt-WID, Washington, D.C., USA, Tel.: (+1-202) 635-2757, Fax: (+1-202) 832-9494; Peggy Antrobus, DAWN, Barbados, Tel.: (+1-809) 426-9288, Fax (+1-809) 426-3006; Mieke Van der Veken, WIDE, Brüssel, Tel.: (+32-2) 5459070, Fax: (+32-2) 5127342.

Women Living under Muslim Laws (WLUML)

verbindet Frauen aus aller Welt miteinander, deren Leben durch geschriebene und ungeschriebene Gesetze geformt oder regiert wird, welche aus Koraninterpretationen herausgezogen und mit lokalen Traditionen angereichert wurden. WLUML ist kein Netzwerk »muslimischer« Frauen – die Gemeinsamkeit definiert sich über den sozio-ökonomischen Kontext. WLUML versucht, Frauen in muslimischen Ländern und Gemeinschaften zu befähigen, aus vielfältigen Perspektiven heraus zu verstehen und zu analysieren, welche Kräfte ihre Situation bestimmen, und Strategien zu entwickeln, die ihnen mehr Autonomie und Selbstbestimmung ermöglichen.
Adresse: Women Living Under Muslim Laws/Shirkat Gah, 38/8 Sarwar Rd., Lahore (Cantt), Pakistan, Tel.: (+92-42) 380969 oder 661874, Fax: (+92-42) 6675053.

Autorinnen und Herausgeberinnen des Sammelbandes

BINA AGARWAL

Professorin der Wirtschaftswissenschaften am Institute of Economic Growth an der Universität von Delhi. Derzeitiger Arbeitsschwerpunkt: theoretische und empirische Aspekte zum Thema »gender, environment and collective action« (Geschlechterverhältnis, Umwelt und kollektives Handeln). Veröffentlichungen u.a.: A Field of One´s Own: Gender and Land Rights in South Asia, Cambridge (1994); (Hg.) Structures of Patriarchy: State, Community and Household in Modernizing Asia (1988); Cold Hearths and Barren Slopes: The Woodfuel Crisis in the Third World (1986); Mechanization in Indian Agriculture (1983).

HANNE-MARGRET BIRCKENBACH

Dr. phil.; geb. 1948; Politologin und Soziologin; Privatdozentin. Seit 1992 wissenschaftliche Assistentin am Schleswig-Holsteinischen Institut für Friedenswissenschaften (SCHIFF) an der Universität Kiel Veröffentlichungen u.a.: Preventive Diplomacy Through Fact-Finding. How International Organisations Review the Conflict Over Citizenship in Estonia and Latvia, Münster/Hamburg/London (1997). Mitherausgeberin der Jahrgänge 1990 bis 1997 des Jahrbuch Frieden, Konflikte, Abrüstung, Friedensarbeit, München.

MARITZA LE BRETON BAUMGARTNER

geb. 1960; Studium der Sozialanthropologie in Chile sowie Studium der Sozialarbeit, Soziologie und Ethnologie in der Schweiz. Seit 1992 Informationsbeauftragte des Fraueninformationszentrums für Frauen aus Afrika, Asien und Lateinamerika (FIZ) in Zürich. Arbeitsschwerpunkte: Frauenhandel und Frauenmigration. Veröffentlichungen u.a.: Karrer, Cristina/ Turtschi, Regula/Le Breton Baumgartner, Maritza: Entschieden im Abseits. Frauen in der Migration, ein FIZ-Buch, Zürich (1996).

INES HOLTHAUS

M.A.; geb. 1966; Soziologin, promoviert an der Universität Münster zum Menschenrechtsverständnis simbabwischer Frauenrechtlerinnen, arbeitet zum Thema Menschenrechte für Frauen und Genderfragen in der Entwicklungszusammenarbeit. Forschungsaufenthalte in Simbabwe und den USA. Vertrat die Menschenrechtsorganisation *Terre des Femmes* auf VN-Weltkonferenzen. Veröffentlichungen u.a.: Frauenmenschenrechtsbewegungen und die Universalisierung der Menschenrechte, in: Peripherie, Jg. 16, Nr. 61, S.6-23.

DIANA HUMMEL

Dipl.-Pädagogin; geb. 1953; wissenschaftliche Mitarbeiterin am Fachbereich Erziehungswissenschaften der Johann Wolfgang Goethe-Universität in Frankfurt, promoviert derzeit im Fachbereich Politikwissenschaften zum Thema »Der Diskurs über Bevölkerung«.

RUTH KLINGEBIEL

Dipl.-Soz.Wiss.; geb. 1961; wissenschaftliche Mitarbeiterin am Institut für Entwicklung und Frieden (INEF) der Gerhard-Mercator-Universität Gesamthochschule Duisburg. Arbeitsschwerpunkte: Menschenrechte und Geschlechterforschung, Vorstandsmitglied im NRO-Frauenforum. Veröffentlichungen u.a.: Beiträge über die VN-Weltkonferenzen zu Menschenrechten 1993, für Soziale Entwicklung 1995 und zu Frauen 1995, in: Institut für Entwicklung und Frieden (INEF): Weltkonferenzen und Weltberichte. Ein Wegweiser durch die internationale Diskussion, herausgegeben von Dirk Messner und Franz Nuscheler, Bonn (1996).

BETTINA KNAUP

M.A.; geb. 1966; wissenschaftliche Mitarbeiterin im Fach Politikwissenschaft an der Gerhard-Mercator-Universität Gesamthochschule Duisburg. Kollegiatin im Graduiertenkolleg »Geschlechterverhältnis und sozialer Wandel« an der Universität Dortmund. Arbeitsschwerpunkte: Geschlechterpolitik, Infrastrukturpolitik, Politische Partizipation, Demokratie- und Staatstheorie.

GUDRUN LACHENMANN

Prof. Dr.; geb. 1941; Studium der Soziologie, Politikwissenschaft und Volkswirtschaftslehre. Langjährige Tätigkeit am Deutschen Institut für Entwicklungspolitik (DIE) in Berlin. Professorin für Soziologie an der Universität Bielefeld. Arbeitsschwerpunkte: Entwicklungssoziologie/Sozialanthropologie, Frauen in Entwicklungsländern/Westafrika. Mehrjährige Sprecherin der Sektion Entwicklungssoziologie/Sozialanthropologie der Deutschen Gesellschaft für Soziologie. Zweite Sprecherin der Arbeitsgruppe Gender der European Association of Development Institutes (EADI).

PAULINA MAKINWA-ADEBUSOYE

Studium am Vassar College sowie an den Universitäten New York und Harvard. Mehrere Jahre Direktorin des Zentrums für Sozial-, Kultur- und Umweltforschung an der Universität Benin, Nigeria. Professorin für Bevölkerungsgeographie sowie Forschungsdirektorin am *Nigerian Institute on Social and Economic Research* (NISER). In ihrem derzeitigen Forschungsurlaub vom NISER beratend tätig im Ministerium für Gesundheit der Republik Nigeria. Mitbegründerin der *Association for Development Options in Nigeria* (ADON).

CHANDRA TALPADE MOHANTY

geb. 1955; außerordentliche Professorin für Frauenstudien am Hamilton College, Clinton, New York und an der Core Faculty, Union Institute Graduate School in Cincinnati, Ohio. Arbeitsschwerpunkte: Transnationale feministische Theorie, kulturelle Studien sowie anti-rassistische Erziehung. Mitherausgeberin von »Third World Women and the Politics of Feminism«, Indiana University Press (1991); »Feminist Genealogies, Colonial Legacies, Democratic Futures«, New York (1997). Mitherausgeberin der Zeitschrift »Cultural Critique«. Leitendes Mitglied der Organisationen *Grassroots Leadership of North Carolina* sowie *Awareness* in Orissa, Indien.

SHALINI RANDERIA

Dr. phil.; geb. 1955; Studium der Soziologie und Ethnologie an den Universitäten Delhi, Oxford und Heidelberg. Promovierte mit einer Arbeit über »Unberührbare Kasten in Indien« an der Freien Universität Berlin. Tätigkeit am Institut für Ethnologie von 1987 bis 1993. Von 1991 bis 1992 Fellow am Wissenschaftskolleg zu Berlin. Seit 1993 wissenschaftliche Assistentin am Institut für Soziologie der Freien Universität Berlin. Arbeitsschwerpunkte: Politische Anthropologie, Entwicklungssoziologie und Rechtsethnologie, Bevölkerungspolitik, Frauen in der Dritten Welt. Seit 1990 Vorstandsvorsitzende der Aktionsgemeinschaft Solidarische Welt (ASW), Berlin.

ELINOR RICHTER-LYONETTE

M.A.; geb. 1954; arbeitete von 1983 bis 1986 bei der Evangelischen Zentralstelle für Entwicklungshilfe (EZE) in Bonn. Von 1986 bis 1993 Tätigkeit bei den Vereinten Nationen in Genf (UNHCR, UNOCA, WHO) sowie als Programme Officer in Uganda und Pakistan. Seit 1993 Programmkoordinatorin der schweizerischen Frauenrechtsorganisation *The Coordination of Women's Advocacy* (CWA). Veröffentlichungen u.a.: (Hg.) Keine Zeit für Frauen? Frauenrechte, Kriegsverbrechen und Genozid, Genf (1997).

ANJA RUF

Dr. phil.; geb. 1956; Politologin und freie Journalistin in Frankfurt/M. Arbeitsschwerpunkte: Frauen und Entwicklung, internationale Frauenbewegungen. Als Korrespondentin von epd-Entwicklungspolitik Teilnahme an zahlreichen VN-Konferenzen und NGO-Foren der letzten Jahre. Veröffentlichungen u.a.: »Weltwärts Schwestern! Von der Weltfrauenkonferenz in die globale Zukunft«, Bonn (1996).